ACCESO GRATIS *a la Lectura en la Nube*

Para visualizar el libro electrónico en la nube de lectura envíe junto a su nombre y apellidos una fotografía del código de barras situado en la contraportada del libro y otra del ticket de compra a la dirección:

ebooktirant@tirant.com

En un máximo de 72 horas laborales le enviaremos el código de acceso con sus instrucciones.

La visualización del libro en **NUBE DE LECTURA** excluye los usos bibliotecarios y públicos que puedan poner el archivo electrónico a disposición de una comunidad de lectores. Se permite tan solo un uso individual y privado

LA CONSTRUCCIÓN JURISPRUDENCIAL DEL PRINCIPIO DE BUENA ADMINISTRACIÓN EN MATERIA TRIBUTARIA

LA CONSTRUCCIÓN JURISPRUDENCIAL DEL PRINCIPIO DE BUENA ADMINISTRACIÓN EN MATERIA TRIBUTARIA

Director
RAFAEL SANZ GÓMEZ

Coordinadora
LAURA SOTO BERNABEU

tirant lo blanch
Valencia, 2024

La presente obra ha sido sometida a la revisión de pares ciegos según el protocolo de publicación de la editorial a efectos de ofrecer el rigor y calidad correspondiente tanto en su contenido como en su forma, aplicándose los criterios específicos aprobados por la Comisión Nacional E 016 (BOE num. 286, de 26 de noviembre de 2016)

Esta obra ha recibido financiación del Vicerrectorado de Investigación, Transferencia del Conocimiento y Divulgación Científica de la UNED mediante la convocatoria de ayudas para la realización de proyectos de investigación Talento Joven UNED 2022.

EDITA: TIRANT LO BLANCH
C/ Artes Gráficas, 14 - 46010 - Valencia
TELFS.: 96/361 00 48 - 50
FAX: 96/369 41 51
Email: tlb@tirant.com
www.tirant.com
Librería virtual: www.tirant.es
DEPÓSITO LEGAL: V-1199-2024
ISBN: 978-84-1056-350-6
MAQUETA: Innovatext

José Antonio Cortés Torres

Julia María Díaz Calvarro

Rosa Litago Lledó

José Miguel Martín Rodríguez

Julio César Muñiz Pérez

Joaquín Jesús Polo Cañavate

Antonio José Ramos Herrera

Nora Libertad Rodríguez Peña

Guillermo Sánchez-Archidona Hidalgo

Rafael Sanz Gómez

Joaquín Sarrión Esteve

Laura Soto Bernabeu

Irune Suberbiola Garbizu

Yeray Villegas Almagro

Índice

Capítulo 3

¿Es necesario delimitar el alcance del concepto del principio de buena administración?

Irune Suberbiola Garbizu

Capítulo 6

La motivación de actos tributarios como obligación preexistente al principio de buena administración

Yeray Villegas Almagro

Capítulo 7

El ruido que no cesa: las notificaciones electrónicas y los derechos y garantías de los obligados tributarios

Julia María Díaz Calvarro

Capítulo 8

Buena administración y regularización íntegra de la situación de los obligados tributarios

Laura Soto Bernabeu

Capítulo 9

La doctrina del Tribunal Supremo y el TEAC sobre el principio de buena administración y su efecto sobre los procedimientos tributarios de aplazamiento y fraccionamiento del pago y apremio

Nora Libertad Rodríguez Peña

Capítulo 10

El principio de ¿buena administración? en el inicio del procedimiento sancionador ante la pendencia de liquidación en sede inspectora

GUILLERMO SÁNCHEZ-ARCHIDONA HIDALGO

Capítulo 11

Incidencia del principio de buena administración en el funcionamiento de la vía económico-administrativa

JOSÉ MIGUEL MARTÍN RODRÍGUEZ

Capítulo 12

Incidencia del principio de buena administración en la gestión compartida de los tributos locales

Joaquín Jesús Polo Cañavate

Presentación

La obra que tengo el honor de presentar y que es fruto de un proyecto de investigación competitivo de la UNED, dirigido por el Profesor Rafael Sanz Gómez, se ocupa de *La construcción jurisprudencial del principio de buena administración en materia tributaria.* Es un tema de indudable relevancia y actualidad, sobre el que se producen continuamente nuevos pronunciamientos jurisprudenciales, no exentos de polémica.

Aunque el trabajo se centre en la materia tributaria, presenta un indudable carácter interdisciplinar, pues el *derecho a una buena administración* se formula expresamente en el art. 41 de la Carta de los Derechos Fundamentales de la Unión Europea y a su análisis contribuyen tanto el Derecho Europeo, como el Constitucional y el Administrativo (y encontramos especialistas en estos ámbitos entre los autores), sin perjuicio de las especiales aplicaciones que la atribuye la jurisprudencia de nuestro Tribunal Supremo en el ámbito de los procedimientos tributarios.

En realidad, según la jurisprudencia europea el ámbito de aplicación de la Carta se limita a la aplicación del Derecho Europeo (por las instituciones de la Unión o de los Estados Miembros). Sin embargo, el Tribunal Supremo considera que el *principio de buena administración* rige en toda actuación de las administraciones públicas españolas. Tal extensión no parece problemática —desde la perspectiva interna— pues la exigencia de una *buena administración* se deduce también, con claridad, de los artículos 9.3 y 103.1 de la Constitución, que garantizan, respectivamente «la responsabilidad y la interdicción de la arbitrariedad de los poderes públicos» y *el servicio objetivo de los intereses generales.* Si la actuación de la Administración no fuese *cabal* resultaría arbitraria y se apartaría de los intereses generales (que no coinciden *necesariamente* con los de los propios organismos públicos que aplican el Derecho tributario y los del personal que lo integran).

Esta perspectiva se confirma si vemos que la Carta define la *buena administración* como el «derecho a que las instituciones, órganos y organismos de la Unión traten sus asuntos *imparcial y equitativamente y dentro de un plazo razonable*», añadiendo, en particular (art. 41.2), «a) el derecho de toda persona a ser oída antes de que se tome en contra suya una medida individual que la afecte desfavorablemente; b) el derecho de toda persona a acceder al expediente que le concierna, dentro del respeto de los intereses legítimos de la confidencialidad y del secreto profesional y comercial; c) la obligación que incumbe a la administración de motivar sus decisiones». Todo ello se garantiza en el ordenamiento español, tanto desde la perspectiva administrativa general como la particular de los procedimientos tributarios. Lo mismo cabe decir de la responsabilidad de la Administración (art. 41.3 de la Carta).

Entonces ¿por qué es necesario o conveniente *subrayar el principio de buena administración* en el ámbito tributario? ¿Por qué lo ha hecho así, con gran entusiasmo, nuestro Tribunal Supremo?

Quizá esto se deba, en parte, a una dinámica —no del todo saludable— en la que los órganos tributarios actúan —aunque solo sea en algunos casos— de modo particularmente agresivo en aras de la eficiencia, descuidando que la objetividad no es *ciega* pues requiere una análisis cuidadoso del caso concreto. Pensamos que esta consideración resulta especialmente relevante para aquellos procedimientos que se desarrollan con carácter masivo (y con ello no solo nos referimos a los procedimientos de gestión, sino a los sancionadores y de reposición a ellos vinculados). Especial atención debe prestarse también al procedimiento de recaudación en vía de apremio. Desde luego, el principio de buena administración ha de proyectarse también sobre el procedimiento de inspección y la generalidad de los procedimientos de revisión.

Excepcionalmente la forma de evitar algunos excesos de la Administración puede aconsejar alguna reforma normativa (y el

Consejo para la Defensa del Contribuyente viene elaborando propuestas muy valiosas). En otros supuestos bastaría con una modificación de las prácticas o la organización administrativa. Quizá porque estos remedios no siempre se aplican, el Tribunal Supremo reacciona forzando, en ocasiones, la interpretación de la ley para proteger a los contribuyentes.

Como reacción ante estas resoluciones, el legislador —tal vez inspirado por los órganos administrativos— aprueba, en ocasiones, reformas dirigidas a desactivar la jurisprudencia para garantizar una supuesta eficacia de la Administración. En esta tensa situación, el Tribunal ha encontrado un elemento casi *mágico* en el principio de buena administración (con su aureola de Derecho Europeo) para corregir excesos (lo que resulta encomiable) o para forzar la interpretación de las leyes en supuestos en los que procedería, más bien, el planteamiento de una cuestión de inconstitucionalidad o quizá una mera exhortación al legislador en un *obiter dictum* (aunque seguramente este resultaría inútil).

Es posible que uno de los motivos por los que el Tribunal Supremo (y los demás jueces y tribunales) no planteen con más frecuencia cuestiones de inconstitucionalidad radique en las tensiones entre la jurisdicción contenciosa y el Tribunal Constitucional unidas a una cierta laxitud en la jurisprudencia de este último. Ante lo que el Tribunal Supremo percibe —con o sin acierto— como una flagrante injusticia administrativa, resulta más cómodo y expeditivo acudir al principio de buena administración que elevar la cuestión al Tribunal Constitucional.

Al margen de estos conflictos, existe otro motivo por el que la exigencia de una buena administración presenta especial relevancia en materia tributaria: la generalización de las autoliquidaciones y de obligaciones de suministro de información por parte de los contribuyentes como mecanismos sobre los que descansa, con carácter general, la aplicación de los tributos. La interpretación de las normas tributarias y su correcto cumplimiento resultan extremadamente complejos y pueden dar lugar, con facilidad, a errores y omisiones no intencionados. Por eso resulta especialmente importante que las autoridades tributarias ejerciten sus potestades exorbitantes con arreglo a los principios de una buena administración.

Desde luego, esa *buena administración*, en sentido amplio, integra también la excelente labor de información y ayuda a los contribuyentes que se esfuerzan en desplegar las administraciones tributarias (especialmente aquellas con más medios, como la Agencia Estatal). Sin embargo, esto no es suficiente. Es necesario también que los procedimientos de comprobación, los sancionadores y la revisión se desarrollen también con especial cuidado. En el caso del procedimiento de revocación (véase el capítulo de Sanz Gómez), las sentencias del Tribunal Supremo que obligan a revocar el acto en ciertos casos son, tal vez, consecuencia indirecta de la excesiva reticencia con la que la que la Administración lo aplica

En todo caso —y sin que los autores que después citaré coincidan necesariamente con los anteriores planteamientos— para adentrarse en la incidencia tributaria de la buena administración resulta indispensable la lectura de esta obra. Mencionaré brevemente los diversos trabajos, que articulan perfectamente la estructura del libro, siguiendo un orden semejante, aunque no idéntico al que aparecen en el índice de la monografía.

Las primeras contribuciones a esta obra ofrecen una valiosa aportación que permite entender mejor el origen y alcance europeo de *la buena administración.* Así lo hacen Joaquín Sarrión Esteve (*La buena administración en el laberinto de la efectividad del Derecho de la Unión Europea*) y José Antonio Cortés Torres (*La buena administración en la jurisprudencia del Tribunal de Justicia de la Unión Europea: significado y exigencias derivadas de su aplicación en los procedimientos tributarios*). Por su parte, con un planteamiento creativo, Irune Suberbiola Garbizu nos plantea una pregunta: *¿Es necesario delimitar el alcance del concepto del principio de buena administración?* Antonio José Ramos Herrera analiza con profundidad *La relevancia en el ámbito tributario del principio de buena administración a raíz de su conceptualización en la jurisprudencia.*

Un segundo grupo de trabajos, también de gran interés, se aproxima la sistemática del art. 41.2 de la Carta, ocupándose de cuestiones transversales a los procedimientos tributarios: Julia María Díaz Calvarro nos presenta *El ruido que no cesa: las notificaciones electrónicas y los derechos y garantías de los obligados tributarios* y Yeray Villegas Almagro se ocupa de *La motivación de actos tributarios como obligación preexistente al principio de buena administración.*

Otro grupo de relevantes aportaciones examinan lo que podríamos llamar *parte especial del derecho a la buena administración en materia tributaria.* «Especial» no en el sentido de que se refieran a impuestos en particular (que es el sentido que suele dársele al término), sino a determinados procedimientos tributarios.

Así, *al procedimiento de inspección y al de gestión* se refiere el trabajo de Laura Soto Bernabeu, *Buena administración y regularización íntegra de la situación de los obligados tributarios.*

En cuanto al *procedimiento de recaudación,* Nora Libertad Rodríguez Peña analiza *La doctrina del Tribunal Supremo y el TEAC sobre el principio de buena administración y su efecto sobre los procedimientos tributarios de aplazamiento y fraccionamiento del pago y apremio.*

El *procedimiento sancionador* se examina por Guillermo Sánchez-Archidona (*El principio de ¿buena administración? en el inicio del procedimiento sancionador ante la pendencia de liquidación en sede inspectora*).

Los *procedimientos de revisión* son objeto de estudio por José Miguel Martín Rodríguez (*Incidencia del principio de buena administración en el funcionamiento de la vía económico-administrativa*), por Rosa Litago Lledó (*La creación jurisprudencial de excepciones a la vía administrativa previa de revisión en materia tributaria por aplicación del principio de buena administración*) y por el director del proyecto, Rafael Sanz Gómez (*Procedimientos extraordinarios de revisión de actos desfavorables: ¿dónde están las llaves?*).

La obra no descuida las peculiaridades del ámbito local. Así, Joaquín Jesús Polo Cañavate examina la *Incidencia del principio de buena administración en la gestión compartida de los tributos locales.*

La obra se cierra, acertadamente, con un estudio de Julio César Muñiz Pérez sobre *El principio de buena administración y la evaluación de políticas públicas* (tanto en general como en el ámbito específico del Derecho tributario). Así vuelve a ponerse de relieve el carácter interdisciplinar de la materia que se trata a lo largo de estas páginas.

Solo me resta recomendar al lector que se sumerja en la lectura de esta importante monografía y de cada una de las relevantes contribuciones que la integran.

PEDRO M. HERRERA
Catedrático de Derecho Financiero y Tributario (UNED)

Capítulo 1
La buena administración en el laberinto de la efectividad del Derecho de la Unión Europea[1]

JOAQUÍN SARRIÓN ESTEVE
Profesor Titular de Derecho Constitucional
Titular de la Catedra Jean Monnet Gobernanza y Regulación en la Era Digital (GovReDig), y Director de la Cátedra ISAAC. Derechos individuales, investigación científica y cooperación

---

1 Reconocimientos: Este trabajo es un desarrollo y actualización de un trabajo anterior del autor que sirvió de base para la ponencia "La buena administración en el laberinto de la efectividad del Derecho de la Unión Europea", impartida en el marco de la "Mesa redonda: La construcción jurisprudencial del principio de buena administración", en la jornada "El principio de buena administración en la jurisprudencia tributaria del Tribunal Supremo" celebrada el 19 de mayo de 2023 en la Universidad Nacional de Educación a Distancia (UNED) en el marco del proyecto "La codificación del principio de buena administración en los procedimientos tributarios" financiado por el Vicerrectorado de Investigación, Transferencia del Conocimiento y Divulgación Científica de la Universidad Nacional de Educación a Distancia. Véase SARRIÓN ESTEVE, J., "La Administración Pública ante la primacía y efectividad del Derecho de la Unión Europea", *Estudios de Deusto,* vol. 68, n. 2, 2020, pp. 231-255 DOI: https://doi.org/10.18543/ed-68(2)-2020pp231-255. El autor agradece y reconoce también el apoyo al desarrollo de su investigación académica del programa Erasmus+ de la Unión Europea, en particular del Módulo Jurisdicción y Procedimientos en la Unión Europea (EUJURIS), ref. 621025-EPP-1-2020-1-ES-EPPJMO-MODULE, 2020-2023; y de la Cátedra Jean Monnet Gobernanza y Regulación en la Era Digital (*GovReDig*), proyecto n. 101127331, 2023-2026. Financiados por la Unión Europea. Las opiniones y puntos de vista expresados solo comprometen al autor y no reflejan necesariamente los de la Unión Europea o los de la Agencia Ejecutiva Europea de Educación y Cultura (EACEA). Ni la Unión Europea, ni la EACEA pueden ser considerados responsables de ellos.

SUMARIO: 1. INTRODUCCIÓN. 2. SOBRE LA RELEVANCIA DE LOS PRINCIPIOS CONSTITUCIONALES DEL DERECHO DE LA UNIÓN EUROPEA PARA GARANTIZAR SU EFECTIVIDAD, EN PARTICULAR SOBRE EL PRINCIPIO DE PRIMACÍA. 3. LA PROYECCIÓN DE LA EFECTIVIDAD DEL DERECHO DE LA UNIÓN EUROPEA SOBRE LA ADMINISTRACIÓN PÚBLICA. 4. CONCLUSIONES. 5. RECURSOS BIBLIOGRÁFICOS.

1. INTRODUCCIÓN

Es conocido que el principio de buena administración se incluye en el artículo 41 de la Carta de Derechos Fundamentales de la Unión Europea (en adelante, CDFUE o Carta) destinado a vincular a las instituciones comunitarias[2], si bien recientemente ha tenido un cierto éxito en la jurisprudencia española, en relación con la actuación de la Administración Pública española, y la Administración Tributaria en particular. Así, el Tribunal Supremo español viene consolidando una línea jurisprudencial en la que constata que estamos ante un principio positivizado en la CDFUE, pero implícito en la Constitución española, que impondría a la Administración una conducta que debe ir más allá del mero cumplimiento de los procedimientos y trámites, para garantizar la

---

2 Aunque se habla de principio se configura en la Carta como derecho ("derecho a una buena administración") que expresamente vincula únicamente a las instituciones, órganos y organismos de la Unión, que deben tratar los asuntos de toda persona de forma imparcial y equitativamente dentro de un plazo razonable (art. 41.1 CDFUE), y que incluye en particular "a) el derecho de toda persona a ser oída antes de que se tome en contra suya una medida individual que la afecte desfavorablemente; b) el derecho de toda persona a acceder al expediente que la concierna, dentro del respeto de los intereses legítimos de la confidencialidad y del secreto profesional y comercial; c) la obligación que incumbe a la Administración de motivar sus decisiones" (art. 41.2 CDFUE), así como prevé el derecho de reparación de los daños causados por las instituciones y agentes de la UE, en el ejercicio de sus funciones (art. 41.3 CDFUE), y la posibilidad de cualquier persona de dirigirse a las instituciones de la UE en una de las lenguas de los Tratados y recibir una contestación en la misma lengua.

plena efectividad de las garantías y derechos reconocidos legal y constitucionalmente[3].

Esta recepción, por parte del Tribunal Supremo, del principio de buena administración contenido en la CDFUE no debería extrañar, dada la relevancia penetrante del Derecho de la Unión en todos los sectores jurídicos, y la especial importancia del papel del Tribunal de Justicia de la Unión Europea, que ha desarrollado una importante jurisprudencia sobre la proyección de los principios de efecto directo y primacía, así como también de interpretación conforme, que cobran una especial importancia como principios constitucionales para garantizar (su) la efectividad sobre la actuación de la Administración Pública[4]; no olvidemos que, en la práctica y actividad ordinaria la Administración, los operadores jurídicos que forman parte de las Administraciones Públicas, y del sector público en general, van a aplicar Derecho y normas de la Unión Europea.

Además, tampoco podemos obviar que la Ley Orgánica de Ratificación del Tratado de Lisboa de 2008[5] establece en su artículo 2 una clara vinculación explícita de los operadores jurídicos a una interpretación de las normas sobre derechos y libertades contenidas en la Constitución en relación con la Carta, en el sentido de que: "A tenor de lo dispuesto en el párrafo segundo del artículo 10 de la Constitución española y en el apartado 8 del artículo 1 del Tratado de Lisboa, las normas relativas a los derechos fundamentales y a las libertades que la Constitución reconoce se interpretarán también de conformidad con lo dispuesto en la Carta de

---

3 Por todas, Sentencia del Tribunal Supremo 741/2020, de 11 de junio de 2020, rec. 3887/2017, ES:TS:2020:1884 *(Tol7.980.053)*, f. 6.

4 SARRIÓN ESTEVE, J., "La Administración Pública ante la primacía y efectividad del Derecho de la Unión Europea", ob. cit.

5 Ley Orgánica 1/2008, de 30 de julio, por la que se autoriza la ratificación por España del Tratado de Lisboa, por el que se modifican el Tratado de la Unión Europea y el Tratado Constitutivo de la Comunidad Europea, firmado en la capital portuguesa el 13 de diciembre de 2007 (*Tol 1.347.862*)

los Derechos Fundamentales publicada en el «Diario Oficial de la Unión Europea» de 14 de diciembre de 2007 (...)"; que no puede entenderse sino como una vinculación que se extiende a los operadores jurídicos, incluyendo no solo a los órganos jurisdiccionales, sino también a las Administraciones Públicas, constituyendo una obligación establecida de forma clara en el Derecho interno[6].

Y en este sentido, si el principio de buena administración no está explícitamente reconocido en la Constitución española, está llamado a jugar un importante papel, incluso fuera del ámbito de aplicación del propio Derecho de la Unión y de la CDFUE, es decir, ante situaciones exclusivamente sujetas al Derecho de creación interna y fuera del ámbito de aplicación del Derecho de la UE.

Siendo esto así, más relevancia si cabe debería tener la proyección del principio de buena administración en relación con el ámbito de aplicación del Derecho de la UE, esto es, cuando la Administración española debe resolver un asunto que entra dentro de dicho ámbito de aplicación, aunque el principio de buena administración establecido en el art. 41 de la CDFUE esté previsto inicialmente para las instituciones europeas.

Pues bien, sin duda se pueden plantear dudas en relación con la obligación de la Administración de aplicar el Derecho de la Unión de forma efectiva —derivada de los principios de efecto directo y primacía en su caso, así como interpretación conforme del Derecho interno y la práctica administrativa con el Derecho de la Unión, y los eventuales límites que se pueden establecer a la efectividad del ordenamiento del Derecho de la Unión y de los derechos y garantías reconocidos en el mismo, constituyendo esto lo que hemos denominado "el laberinto de la efectividad del Derecho de la Unión Europea", si bien el principio de buena administración impondría a la Administración un deber de diligencia

---

6 Si bien esta obligación legal no vincularía al Tribunal Constitucional, sometido únicamente a la Constitución y a su correspondiente Ley Orgánica, que estaría no obstante obligado vía art. 10.2 CE.

que garantice de forma plena la efectividad del Derecho, y de los derechos, de la Unión Europea.

2. SOBRE LA RELEVANCIA DE LOS PRINCIPIOS CONSTITUCIONALES DEL DERECHO DE LA UNIÓN EUROPEA PARA GARANTIZAR SU EFECTIVIDAD, EN PARTICULAR SOBRE EL PRINCIPIO DE PRIMACÍA

Sin duda, el principio de primacía puede considerarse como una dovela central en la arquitectura del ordenamiento jurídico de la Unión Europea que, junto con los principios de autonomía del ordenamiento jurídico, el efecto directo[7], el principio de interpretación conforme[8], y la responsabilidad patrimonial de los Estados miembros por infracción del Derecho de la UE[9], posibilitan su efectividad y, por tanto, también la de los derechos de los ciudadanos conferidos por el mismo; por ello podemos considerar que son principios de carácter constitucional en el Derecho de la Unión.

En particular, el principio de primacía puede servir como criterio de resolución de los eventuales conflictos que surjan entre sus normas y las normas nacionales, dentro de las relaciones entre el ordenamiento europeo y el ordenamiento nacional en el que el primero se integra. Cabe considerar que el principio de primacía del Derecho de la UE se manifiesta en dos vertientes[10]: una normativa (conflicto abstracto), y otra aplicativa (conflicto concreto), ésta última —que es la que nos interesa en particu-

---

7 Véase las Sentencias del Tribunal de Justicia de 5 de febrero de 1963, *Van Gend &Loos*, C-26/62, EU:C:1963:1 (*Tol 5.809.949*) y de 15 de julio de 1964, *Costa*, C-6/64, EU:C:1964:66

8 Sentencia del Tribunal de Justicia de 13 de diciembre de 1990, *Marleasing*, C-106/89, EU:C:1990:395.

9 Sentencia del Tribunal de Justicia de 19 de noviembre de 1991, *Francovich y Bonifaci*, asuntos acumulados C-6/90 y 9-90, EU:C:1991:428.

10 SARMIENTO, D., *El Derecho de la Unión Europea*, Marcial Pons, Madrid, 2016, pp. 314 y ss.

lar— se produce cuando en un caso concreto hay que elegir entre la aplicación del Derecho de la Unión, y la norma nacional, y el operador jurídico, sea un órgano jurisdiccional o, por lo que aquí interesa, la Administración[11], una vez determinado que no es posible la interpretación conforme, y tratándose de la aplicación de una disposición europea con efecto directo, el operador jurídico debe proceder a inaplicar (desplazar) la disposición nacional, con independencia de su naturaleza o rango[12], y de su carácter temporal anterior o posterior a la disposición europea[13].

Caso distinto es si la disposición europea no tiene efecto directo, y la interpretación conforme de la norma nacional no es posible, pues en este caso no es posible dejar de aplicar la norma nacional. Así, se produce un sacrificio de la primacía[14], y la efectividad del Derecho de la Unión requiere o abre la puerta a la responsabilidad patrimonial del Estado por infracción del Derecho

---

11 Vid. Sentencia del Tribunal de Justicia de 22 de junio de 1989, *Fratelli Costanzo*, C-103/88, EU:C:1989:256, apartado 32. Abarcando tanto las disposiciones administrativas de carácter general como las resoluciones administrativas individuales y concretas, véase Sentencia del Tribunal de Justicia de 29 de abril de 1999, *Ciola*, C-224/1997, EU:C:1999:212, apartado 32.

12 Por tanto, también respecto a normas constitucionales. Vid. Sentencia del Tribunal de Justicia de 17 de diciembre de 1970, *Internationale Handelsgesellschaft*, C-11/70, EU:C:1970:114; y Sentencia del Tribunal de Justicia de 26 de febrero de 2013, *Stefano Melloni*, C-399/11, EU:C:2013:107.

13 No estando el juez nacional obligado a esperar la modificación, derogación o anulación de la disposición nacional, ya sea por procedimientos legislativos o judiciales. Véase Sentencia del Tribunal de Justicia de 9 de marzo de 1978, *Simmenthal*, C-106/77, EU:C:1978:49 (*Tol 5.809.947*), apartado 24.
Por otro lado, hay que añadir que también se puede, sin embargo, explicar el juego de la primacía con los llamados efectos de exclusión (se impide la aplicación de la norma nacional contraria), y de sustitución (se aplica la norma europea en sustitución de la norma nacional). Vid. LÓPEZ ESCUDERO, A., "Primacía del Derecho de la Unión Europea y sus límites en la jurisprudencia reciente del TJUE", *Revista de Derecho Comunitario Europeo*, 64, 2019, pp. 795-796.

14 Ibidem, p. 805

de la Unión[15]; cosa distinta es que esta responsabilidad patrimonial, por muy compensatoria que pueda llegar a ser, es una especie de efectividad que pierde su esencia, si es que se puede hablar de efectividad, porque realmente la responsabilidad deriva de la falta de garantía de la efectividad, en particular cuando se trata de derechos reconocidos o derivados del propio Derecho de la Unión. Todo esto sin perjuicio de la obligación del Estado de, en aras de salvaguardar la seguridad jurídica, proceder a la modificación, anulación o derogación de la norma nacional incompatible, es decir, a su expulsión en definitiva del ordenamiento jurídico[16].

También resulta importante decir que el conflicto puede constatarse a consecuencia de una interpretación de la norma comunitaria que realiza el Tribunal de Justicia, cuyos efectos interpretativos, al esclarecer y precisar el significado y alcance de la norma europea serían *ex tunc*, es decir, desde el momento de entrada en vigor de la norma, y no desde el pronunciamiento judicial, extendido su proyección hacia las relaciones surgidas por tanto con antelación a la precisión del significado de la norma[17].

---

15 SARMIENTO, D., *El Derecho de la Unión Europea*, ob. cit., p. 272.

16 ALONSO GARCÍA, R, *Las sentencias básicas del Tribunal de Justicia de la Unión Europea*, 5ª edición, Civitas, Madrid, 2014, p. 92. Y si bien esto quedaría en manos del Estado, conforme al principio de autonomía institucional y procedimental, por la inexistencia de una competencia de la UE en esta materia, no es menos cierto que este principio está funcionalizado y puede ser objeto de control por parte del propio Tribunal de Justicia para garantizar el llamado 'efecto útil' del Derecho de la UE. Cfr. GALETTA, D.A., *Procedural Autonomy of EU Member States: Paradise Lost?*, Cham, Springer, 2011, p. 122.

17 Vid. Sentencia del Tribunal de Justicia de 27 de marzo de 1980, *Denkavit italiana*, C-61/79, EU:C:1980:100, apartado 16; y Sentencia del Tribunal de Justicia de 10 de febrero de 2000, *Deutsche Telekom*, C-50/96, EU:C:2000:72, (*Tol 105.394*), apartado 43. Y es que las sentencias del Tribunal de Justicia son de carácter declarativo y no constitutivo, vid. Sentencia del Tribunal de Justicia de 19 de octubre de 1995, *Richardson*, C-137/94, EU:C:1995:342, apartado 33.

Interesa señalar, además, que el eventual conflicto a resolver por el operador jurídico, no se proyecta únicamente entre normas que contienen derechos por un lado y otras normas que los niegan, sino que puede ser entre unas normas europeas que contienen unos derechos y otras internas que contienen otros derechos distintos que entran en conflicto; o también, por qué no, conflictos entre normas europeas que confieren derechos, ya sean fundamentales o no, y actos internos de contenido jurídico, como pueden ser los actos administrativos[18], e incluso las resoluciones judiciales[19].

Qué duda cabe que como regla general este tipo de conflictos no normativos derivará, seguramente, de un previo conflicto entre normas que no se ha resuelto bien por parte del operador jurídico nacional, sea a nivel administrativo o judicial; pero es posible que la decisión administrativa o judicial haya sido a priori correcta desde la perspectiva incluso del Derecho de la UE, pero que el conflicto surja como consecuencia de una nueva interpretación de la norma europea que dé el Tribunal de Justicia.

Aquí nos vamos a adentrar, en particular, en la compleja cuestión de la vinculación de la Administración Pública a la efectividad del DUE, que actúa en el marco del procedimiento administrativo, ámbito que, conforme al principio de autonomía procesal y procedimental, se ha dejado en manos de los Estados miembros, y por tanto, del Derecho interno;[20] y en qué medida puede funcionar

---

18 Véase Sentencia del Tribunal de Justicia de 13 de enero de 2004, *Kühne & Heitz*, C-453/00, EU:C:2004:17 (*Tol 331.940*).

19 Sentencia del Tribunal de Justicia de 16 de marzo de 2006, *Kapferer*, C-234/04, EU:C:2006:178, (*Tol 4.627.971*).

20 La Administración, a diferencia de los órganos jurisdiccionales, no dispone de la herramienta de la cuestión prejudicial cuando hay dudas sobre la validez o interpretación de una norma o disposición de Derecho de la Unión Europea, lo que hace más complejo el funcionamiento de la primacía y de la efectividad del Derecho de la Unión que también vincula a la Administración. Si se quiere profundizar, en cambio, sobre la especial vinculación de los órganos jurisdiccionales a la efectividad del Derecho de la Unión y sus límites, en particular en relación con la

esta autonomía frente a la primacía y efectividad del Derecho de la Unión, así como respecto a los eventuales límites de dicha efectividad, y por tanto, también, de la propia efectividad de los derechos que confiere el mismo; límites vinculados, como veremos, fundamentalmente, aunque no solo, al principio de seguridad jurídica.

3. LA PROYECCIÓN DE LA EFECTIVIDAD DEL DERECHO DE LA UNIÓN EUROPEA SOBRE LA ADMINISTRACIÓN PÚBLICA[21]

Como hemos anticipado, en *Simmenthal*, en 1978, el Tribunal de Justicia ya tuvo oportunidad de asentar que el principio de primacía, en el sentido de que el Derecho comunitario con efecto directo hace inaplicable de pleno derecho cualquier disposición contraria, lo que es compatible con el principio de cooperación leal para que los Estados miembros proporcionen la protección jurídica efectiva de los derechos derivados del ordenamiento europeo, siendo incompatible toda disposición o práctica, legislativa, administrativa o judicial, que redujera la eficacia del ordenamiento europeo[22]. Al final, por tanto, estamos hablando de una vinculación general a todas las autoridades nacionales, que incluye, por tanto, y como no puede ser de otra manera, a las Administraciones Públicas.

---

res iudicata, vid. SARRIÓN ESTEVE, J., "Apuntes sobre la autoridad de la *res iudicata* en la jurisprudencia del Tribunal de Justicia de la Unión Europea", *Cuadernos Europeos de Deusto*, 65, 2021, pp. 133-160. DOI: https://doi.org/10.18543/ced-65-2021pp133-160

21 Seguimos aquí, en particular, lo ya planteado y desarrollado en SARRIÓN ESTEVE, J., "La Administración Pública ante la primacía y efectividad del Derecho de la Unión Europea", ob. cit. Véase al respecto también, y compárese, con la excelente y más reciente monografía dedicada a este interesantísimo tema: GALÁN GALÁN, A., *Primacía Europea y Administración Pública. La obligación administrativa de inaplicación*, Thomson Reuters Aranzadi, Madrid, 2021.

22 Sentencia *Simmenthal*, cit. apartados 17-23.

Así se manifiesta, en particular, ya en *Fratelli Costanzo* (1989)[23], que, en realidad, no deja de ser un desarrollo o extensión de la doctrina *Simmenthal*, pero aplicada a las Administraciones Públicas. Y es que, aunque en sentencias anteriores el Tribunal de Justicia ya se había pronunciado sobre la obligación de las Administraciones Públicas de garantizar la efectividad del Derecho comunitario, incluso inaplicando una ley interna[24]; podemos decir que hasta *Fratelli Costanzo* el razonamiento derivaba de la existencia de una norma interna declarada contraria al Derecho comunitario tras una declaración de incumplimiento por parte del Tribunal de Justicia, de forma que se había constatado la incompatibilidad de la norma interna con el Derecho europeo, mientras que, en *Fratelli Costanzo,* se constata que no es necesaria una previa declaración de incumplimiento por parte del Tribunal de Justicia[25]; de forma que las Administraciones Públicas estarían vinculadas y obligadas a garantizar la efectividad de las disposiciones de Derecho comunitario con efecto directo, y por tanto, también los derechos conferidos o reconocidos en las mismas si son claros y precisos.

Lo que se planteaba en el caso *Fratelli Costanzo* era, nada más ni nada menos, la disyuntiva de si la Administración estaba facultada o incluso obligada a aplicar una directiva comunitaria que tuviera efecto directo, alegada por el interesado, inaplicando una norma interna. En las conclusiones, el Abogado General sostenía que la Administración estaría facultada para ello, pero en cambio solo estaría obligada si existía un previo pronunciamiento judicial que precisara y aclarara el efecto directo de la directiva, basándose en que la Administración, a diferencia de un tribunal o un juez na-

---

23 Sentencia del Tribunal de Justicia de 22 de junio de 1989, *Fratelli Costanzo,* C-103/88, EU:C:1989:256, apartado 30.

24 Así, desde la Sentencia del Tribunal de Justicia de 13 de julio de 1972, *Comisión c. Italia,* C-48/71, EU:C:1972:65, apartados 6-7.

25 Véase COBREROS MENDAZONA, E., "La aplicación del principio de primacía del Derecho de la Unión Europea por la Administración", *Revista Vasca de Administración Pública,* 103, 2015, pp. 174-176.

cional, carecía de la herramienta —podríamos decir hermenéutica— de la cuestión prejudicial[26].

Ciertamente, a diferencia del juez nacional, la Administración tiene el hándicap o problema de que no está facultada para plantear una cuestión prejudicial, ni tampoco puede adoptar medidas provisionales respetando los requisitos que exige el propio Tribunal de Justicia, y asimismo, es evidente que el estatuto de estas autoridades o entidades nacionales, como regla general, no garantiza el mismo grado de independencia del que gozan los órganos jurisdiccionales nacionales, ni existe certeza de que apliquen el principio de contradicción que preside el debate judicial[27], de ahí que sea más necesario si cabe la disposición de reglas claras de conflicto para cuando corresponde a la Administración Pública y las entidades del sector público aplicar el Derecho europeo, y darle efectividad.

Por ello, se podría sostener, y es convincente, la línea argumental planteada en las conclusiones de *Fratelli Costanzo*, que sólo cuando el asunto está aclarado, la Administración está obligada a inaplicar una norma nacional, mientras que si no es así, el asunto debería derivarse al juez nacional que tiene la herramienta de la cuestión prejudicial[28]. En sentido similar, se ha planteado por algún autor la necesidad de modular la obligación, introduciendo cierta dosis de diversidad en la obligación de inaplicación administrativa, atendiendo al grado de capacidad técnica de la Administración, así como al objetivo de la norma interna a inaplicar[29].

---

26 Conclusiones del Abogado General Otto Lenz, presentadas el 25 de abril de 1989, *Fratelli Costanzo*, C-103/88, EU:C:1989:166, apartados 35 y ss.

27 Sentencia del Tribunal de Justicia de 6 de diciembre de 2005, *ABNA y otros*, asuntos acumulados C-453/03, 11/04, 12/04 y 194/04, EU:C:2005:741, (Tol 4.625.455), apartados 108-109.

28 Cfr. COBREROS MENDAZONA, E., "La aplicación del principio de primacía del Derecho de la Unión Europea por la Administración", ob. cit. p. 179.

29 Véase GALÁN GALÁN, A., *Primacía Europea y Administración Pública. La obligación administrativa de inaplic*ación, ob. cit. pp. 228-229.

Sin embargo, el Tribunal de Justicia parece más beligerante —o más garantista si se prefiere— en la tutela de la efectividad del Derecho comunitario en esta sentencia, y por tanto, también de los derechos que el mismo confiere. En efecto, el Tribunal de Justicia razona que cuando una disposición de una directiva comunitaria tiene, desde el punto de vista de su contenido efecto directo (no está sujeta a condición alguna y es lo suficientemente precisa), los particulares la pueden invocar directamente, no sólo ante órganos jurisdiccionales[30], sino ante cualquier organismo o entidad sometidos a la autoridad o control de un Estado miembro, y por tanto también ante la Administración Pública, incluyendo una administración local como era en este caso[31].

No estamos ante una sentencia aislada, sino ante una doctrina consolidada por parte del Tribunal de Justicia, que incluye, entre otras, las sentencias *Kampleman* (1997)[32], *Ciola* (1999)[33], *Larsy* (2001)[34], *Jiménez Melgar* (2001)[35], *CIF* (2003)[36], *Petersen* (2010)[37], *Rosado Santana* (2011)[38],

---

30 Recuerda, en este sentido, la jurisprudencia sobre el efecto directo de las directivas, que cuando se produce las hace susceptibles de invocación por los particulares ante los órganos jurisdiccionales. Véase *Fratelli Costanzo*, ya citada, apartado 29.

31 Véase *Fratelli Costanzo*, ya citada, apartados 30-32.

32 Sentencia de 4 de diciembre de 1997, *Kampelmann y otros*, asuntos acumulados C-253 a 258/96, EU:C:1997:585, (*Tol 4.622.672*), apartado 47.

33 Sentencia *Ciola*, antes citada, apartados 25 y ss.

34 Sentencia del Tribunal de Justicia de 28 de junio de 2001, *Larsy*, C-118/00, EU:C:2001:368, (*Tol 105.882*), apartados 51 y 52.

35 Sentencia del Tribunal de Justicia de 4 de octubre de 2001, *Jiménez Melgar*, C-438/99, EU:C:2001:509, (Tol 105.810), apartado 32.

36 Sentencia del Tribunal de Justicia de 9 de septiembre de 2003, *CIF*, C-198/01, EU:C:2003:430, en este caso respecto de una autoridad de la competencia, (*Tol 307.653*), apartados 49-50.

37 Sentencia del Tribunal de Justicia de 12 de enero de 2010, *Petersen*, C-341/08, EU:C:2010:4, apartado 80.

38 Sentencia del Tribunal de Justicia de 8 de septiembre de 2011, *Rosado Santana*, C-177/10, EU:C:2011:557, apartado 53.

Amia (2012)[39], hasta *Farrel* (2017)[40], y *An Garda Síochána* (2018)[41], por poner algunos ejemplos y sin pretensión de exhaustividad[42].

Entiende el Tribunal de Justicia que si bien, y conforme al principio de autonomía procedimental, los Estados miembros pueden reservar la competencia para controlar la validez de las normas internas incompatibles con el Derecho de la Unión, la obligación de dar efectividad al mismo es general para todos los órganos nacionales, no sólo los órganos judiciales, sino también los organismos administrativos, por lo que hay obligación de proporcionar efectividad, no es algo que quede por tanto a merced de los Estados miembros en su legislación interna.

Hay que advertir, además, que esta proyección es amplísima, puesto que también se extiende a todo tipo de entidades públicas, y a todo tipo de disposiciones y actos administrativos, dado que no perderían su carácter de disposición o acto interno.

Esta doctrina, nacida en *Fratelli Costanzo*, y así planteada de forma generalizada, maximalista, y hasta conocida como la "obligación Costanzo", no deja de plantear ciertos problemas desde el punto de vista de la seguridad jurídica, es decir, la efectividad se garantiza a costa de la efectividad[43].

---

39 Sentencia del Tribunal de Justicia de 24 de mayo de 2012, *Amia,* C-97/11, EU:C:2012:306, apartados 28 y 39.

40 Sentencia del Tribunal de Justicia de 10 de octubre de 2017, *Farrel,* C-413/15, EU:C:2017:745, (*Tol 6.384.733*)

41 Sentencia del Tribunal de Justicia de 4 de diciembre de 2018, *An Garda Síochána,* C-378/17, EU:C:2018:979, (*Tol 6.932.725*), apartado 38 y siguientes.

42 Véase una breve aproximación a las mismas, y otras referencias, en SARRIÓN ESTEVE, J., "La Administración Pública ante la primacía y efectividad del Derecho de la Unión Europea", ob. cit., pp. 241 y ss.

43 Ibidem, p. 244.

Por ello, a pesar de opiniones favorables[44]; se ha cuestionado que se exige a la Administración que exceda de los poderes que tiene atribuidos en el Derecho interno, afectando por tanto a la separación de poderes[45], o al principio de legalidad[46].

Otros autores proponen buscar soluciones a través del establecimiento de mecanismos de garantía para que la Administración inaplique las normas contrarias al Derecho de la Unión, distinguiendo entre 1) los casos en los que la incompatibilidad se haya declarado judicialmente de forma previa (por el propio Tribunal de Justicia vía recurso por incumplimiento, o cuestión prejudicial; o a nivel interno por el Tribunal Supremo o por un Tribunal Superior de Justicia en el caso de leyes autonómicas, que hayan determinado la inaplicación de la ley interna), que cabría la inaplicación; y 2) el resto de casos, en los que la Administración únicamente podría inaplicar una disposición interna cuando tenga un convencimiento pleno y objetivo de la antinomia, y así se justifique de forma motivada[47]. También el Consejo de Estado, en

---

44 Sin perjuicio de entender que hay dificultades para su aplicación por parte de la Administración, véase TRAYTER JIMÉNEZ, J.M., "El efecto directo de las directivas comunitarias: el papel de la Administración y de los jueces en su aplicación", *Revista de Administración Pública*, 125, 1991, pp. 254-259. Algunos autores van más allá, pues entienden que las Administraciones Públicas no solo pueden y deben inaplicar, por su propia autoridad, las normas legales y reglamentarias inválidas, cuando son contrarias al Derecho comunitario, sino también por otras razones, cuando son, por ejemplo, inconstitucionales, vid. DOMÉNECH PASCUAL, G., "La inaplicación administrativa de reglamentos ilegales y leyes inconstitucionales", *Revista de Administración Pública*, 155, 2011, p. 77, pp. 99 y ss., y p. 106.

45 Vid. DE WITTE, B., "Direct Effect, Primacy, and the Nature of the EU Legal Order", CRAIG, P. y DE BÚRCA, G. *The Evolution of EU Law*, Oxford University Press, Oxford, 2011, pp. 323 y ss.

46 Vid. AZPITARTE SÁNCHEZ, M., "Las relaciones entre el derecho de la Unión y el Derecho del Estado a la luz de la Constitución Europea", *Revista de Derecho Constitucional Europeo*, 1, 2004, p. 87.

47 Vid. COBREROS MENDAZONA, E., "La aplicación del principio de primacía del Derecho de la Unión Europea por la Administración",

su famoso *Informe sobre la inserción del derecho europeo*, en 2008, se hace eco de la doctrina *Costanzo*, y de los problemas de seguridad jurídica de la facultad, atribuida a la Administración por el Derecho comunitario, de inaplicar disposiciones internas contrarias al Derecho europeo proponiendo alguna solución[48]. En un segundo informe, de 2010, de forma más ambiciosa, propone la aprobación de una ley que sistematice los mecanismos de garantía del cumplimiento del Derecho de la Unión, incluyendo los medios de prevención y reacción, así como el de responsabilidad[49].

En mi opinión, la facultad atribuida a la Administración para garantizar la efectividad del Derecho de la Unión no plantea ningún problema desde la perspectiva de la sujeción al principio de legalidad (art. 103.1 CE), en la medida que la sujeción es en un sentido amplio, a la ley y al Derecho[50], debiendo entender incluido en el Derecho, es decir, en nuestro ordenamiento jurídico, como orden o sistema jurídico complejo, en el que se integraría el propio ordenamiento jurídico (autónomo) de la Unión, ex art. 93 CE[51].

---

ob. cit., pp. 202-203. Aunque esta autora llega también a proponer de forma sugerente, para salvar las eventuales suspicacias, aplicar salvando las distancias, la doctrina del acto claro, es decir, que la Administración Pública pueda inaplicar una disposición interna tanto cuando sea clara la incompatibilidad porque ha quedado aclarada judicialmente como cuando sea tan evidente que no quede lugar a duda razonable porque se trataría de una convicción que se impondría a las Administraciones Púbicas de otros Estados, así como al propio Tribunal de Justicia; dejando abierta también la puerta a que el legislador regule el mecanismo.

48 Véase CONSEJO DE ESTADO, *Informe del Consejo de Estado sobre la inserción del Derecho Europeo en el Ordenamiento Español*, 14 de febrero de 2008, pp. 240 ss.

49 CONSEJO DE ESTADO, *Informe del Consejo de Estado sobre las garantías del cumplimiento del Derecho comunitario*, 15 de diciembre de 2010, pp. 309 y ss.

50 En el mismo sentido, véase COBREROS MENDAZONA, E., "La aplicación del principio de primacía del Derecho de la Unión Europea por la Administración", ob. cit., p. 201.

51 SARRIÓN ESTEVE, J., "La Administración Pública ante la primacía y efectividad del Derecho de la Unión Europea", ob. cit., p.246.

Además, el Tribunal Constitucional español sí parece admitir la doctrina *Costanzo,* a diferencia del Tribunal Supremo que no tiene una posición clara y constante[52]. Como es sabido, aunque el TC había venido configurando al Derecho comunitario como un Derecho que carecía de rango constitucional, atribuyendo a los jueces ordinarios la aplicación del mismo y, por pura lógica, había considerado que un conflicto entre normas internas y disposiciones comunitarias no adquiere (por sí mismo, añadiríamos nosotros) relevancia constitucional; la evolución de la doctrina del Tribunal Constitucional muestra una progresiva apertura hacia el Derecho de la Unión, tanto aceptando el principio de primacía aunque no como principio de supremacía jerárquica, sino como exigencia existencial del mismo que juega desde la perspectiva del principio de competencia y de la selección de la norma aplicable; y controlando la falta de planteamiento de una cuestión prejudicial[53]. Es en este contexto donde cobra relevancia la sentencia del TC 145/2012, de 2 de julio, que merece una especial atención, al constar la vinculación de la Administración Pública al principio de primacía del Derecho de la Unión, con la consecuencia de la nulidad con eficacia *ex tunc* de una norma declarada por el Tribunal de Justicia como incompatible con el Derecho comunitario, aceptando el Tribunal Constitucional que la vinculación de la primacía opera también para todos los órganos jurisdiccionales españoles, incluyendo el propio TC[54].

En cualquier caso, es importante señalar el posible límite a la efectividad del Derecho de la Unión vinculado al principio de se-

---

52 A diferencia del Tribunal Supremo, en el que encontramos jurisprudencia contradictoria. Véase sobre esta cuestión a GALÁN GALÁN, A., *Primacía Europea y Administración Pública. La obligación administrativa de inaplic*ación, ob. cit., pp. 137-146.

53 Véase la referencia y análisis de la jurisprudencia relevante en SARRIÓN ESTEVE, J., "La Administración Pública ante la primacía y efectividad del Derecho de la Unión Europea", ob. cit., pp. 246-247.

54 STC 145/2012, de 2 de julio, (*Tol 2.604.713*), fundamento jurídico 7. En el mismo sentido, véase STC 13/2017, de 30 de enero (*Tol 5.985.440*).

guridad jurídica y que, como principio constitucional inherente al Estado de Derecho y los sistemas constitucionales de los Estados miembros, así como también principio de carácter constitucional en el Derecho de la Unión, puede aplicarse, en una de sus manifestaciones, como límite a la plena efectividad del Derecho de la Unión. Así se pone de manifiesto en la sentencia *Kühne & Heitz*, en la que el Tribunal de Justicia afirma la importancia del principio de seguridad jurídica, en relación con las resoluciones administrativas. Así, entiende que el Derecho comunitario no exige *per se* que un órgano administrativo esté obligado, en principio, a reconsiderar una resolución administrativa que hubiera adquirido firmeza[55], permitiendo por tanto lo que sería una modulación del principio de primacía a través del tamiz de la seguridad jurídica[56]. Sin duda, y como se ha apuntado por algún autor, se trata también de intentar dar una respuesta al necesario equilibrio con la interpretación uniforme del Derecho de la UE[57].

Podemos considerar que en esta sentencia se establece que el órgano administrativo estará obligado a examinar de nuevo una resolución administrativa firme, para tener en consideración una interpretación del Tribunal de Justicia sobre una disposición de Derecho europeo, y para garantizar su efectividad, cuando se den las siguientes condiciones: a) dispone de esta facultad conforme al derecho interno; b) la resolución administrativa ha adquirido firmeza a raíz de una sentencia judicial; c) la sentencia judicial resuelve en última instancia basándose en una interpretación del Derecho de la UE que a la luz de la jurisprudencia del Tribunal de Justicia posterior es errónea, y se ha adoptado sin someter cuestión prejudicial ante el mismo; y d) el interesado se dirige al ór-

---

55 Sentencia del Tribunal de Justicia de 13 de enero de 2004, *Kühne & Heitz*, C-453/00, EU:C:2004:17, (*Tol 331.940*), apartado 24.

56 Véase en el mismo sentido, entre otras, la Sentencia del Tribunal de Justicia de 3 de septiembre de 2009, *Fallimento Olimpiclub*, C-2/08, EU:C:2009:506.

57 MARTINICO, G., *The Tangled Complexity of the EU Constitutional Process* Routledge, Londres y Nueva York, 2013, p. 147.

gano administrativo de forma inmediata después de tener conocimiento de la jurisprudencia del Tribunal de Justicia[58].

Estamos ante requisitos claramente restrictivos que, al estar fundados en el ordenamiento jurídico interno y corresponder a las autoridades nacionales la valoración de la situación concreta a la luz del mismo, puede plantear desafíos para los derechos de los individuos (del Derecho de la UE, y su efectividad), así como podría terminar afectando a la homogénea efectividad del Derecho de la Unión en el territorio de la misma, que podría verse fragmentada.

4. CONCLUSIONES

El Derecho de la Unión Europea impone que se garantice su efectividad y la de los derechos que el mismo reconoce o garantiza. La garantía de esta efectividad se vehicula a través de principios que se pueden considerar de carácter constitucional en el Derecho de la Unión Europea, como son, en particular, los principios de primacía, efecto directo, e interpretación conforme.

Esta efectividad y garantía de los derechos del ordenamiento jurídico de la UE obliga a los operadores jurídicos a que se garantice la efectividad del Derecho de la Unión (y los derechos reconocidos en el mismo o derivados del mismo) frente a cualquier disposición, norma o práctica interna, este mandato u obligación incluye a la Administración Pública (doctrina *Costanzo*). Sin embargo, esta obligación no excluye que el principio de seguridad jurídica pueda modular, en algunos casos, y conforme a los requisitos establecidos por el Tribunal de Justicia, la efectividad del Derecho de la Unión Europea, si bien los requisitos que se han establecido para esta limitación, al estar vinculados al Derecho interno de los Estados, no dejan de plantear desafíos para una efectividad homogénea del Derecho de la Unión.

---

58 Sentencia *Kühne & Heitz,* antes citada, apartados 27 y 28.

El principio de buena administración, establecido en la Carta de Derechos Fundamentales de la Unión Europea para garantizar la correcta actuación de sus instituciones puede ser un principio importante de inspiración para la actuación de la Administración Pública de los Estados miembros en relación con la aplicación y efectividad del Derecho de la Unión.

Si bien la garantía de efectividad es una exigencia del propio Derecho de la Unión, no es menos cierto que el principio de buena administración puede, y entiendo que debe, inspirar y servir como instrumento de acicate para que la Administración garantice de una forma adecuada la efectividad del Derecho de la Unión; considerando que la vinculación constitucional a la ley y al Derecho, establecida en el art. 106 CE, debe entenderse como una vinculación a un concepto amplio de Derecho, esto es, al ordenamiento jurídico español en el que, como ordenamiento complejo, se integra el propio Derecho de la Unión que debe ser aplicado, de forma que garantizando la efectividad del Derecho de la Unión, la Administración está actuando conforme al principio de buena administración y conforme también al principio de legalidad a la que está sujeta.

5. RECURSOS BIBLIOGRÁFICOS

ALONSO GARCÍA, R, *Las sentencias básicas del Tribunal de Justicia de la Unión Europea,* 5ª edición, Civitas, Madrid, 2014.

AZPITARTE SÁNCHEZ, M., "Las relaciones entre el derecho de la Unión y el Derecho del Estado a la luz de la Constitución Europea", *Revista de Derecho Constitucional Europeo,* 1, 2004.

COBREROS MENDAZONA, E., "La aplicación del principio de primacía del Derecho de la Unión Europea por la Administración", *Revista Vasca de Administración Pública,* 103, 2015, pp. 174-176.

CONSEJO DE ESTADO, *Informe del Consejo de Estado sobre la inserción del Derecho Europeo en el Ordenamiento Español,* 14 de febrero de 2008.

CONSEJO DE ESTADO, *Informe del Consejo de Estado sobre las garantías del cumplimiento del Derecho comunitario,* 15 de diciembre de 2010.

DE WITTE, B., "Direct Effect, Primacy, and the Nature of the EU Legal Order", en CRAIG, P. y DE BÚRCA, G. *The Evolution of EU Law*, Oxford University Press, Oxford, 2011

DOMÉNECH PASCUAL, G., "La inaplicación administrativa de reglamentos ilegales y leyes inconstitucionales", *Revista de Administración Pública*, 155, 2011, pp. 59-106.

GALÁN GALÁN, A., *Primacía Europea y Administración Pública. La obligación administrativa de inaplicación*, Thomson Reuters Aranzadi, Madrid, 2021.

GALETTA, D.A., *Procedural Autonomy of EU Member States: Paradise Lost?*, Springer, Cham, 2011.

LÓPEZ ESCUDERO, A., "Primacía del Derecho de la Unión Europea y sus límites en la jurisprudencia reciente del TJUE", *Revista de Derecho Comunitario Europeo*, 64, 2019, pp. 795-796.

MARTINICO, G., *The Tangled Complexity of the EU Constitutional Process*, Routledge, Londres y Nueva York, 2013.

SARMIENTO, D., *El Derecho de la Unión Europea*, Marcial Pons, Madrid, 2016.

SARRIÓN ESTEVE, J., "La Administración Pública ante la primacía y efectividad del Derecho de la Unión Europea", *Estudios de Deusto*, vol. 68, 2, 2020, pp. 231-255 DOI: https://doi.org/10.18543/ed-68(2)-2020pp231-255

— "Apuntes sobre la autoridad de la *res iudicata* en la jurisprudencia del Tribunal de Justicia de la Unión Europea", *Cuadernos Europeos de Deusto*, 65, 2021, pp. 133-160. DOI: https://doi.org/10.18543/ced-65-2021pp133-160

TRAYTER JIMÉNEZ, J.M., "El efecto directo de las directivas comunitarias: el papel de la Administración y de los jueces en su aplicación", *Revista de Administración Pública*, 125, 1991, pp. 254-259.

Capítulo 2

La creación jurisprudencial de excepciones a la vía administrativa previa de revisión en materia tributaria por aplicación del principio de buena administración

ROSA LITAGO LLEDÓ
Profesora Titular de Derecho Financiero y Tributario
Universitat de València

SUMARIO: 1. EL AUGE DEL PRINCIPIO DE BUENA ADMINISTRACIÓN Y EL RIESGO DE CREACIÓN DE DERECHO POR EL TRIBUNAL SUPREMO EN RELACIÓN CON LA VÍA ADMINISTRATIVA PREVIA DE REVISIÓN EN MATERIA TRIBUTARIA. 2. CUESTIONES EN TORNO A LA INTERPRETACIÓN JURISPRUDENCIAL DE LOS ARTS. 25 Y 69.C) LJCA Y SU APLICACIÓN EN EL ÁMBITO DEL DERECHO TRIBUTARIO. 3. LA CONFIGURACIÓN JURISPRUDENCIAL DEL PRINCIPIO DE BUENA ADMINISTRACIÓN. 3.1. Doble perspectiva y ausencia de novedad en el ordenamiento jurídico español. 3.2. El principio de buena administración como "derecho fundamental a la tutela administrativa" y posible fundamento de excepciones jurisprudenciales a la exigencia de agotar la vía administrativa previa de revisión en materia tributaria. 4. EL PROBLEMA DE LAS DISCREPANCIAS ENTRE EL AUTO DE ADMISIÓN DEL RECURSO DE CASACIÓN Y LA SENTENCIA QUE DECIDE EL RECURSO. 4.1. Perspectiva general y criterio del Tribunal Supremo. 4.2. El cambio de argumentación jurídica de la sentencia respecto del auto de admisión y el olvido de determinadas normas que debían ser objeto de interpretación. 4.3. La ausencia de novedad de la Jurisprudencia fijada por el Tribunal Supremo: ¿supone la pérdida del interés casacional? 5. ALGUNAS CONCLUSIONES. 6. BIBLIOGRAFÍA.

1. EL AUGE DEL PRINCIPIO DE BUENA ADMINISTRACIÓN Y EL RIESGO DE CREACIÓN DE DERECHO POR EL TRIBUNAL SUPREMO EN RELACIÓN CON LA VÍA ADMINISTRATIVA PREVIA DE REVISIÓN EN MATERIA TRIBUTARIA

La *relevancia y actualidad* del principio a la buena administración en relación con la materia tributaria no deja lugar a dudas. El consenso sobre esta afirmación se evidencia en dos planos: por una parte, en la dogmática, con la proliferación de numerosos trabajos científicos que se ocupan de ello, bien sea con carácter general, bien en relación a cuestiones más concretas[1]. Por otra, porque la causa del protagonismo que ha adquirido la buena administración, sin duda, estriba en la Jurisprudencia del Tribunal Supremo (TS, en adelante) recaída en los últimos años y propiciada, formal y materialmente, por el diseño actual del recurso de casación de la LJCA vigente (Ley 29/1998, de 13 de julio). Este

---

1 Sin ánimo exhaustivo, baste citar los trabajos más recientes en relación con la materia tributaria de los que tengo noticia. Entre los de carácter general, puede verse ÁLVAREZ MARTÍNEZ, J.: "El principio de buena administración como nuevo paradigma jurídico y su aplicación en el ámbito tributario: régimen normativo, naturaleza jurídica y contenido", *Nueva Fiscalidad*, núm. 1, 2022, pp. 22 a 66; y ORENA DOMÍNGUEZ, A.: "El principio de buena administración como derecho y garantía de los obligados tributarios", en MORENO GONZÁLEZ, S. y P.J. CARRASCO PARRILLA: *Los principios del cumplimiento cooperativo en materia tributaria*, Atelier, Barcelona, 2023, pp. 47 a 71. Y ocupándose de una cuestión puntual relacionada, además, con el objeto de este estudio, véase CARRASCO GONZÁLEZ, F.M.: "El principio de buena administración en el ámbito de la revisión de actos tributarios", *Revista Española de Derecho Financiero*, núm. 197, 2023, (versión electrónica) (Consultado el 4.5.2023).
Puede, además, consultarse la bibliografía que, en relación con el ámbito administrativo, se relaciona en mi trabajo LITAGO LLEDÓ, R.: "La eficacia práctica del "principio" de buena administración formulado por el Tribunal Supremo", *Revista Técnica Tributaria*, núm. 133, 2021, pp. 127 a 154.

contexto es el que ha generado, a mi modo de ver, el riesgo al que alude el título de esta colaboración, el de la eventual "creación" de Derecho por el TS al socaire del manido principio (o derecho fundamental) a la buena administración. Algo que vendría propiciado por diversos factores.

En primer lugar, con carácter general, se trata de un principio que, aun recogido en el art. 41 de la Carta de Derechos Fundamentales de la Unión Europea (CDFUE), tiene un origen jurisprudencial[2]. Su traslación al ámbito interno, acogida sin excepciones por el TS, pese al límite del art. 51 CDFUE, también ha debido en gran parte su enorme desarrollo a la Jurisprudencia, a la vista de su omisión expresa en nuestra Constitución (CE) y en los textos legales administrativos, en general, y tributarios en particular.

En segundo lugar, y estrictamente respecto del ámbito tributario, hay un factor esencial que contribuye en gran medida a ese desarrollo por el TS, pues no es de extrañar que su Jurisprudencia tienda a suplir los defectos de un ordenamiento jurídico como es el actual, de escasa calidad técnica, prolijo y cambiante más allá de lo razonable.

En tercer y último lugar, y también por lo que respecta a la materia tributaria, hay un factor más que le confiere relevancia a la exigencia de la buena administración. Me refiero a la peculiar configuración de las funciones de la Administración tributaria en contraste con el régimen administrativo general. El protagonismo de las actuaciones de los particulares de los arts. 83, 119 y 120

---

2 En este ámbito la doctrina ha destacado la mutación que ha experimentado la buena administración, pasando de principio a derecho fundamental y que fue llevada a cabo por las distintas instancias jurisdiccionales de la UE. Véase al respecto el completo trabajo de CASAS AGUDO, D., «Derecho a una buena administración y ordenamiento tributario» en Derechos fundamentales y tributación, *Nueva Fiscalidad.* Monográfico, 2020, pp.61-101.

de la LGT es el que le atribuye sin duda un perfil particular a la cuestión.

Como se colige de su título, el *ámbito de este estudio* se limita a la problemática del principio de buena administración en relación con la vía de revisión específica de la materia tributaria y si éste representa un factor que haya determinado la "creación" efectiva de Derecho por el TS. En concreto si, so pretexto de un supuesto derecho fundamental a la buena administración que asistiría a los obligados tributarios, el TS ha podido establecer, crear, excepciones no previstas en la Ley a la exigencia de agotar la vía administrativa previa al orden jurisdiccional contencioso-administrativo. Ello habida cuenta que aquel derecho conecta, según el TS, con el fundamental a la tutela judicial efectiva, este sí reconocido por el art. 24 CE.

Sin embargo, lo primero que cabe preguntarse en estas líneas introductorias es si realmente estamos ante una cuestión nueva o bien es una cuestión antigua que ha revivido en los últimos tiempos y, de ser así, interesa saber cuál o cuáles son las causas de ello. Porque, en materia tributaria, la eventual creación de Derecho por el TS no representa algo novedoso, a mi modo de ver, si se considera, por ejemplo, la evolución de la Jurisprudencia en torno a cuestiones sobre los requisitos de acceso a los recursos. O también la polémica sobre la suspensión de la ejecutividad de los actos recurridos, es una cuestión esencial en relación con la revisión en vía administrativa y jurisdiccional en esta parcela del ordenamiento jurídico y que no ha dejado de suscitar problemas ya durante la vigencia de la derogada LJCA de 1956.

Atendido lo anterior, la eventual causa del resurgimiento de la vieja controversia sobre la posible creación de Derecho por el TS podría deberse a dos circunstancias actuales: una, de carácter general, es el cambio del régimen legal del recurso de casación operado por la Ley Orgánica, 7/2015, de 21 de julio, que enfatiza la función nomofiláctica del alto tribunal; otra, más particular, se debería a la irrupción del principio de buena administración que ha servido a la fundamentación de numerosas sentencias.

El problema en torno a la ausencia de novedad de las cuestiones tratadas también afecta al propio principio de buena administración si se atiende a la Jurisprudencia reciente del TS que así lo sostiene. De ser esto cierto, habría que preguntarse entonces sobre la causa de su auge actual. ¿Se trata de una simple "moda" o presenta una utilidad cierta? ¿Podemos constatar un verdadero avance en los derechos fundamentales de los administrados gracias a la "entronización" del principio de buena administración?

En conclusión, la combinación de los factores y circunstancias que he ido señalando es la que permite, en mi opinión, centrar la atención en la cuestión señalada en el título y su *relevancia y justificación* estriba en la configuración que le otorga el TS. Por una parte, porque afirma el sustrato constitucional del principio de buena administración en los arts. 9.3. 103.1 y 106.1 CE. Por otra, porque, además, sostiene su conexión con el derecho fundamental a la tutela judicial efectiva del art. 24 CE.

El hecho de que se haya evidenciado con mayor intensidad el problema de la eventual creación jurisdiccional del Derecho con fundamento en el principio de buena administración en la vía administrativa previa de recurso propia de la materia tributaria es relevante porque implica a la potestad administrativa de autotutela en su manifestación de autotutela reduplicativa. Y aun de modo más particular, se ha hecho patente en el ámbito de las Haciendas Locales que cuentan con sus particularidades propias, afectando tanto a los municipios de régimen común como a los de gran población que, tras la reforma de la Ley de Bases de Régimen Local (LBRL) por la Ley 57/2003, de 16 de diciembre, de medidas para la modernización del gobierno local, han de incorporar, conforme a sus arts. 108 y 137, la vía económico-administrativa obligatoria frente al recurso de reposición local del art. 14 TRLRHL. La interpretación que ha ofrecido el TS sobre este régimen legal en varios supuestos, alguno de ellos muy sonados y otros recentísimos cuya impronta está aún por calibrar, plantea problemas desde la perspectiva de dos principios jurídicos esenciales, en general, y muy en particular, en el ordenamiento tributario.

Por una parte, en la interpretación del TS el principio de tutela judicial efectiva del art. 24 CE parece supeditarse al de buena administración, pese a que éste tiene peor encaje en nuestro ordenamiento jurídico, lo que contrasta con la naturaleza indiscutida de derecho fundamental de aquél. Por otra, y no obstante este rasgo esencial, no puede olvidarse el respaldo del Tribunal Constitucional (TC, en lo sucesivo) a la existencia de la vía previa de recursos y reclamaciones específicos de la materia tributaria. Y aun cuando es cierto que esa misma doctrina constitucional propende una interpretación flexible que favorezca el acceso a la jurisdicción, el problema que se plantea al hilo de la labor del TS es hasta qué punto resulta aceptable una interpretación jurisprudencial que contradiga abiertamente la literalidad de las normas a la vista del principio de legalidad al que está sometido el poder judicial (arts. 117.1 CE y 5.1 LOPJ). Este problema no se limita al ámbito tributario local, pues también en la vía administrativa de revisión propia del Estado el régimen de las reclamaciones y recursos estatales previos se verá cuestionado por una elemental exigencia del principio de igualdad de trato.

Por último, no puede obviarse que la trascendencia de la cuestión tiene que ver con las dificultades respecto a los efectos que cabe atribuir a la jurisprudencia interpretativa del TS. Expresión que hace alusión a los pronunciamientos que no se refieren a la nulidad de normas de rango inferior a la Ley, ex art. 1º LJCA, como son los casos que analizaré en este estudio. Y es que la interpretación del TS que se sintetiza en la no necesidad de agotar la vía administrativa previa de recurso en determinados supuestos, —como cuando el único motivo en que el recurrente sustenta su pretensión es la inconstitucionalidad de las normas aplicadas, o bien cuando se opera ante la inactividad administrativa—, plantea un serio dilema a los aplicadores del Derecho: tanto a los órganos administrativos tributarios en el ejercicio de sus competencias revisoras como a los órganos jurisdiccionales inferiores. La pregunta es sencilla: ¿Qué deberán hacer los primeros en estos casos si las normas aplicables que exigen el agotamiento de la vía previa de recurso o reclamación siguen vigentes? Y ¿qué debiera hacer el legislador ante la Jurisprudencia del TS que se basa en principios de rango constitucional? ¿Está vinculado y obligado a modificar la normativa? Pues no puede pasarse por alto que la clave de toda esta Jurisprudencia es que, en definitiva, el principio de buena administración, en realidad, opera por su conexión con el derecho fundamental a la tutela judicial efectiva reconocido por el art. 24 CE.

2. CUESTIONES EN TORNO A LA INTERPRETACIÓN JURISPRUDENCIAL DE LOS ARTS. 25 Y 69.C) LJCA Y SU APLICACIÓN EN EL ÁMBITO DEL DERECHO TRIBUTARIO

En sentido estricto puede decirse que el objeto de análisis de este estudio se refiere a la Jurisprudencia del TS en torno a la interpretación del art. 25 LJCA y el art. 69.c) LJCA aplicados a la materia tributaria. Tanto en el ámbito local como en el estatal. Y, a mi modo de ver, se puede estructurar en dos cuestiones:

1.ª Cuestión: ¿Puede el TS "crear" excepciones a la vía administrativa previa de revisión en materia tributaria?

Conviene comenzar aclarando que, en puridad, la posibilidad de que en esta cuestión el TS haya podido "crear" Derecho no tiene que ver, en todo caso, con el principio de buena administración. De ello da cuenta la conocidísima STS nº 815/2018, de 21 de mayo, (*Tol 6.632.508*) en la que la decisión del TS, que ampara una excepción al requisito de agotamiento de la vía previa de recurso —en el caso debatido era el de reposición local de un municipio de régimen común— no se sustentó en el principio de buena administración, sino en el derecho fundamental a la tutela judicial efectiva del art. 24 CE. ¿Por qué, entonces, focalizar la atención en el derecho a la buena administración? La respuesta está en la conexión que el TS establece entre ambos derechos en otras sentencias posteriores que centran este análisis. Lo que nos lleva a preguntarnos sobre la verdadera utilidad del principio de buena administración. Dicho de otro modo, ¿cabe pensar que el derecho a la buena administración sirve para reforzar o completar el derecho fundamental a la tutela judicial efectiva?

Sea como fuere, la citada STS nº 815/2018, de 21 de mayo, (*Tol 6.632.508*) evidenció que el TS podría "crear" excepciones al requisito de agotamiento de la vía administrativa previa de recurso fundamentándolas en los arts. 24 y 106 CE. La argumentación del TS, como se recordará, consideraba que el recurso en el caso concreto se había convertido en una carga inútil por dos razones relacionadas como causa y efecto. La pretensión ejercitada entonces por el recurrente era la nulidad de la liquidación por el Impuesto sobre Incremento de los Terrenos e Naturaleza Urbana (IIVTNU) que le había girado el municipio y el único motivo que la sustentaba era la inconstitucionalidad de los preceptos relativos a la cuantía del tributo aplicados en aquella liquidación. La consecuencia es que el órgano administrativo municipal era incompetente tanto para decidir sobre lo pedido por el recurrente, como para poder plantear la cuestión de inconstitucionalidad ante el TC, y de ahí la inutilidad del recurso previo en vía administrativa que sostiene el TS.

Pasado el tiempo, y a la vista de la Jurisprudencia que vamos a analizar, se puede concluir que la ausencia de referencia a la buena administración en este pronunciamiento se debió, básicamente, a que no se trataba de un caso de inactividad administrativa que impidiera o retrasara el acceso a la jurisdicción contencioso-administrativa. Pero ya entonces esta Sentencia sirvió para evidenciar los importantes problemas que plantea el recurso de casación vigente en lo relativo a las consecuencias de la doctrina que se establece por el TS.

En mi opinión, quedaron pendientes los siguientes problemas:

1.º Habida cuenta que la excepción se refería a un caso de inconstitucionalidad de una ley (el TRLRHL): ¿son éstos los únicos casos en los que resulta admisible la excepción que admitió el TS? ¿O también abarca los de contravención del Derecho de la UE? ¿Y qué pasa con los de ilegalidad de un reglamento, sea estatal, autonómico o sea una ordenanza municipal?

2.º Dado que se trataba en ese caso de un municipio de régimen común, en el que la vía previa obligatoria era el recurso de reposición local del art. 14 TRLRHL, los interrogantes eran dos: ¿se podía extender la doctrina a las reclamaciones económico-administrativas locales de los municipios de gran población? Y ¿podría predicarse también de las reclamaciones económico-administrativas estatales?

3.º Por último, y dado que el objeto del recurso en aquella ocasión era un acto administrativo de liquidación tributaria: ¿podría la jurisprudencia fijada por el TS afectar al procedimiento de solicitud de rectificación de autoliquidaciones?

Al considerar si en este caso hubo o no "creación" de Derecho por el TS hay que tener en cuenta que el propio órgano jurisdiccional era consciente del riesgo que entrañaba su decisión ya que ponía en entredicho la letra del art. 25 LJCA y, por ende, el principio de legalidad. Así, dice el fundamento jurídico 4 punto 11 de la Sentencia que este precepto ni se inaplica ni se anula, algo lógico habida cuenta la incompetencia del TS para ello, únicamente se ofrece una "interpretación moderadora" en aras de la tutela judicial efectiva, evitando con ello, dice el TS, demoras "innecesarias y anodinas" que posterguen el control judicial de la Administración. Es decir, que se trataría de una interpretación conforme a la CE, en pro de los arts. 24 y 106 CE. Y es que, en no pocas ocasiones, resulta muy borrosa la línea que separa la labor interpretativa del TS que permite evitar el planteamiento de la cuestión de inconstitucionalidad ante el TC, única vía que permite dejar vacío de contenido un precepto legal en relación con determinados supuestos, y la creación *de facto* de Derecho. En este caso, añadiendo una excepción al art. 25 LJCA no prevista por el legislador.

2.ª Cuestión: ¿Podrían estar justificadas esas excepciones en el principio de buena administración?

Atendido que el precedente de la STS nº 815/2018, de 21 de mayo, (*Tol 6.632.508*) dio pie a la posibilidad genérica de creación de esas excepciones, en clara pugna con el principio de legalidad, la cuestión, a la vista del principio de buena administración, surge en unos casos concretos. Aquellos en que la falta de agotamiento de la vía administrativa previa que genera la inadmisión del recurso contencioso-administrativo se debe a la inactividad de la administración tributaria que habría incumplido su deber de resolver. Es decir, que se trata de una inactividad formal que está contemplada por el ordenamiento jurídico, pese a las consecuencias que acarrea. La pugna con el principio de legalidad es de nuevo evidente, pero la diferencia es que en estos supuestos encuentra su justificación en el principio de buena administración.

Los casos a los que me refiero son los contemplados en dos sentencias recientes del TS, la STS nº 280/2023, de 7 de marzo, *(Tol 9.449.029)* que se refiere al ámbito estatal, y la posterior STS nº 539/2023, de 5 de mayo, (*Tol 9.549.230*) en relación con una controversia suscitada en el ámbito local. La admisión de los recursos de casación que se resuelven en ellas data de la misma fecha, el 20 de abril de 2022[3].

Las cuestiones que se plantean al hilo de estos casos gozan, como veremos, de relevancia general, de ahí que, en mi opinión, merezca la pena su análisis. Y podemos sintetizarlas en las cuatro siguientes:

a) En ambos casos se evidencian diferencias sustanciales entre los autos de admisión de los recursos y las sentencias que los resuelven. Y ello se refleja en dos aspectos. Por un lado, la jurisprudencia que se fija en las sentencias no se ciñe a la literalidad de las cuestiones de interés casacional tal y como fueron fijadas por los autos de admisión. Por otro, la argumentación para concluir en la existencia de interés casacional en los autos dista mucho de la que finalmente sirve de fundamento a la Jurisprudencia que se fija en las sentencias.

---

3 ATS de 20 de abril de 2022 (rec. 3069/2021) (*Tol 8.915.084)* y ATS de 20 de abril de 2022 (rec. nº 4792/2021) (*Tol 8.915.216*)

b) En relación con esto último, el TS acaba decidiendo ambos casos con base en doctrina anterior incluso al vigente recurso de casación. De ahí que cabe preguntarse sobre la verdadera innovación de esta doctrina y si habría desaparecido el interés casacional que apreciaban los autos de admisión. Precisando un poco más, la decisión del TS sirviéndose de antigua Jurisprudencia del TS, basada, a su vez, en la del TC gira en torno al derecho fundamental a la tutela judicial efectiva del art. 24 CE. Así, el derecho, también fundamental, a la buena administración que era el eje central de los autos de admisión, pasa a ocupar un lugar secundario en las sentencias que los resuelven. El problema que aquí se plantea es doble, pues es tanto es de índole procesal, como sustantivo. Y se refiere al grado de vinculación de la Sala que decide en relación con la argumentación de la Sala de admisiones. En otras palabras, ¿en qué medida la argumentación, el fundamento del auto, vincula o no a la sentencia? ¿Puede la sentencia cambiar el argumento principal que justificaba el interés casacional?

c) La admisión de los recursos y su fundamentación en los autos con base en la buena administración plantea una vez más el problema sobre su verdadera naturaleza y contenido. Bien como principio bien como derecho, incluso fundamental.

d) Conviene precisar que los casos analizados tienen que ver con dobles vías de recurso y/o reclamación administrativos, algo propio de la materia tributaria. Pues se trata, en uno de ellos, de un municipio de gran población en el que el recurso de reposición es potestativo, ya que tenía implantada la vía económico-administrativa local previa y obligatoria, y ésta es la que debió agotarse frente al silencio por el que se desestimaba una solicitud de devolución de ingresos indebidos; y, en el otro, del recurso de alzada ordinario ante el TEAC al que debía acudirse por razón de la cuantía.

A la vista de ello, es claro que el principal interrogante que plantea la Jurisprudencia flexibilizadora del TS es si puede resultar aplicable en los casos en que se trate de agotar una única vía de recurso o reclamación.

3. LA CONFIGURACIÓN JURISPRUDENCIAL DEL PRINCIPIO DE BUENA ADMINISTRACIÓN

3.1. Doble perspectiva y ausencia de novedad en el ordenamiento jurídico español

La negativa acerca de la novedad absoluta del principio de buena administración la confirma la STS nº 170/2023, de 14 de febrero *(Tol 9.422.809)*, que distingue una perspectiva *objetiva* del mismo, con fundamento constitucional en los arts. 9.3, 103.1 y 106.1 CE, —repárese que no se menciona el art. 24 CE—. Este hecho es el que demuestra que el principio de buena administración ya estaría reconocido, aunque de manera implícita, en nuestro ordenamiento[4]. A esta perspectiva se le añadiría una segunda, la perspectiva *subjetiva,* que deriva de la incorporación posterior del art. 41 CDFUE, y es la que ha ocasionado su evolución como derecho calificado incluso como fundamental.

Dice el TS[5]:

> *"(...) conviene tener presente que nuestro Tribunal Supremo ha iniciado una senda en pos del reconocimiento y aplicación efectiva del principio de buena administración al ámbito de los procedimientos tributarios.*

---

4 Este planteamiento coincide con el de RUIZ-RICO RUIZ, G.: "El derecho a una buena administración: dimensiones constitucional y estatutaria", en ÁVILA RODRÍGUEZ, Carmen María y Francisco GUTIÉRREZ RODRÍGUEZ (Coord.): *El derecho a una buena administración y la ética pública",* Tirant Lo Blanch, Valencia, 2011, p. 56.

5 Todos los subrayados son míos.

> *El principio de buena administración estaba ya implícito en los artículos 9.3, 103.1 y 106.1 CE. Por tanto, nuestra Constitución ya consagraba lo que en una terminología más moderna ha venido a llamarse derecho a la buena administración, pero lo hizo desde la perspectiva objetiva, a través de la imposición de un deber de actuación de la Administración frente a los ciudadanos.*
>
> *Actualmente, el artículo 41 de la Carta de los Derechos Fundamentales de la Unión Europea, que fue proclamada por el Parlamento Europeo, el Consejo de la Unión Europea y la Comisión Europea el 7 de diciembre de 2000 en Niza (DOUE núm. 83, de 30 de marzo de 2010), ha consagrado como un derecho fundamental de la Unión Europea el derecho a la buena administración, siendo así que, incluso, todo ciudadano de la Unión y toda persona física o jurídica que resida o tenga su domicilio social en un Estado miembro, tiene derecho a someter al Defensor del Pueblo Europeo los casos de mala administración en la actuación de las instituciones, órganos u organismos de la Unión, con exclusión del Tribunal de Justicia de la Unión Europea en el ejercicio de sus funciones jurisdiccionales.*
>
> *Este precepto se integra hoy en el Tratado de la Unión Europea (Tratado de Lisboa), de 13 de diciembre de 2007, ratificado por Instrumento de 26 de diciembre de 2008, que en su artículo 6 señala que "La Unión reconoce los derechos, libertades y principios enunciados en la Carta de los Derechos Fundamentales de la Unión Europea de 7 de diciembre de 2000, tal como fue adaptada el 12 de diciembre de 2007 en Estrasburgo, la cual tendrá el mismo valor jurídico que los Tratados".*
>
> *De esta forma, el derecho a la buena administración se configura actualmente, desde una perspectiva subjetiva, como un derecho fundamental del ciudadano europeo, no solo como deber de actuación de la Administración frente a los ciudadanos."*

Continúa el TS con la doctrina ya de sobra conocida sobre el ámbito subjetivo y el contenido concreto del principio, pudiendo distinguirse en los dos párrafos que transcribo a continuación esas dos perspectivas aludidas, la objetiva, relativa a las obligaciones de hacer de la Administración, y la subjetiva, sobre los derechos de los ciudadanos que dimanan del principio de buena administración[6].

---

6 Atendida la heterogeneidad de su contenido, sostenía la ausencia de novedad del derecho a una buena administración CARRASCO GON-

ZÁLEZ, F. M., «El derecho a una buena administración y la exigencia de plazos razonables en los procedimientos tributarios», en GARCÍA BERRO, F. (Dir.), *Derechos Fundamentales: Una perspectiva europea*, Civitas, Madrid, 2015, p. 170.

Recientemente el mismo autor ha insistido en esta cuestión en CARRASCO GONZÁLEZ, F.M.: "El principio de buena administración en el ámbito de la revisión de actos tributarios", ob. cit., y afirma, además, que no es un derecho subjetivo, sino un principio que sirve, básicamente, para "interpretaciones finalistas que superen la literalidad de la norma". A su entender, "la buena administración implica una superación de la literalidad de la norma a través de la creación jurisprudencial, este principio puede servir para identificar en qué ámbitos debe producirse esa mejora de la regulación en pro de los intereses generales, esto es, del oportuno equilibrio entre el interés fiscal de la Administración y los derechos de los obligados tributarios". "La buena administración puede funcionar así como una especie de palanca que impulse la mejora continua de nuestro ordenamiento", si bien, ello entraña el "riesgo de que un incorrecto entendimiento de ese interés general, que lo identifique con el mero aumento de la recaudación, provoque una intervención del legislador en sentido contrario (...) a modo de legislador "reaccional" ".

En el ámbito de la revisión concluye que la doctrina del TS se basa en la combinación de la buena administración con otros principios y "motivaciones para ofrecer al obligado tributario una solución materialmente justa, que supera a la que derivaría de una aplicación estricta del tenor literal de la norma. En estos casos, la buena administración se utiliza como un criterio interpretativo para apoyar una doctrina judicial sustentada en los objetivos y en la sistemática de la norma aplicable".

Téngase en cuenta que este autor toma como premisa de su análisis el que más que dar una formulación expresa del "principio", "resulta más útil mejorar algunas regulaciones sobre procedimiento en las que podría invocarse ese pretendido derecho".

Sin embargo, la ausencia de novedad no impide ver, como señala, SOUVIRÓN MORENILLA, que en su consagración y su creciente relevancia se observa una «clara voluntad innovadora», cuantitativa y cualitativa, en las relaciones entre la Administración y los ciudadanos. Aspecto que focaliza la atención en una de las dos perspectivas de lo que para este autor es un principio general, la perspectiva «ad extra», de relación administrativa con los ciudadanos pero que también cuenta con una

"De estas sentencias se deduce que a la Administración, y claro está, a los órganos económico administrativos conformadores de aquella, le es exigible una conducta lo suficientemente diligente como para evitar posibles disfunciones derivada(s) de su actuación, por así exigirlo el principio de buena administración que no se detiene en la mera observancia estricta de procedimientos y trámites, sino que más allá reclama la plena efectividad de garantías y derechos reconocidos legal y constitucionalmente al contribuyente.

Del derecho a una buena Administración pública derivan una serie de derechos de los ciudadanos con plasmación efectiva, no es una mera fórmula vacía de contenido, sino que se impone a las Administraciones públicas de suerte que a dichos derechos sigue un correlativo elenco de deberes que les son exigibles, entre los que se encuentran, desde luego, el derecho a la tutela administrativa efectiva, y, por tanto, el derecho a una actuación administrativa motivada, no arbitraria, una tramitación diligente de los expedientes y su resolución en un tiempo razonable y proporcionado por el órgano competente".

3.2. El principio de buena administración como "derecho fundamental a la tutela administrativa" y posible fundamento de excepciones jurisprudenciales a la exigencia de agotar la vía administrativa previa de revisión en materia tributaria

El reconocimiento de un eventual "derecho a la tutela administrativa efectiva" es precisamente el aspecto fundamental que dota de relevancia a los autos de admisión analizados en este trabajo. Y aunque no es nueva esta expresión (*cfr.* STS nº 1111/2020, de 23 de julio, *Tol 8.037.327*), su trascendencia estriba en el perfil que ofrecían del principio-derecho a la buena administración, siendo la idea clave su conexión esencial con el derecho fundamental

---

perspectiva interna o «ad intra». Vid. SOUVIRÓN MORENILLA, José María: «Sentido y alcance del derecho a una buena administración», en ÁVILA RODRÍGUEZ, Carmen María y Francisco GUTIÉRREZ RODRÍGUEZ (Coord.): *El derecho a una buena administración y la ética pública»*, Ed. Tirant Lo Blanch, Valencia, 2011, pp. 232, 233 y 236.

de tutela judicial efectiva del art. 24 CE. La lectura de los dos autos, prácticamente idénticos pese a las diferencias en los hechos y el régimen jurídico de las controversias a las que se referían[7], llevaba a la Sala de admisiones del TS a plantearse dos interrogantes: el primero, si se trata de dos derechos iguales o distintos; el segundo, si el derecho a la buena administración es un derecho fundamental y, además, cuál es su ámbito de aplicación, esto es, si afecta únicamente a la Administración tributaria, o también a los órganos jurisdiccionales. En suma, la argumentación de los mismos, que brevemente paso a sintetizar, daba pie, en mi opinión, a pensar que ese derecho permitía "crear" excepciones al requisito de agotamiento de la vía previa de revisión del art. 25.1 LJCA, en relación con la materia tributaria. Y el riesgo que comportaba esta posible doctrina ya lo he señalado y es su contraposición al principio de legalidad.

A primera vista, la hipótesis que barajan los autos es la distinción entre el derecho a la tutela judicial efectiva del art. 24 CE y el derecho a la buena administración del art. 41 CDFUE. Se trata, en suma, de dos derechos distintos, pero íntimamente conectados. Según estos autos, la cuestión que se plantea es la "proyección de este derecho fundamental europeo desde una doble perspectiva, *ad intra,* en relación con la conducta que debe seguir el órgano jurisdiccional" (en los supuestos descritos), "y *ad extra,* en relación con las ventajas que puede obtener la administración del incumplimiento de sus deberes hacia el administrado"[8]. La argumentación del TS para admitir las cuestiones de interés casacional en

---

7 De ello me ocupé extensamente en un trabajo anterior, LITAGO LLEDÓ, R.: "El "principio" de buena administración y el derecho fundamental de acceso a los recursos de los obligados tributarios en casos de inactividad administrativa", en MORENO GONZÁLEZ, S. y P.J. CARRASCO PARRILLA: *Los principios del cumplimiento cooperativo en materia tributaria,* Atelier, Barcelona, 2023, pp. 73 a 91.

8 La distinción que realiza el TS, pese a emplear idéntica nomenclatura, es diferente en su significado a la que usa SOUVIRÓN MORENILLA citado la nota 6 *supra.*

ambos casos se acaba fijando en la primera de las perspectivas, esto es, en la actuación que cabe exigir a los órganos jurisdiccionales en unos supuestos en que la falta de agotamiento de la vía administrativa previa por parte de los recurrentes se debía a la inactividad administrativa. Es decir, la problemática se refería a una exigencia de "buena jurisdicción" con base en el art. 24 CE que consagra el derecho fundamental a la tutela judicial efectiva. Y aunque esta exigencia, según el tenor literal de las cuestiones de interés casacional, podría verse atemperada por un deber de diligencia exigible a los recurrentes al que aluden también los autos de planteamiento, ¿qué novedad o avance puede observarse si se trata de un derecho fundamental constitucionalmente reconocido en nuestro ordenamiento jurídico? Y ¿cuál sería la contribución del derecho a la buena administración?

A mi juicio, lo verdaderamente novedoso de estos autos residía en la otra perspectiva del derecho a la buena administración, la perspectiva *ad extra* que impediría a la Administración beneficiarse de su propia inactividad u omisión que pueden generar indefensión del obligado tributario. Esta, que es la argumentación clave de los dos autos, no aparece, sin embargo, reflejada en las cuestiones de interés casacional que, como he dicho, se centran en la diligencia exigible al órgano jurisdiccional e incluso al recurrente. Prescindiendo de este hecho por ahora, lo relevante del planteamiento del TS era que podría dar pie a reconocer una suerte de nuevo derecho fundamental que ostentaría el obligado tributario en la vía administrativa de revisión en materia tributaria. Ese "derecho a la tutela administrativa efectiva", al que ya he aludido antes, cuyo fundamento, desde luego, sería el art. 41 CDFUE y tendría que ver con la proscripción de las dilaciones indebidas y la falta de motivación que se derivan de la falta de resolución de los recursos y reclamaciones —en estos casos concretos, en las primeras vías— y que devienen en indefensión del recurrente. Los efectos perniciosos de la omisión administrativa se concretan, por un lado, en la vulneración del art. 24 CE, es decir, del derecho a la tutela judicial efectiva de los recurrentes; y, por otro, en que sustraen del control de los órganos jurisdiccionales la "actuación" de la Administración tributaria, incurriendo en la vulneración del art. 106 CE.

Es evidente, en mi opinión, que este planteamiento sí resultaba novedoso por dos razones: la primera, porque no existía Jurisprudencia al respecto, lo que justificaba el interés casacional. Y la segunda, porque de admitirse supondría reconocer la eficacia del principio de tutela judicial efectiva en el ámbito administrativo, algo que el TC nunca ha admitido, y ello se lograría por la influencia del principio del art. 41 CDFHUE que actuaría de manera similar al art. 47, si bien cada uno en un plano distinto, administrativo aquél y jurisdiccional éste[9].

4. EL PROBLEMA DE LAS DISCREPANCIAS ENTRE EL AUTO DE ADMISIÓN DEL RECURSO DE CASACIÓN Y LA SENTENCIA QUE DECIDE EL RECURSO

4.1. Perspectiva general y criterio del Tribunal Supremo

La problemática en torno a la posible la discrepancia entre el auto de admisión de un recurso de casación, en el que se aprecia el interés casacional de la o las cuestiones suscitadas y las razones que lo justifican, así como los términos literales con que se redactan para que sean resueltas por la posterior sentencia, se ha venido planteando como una consecuencia más surgida de la progresiva aplicación del actual recurso de casación[10]. En los casos que

---

9 Esta relación ha sido puesta de manifiesto por MARTÍN-RETORTILLO BAQUER, L: "De los derechos humanos al derecho a una buena administración", en ÁVILA RODRÍGUEZ, Carmen María y Francisco GUTIÉRREZ RODRÍGUEZ (Coord.): *El derecho a una buena administración y la ética pública"*, Ed. Tirant Lo Blanch, Valencia, 2011, pp. 43 y 53; y en materia tributaria por CASAS AGUDO, D.: "Derecho a una buena administración y ordenamiento tributario", ob. cit., p. 98.

10 Más ampliamente, y en relación con la materia tributaria, véase JUAN LOZANO, A. Mª y J. HUELLIN MARTÍNEZ DE VELASCO "El papel del nuevo recurso de casación en la formación de la jurisprudencia

trato en este trabajo las discordancias entre los autos de admisión y las sentencias atañen a diversos aspectos a los que se refirió el acuerdo del Pleno no jurisdiccional del TS de 3 de noviembre de 2021[11], aunque, como veremos, van incluso más allá.

Hay dos cuestiones que se suscitan en estos casos concretos que sí encontrarían respuesta en el citado acuerdo y son las siguientes:

a) La primera es "sobre la posibilidad de hacer en la sentencia una revisión o reconsideración crítica de la valoración del interés casacional hecha en el auto de admisión". La respuesta del TS es que: "La sentencia de casación no puede rechazar un recurso (bien inadmitiéndolo o desestimándolo por entender que nunca debió haber sido admitido) bajo la consideración de que la Sección de enjuiciamiento no está de acuerdo con la valoración del interés casacio-

---

sobre los procedimientos tributarios: la relación entre el auto de admisión y la sentencia y los efectos en el tiempo de los cambios jurisprudenciales", en VVAA: *Cuestiones actuales en los procedimientos de aplicación de los tributos y propuestas de mejora*, Fundación Impuestos y Competitividad, 2022, pp. 395 a 447 [en línea] https://static.fundacionic.com/2022/06/22115241/cuestiones-actuales-en-los-procedimientos-de-aplicacion-de-los-tributos-y-propuestas-de-mejora.pdf (consultado el 4.10.2023).

11 Véase https://www.poderjudicial.es/cgpj/es/Poder-Judicial/Tribunal-Supremo/Jurisprudencia-/Acuerdos-de-Sala/Acuerdo-del-Pleno-No-Jurisdiccional-de-la-Sala-Tercera-del-Tribunal-Supremo-de-03-11-2021–sobre-recurso-de-casacion

Y la síntesis que con el título "Incidencia de la parte dispositiva del auto de admisión sobre el ámbito de cognición y pronunciamiento de la sentencia que resuelve el recurso de casación", se recoge en el documento "*PRÁCTICA PROCESAL DEL RECURSO DE CASACION CONTENCIOSO-ADMINISTRATIVO (2016-2022) (DOCTRINA JURISPRUDENCIAL SISTEMATIZADA DE LA SALA TERCERA DEL TRIBUNAL SUPREMO),* pp. 337 y 338 https://www.poderjudicial.es/stfls/TRIBUNAL%20SUPREMO/ACUERDOS%20y%20ESTUDIOS%20DOCTRINALES/FICHERO/20220113%20Pr%C3%A1ctica%20procesal%20del%20recurso%20de%20casaci%C3%B3n%20contencioso-administrativo%202016-2022.pdf, pp. 337 y 338 (consultado el 15.5.2023).

nal expresada en el auto de admisión. Debiendo por tanto resolver sobre la cuestión, sin perjuicio de *reorientarla o reformularla*[12] a la vista del contenido del proceso tal y como queda expuesto en los escritos de interposición y oposición.

Esto es, la sentencia de inadmisión sólo se contempla en la LJCA para el caso de que el escrito de interposición incurra en los defectos de formalización que indica el apartado 4º, en relación con el 3º, del artículo 92."

b) La segunda es "sobre el contenido de la sentencia y su relación con el interés casacional objetivo identificado en el auto de admisión". Sobre ello el TS entiende que: "La sentencia de casación debe limitar su examen a las infracciones jurídicas planteadas en el escrito de interposición sobre las que previamente se ha apreciado el interés casacional en el auto de admisión, pero puede extenderse a otras infracciones jurídicas asimismo planteadas en el escrito de interposición (y antes anunciadas en el de preparación) siempre y cuando guarden relación de conexidad lógico-jurídica con las identificadas en el auto de admisión como dotadas de interés casacional".

Pues bien, aunque estas cuestiones son, desde luego, de interés en los casos que tratamos, en ellos se plantean, como ya he dicho, otras que han sido tratadas por el TS en resoluciones diversas cuyas conclusiones resultan plenamente aplicables en los supuestos que nos ocupan[13].

Así, en la STS nº 1545/2020, de 19 de noviembre, *(Tol 8.227.371)* el TS muestra su "extrañeza" de que "se haya admitido un recurso de casación para respaldar una reiterada tesis de este Tribunal Supremo (…) porque resulta difícil de comprender que

---

12 El subrayado es mío.

13 Recogidas por JUAN LOZANO, A. Mª y HUELIN MARTÍNEZ DE VELASCO, ob. cit., pp. 416 y 420.

haya interés casacional objetivo para formar una jurisprudencia meramente repetitiva de la reiteradamente declarada y unificada —*ius casationis*".

Por otra parte, el ATS nº 6077/2020, de 23 de julio, (*Tol 8.039.359*) señala que "no está de más recordar que con carácter general ha de acogerse que el auto de admisión condiciona y delimita el escrito de interposición, debiendo este con carácter general seguir las pautas que indica el auto de admisión, en referencia a las normas y jurisprudencia que se consideraron susceptible (*sic*) de interpretación". La pregunta que surge inmediatamente es si ello es igualmente exigible de la sentencia y la jurisprudencia que fija.

El problema es que las referidas son cuestiones que, como señalan JUAN LOZANO y HUELÍN MARTÍNEZ DE VELASCO[14], no cuentan con una respuesta del TC relativa al vigente recurso de casación y que analicen, desde la perspectiva del art. 24 CE, la relación entre los autos de admisión, el alcance del enjuiciamiento y las sentencias que los resuelven.

No obstante ello y, en cualquier caso, debe estarse a lo que dispone el art. 93.1 de la LJCA:

> *"La sentencia fijará la interpretación de aquellas normas estatales o la que tenga por establecida o clara de las de la Unión Europea sobre las que, en el auto de admisión a trámite, se consideró necesario el pronunciamiento del Tribunal Supremo. Y, con arreglo a ella y a las restantes normas que fueran aplicables, resolverá las cuestiones y pretensiones deducidas en el proceso, anulando la sentencia o auto recurrido, en todo o en parte, o confirmándolos. Podrá asimismo, cuando justifique su necesidad, ordenar la retroacción de actuaciones a un momento determinado del procedimiento de instancia para que siga el curso ordenado por la ley hasta su culminación".*

---

14 *Ibidem*, p. 424.

4.2. El cambio de argumentación jurídica de la sentencia respecto del auto de admisión y el olvido de determinadas normas que debían ser objeto de interpretación

Como ya he señalado anteriormente, uno de los aspectos que, a mi modo de ver, resultan más problemáticos de estos casos que analizo es que la Jurisprudencia sentada es idéntica pese a las diferencias fácticas y jurídicas que no son menores, antes al contrario, y que no se salvan por las precisiones que se añaden para distinguirlos.

Esta identidad, como digo, prescinde incluso de las normas tributarias específicas a interpretar que son distintas y ahí es donde aparece la primera discrepancia entre los autos y las sentencias. Y es que en los fundamentos jurídicos donde se establece la doctrina del TS no se mencionan los preceptos concretos que, según los autos de admisión, debían ser interpretados por las sentencias. Porque la Jurisprudencia fijada se ciñe exclusivamente a las dos normas procesales a las que se referían ambos autos de admisión: los arts. 25.1 y 69, b) LJCA. Esta circunstancia presenta dos aspectos a considerar: el primero se refiere a la cuestión sobre la vinculación de la sentencia con el auto de admisión respecto de la cuestión de interés casacional y su fundamento jurídico. Y tiene que ver, sobre todo, con la existencia misma del interés casacional. El segundo aspecto, a diferencia del primero que tiene carácter general, es de índole particular, y atañe a la eficacia de la Jurisprudencia vertida, ya que al no versar sobre las normas tributarias concretas parece evidente que puede gozar de un espectro más amplio de influencia.

Por último, la identidad en la Jurisprudencia, pese a la diferencia en los hechos, es muy significativa en cuanto que el sentido de los pronunciamientos en la instancia fue opuesto. Y ello determinó que las cuestiones de interés casacional lógicamente fueran distintas. En concreto, el problema tiene que ver con el deber de diligencia del órgano jurisdiccional sobre el que se pregunta en ellas.

Recordemos que, en el caso del ATS de 20 de abril de 2022, dictado en el recurso nº 4792/2021, (*Tol 8.915.216*) en relación con el ámbito tributario estatal, la cuestión de interés casacional quedó formulada del siguiente modo:

> *"Determinar si procede declarar la inadmisibilidad de un recurso contencioso-administrativo por falta de agotamiento de la vía administrativa ex artículo 69.b), en relación con el 25.1 LJCA , cuando el objeto del mismo fuera una resolución presunta, al no haber dictado acto expreso la administración en el plazo previsto en la normativa de aplicación y, en particular, cuando se impugne una desestimación presunta de una reclamación económico-administrativa que por razón de la cuantía hubiera sido susceptible de ser recurrida en alzada ante el Tribunal Económico Administrativo Central.*
>
> *Aclarar qué conducta resulta exigible al recurrente que ha interpuesto un recurso contencioso-administrativo contra la desestimación presunta de una reclamación económico-administrativa, en caso de que la administración dicte resolución expresa, una vez iniciadas las actuaciones judiciales, en la que se indique que la misma no pone fin a la vía administrativa. En particular, si está obligado a desistir del recurso contencioso-administrativo y agotar la vía administrativa con la interposición del recurso procedente.*
>
> *Precisar, en el caso de que la respuesta a la primera pregunta fuera afirmativa, cuál es la actuación que ha de llevar a cabo el órgano jurisdiccional. En particular, si debe dar traslado a la recurrente de la causa de inadmisibilidad de posible apreciación al tener conocimiento de la ulterior resolución expresa, a fin de que interponga el pertinente recurso y consiga el agotamiento de la vía administrativa, o si puede declarar la inadmisibilidad sin necesidad de hacer tal apercibimiento.*
>
> *Por último, en caso de que quepa aceptar la última posibilidad descrita, si el órgano judicial en el auto o la sentencia que inadmita el recurso contencioso-administrativo debe reservar, en todo caso, el derecho al recurrente a interponer el recurso que proceda en la vía económico-administrativa.*
>
> *Identificar como normas jurídicas que, en principio, habrán de ser objeto de interpretación los* ***artículos 241.1 y 245 de la Ley 58/2003, de 17 de diciembre General Tributaria y 25.1 y 69.c) de la Ley 29/1998, de 13 de julio, reguladora de la Jurisdicción Contencioso-administrativa.*** *Ello sin perjuicio de que la sentencia haya de extenderse a otras si así lo exigiere el debate finalmente trabado en el recurso, ex artículo 90.4 de la LJCA"*

En este caso, la sentencia de instancia dictada por el TSJ Andalucía (Sevilla) había declarado inadmisible el recurso por falta de agotamiento de la vía administrativa preceptiva (al haberse omitido por el recurrente el recurso de alzada ante el TEAC que debió deducir frente al silencio del TEARA).

Frente a ello, el ATS de 20 de abril de 2022, en el recurso nº 3069/2021, (*Tol 8.915.084*) la cuestión de interés casacional quedó fijada en los siguientes términos:

> *"Determinar si procede declarar la inadmisibilidad de un recurso contencioso-administrativo por falta de agotamiento de la vía administrativa ex artículo 69.b), en relación con el 25.1 LJCA , cuando el objeto del mismo fuera una resolución presunta, al no haber dictado acto expreso la administración en el plazo previsto en la normativa de aplicación y, en particular, cuando se impugne una desestimación presunta de una solicitud de ingresos indebidos instada frente a una entidad local sobre la que no se hubiera agotado la vía previa, al no haberse impugnado en la vía económico-administrativa local.*
>
> *Aclarar qué conducta resulta exigible al recurrente que ha interpuesto un recurso contencioso-administrativo contra la desestimación presunta de una solicitud de devolución de ingresos indebidos, en caso de que la administración dicte resolución expresa una vez iniciadas las actuaciones judiciales en la que se indique que la misma no pone fin a la vía administrativa. En particular, si está obligado a desistir del recurso contencioso-administrativo y agotar la vía administrativa con la interposición del recurso procedente.*
>
> ***3º)** Identificar como normas jurídicas que, en principio, habrán de ser objeto de interpretación: **3.1.** El **artículo 137 de la Ley 7/1985, de 2 de abril,** reguladora de las Bases de Régimen Local. **3.2.** El **artículo 14 del Real Decreto Legislativo 2/2004, de 5 de marzo,** por el que se aprueba el texto refundido de la Ley Reguladora de las Haciendas Locales (sic). **3.3.** El **artículo 69.c), en relación con el artículo 25.1, de la de la Ley 29/1998, de 13 de julio,** reguladora de la Jurisdicción Contencioso-Administrativa".*

La literalidad de ambas cuestiones demuestra que, además de las diferencias en las normas tributarias que debían ser objeto de interpretación, las cuestiones concretas a resolver presentan divergencias lógicas que estriban, como ya he dicho, en el distinto sentido de las resoluciones de la instancia. Y es que, en este segundo supuesto, a diferencia del anterior, el TS admite el recurso frente a una sentencia del TSJ Castilla y León (Valladolid) dictada en apelación y que confirma la dictada por el Juzgado de lo contencioso-administrativo nº 3 de Valladolid. Ésta estimó el recurso de un obligado tributario que había presentado una solicitud de devolución de ingresos indebidos en relación con el IBI. Dicha solicitud había sido desestimada por silencio administrativo, contra lo que no interpuso la preceptiva reclamación económica local, implantada en el municipio en cuestión. Es decir, en este caso, la falta de agotamiento de la vía de reclamación previa en que había incurrido el obligado tributario, que, por cierto, no era el recurso de reposición local del art. 14 TRLRHL, fue refrendada en sede judicial. De ahí que la primera parte de la cuestión de interés casacional se limite a un aspecto concreto sobre el actuar del órgano jurisdiccional.

Sí coinciden ambos autos en señalar que una de las razones por las que los casos presentan el interés casacional que justifica su admisión es, —según se dice en una frase idéntica de ambas resoluciones—, que "No existe jurisprudencia que aclare si la falta de resolución expresa en plazo por parte de la administración, y, por ende, la ausencia de información al interesado sobre los recursos que procederían frente a la misma, no impide, sin embargo (...) que deba exigirse el agotamiento de la vía administrativa para el acceso a la jurisdicción contencioso-administrativa". Lo cierto es, empero, que como se desprende de la lectura de las sentencias que resuelven ambos casos, la decisión del TS se basa en doctrina reiterada del TS, acorde a la del TC y fijada con anterioridad incluso al nuevo recurso de casación. Y la Jurisprudencia ahora establecida, además, según ya he señalado, únicamente se refiere a las normas procesales indicadas desde el comienzo y que son comunes a ambos recursos, pero no a las normas procesales tributarias particulares y distintas de cada uno de ellos. De ahí el interrogante con el que abordamos esta cuestión en el epígrafe siguiente.

Lo esencial, sin embargo, es, como ya he tratado anteriormente, que el principal argumento de los autos es una concepción del derecho de buena administración como distinto del derecho a la tutela judicial efectiva del art. 24 CE aunque íntimamente conectado con él. El problema es que dicho planteamiento es obviado por el TS en las dos Sentencias que son prácticamente idénticas.

4.3. La ausencia de novedad de la Jurisprudencia fijada por el Tribunal Supremo: ¿supone la pérdida del interés casacional?

A mi modo de ver, hay dos notas fundamentales en la Jurisprudencia que finalmente fija el TS. La primera, insisto nuevamente porque creo que es esencial, es que se aplica indistintamente pese a las diferencias de los casos que se resuelven. Diferencias fácticas y también de régimen jurídico, puesto que se trata de vías de recurso muy diferentes y para ámbitos territoriales diferentes. La segunda es que la decisión gira en torno al derecho fundamental a la tutela judicial efectiva, conforme ha sido perfilado por el TC y asumido por Jurisprudencia antigua del TS. Restando así todo el protagonismo al principio o derecho a la buena administración que se le había otorgado en los autos de admisión y relegándolo como argumento secundario.

La Jurisprudencia del TS quedó fijada, en primer lugar, en la STS nº 280/2023, de 7 de marzo, *(Tol 9.449.029)*, sobre el recurso deducido en relación con el ámbito local se recoge en su fundamento jurídico 4º. Recuérdese que precisamente en este supuesto la cuestión de interés casacional era más sencilla que la que se planteaba en el ámbito estatal y, sin embargo, al resolverse antes aquélla, es por lo que procede en la posterior STS nº 539/2023, de 3 de mayo, *(Tol 9.549.230)* a añadir "algún matiz o corrección".

La parte coincidente entre ambas resoluciones es la que sigue[15]:

> *"Jurisprudencia que se establece.*
>
> *De las ideas jurídicas ampliamente expuestas hasta ahora, fundadas en* ***doctrina previa, abundante y reiterada de esta Sala, con***

---

[15] Las negrillas son mías.

fundamento en el artículo 24.1 CE, garantizador de la tutela judicial efectiva, en su vertiente de acceso a la jurisdicción, *debemos fijar la siguiente jurisprudencia:*

1) No procede declarar la inadmisibilidad de un recurso contencioso-administrativo, por falta de agotamiento de la vía administrativa previa, conforme a lo declarado en los artículos 69.c), en relación con el 25.1 LJCA, en aquellos ***casos*** *en que* ***el acto impugnado fuera una desestimación presunta, por silencio administrativo,*** *ya que, por su propia naturaleza, se trata de una mera ficción de acto (sic) que no incorpora información alguna sobre el régimen de recursos.*

2) En tal sentido, ***la Administración no puede obtener ventaja de sus propios incumplimientos ni invocar, en relación con un acto derivado de su propio silencio, la omisión del recurso administrativo debido.***

3) Ordenar, ***en un recurso de casación,*** *que se conceda a la Administración una nueva oportunidad de pronunciarse, en un recurso administrativo, sobre la procedencia de una solicitud formulada en su día y no contestada explícitamente, supondría una dilación indebida del proceso prohibida por el art. 24 CE y una práctica contraria al principio de buena administración,* ***máxime cuando el asunto ya ha sido examinado, en doble instancia, por tribunales de justicia.***

4) El agotamiento de una vía previa de recurso, aun siendo preceptiva, cuando ya no sería, ***en este caso,*** *previa, para demorar aún más el acceso a la jurisdicción en que ya se encuentra el propio interesado, que ha obtenido respuesta judicial, no sería sino un acto sin sentido o finalidad procesal alguna y generador de (más)* ***dilaciones indebidas.***

5) ***No hay un derecho subjetivo incondicional de la Administración al silencio, sino una facultad reglada*** *(sic)* ***de resolver sobre el fondo los recursos administrativos, cuando fueran dirigidos frente a actos presuntos como consecuencia del silencio por persistente falta de decisión, que no es, por lo demás, una alternativa legitima a la respuesta formal, tempestiva y explícita que debe darse, sino una actitud contraria al principio de buena administración.***"[16]

---

16 Este no es sino un ejemplo más de la postura crítica del TS en relación con la figura del silencio administrativo, como recuerda SERRAT ROMANÍ, M.: "Un punto y aparte al silencio administrativo negativo en aras de la buena administración", *Tributos Locales,* núm. 79, 2023, p. 89.

A estos argumentos, y con el propósito de contemplar las particularidades del caso deducido en el ámbito estatal donde la cuestión de interés casacional, insisto una vez más, era más amplia, la STS nº 539/2023, de 3 de mayo, *(Tol 9.549.230)* añade en su FJ 3:

> *"La doctrina aludida es plenamente trasladable a este caso, con algún matiz o corrección, dados los hechos diferentes, en parte, en uno y otro asunto:*
>
> *a) En el asunto precedente, del Ayuntamiento de V..., en un cierto aspecto era más grave la conducta de la Administración, porque en dicho asunto hubo una desestimación presunta de una petición de devolución de ingresos indebidos, seguida de otra desestimación también por silencio de un recurso de reposición (sic). En tal asunto, se pretendió la exigencia del recurrente a ampliar el recurso a los actos posteriores previos de resolución expresa, que adoptó el Ayuntamiento, casualmente, al conocer la existencia del proceso."*

Importa destacar que el TS incurre en un error en el relato de los hechos acaecidos, contenidos en el Auto de admisión y reproducidos literalmente por la Sentencia de 7 de marzo, ya que se trataba de una reclamación económico-administrativa local, y no del recurso de reposición.

Continúa el TS señalando que:

> *"b) En este caso, se trata de determinar si la Administración, que ya ha guardado silencio en todas las reclamaciones del TEAR frente a los actos recaudatorios mencionados, sin resolverlas, tiene derecho al silencio y a mantener la doble instancia jerárquica, que es una potestad reduplicativa y que debería ser objeto de interpretación estricta.*
>
> *c) Como dijimos en la anterior sentencia, carece de sentido retrotraer un proceso judicial para permitir el agotamiento —sobre la base de la impugnación de actos presuntos— mediante una segunda instancia revisora, cuando el problema ya se ha judicializado, por la deducción del recurso, siendo así que el TSJ está en condiciones de pronunciarse sobre las cuestiones objeto de debate."*[17]

---

[17] En este último sentido, téngase en cuenta que el propio TS, en el FJ 4º, realiza una aclaración *obiter dicta* sobre la competencia jurisdiccional si no se tratara de tributos cedidos como es el caso que aquí se resolvía.

d) Hay abundante jurisprudencia de la Sala —que hoy se puede ver bajo la perspectiva del derecho a una buena administración—, reflejada en la sentencia de 7 de marzo pasado: (...)"

5. ALGUNAS CONCLUSIONES

Llegados a este punto, si se trata de aventurar algunas conclusiones, éstas irían dirigidas a despejar un interrogante esencial y es si nos encontramos ante un verdadero avance en Derecho que habría propiciado el TS elaborando una nueva doctrina más garantista en relación con la vía previa de revisión de la materia tributaria, y ello, precisamente, con base en el principio de buena administración.

Al respecto, entiendo que cabe concluir lo siguiente:

Primero.—El principio de buena administración ha sido entendido como derecho fundamental del obligado. El efecto de lo anterior es que se recupera el verdadero sentido de la figura de la inactividad en materia de revisión en vía administrativa, que es manifestación de la llamada autotutela "reduplicativa", de modo que se plasma el silencio negativo como un verdadero derecho del administrado y no como un beneficio de la Administración. Este resultado, que no es nuevo atendida jurisprudencia muy antigua del TS, representa un verdadero contrapunto, modula o atempera, en suma, aquella prerrogativa de la autotutela citada.

Cabe, sin embargo, formular dos críticas a la doctrina del TS. La primera de ellas porque alude a la "facultad" de resolver de la Administración cuando lo cierto es que se trata de un deber, conforme al art. 103 LGT, excluido de las normas comunes del Derecho administrativo *ex* Disp. ad. 1ª Ley 39/2015, de 1 de octubre, del Procedimiento Administrativo Común de las Administraciones Públicas.

Y la segunda, tiene que ver con esta última norma, porque el TS, al seguir el razonamiento del TSJ Castilla-León (Valladolid) que resolvía en la instancia, asume el error de este órgano que desconoció la especialidad de la materia tributaria. Algo ciertamente llamativo por la elevada conflictividad que ha supuesto desde la Ley 30/1992, de 26 de noviembre, de Régimen Jurídico de las Administraciones Públicas y del Procedimiento Administrativo Común.

Segundo.—Con arreglo al tenor de los autos de admisión analizados cabía preguntarse si se puede reconocer también la efectividad de ese derecho fundamental en vía administrativa de revisión y no únicamente en la vía jurisdiccional al hilo de la "interpretación" del art. 25 LJCA con arreglo al art. 24 CE y el art. 106 CE en determinados casos concretos. Esta cuestión tiene que ver con la doble acepción que del principio de buena administración proponían los autos del planteamiento del TS que, recuérdese, distinguen entre una perspectiva *ad intra* que se identificaba con el derecho a la "buena jurisdicción" y otra *ad extra*. Y tiene que ver con el "derecho a la tutela administrativa efectiva" al que alude el TS en su Sentencia nº 170/2023, de 14 de febrero (*Tol 9.422.809*). Este sería el verdadero avance en la esfera de las garantías de los administrados.

Tercero.—Finalmente, sin embargo, la doctrina fijada del TS en STS nº 280/2023, de 7 de marzo, *(Tol 9.449.029)* y STS nº 539/2023, de 3 de mayo, *(Tol 9.549.230)* rechaza implícitamente aquella posibilidad y limita su interpretación únicamente a la vía jurisdiccional. De manera que no se crean excepciones no previstas en las leyes tributarias, sino que se trata de una interpretación flexible y acorde con la CE y la doctrina del TC. Dicho de otro modo, no hay riesgo de un exceso del TS en el ejercicio de su labor interpretativa.

En definitiva, no parece que estemos ante una verdadera novedad, sino que se trata de una aplicación de la doctrina del TC y del TS sobre una vieja cuestión en la que el derecho fundamental es el de tutela judicial efectiva del art. 24 CE, doctrina cuyas pautas fundamentales han sido "reinterpretadas" a la luz del principio de buena administración. Pero ¿qué significa realmente eso? ¿Cómo un derecho fundamental reconocido puede ser "reinterpretado" si se acude a vieja doctrina del TC y del propio TS? Y, por lo demás ¿qué aporta realmente el principio de buena administración en esta "reinterpretación"?

Cuarto.—A mi modo de ver, el posible efecto de esta doctrina del TS, en el que estriba su verdadera utilidad, es que evidencia la necesidad de replanteamiento de instituciones básicas y clásicas del Derecho administrativo que, en general, pero sobre todo en materia tributaria, provocan serios problemas en punto al derecho fundamental a la tutela judicial efectiva, siendo la mayoría de ellos particulares de esta rama del ordenamiento jurídico.

Cabría enumerar los siguientes:

— La existencia de plazos de resolución muy amplios y diríase que excesivos. Así como la tendencia legislativa que propende, no a su reducción, sino, muy al contrario, a su progresiva extensión. En un claro intento de disuadir a los administrados alargado lo indecible su acceso a la vía jurisdiccional. Baste recordar, en este sentido, lo que supuso la implantación de la vía económico-administrativa en los municipios de gran población con la introducción del Título X de la LBRL, en contraste con la duración del recurso de reposición local del art. 14 TRLRHL. O el vaciamiento del ámbito objetivo del procedimiento abreviado en las reclamaciones económico-administrativas estatales tras la reforma de la LGT por Ley 34/2015, de 21 de septiembre.

— La pervivencia de dobles vías de recurso o reclamación que precisamente han sido las que han propiciado la Jurisprudencia analizada y que ya están abolidas en el Derecho administrativo general.

Quinto.—Siendo la efectividad de esta Jurisprudencia la principal cuestión a la que habría que dar una adecuada respuesta, lo cierto es que entraña un riesgo nada infrecuente en nuestra disciplina. Me refiero a la posible reacción en contra del legislador a la que, lamentablemente, ya nos tiene acostumbrados.

6. BIBLIOGRAFÍA

ÁLVAREZ MARTÍNEZ, J.: "El principio de buena administración como nuevo paradigma jurídico y su aplicación en el ámbito tributario: régimen normativo, naturaleza jurídica y contenido", *Nueva Fiscalidad*, núm. 1, 2022.

CARRASCO GONZÁLEZ, F.M.: "El principio de buena administración en el ámbito de la revisión de actos tributarios", *Revista Española de Derecho Financiero*, núm. 197, 2023, (versión electrónica) (Consultado el 4.5.2023).

— «El derecho a una buena administración y la exigencia de plazos razonables en los procedimientos tributarios», en GARCÍA BERRO, F. (Dir.), *Derechos Fundamentales: Una perspectiva europea*, Civitas, Madrid, 2015.

CASAS AGUDO, D., «Derecho a una buena administración y ordenamiento tributario» en Derechos fundamentales y tributación, *Nueva Fiscalidad*. Monográfico, 2020.

JUAN LOZANO, A. Mª y J. HUELLIN MARTÍNEZ DE VELASCO "El papel del nuevo recurso de casación en la formación de la jurisprudencia sobre los procedimientos tributarios: la relación entre el auto de admisión y la sentencia y los efectos en el tiempo de los cambios jurisprudenciales", en VVAA: *Cuestiones actuales en los procedimientos de aplicación de los tributos y propuestas de mejora*, Fundación Impuestos y Competitividad, 2022, [en línea] https://static.fundacionic.com/2022/06/22115241/cuestiones-actuales-en-los-procedimientos-de-aplicacion-de-los-tributos-y-propuestas-de-mejora.pdf (consultado el 4.10.2023).

LITAGO LLEDÓ, R.: "La eficacia práctica del "principio" de buena administración formulado por el Tribunal Supremo", *Revista Técnica Tributaria*, núm. 133, 2021.

— "El "principio" de buena administración y el derecho fundamental de acceso a los recursos de los obligados tributarios en casos de inactividad administrativa", en MORENO GONZÁLEZ, S. y P.J. CARRASCO PARRILLA: *Los principios del cumplimiento cooperativo en materia tributaria*, Atelier, Barcelona, 2023.

MARTÍN-RETORTILLO BAQUER, L: "De los derechos humanos al derecho a una buena administración", en ÁVILA RODRÍGUEZ, Carmen María y Francisco GUTIÉRREZ RODRÍGUEZ (Coord.): *El derecho a una buena administración y la ética pública"*, Ed. Tirant Lo Blanch, Valencia, 2011.

ORENA DOMÍNGUEZ, A.: "El principio de buena administración como derecho y garantía de los obligados tributarios", en MORENO GONZÁLEZ, S. y P.J. CARRASCO PARRILLA: *Los principios del cumplimiento cooperativo en materia tributaria*, Atelier, Barcelona, 2023.

RUIZ-RICO RUIZ, G.: "El derecho a una buena administración: dimensiones constitucional y estatutaria", en ÁVILA RODRÍGUEZ, Carmen María y Francisco GUTIÉRREZ RODRÍGUEZ (Coord.): *El derecho a una buena administración y la ética pública",* Tirant Lo Blanch, Valencia, 2011.

SERRAT ROMANÍ, M.: "Un punto y aparte al silencio administrativo negativo en aras de la buena administración", *Tributos Locales,* núm. 79, 2023.

SOUVIRÓN MORENILLA, José María: «Sentido y alcance del derecho a una buena administración», en ÁVILA RODRÍGUEZ, Carmen María y Francisco GUTIÉRREZ RODRÍGUEZ (Coord.): *El derecho a una buena administración y la ética pública»,* Ed. Tirant Lo Blanch, Valencia, 2011.

Capítulo 3
¿Es necesario delimitar el alcance del concepto del principio de buena administración?

IRUNE SUBERBIOLA GARBIZU
Profesora de Derecho Financiero y Tributario
Universidad del País Vasco/Euskal Herriko Unibertsitatea

1. PUNTO DE PARTIDA: FUNDAMENTOS DEL PRINCIPIO

Es indiscutible que, cuando hablamos del principio de buena administración nos estamos refiriendo a un principio que está de moda. Se trata de un principio que yo misma descubrí con cierta emoción por sus vastas posibilidades y que tanto la doctrina como nuestros tribunales han abrazado de forma entusiasta, como contrapunto de lo que, de hecho, parece una tendencia un tanto censurable de nuestros gestores públicos, una mala praxis en el ejercicio de sus funciones.

Ciertamente, la elevada litigiosidad en materia tributaria, presente en el día a día de nuestros tribunales, ha puesto de relieve la existencia de una manifiesta "mala administración" de las Haciendas que se refleja en los datos facilitados por el Consejo de Defensa del Contribuyente, el Consejo General del Poder Judicial o por el Comité de Expertos que redactó el Libro Blanco sobre la Reforma Tributaria en febrero de 2022. Este último, de forma específica, analiza, como variable que afecta al cumplimiento de las obligaciones tributarias, la elevada litigiosidad en la materia, particularmente la que se suscita ante los Tribunales económico-administrativos, en el entendimiento de que:

> "El elevado porcentaje de reclamaciones estimadas muestra amplias posibilidades de mejora en la relación con el contribuyente por lo que la reducción de la litigiosidad debe ser una prioridad en el marco de una estrategia que estimule el cumplimiento voluntario."

Ciertamente, la última memoria anual del Tribunal Económico Administrativo Central, referida al ejercicio 2021, viene a refrendar una tendencia ya detectada en las memorias anteriores, precisamente, la de una creciente litigiosidad. Al respecto señala que el número medio de reclamaciones presentadas en los Tribunales, en los últimos cinco años, asciende a 195.582, siendo el de mayor entrada al año 2021, con 212.796 reclamaciones.

Fuera de la vía económico-administrativa, en el terreno de lo contencioso, en plena pandemia, el Consejo General del Poder Judicial (CGPJ), en su "Documento de trabajo sobre medidas organizativas y procesales para el plan de choque en la administración de justicia tras el estado de alarma", delimita el alcance del problema indicando que "sólo en la Audiencia Nacional y sólo en relación con tributos estatales se encuentran implicados más de 8.000.000.000 de euros, de los que más de 3.000.000.000 están afectados por medidas cautelares. Y a ello deben añadirse las cifras correspondientes a los restantes tribunales y tributos autonómicos y locales.

Decía que estos datos ponen de relieve la existencia de carencias en el funcionamiento de la Administración que, en cierta manera, podríamos traducir, —lo ha hecho ya algún autor (JI-

MÉNEZ FRANCO)[1]— como reflejo de una "mala administración" que requiere la exigencia del principio/derecho de buena administración.

2. DELIMITACIÓN NORMATIVA DEL PRINCIPIO DE BUENA ADMINISTRACIÓN

En puridad no existe una definición legal del principio de buena administración dentro del ordenamiento patrio. Nos encontramos ante un principio "en construcción", cuyo contenido y perímetro están aún delimitándose por parte de la jurisprudencia del Tribunal Supremo y del Tribunal de Justicia de la Unión Europea, pero que, también, ha tenido su traslación al ámbito normativo a través de su plasmación en el artículo 41 de la Carta de Derechos Fundamentales de la Unión Europea.

En un ámbito más cercano, este principio elástico, casi líquido, y, como veremos, adaptable y adaptado, tiene su fundamento en precedentes históricos como la Ley de la Jurisdicción contencioso-administrativa de 1956[2], el Decreto 923/1965, de 8 de abril, por el que se aprueba el texto articulado de la Ley de Contratos del Estado, en la Ley 13/1995 de 18 de mayo[3], o la Ley 7/2007, de 12

---

1 JIMÉNEZ FRANCO, E.: "El control jurídico de la actividad administrativa: principios de buena administración y resolución proporcional de conflictos". *La Ley Digital*, núm. 9231, 2016, p.7.

2 Cuya exposición de motivos señala "Y así, la necesidad de una Jurisdicción contencioso-administrativa eficaz trasciende de la órbita de lo individual y alcanza al ámbito colectivo. Porque las infracciones administrativas se muestran realmente no tan sólo como una lesión de las situaciones de los administrados, sino como entorpecimiento a la buena y recta administración."

3 Cuyo artículo 4 reza "la Administración podrá concertar los contratos, pactos y condiciones que tenga por conveniente siempre que no sean contrarios al interés público, al ordenamiento jurídico o a los principios de buena administración y deberá cumplirlos a tenor de los mis-

de abril del Estatuto básico del empleado público[4]. Aunque expresamente no se recoja como tal, la Ley 40/2015, de 1 de octubre, de Régimen Jurídico de las Administraciones Públicas, consagra la "buena administración" en el artículo 3.1 cuando se refiere a los principios de buena fe, confianza legítima y lealtad institucional.

También lo hace el artículo 4, que recoge los principios de intervención de las administraciones Públicas en el desarrollo de su actividad en términos que podrían describir lo que puede, igualmente, entenderse como buena administración o diligencia administrativa[5].

Por su parte, el artículo 1 de la Ley 19/2013, de 9 de diciembre, de Transparencia y Buen Gobierno, señala un concepto análogo, el del "buen gobierno". En concreto, su artículo 26 refiere, como principios generales que las Administraciones públicas actuarán con transparencia en la gestión de los asuntos públicos, de acuerdo con los principios de eficacia, economía y eficiencia y con el objetivo de satisfacer el interés general, respetarán el principio de imparcialidad, de modo que mantengan un criterio independiente y ajeno a todo interés particular; asegurarán un trato igual y sin

---

mos, sin perjuicio de las prerrogativas establecidas por la legislación básica en favor de aquella."

4 También en su exposición de motivos " Las Administraciones y entidades públicas de todo tipo deben contar con los factores organizativos que les permitan satisfacer el derecho de los ciudadanos a una buena administración, que se va consolidando en el espacio europeo, y contribuir al desarrollo económico y social. Entre esos factores el más importante es, sin duda, el personal al servicio de la Administración".

5 "Las Administraciones Públicas que, en el ejercicio de sus respectivas competencias, establezcan medidas que limiten el ejercicio de derechos individuales o colectivos o exijan el cumplimiento de requisitos para el desarrollo de una actividad, deberán aplicar el principio de proporcionalidad y elegir la medida menos restrictiva, motivar su necesidad para la protección del interés público así como justificar su adecuación para lograr los fines que se persiguen, sin que en ningún caso se produzcan diferencias de trato discriminatorias. Asimismo, deberán evaluar periódicamente los efectos y resultados obtenidos."

discriminaciones de ningún tipo en el ejercicio de sus funciones; asumirán la responsabilidad de las decisiones y actuaciones propias y de los organismos que dirigen, sin perjuicio de otras que fueran exigibles legalmente.

Dentro de sus principios de actuación se menciona expresamente que las Administraciones públicas evitarán toda acción que pueda poner en riesgo el interés público o el patrimonio de las Administraciones; desempeñarán sus funciones con transparencia y gestionarán, protegerán y conservarán adecuadamente los recursos públicos.

En un contexto temporal más cercano, aunque expresamente no se recoja como tal, la Ley 40/2015, de 1 de octubre, de Régimen Jurídico de las Administraciones Públicas, consagra la "buena administración" en el artículo 3.1 cuando se refiere a los principios de buena fe, confianza legítima y lealtad institucional.

Se anudan, así, a la buena administración, una serie de principios que debe respetar la Administración en sus relaciones. Nos referimos, en concreto, a la prestación de un servicio efectivo a los ciudadanos; a la simplicidad, claridad y proximidad en sus actuaciones con los mismos; participación, objetividad y transparencia de la actuación administrativa; a la racionalización y agilidad de los procedimientos administrativos; a la buena fe, confianza legítima y lealtad institucional; a la eficacia en el cumplimiento de los objetivos fijados; al cumplimiento de criterios de economía, suficiencia y adecuación estricta de los medios a los fines institucionales; y, finalmente eficiencia en la asignación y utilización de los recursos públicos, y cooperación, colaboración y coordinación entre las Administraciones Públicas.

En idéntica lid, el artículo 4 de la Ley 40/2015 recoge los principios de intervención de las Administraciones Públicas en el desarrollo de su actividad en términos que podrían describir lo que puede, igualmente, entenderse como buena administración/ buen gobierno/ diligencia administrativa.

Al respecto reza del siguiente modo: "Las Administraciones Públicas que, en el ejercicio de sus respectivas competencias, establezcan medidas que limiten el ejercicio de derechos individuales o colectivos o exijan el cumplimiento de requisitos para el desarrollo de una actividad, deberán aplicar el principio de proporcionalidad y elegir la medida menos restrictiva, motivar su necesidad para la protección del interés público así como justificar su adecuación para lograr los fines que se persiguen, sin que en ningún caso se produzcan diferencias de trato discriminatorias. Asimismo, deberán evaluar periódicamente los efectos y resultados obtenidos."

En este orden de asuntos, sin recoger una definición, su fundamento constitucional se encuentra en los artículos 9.3 y en el artículo 103.1 de nuestra Carta Maga, que consagran, respectivamente, el principio de seguridad jurídica y el deber de la administración a servir con objetividad los intereses generales y actuar de acuerdo con los principios de eficacia, jerarquía, descentralización, desconcentración y coordinación, con sometimiento pleno a la Constitución, la ley y el Derecho.

También, y como reflejo del contenido del artículo 41 de la Carta en nuestra constitución, podríamos hablar del principio de buena administración como una traslación del derecho de defensa del artículo 24.2 (en lo que respecta al proceso sin dilaciones indebidas, a ser informados de la acusación formulada, a la aportación de pruebas pertinentes), y del derecho de audiencia y acceso de los ciudadanos del artículo 105 CE.

Interesa destacar que todas las normas referidas contienen una nota común: la ausencia total de una definición legal del principio, lo cual plantea dificultades a la hora de delimitar su tenor y de distinguirlo de principios/derechos sí definidos constitucional, legal o jurisprudencialmente, como el principio de buen gobierno recogido en el referido artículo 26 de la Ley 19/2013.

Como decíamos se trata de un haz de derechos, "un conjunto de principios, reglas e instituciones"[6] cuyo contenido concreto

---

6 ESCUÍN PALOP, V.: "En torno a la buena administración", en DEL GUAYO CASTIELLA, I. *et al.* (Coord.) *Los desafíos del Derecho Público en el Siglo XXI*, INAP, Madrid, 2019, p. 333.

está aún en proceso de delimitación, pero que es basculante y se debate entre su equivalencia con el principio de buen gobierno y el de su consideración como reflejo de otros derechos ya consagrados.

3. DELIMITACIÓN DEL CONCEPTO POR PARTE DE LA DOCTRINA

En relación concreta con el principio de buen gobierno, autores como PONCE SOLÉ[7] subrayan que, aunque son conceptos semejantes, no son conceptos equivalentes. Mientras que el primero, el buen gobierno, se refiere al modo en que una parte del poder ejecutivo (el gobierno) desarrolla sus funciones, el segundo indica el modo en el que ese poder ejecutivo (en genérico) desarrolla sus tareas administrativas.

Por su parte, en su análisis sobre la protección conferible a este derecho, CASTILLO BLANCO[8] considera, igualmente, que buen gobierno y buena administración son conceptos complementarios que hacen referencia a aspectos distintos de la actividad pública o, al menos a distintos niveles de su actuación.

También hay quien, como RODRÍGUEZ-ARANA MUÑOZ[9], considera que el concepto de buena administración es reflejo de las distintas aplicaciones de las ideas de gobernanza y buen gobierno.

---

7 PONCE SOLÉ, J.: "La discrecionalidad no puede ser arbitrariedad y debe ser buena administración", *Revista española de Derecho Administrativo,* Nº 175, 2016.

8 CASTILLO BLANCO, F.A.: "Garantías del derecho ciudadano al buen gobierno y a la buena Administración", *Revista Española de Derecho Administrativo,* Núm. 172, 2015.

9 RODRÍGUEZ-ARANA MUÑOZ, J.: *El buen gobierno y la buena administración de instituciones públicas,* Thomson-Aranzadi, Madrid, 2006.

Sea como fuere, nos ceñiremos, sin mayores precisiones, a describir la buena administración como un “haz de derechos”, “un conjunto de principios, reglas e instituciones” cuyo contenido concreto está aún en proceso de delimitación, pero que parecen bascular entre una equiparación del principio de buena administración con el de buen gobierno y otra que circunscribe la buena administración al ámbito de los derechos procedimentales, ligados a los derechos constitucionales de seguridad jurídica y defensa.

4. DELIMITACIÓN DEL CONCEPTO VÍA PRETORIANA

Según referíamos, la ausencia de una definición normativa en el ordenamiento patrio que delimite el alcance del principio de buena administración ha dado lugar a que sus contornos se perfilen a través de la actuación de nuestros tribunales, principalmente, el Tribunal Supremo.

Al respecto, como adelantábamos, la jurisprudencia de nuestro Alto Tribunal pivota entre dos posiciones: en la primera relaciona el principio de buena administración con el buen gobierno, con la diligencia debida, como sinónimo de eficiencia, eficacia o practicidad; en la segunda, el principio de buena administración se erige como “epítome de derechos”[10].

La STS de 4 de noviembre de 2021 (rec. 8325/2019) se hace eco de estas posiciones en su fundamento jurídico séptimo, cuando expone que “como se desprende de lo dicho por el Tribunal Supremo el principio de buena administración tiene una base constitucional y legal indiscutible. Podemos distinguir dos manifestaciones del mismo, por un lado, constituye un deber y exigencia a la propia Administración que debe guiar su actuación bajo los parámetros referidos, entre los que se encuentra la diligencia

---

[10] CASAS AGUDO, D.: “Derecho a una buena administración y ordenamiento tributario”, *Monográfico nueva Fiscalidad. Derechos Fundamentales y Tributación*, 2020, p. 80.

y la actividad temporánea; por otro, un derecho del administrado, que como tal puede hacerse valer ante la Administración en defensa de sus intereses".

Veamos, a continuación, en qué se sustancian ambas posiciones.

4.1. Buena administración como sinónimo de diligencia debida y buen gobierno

La configuración del principio de buena administración como sinónimo de diligencia debida y buen gobierno se erige como herramienta para evitar abusos de la Administración tributaria y equilibra las posiciones entre Fisco y contribuyente, lo que supone una oportunidad para introducir un nuevo paradigma que regule la relación entre ambos sujetos.

Se constituye así, como una herramienta hermenéutica, que sirve como parámetro para medir el estándar de calidad de la actividad administrativa, como un criterio de razonabilidad, del "sentido común" que debiera regir su conducta, en otras palabras, como parámetro de sensatez.

Esta perspectiva sobre el principio de buena administración ha permitido, evitar la vía de apremio hasta resolver la petición de suspensión y aplazamiento o el recurso pendiente, o determinar/exigir... el plazo de ejecución de una resolución económico administrativa en caso de incumplimiento del artículo 239.3 LGT[11]; el *dies a quo* en el plazo de prescripción de la potestad administrativa para exigir las deudas tributarias a los responsables subsidiarios; o el *dies a quo* a los efectos de conocer la *actio nata* en los procedimientos de devolución de ingresos indebidos[12]...

---

[11] Sobre el principio de buena administración ante dilaciones no razonables y desproporcionadas en la remisión del expediente para ejecución de la resolución estimatoria del órgano económico administrativo vid. también entre otras, SSTS de 14 de febrero de 2017 (rec. 2379/2015) y de 5 diciembre de 2017 (rec.1727/2016).

[12] STS de 11 de junio de 2020 (rec. 3887/2017).

Es reflejo de esta perspectiva la STS de 17 de abril de 2017 (rec. 785/2016) en la que se señala que a la Hacienda Foral de Gipuzkoa “le era exigible una conducta lo suficientemente diligente como para evitar posibles disfunciones derivada de su actuación, por así exigirlo el principio de buena administración que no se detiene en la mera observancia estricta de procedimiento y trámites, sino que más allá reclama la plena efectividad de garantías y derechos reconocidos legal y constitucionalmente al contribuyente”[13].

En términos casi idénticos, la STS de 19 de febrero de 2019 (rec. 128/2016), entre otras muchas[14], señala que “ya en otras ocasiones hemos hecho referencia al principio de buena administración, principio implícito en la Constitución, arts. 9.3 y 103, proyectado en numerosos pronunciamientos jurisprudenciales y positivizado, actualmente, en nuestro Derecho común, art. 3.1.e) de la Ley 40/2015; principio que impone a la Administración una conducta lo suficientemente diligente como para evitar definitivamente las posibles disfunciones derivada de su actuación, sin que baste la mera observancia estricta de procedimientos y trámites, sino que más allá reclama la plena efectividad de garantías y derechos reconocidos legal y constitucionalmente al contribuyente y mandata a los responsables de gestionar el sistema impositivo, a la propia Administración Tributaria, observar el deber de cuidado y la debida diligencia para su efectividad y de garantizar la protección jurídica que haga inviable el enriquecimiento injusto”[15].

Por su parte, en lo que atañe a la eficacia de los recursos administrativos y en relación con los manifiestamente inútiles, el principio de buena administración ha sido esgrimido por la STS de 21 de mayo de 2018 (rec. 113/2017) para indicar que “cuando se discute exclusivamente la inconstitucionalidad de las disposiciones legales que dan cobertura a los actos de aplicación de los

---

13 Fundamento Jurídico Tercero.

14 Como la STS de 18 de mayo de 2020 (rec. 6950/2018).

15 Fundamento Jurídico Sexto. En idéntico sentido la antes mencionada STS de 11 de junio de 2020 (rec. 3887/2017).

tributos y restantes ingresos de Derecho Público de las entidades locales, cuestión respecto de la que éstas carecen de competencia para pronunciarse o para proponerla a quien tiene competencia para ello, quedando constreñidas a aplicar la norma legal de que se trate, no resulta obligatorio interponer, como presupuesto de procedibilidad del ulterior recurso contencioso-administrativo, el correspondiente recurso administrativo previsto como preceptivo".

También destaca la STS de 14 de mayo de 2019 (rec. 3457/2017) en la que expresamente se señala que el principio de buena administración "no se detiene en la mera observancia estricta de procedimientos y trámites, sino que, más allá reclama la plena efectividad de garantías y derechos reconocidos legal y constitucionalmente al contribuyente y ordena a los responsables de gestionar el sistema impositivo, a la propia Administración Tributaria, observar el deber de cuidado y la debida diligencia para su efectividad y la de garantizar la protección jurídica que haga inviable el enriquecimiento injusto."

En este orden de asuntos, se distingue, igualmente, la STS de 18 de mayo de 2020 (Rec. 6950/2018) en la que, en aplicación del principio, en relación con el Impuesto sobre Bienes Inmuebles se indica que las liquidaciones del impuesto en valores catastrales anulados son nulas, pues lo contrario vulneraría el principio de buena administración.

Del mismo modo, en el ATS 30 de noviembre de 2022 (rec.3392/2022) se inquiere sobre la aplicabilidad del principio en la exigencia al órgano consultivo que ha de emitir informe preceptivo en la elaboración de una disposición general, de toda la documentación del expediente administrativo seguido para su elaboración y, en su caso, el alcance invalidante del defectuoso cumplimiento de tal comunicación y en la STS de 7 de marzo de 2023 (rec. 3069/2021) se instituye el silencio administrativo como una práctica contraria al principio de buena administración al inferir, en su fundamento jurídico cuarto que "no hay un derecho subjetivo incondicional de la Administración al silencio, sino una facultad reglada de resolver sobre el fondo los recursos administrativos, cuando fueran dirigidos frente a actos presuntos como consecuencia del silencio por persistente falta de decisión, que no es, por lo demás, una alternativa legítima a la respuesta formal, tempestiva y explícita que debe darse, sino una actitud contraria al principio de buena administración".

Otro ejemplo de esta línea jurisprudencial lo podemos encontrar en la STS de 14 de febrero de 2023 (rec. 3687/2021), en el que el principio se identifica con el derecho a una "actuación administrativa motivada, no arbitraria, una tramitación diligente de los expedientes y su resolución en un tiempo razonable y proporcionado por el órgano competente".

Según hemos podido apreciar, todas estas resoluciones cuestionan actuaciones administrativas de todo tipo utilizando el principio de buena como criterio para enjuiciar situaciones donde la actuación de la Administración es vetada aun habiendo discurrido conforme a las reglas que ordenan su desempeño, por alcanzar un resultado contrario a los principios de justicia tributaria. En estos supuestos, los contornos en que se materializa el principio no están, o no al menos del todo, reglados por lo que es necesario analizar en qué términos se sustancia en el caso concreto. En otras palabras, el Tribunal Supremo adopta, en cierta manera, la tradición anglosajona del *case law*, haciendo derecho y corrigiendo situaciones de inequidad.

Más aún, a partir esta posición la doctrina[16] ha desarrollado el principio desde otras perspectivas no adoptadas como criterio interpretativo por parte de los tribunales. Nos referimos, en concreto, al desarrollo de relaciones cooperativas entre contribuyente y Administración; al establecimiento de buenas prácticas tributarias, a una eventual implantación de los MASC en este ámbito

---

16 *Vid.*, al respecto, JUAN LOZANO, A. M. y FUSTER ASENCIO, C. "Buena administración tributaria y seguridad jurídica: cumplimiento tributario y aplicación del sistema como factores de competitividad y legitimidad", *Documentos IEF*, Nº 5, 2016.

Como vemos, desde esta perspectiva, se trata, en definitiva, de un principio cuyo contenido es elástico, un principio polivalente cuya virtualidad depende de los derechos en los que se materializa y que pretende corregir la "calidad" de la actuación administrativa dotando de igualdad de armas en sus posiciones a Administración y administrados corrigiendo los eventuales abusos que pudieran darse por la primera con una aplicación excesivamente celosa de la normativa que, si bien permite su modo de proceder, del todo "legal", la ubica en un terreno que podríamos calificar como "injusto".

4.2. Buena administración como reflejo de otros principios ya consagrados

Una segunda posición jurisprudencial del principio de buena administración es más restrictiva en cuanto a su aplicación, que limita y reconduce a principios y derechos ya recogidos en nuestro ordenamiento.

Distintas sentencias mencionadas en el apartado precedente[17] refieren que el principio de buena administración no se detiene en la mera observancia estricta de procedimiento y trámites, sino que más allá reclama la plena efectividad de garantías y derechos reconocidos legal y constitucionalmente al contribuyente.

El corolario de esta corriente lo encontramos en el fundamento jurídico cuarto de la STS de 5 de diciembre de 2017 (rec. 1727/2016), que destaca que "del derecho a una buena Administración pública derivan una serie de derechos de los ciudadanos con plasmación efectiva, no es una mera fórmula vacía de contenido, sino que se impone a las Administraciones públicas de suerte que a dichos derechos sigue un correlativo elenco de deberes a estas exigibles, entre los que se encuentran, desde luego, el derecho a la tutela administrativa efectiva y, en lo que ahora interesa

---

[17] Las SSTS de 17 de abril de 2017 (rec. 785/2016); de 19 de febrero de 2019 (rec. 128/2016) o de 14 de mayo de 2019 (3457/2017).

sobre todo, a una resolución administrativa en plazo razonable [siendo así que] al menos resulta procedente dejar apuntado que en atención a las circunstancias de cada caso, bajo el prisma de los anteriores principios, la dilación no razonable y desproporcionada en la remisión del expediente para ejecución de la resolución estimatoria del órgano económico administrativo no puede resultar jurídicamente neutral, sino que deberá extraerse las consecuencias jurídicas derivadas"[18].

En este sentido, en el caso concreto, el cumplimiento de los deberes procedimentales determina, a su vez, el parámetro de cumplimiento del principio de buena administración, cuando no se cumple con esas obligaciones procedimentales y, por tanto, se produce una transgresión del ordenamiento jurídico, hay un quebrantamiento del principio de buena administración como reflejo de esos otros principios, sin que ello haga necesario, incluso, su invocación.

En estos supuestos, el principio de buena administración se articula a través de otros principios y derechos ya normativizados que se utilizan como herramienta para lograr el mismo objetivo: la plena efectividad de las garantías del contribuyente. Una nota característica de esta corriente es que no refiere el principio de buena administración como tal, aunque su influjo es notorio.

El corolario de esta línea jurisprudencial lo encontramos en la STS de 9 de marzo de 2023 (rec. 2057/2021) que aplica el principio con ocasión de una revisión de oficio, exigiendo no solo la debida diligencia o las obligaciones formales que del principio se derivan sino, además, señalándole cómo debiera hacer actuado. El supuesto objeto examen analiza una reclamación de unas diferencias retributivas que habían sido desestimadas por la Administración por entender que existía un acto impeditivo y firme

---

[18] De igual suerte el Fundamento Jurídico 7º de la STS de 18 de diciembre de 2019 (rec. 4442/2018), que se hace eco de otras STS, como la mencionada STS de 17 de abril de 2017 (rec. 785/2016). *Vid.* también las antes mencionadas SSTS de 14 de febrero de 2017 (rec. 2379/2015) y de 5 diciembre de 2017 (rec. 1727/2016).

que imposibilitaba su reconocimiento. La cuestión ya había sido resulta en sentencias anteriores a favor de la Administración[19] y, sin embargo, en esta ocasión el Tribunal Supremo estima el recurso interpuesto. El interés casacional para la formación de jurisprudencia del recurso interpuesto pretende resolver una doble cuestión, por un lado "si es o no necesario seguir los trámites del procedimiento de revisión de oficio de actos nulos en la hipótesis de que exista un acto consentido y firme que pudiera dar lugar a una situación jurídica consolidada, dejados sin efecto a raíz de una infracción jurídica avalada por un pronunciamiento judicial firme"; y, por otro, "en el supuesto de que sea innecesaria dicha acción de nulidad, si el cambio jurisprudencial subsiguiente al reconocimiento de la referida infracción jurídica ha de producir efectos pro futuro o efectos retroactivos". Como adelantábamos, el Alto Tribunal estima el recurso interpuesto con fundamento en los artículos 28 de la Ley de la Jurisdicción Contenciosa y 106 y 110 de la Ley 39/2015 en el entendimiento de que estando ajustada a derecho debió haber sido objeto por parte de la Administración de un tratamiento distinto que permitiese, en este caso concreto, que el principio de legalidad y de justicia material se sobrepusiesen al principio de seguridad jurídica. En otras palabras, se le reconviene a la Administración no actuar de forma diligente tratando la reclamación como una solicitud de revisión de oficio al amparo de las facultades que otorga el artículo 106 LPAC. En consecuencia, el Tribunal Supremo estima parcialmente el recurso obligando a la Administración demandada a proceder a la tramitación de la revisión de oficio.

Las derivaciones de esta corriente jurisprudencial las podemos encontrar en sentencias como Así se ha pronunciado el Tribunal Supremo en alguna sentencia, como la STS de 27 de marzo de 2019 (recurso 1418/2017), en la que la constatación del estricto cumplimiento de las obligaciones formales por parte de la AEAT proscribe la utilización del principio en contra de su actuación.

---

19 Vid. la STS de 23 de enero de 2021 (rec. 3734/2019).

También el Magistrado D. Dimitry Berberoff Ayuda, en su voto particular en la STS de 4 de noviembre de 2021 (recurso nº 8325/2019) se pronuncia en sentido similar cuando contrapone buena y mala administración e indica que "la *mala administración* es, de entrada, la que queda fuera del ordenamiento jurídico", por lo que "no resulta imprescindible invocar el *derecho a una buena administración* cuando se aprecia, por ejemplo, caducidad del procedimiento, prescripción del derecho o, en fin, una aplicación incorrecta de las previsiones contenidas en la norma jurídica".

En definitiva, en estos casos, la invocación del principio de buena administración no constituye un nuevo parámetro de control de la actuación de la Administración tributaria, sino la reformulación de otros ligados a los deberes procedimentales inherentes a su gobierno. En otras palabras, no hace falta invocar el principio de buena administración si podemos invocar otros principios.

4.3. Cuestiones que se suscitan de esta jurisprudencia encontrada

Con esta foto de la doctrina jurisprudencial de nuestro Alto Tribunal, las preguntas que se nos suscitan son, al menos, dos, por un lado, ¿es necesario delimitar el concepto?; por otro de ser así, de ser preceptiva su delimitación ¿a quién corresponde hacerlo?

A nuestro entender, en el caso de que exista un incumplimiento de los deberes procedimentales de la administración tributaria, en línea con lo referido por el TS en sus SSTS de 27 de marzo y 18 de diciembre de 2019, claramente no. Para eso están derechos claramente definidos como el derecho a la tutela judicial efectiva, el derecho al proceso debido, motivación de las resoluciones…

Igualmente, en lo que atañe al principio de buena administración como parámetro de idoneidad de la actuación administrativa, en el entendimiento de que debe utilizarse como medida de la debida diligencia de la administración, de su eficacia, efectividad tengo serias dudas de que la construcción del principio deba hacerse vía pretoriana.

Si bien aplaudimos las ocasiones en las que el principio de buena administración se ha utilizado para corregir situaciones de injusticia tributaria, de abuso por parte de la Administración, me da miedo la injerencia que esta delimitación jurisprudencial del principio implique en la discrecionalidad que asiste a toda administración, también la tributaria.

Claramente, la primera de las posiciones jurisprudenciales mencionadas corrige arbitrariedades no admisibles en un Estado de derecho. Sin embargo, lo cierto es que la actividad administrativa es discrecional y permitir que, bajo el auspicio del principio de buena administración sea el poder judicial el que decida cuál es la medida de discrecionalidad que puede o no ser utilizada por el ejecutivo puede, en su caso, desdibujar la división de poderes. Esto es algo que debiera obviarse. La buena administración, como parámetro de calidad de la actuación administrativa, llevada al extremo puede hacer que sea un juez, y no el ejecutivo, quien termine por resolver si entre las distintas opciones que ofrece la discrecionalidad propia de la Administración se ha elegido la mejor posible. ¿Significa lo anterior que no debe delimitarse el alcance del concepto del principio de buena administración? En absoluto.

El principio de buena administración es un principio que va a resultar vital a la hora de equilibrar las posiciones entre Administración y administrado, entre la Hacienda y obligado tributario. Va a ser, lo es ya, un principio básico para establecer relaciones cooperativas en el cumplimiento de las obligaciones tributarias. Solo una buena administración, la certeza de que actúa con criterios de eficiencia, debida diligencia, equidad, en definitiva, justicia va a permitir el desarrollo de un nuevo paradigma en las relaciones entre Administración y administrado.

Sin embargo, no tenemos del todo claro que en un ámbito interno esa delimitación les corresponda a nuestros tribunales, no al menos de forma absoluta. Particularmente, nos sentiríamos más cómodos si la delimitación del perímetro del concepto del principio de buena administración se realizara, como con el principio de buen gobierno, mediante el vehículo normativo apropiado.

5. LA INTERPRETACIÓN DEL PRINCIPIO DE BUENA ADMINISTRACIÓN POR LOS TRIBUNALES NACIONALES A LA LUZ DEL DERECHO EUROPEO

El derecho a una buena administración es común a las tradiciones constitucionales de los Estados miembros. Gracias a ello, según comentábamos, la normativización del principio de buena administración se ha realizado mediante a su inclusión en el artículo 41 de la Carta de Derechos Fundamentales.

Este artículo instituye el derecho fundamental a que las Administraciones públicas traten los asuntos que les atañen imparcial y equitativamente y en un tiempo razonable o, lo que es lo mismo, sin que puedan caer en la subjetividad, inequidad y la dilación indebida para resolver. Huelga decir que la imparcialidad, la equidad y el deber de cumplimiento de los plazos de resolución son, todos ellos, deberes para la Administración/derechos para el administrado perfectamente imbricados en la revisión administrativa, y dentro de ella, como no, en la revisión tributaria.

Más aún, con ánimo ejemplificativo, pero sin que, en ningún caso, suponga una lista cerrada de derechos en los que se sustancia el principio de buena administración, el segundo apartado de dicho artículo recoge una serie de derechos que están intrínsecamente enlazados con el derecho a la tutela judicial efectiva, en sus distintas vertientes (proceso debido y derecho a que la decisión sea motivada y fundada en derecho).

La STJUE de 14 de mayo de 2020, *Agrobet CZ*, asunto C-446/18, resume, a la perfección, el alcance del principio de buena administración en los términos antedichos al señalar que "dicho principio de buena administración exige que una autoridad administrativa como la Administración tributaria de que se trata en el litigio principal proceda, en el marco de las obligaciones de comprobación que le incumben, a un examen diligente e imparcial de todos los aspectos pertinentes, de modo que se asegure de que dispone, al adoptar su decisión, de los datos más completos y fiables posibles para ello" (apartado 44).

Además, continúa "esa obligación de diligencia, que tiene como corolario el derecho de toda persona a que las autoridades administrativas tramiten sus asuntos de forma imparcial, equitativa y dentro de un plazo razonable, exige, esencialmente, que estas examinen, con diligencia e imparcialidad, todos los elementos pertinentes del asunto de que se trate, incluidos, muy especialmente, los relativos a las alegaciones formuladas por un sujeto pasivo, como en este caso".

El tercer apartado del artículo 41 de la Carta de Derechos Fundamentales de la Unión Europea instituye que "toda persona tiene derecho a la reparación por la Unión de los daños causados por sus instituciones o sus agentes en el ejercicio de sus funciones, de conformidad con los principios generales comunes a los Derechos de los Estados miembros." Lo cual sería consecuencia de una "mala administración" y derivaría en una responsabilidad patrimonial cuyas exigencias procedimentales han sido, como sabemos, criticadas en la reciente STJUE de 28 de junio de 2022, *Comisión/España,* C-278/20, precisamente, por la obligación de ultimar los procedimientos de revisión de distinta índole (administrativa o jurisdiccional) para sustanciar su vindicación.

En este contexto, corresponde ahora reflexionar cuál es el papel de los tribunales patrios en lo que atañe a la conceptualización del principio de buena administración por referencia a ese artículo 41 de la Carta.

La aproximación al papel que debe tener la Carta como parámetro de constitucionalidad nos viene dada por la jurisprudencia del TJUE en los asuntos *Äkerberg*, *Melloni,* y, como no, en la saga *Taricco.*

En el primero de ellos, Ä*kerberg*[20], cuando estemos ante situaciones en los que se pueda apreciar cierto margen de maniobra para los Estados Miembros, por tratarse de ámbitos no reglados, o no al menos completamente, por el Derecho de la Unión, la Carta se erigiría como estándar mínimo de protección, superable, en lo que atañe a la protección de derechos fundamentales (también

---

[20] STJUE, C-617-10, de 26 de febrero de 2013, *Äkerberg*

los relacionados, según veíamos con el principio de buena administración, como los recogidos en los artículos 9.3 o 24.2 C.E.), por los estándares nacionales si se erigen como más protectores y siempre que no afecte a la primacía, la unidad del derecho que emana de las instituciones europeas. Pues bien, en estos casos, la "penetración" de esos derechos fundamentales europeos se realizaría *ex* artículo 10.2 de nuestra constitución, que permitiría utilizar la Carta como criterio hermenéutico en supuestos no relacionados con el Derecho de la Unión. De esta suerte, "cuando un órgano jurisdiccional de un Estado miembro deba controlar la conformidad con los derechos fundamentales de una disposición o de una medida nacional por la que se aplica el Derecho de la Unión en el sentido del artículo 51, apartado 1, de la Carta, en una situación en la que la acción de los Estados miembros no esté totalmente determinada por el Derecho de la Unión, las autoridades y tribunales nacionales siguen estando facultados para aplicar estándares nacionales de protección de los derechos fundamentales, siempre que esa aplicación no afecte al nivel de protección previsto por la Carta, según su interpretación por el Tribunal de Justicia, ni a la primacía, la unidad y la efectividad del Derecho de la Unión"[21].

En este orden de asuntos, en el segundo de los asuntos mencionados, Melloni[22] el Tribunal de Justicia de la Unión viene a instituir que, en aquellos ámbitos plenamente regulados por el Derecho de la UE, la Carta de Derechos Fundamentales de la Unión Europea constituye el único parámetro aplicable, por lo que el canon de idoneidad que debemos aplicar lo marca el Derecho de la Unión *ex* artículo 93 CE. ALONSO GARCÍA[23] se hace eco de los votos particulares de las Magistradas Adela Asúa y Encarna-

---

21 Apartado 29 de la sentencia.

22 Asunto C-399/11, de 26 de febrero de 2013, *Melloni*.

23 ALONSO GARCÍA, R., "El proceso de europeización del Tribunal Constitucional" en ALONSO GARCÍA, R. y UGARTEMENDIA ECEIZABARRENA, J.I., La ley ante el control de europeicidad y de convencionalidad, IVAP, Oñati, 2023, p. 14.

ción Roca en la STC 26/2014, de 13 de febrero (rec. amp. 6922-2008), precisamente aquella que es consecuencia de la STJUE en el asunto *Melloni*. Nos interesa, aquí hacer referencia a estos votos particulares para, siguiendo el argumentario de dicho autor, llegar a determinadas conclusiones en relación con el principio de buena administración. Pues bien, a tenor de dichos votos particulares, una vez regulada una materia en sede europea de manera completa por el legislador de la Unión, el único parámetro de referencia para fiscalizar sus aplicaciones vendría a ser la Carta.

En este sentido, en supuestos que "entran de lleno en el ámbito de aplicación del Derecho de la Unión, no puede ser un mero criterio hermenéutico que podamos manejar con cierta libertad, en conjunción con otros, con el fin de concretar *ex* art. 10.2 CE el contenido absoluto del derecho fundamental. Por el contrario, proporciona el canon que debemos aplicar *ex* art. 93 CE en razón de nuestra pertenencia a la Unión Europea: estando plenamente armonizada la regulación de la ejecución de las ordenes europeas de detención y entrega, lo que hay que aplicar son única y exclusivamente los derechos fundamentales de la Unión, en este caso los derechos fundamentales reconocidos en los arts. 47 y 48 de la Carta tal y como han sido específicamente interpretados, a instancia nuestra, por el Tribunal de Justicia en la Sentencia de 26 de febrero de 2013".

La saga *Taricco* es ilustrativa de las dos tendencias apuntadas en Melloni y *Äkerberg*. En *Taricco I*[24] el Tribunal de Justicia obliga a inaplicar la prescripción de la norma penal italiana porque impediría imponer sanciones efectivas y disuasorias en casos de fraude contra los intereses financieros de la Unión. En este sentido, podríamos decir que su doctrina era una continuación de la doctrina Melloni aplicada, eso sí, al extremo[25]. Dadas las im-

---

24 Asunto C-105/14, de 18 de septiembre de 2015, *Taricco*.

25 Por la "europeidad" de la materia objeto de infracción, porque entraban en juego consideraciones constitucionales de instituciones tan basilares como la prescripción...

plicaciones y el alcance constitucional de la sentencia, en *Taricco II* (*asunto MAS y MB*)[26], el TJUE realiza una suerte de *overruling* a través del cual, bajo la premisa de que la prescripción aplicable a las sanciones penales derivadas de infracciones del Impuesto sobre el Valor Añadido no habían sido objeto de armonización por parte del legislador europeo, convirtió el caso analizado en un supuesto *Äkerberg*.

Llegados a este punto, debemos, de nuevo, recordar que el principio de buena administración viene regulado en la Carta de Derechos Fundamentales de la Unión. Que en lo que al principio atañe, en ámbitos plenamente regulados por el Derechos de la Unión la Carta es el único parámetro aplicable, y que, en aquellos supuestos en los que la penetración de los principios de la Carta queda fuera del ámbito del Derecho de la Unión debe servir como criterio hermenéutico a la luz del artículo 10.2 CE.

En relación con lo anterior, tanto en uno como en otro supuesto, parece claro que el papel del TJUE es, debe ser, protagónico a la hora de delimitar el alcance de su contenido. De ahí que queramos resaltar un peligro: el riesgo de que los tribunales patrios asuman el papel de trazar el camino sobre cómo debe interpretarse un derecho europeo contenido en la Carta, el de la buena administración, cuando su interpretación debiera corresponder al TJUE, el intérprete supremo de la carta, un intérprete que, por su parte, cuando se trata de una situación "no europea" no tiene las vías para poder pronunciarse. En otras palabras, también aquí se nos suscita cierta duda, el miedo a que nuestros tribunales se arroguen un papel que no les corresponde.

6. CONCLUSIONES

De lo hasta ahora expuesto podemos extraer una serie de conclusiones que, a continuación, pasamos a enumerar:

---

26 Asunto MAS y MB, de 5 de diciembre de 2017, C-42/17.

a. En el ordenamiento nacional no existe una delimitación normativa del principio/derecho de buena administración.

b. Nos encontramos ante un principio adaptable y adaptado a según qué situaciones.

c. Se trata, en definitiva, de un principio "líquido", "en construcción" que la doctrina ha adoptado con cierta devoción.

d. Sus contornos están siendo delimitados, vía pretoriana, principalmente a través de la jurisprudencia del Tribunal Supremo en la que se aprecian dos líneas jurisprudenciales.

e. La primera, más limitativa, restringe su aplicación cuando el principio es reflejo de otros derechos contenidos en nuestro ordenamiento. A la luz de esta línea jurisprudencial no es necesario invocar este principio/derecho en las ocasiones en las que existe una infracción de nuestro ordenamiento tributario, bastaría con invocar la infracción de la norma violada.

f. La segunda, más creativa, predica la aplicabilidad del principio incluso en supuestos en las que se da un estricto cumplimiento del ordenamiento que aboca a situaciones de inequidad, injusticia...

g. Esta segunda línea jurisprudencial viene a suplir el déficit normativo que existe en relación con la delimitación del principio.

h. Sin embargo, no está exenta de peligros habida cuenta de que supone cierta injerencia del poder judicial en el poder legislativo.

i. El peligro de esta extralimitación es aún más notorio teniendo en cuenta que el de buena administración es un derecho contenido en la Carta Europea de Derechos Fundamentales.

j. En este sentido, que los tribunales patrios asuman un rol que, en principio, debiera corresponder al TJUE tampoco está exento de peligros.

k. Por todo lo anterior, ahora, más que nunca, resulta más que evidente la necesidad de delimitar el alcance del principio de buena administración. Aun asumiendo que todo principio/derecho está siempre "en construcción", es hora de que se perfile normativamente su perímetro.

7. BIBLIOGRAFÍA

ALONSO GARCÍA, R., "El proceso de europeización del Tribunal Constitucional" en ALONSO GARCÍA, R. y UGARTEMENDIA ECEIZABARRENA, J.I., La ley ante el control de europeicidad y de convencionalidad, IVAP, Oñati, 2023, pp. 7-23.

CASAS AGUDO, D.: "Derecho a una buena administración y ordenamiento tributario", *Monográfico nueva Fiscalidad. Derechos Fundamentales y Tributación*, 2020.

CASTILLO BLANCO, F.A.: "Garantías del derecho ciudadano al buen gobierno y a la buena Administración", *Revista Española de Derecho Administrativo*, Núm. 172, 2015.

ESCUÍN PALOP, V.: "En torno a la buena administración", en DEL GUAYO CASTIELLA, I. *et al.* (Coord.) *Los desafíos del Derecho Público en el Siglo XXI*, INAP, Madrid, 2019.

GARÍN BALLESTEROS, B. "La interpretación del deber de buena administración en la jurisprudencia del Tribunal Supremo", *Revista de Contabilidad y Tributación. CEF, 463 (octubre 2021), pp. 141-152.*

JUAN LOZANO, A. M. y FUSTER ASENCIO, C. "Buena administración tributaria y seguridad jurídica: cumplimiento tributario y aplicación del sistema como factores de competitividad y legitimidad", *Documentos IEF*, Nº 5, 2016.

JIMÉNEZ FRANCO, E.: "El control jurídico de la actividad administrativa: principios de buena administración y resolución proporcional de conflictos". *La Ley Digital*, núm. 9231, 2016.

PONCE SOLÉ, J.: "La discrecionalidad no puede ser arbitrariedad y debe ser buena administración", *Revista española de Derecho Administrativo*, Nº 175, 2016.

RODRÍGUEZ-ARANA MUÑOZ, J.: *El buen gobierno y la buena administración de instituciones públicas*, Thomson-Aranzadi, Madrid, 2006.

Capítulo 4

La relevancia en el ámbito tributario del principio de buena administración a raíz de su conceptualización en la jurisprudencia

ANTONIO JOSÉ RAMOS HERRERA
Doctor en Derecho
Universidad de Granada

1. INTRODUCCIÓN

El principio de buena administración incardinado dentro del elenco de derechos fundamentales derivados de la Constitución Española está siendo dotado de carácter práctico por parte de la jurisprudencia. Ello impone que la Administración tributaria deba conservar una línea de actuación homogénea en sus relaciones jurídicas, lo cual facilita que se garantice a las personas administradas el mantenimiento de sus expectativas, puesto que la Administración tributaria tiene la obligación de actuar con la diligencia debida con el objetivo de conseguir una cooperación eficaz en su actividad.

En este sentido, no debemos olvidar que el principio de buena administración tiene una importante implicación en el ámbito tributario debido a que su objetivo fundamental es lograr un sistema tributario justo, tal y como lo establece el apartado 1 del artículo 31 de la Constitución Española, lo cual requiere que se efectúe un análisis de los criterios que son puestos de manifiesto tanto en su configuración práctica como en los límites de actuación de la Administración tributaria.

A este respecto, el Tribunal Supremo a través de su Sentencia de 15 de octubre de 2020 *(Tol 8148283)*, afirma que el principio de buena administración se encuentra implícito en nuestra Constitución Española y ha sido positivizado en la Carta de Derechos Fundamentales de la Unión Europea, motivo por el cual constituye un paradigma del Derecho con respecto al modo de actuación pública en la que se excluye la gestión negligente, motivo por el cual no consiste en una pura fórmula vacía de contenido, sino que impone a las Administraciones Públicas actuar de conformidad con el conjunto de derechos que de aquel principio derivan, entre los que se encuentran la audiencia, la resolución en plazo, el tratamiento eficaz y equitativo de los asuntos, y la buena fe, los cuales deben tener una plasmación efectiva a través de las respuestas motivadas a las solicitudes que las personas administradas formulen a la Administración.

En este mismo sentido, la Sentencia del Tribunal Supremo de 14 de abril de 2021 *(Tol 8409725)* afirma que el derecho al procedimiento administrativo debido tiene su corolario en el deber de buena administración, motivo por el cual se debe garantizar que las decisiones administrativas sean adoptadas de manera motivada y congruente con el *iter procedimental*, sin que sea posible incurrir en desviaciones en el procedimiento. Por ese motivo, se hace necesario requerir que no se produzcan discordancias sustanciales entre los datos fácticos relevantes, la fundamentación jurídica obrante en el expediente y el contenido de la decisión administrativa. De este modo, el Tribunal Supremo adopta un posicionamiento riguroso con respecto al procedimiento que debe ser seguido por parte de las Administraciones en sus actuaciones, debido a que la buena administración no es solo un derecho que se debe garantizar a la persona contribuyente, sino que se trata de un deber de la Administración.

2. CONTEXTUALIZACIÓN DEL PRINCIPIO DE BUENA ADMINISTRACIÓN

El encaje normativo del principio de buena administración lo encontramos, tal y como nos recuerda Orena Domínguez[1], tanto en los textos comunitarios, en concreto en los artículos 41 y 42 de la Carta de los Derechos Fundamentales de la Unión Europea, de 12 de diciembre de 2007, como en los artículos 9.3, 103.1 y 106 de la Constitución Española, en el artículo 13 de la Ley 39/2015, de 1 de octubre, de Procedimiento Administrativo Común de las Administraciones Públicas, y en el artículo 3.1.e) de la Ley 40/2015, de 1 de octubre, de Régimen Jurídico del Sector Público, a través de los principios de buena fe, confianza legítima y lealtad institucional.

A este respecto, y a pesar de que la Ley 58/2003, de 17 de diciembre, General Tributaria, no establezca de forma expresa el principio de buena administración en su artículo 34, dedicado a los derechos y garantías de los obligados tributarios, ello no supone que las personas que son obligadas tributarias no tengan derecho al mismo, puesto que tal y como pone de manifiesto Oliver Cuello[2], no todos los derechos y garantías con los que cuentan las personas que son obligadas tributarias se encuentran recogidas en el mencionado artículo. Ello se debe fundamentalmente a que los derechos y garantías procedimentales enunciados en la normativa tributaria no se tratan sino de concreciones legales, de los derechos fundamentales y de las garantías constitucionales de la ciudadanía, así como de los principales mandatos y exigencias constitucionales que deben ser informados en toda actuación administrativa, incluida la tributaria, con el propósito final de servir

---

1 ORENA DOMÍNGUEZ, A., "El Principio de buena administración en el ámbito tributario: un paso más allá en los derechos y garantías de los obligados tributarios", *Revista Quincena Fiscal* 22, 2020, [en línea: https://insignis.aranzadidigital.es].

2 OLIVER CUELLO, R., *Derechos de los contribuyentes en la gestión tributaria,* Thomson Reuters Aranzadi, Cizur Menor (Navarra), 2018, pp. 22 a 29.

con objetividad los intereses generales para actuar conforme a los principios de eficacia, jerarquía, descentralización y coordinación con sometimiento pleno a la ley y al derecho, a través del procedimiento establecido en el que siempre se va a garantizar la audiencia de la persona interesada. Todo ello origina sin duda alguna que se incrementen las posibilidades de utilizar el principio de buena administración siempre y cuando sea relacionado con argumentos sólidos con los derechos y garantías contemplados en el articulado de la Constitución Española.

En todo caso, no debemos obviar que el desarrollo doctrinal del principio de buena administración, tal y como señala Garín Ballesteros[3], tiene como punto de partida la construcción jurisprudencial efectuada por el Tribunal de Justicia de las Comunidades Europeas, el cual efectuó la primera alusión al término en su Sentencia de 11 de febrero de 1955 (As. 4-54, *Industrie Siderurgiche Associate (ISA)*), estando desarrollado y garantizado en la actualidad a través de la construcción jurisprudencial del actual Tribunal de Justicia de la Unión Europea por medio de sentencias en las que se ha interrelacionado la buena administración con otros derechos fundamentales, entre los cuales cabe destacar la tutela judicial efectiva.

A este respecto, cabe reseñar la Sentencia del Tribunal de Justicia de la Unión Europea de 21 de octubre de 2021 (Asunto C-396/20, *CHEP Equipment Pooling NV*) *(Tol 8618982)*, la cual recuerda que el derecho a una buena administración se trata de un principio general del Derecho de la Unión Europea que obliga a la Administración a realizar un examen diligente e imparcial de todos los aspectos pertinentes puesto que no pretende ser únicamente un freno ante los potenciales abusos que se produzcan en la praxis administrativa, sino que, va más allá obligando a que

3 GARÍN BALLESTEROS, B., "La interpretación del deber de buena administración en la jurisprudencia del Tribunal Supremo. Análisis de la STS de 15 de marzo de 2021, rec. núm. 526/2020", *Revista de Contabilidad y Tributación,* 463, 2021, [en línea: https://www.ceflegal.com].

las Administraciones adopten una postura activa, diligente, y, si disponen de información cierta y veraz, hagan por subsanar los errores de las personas contribuyentes.

3. LA CONSTRUCCIÓN DEL PRINCIPIO DE BUENA ADMINISTRACIÓN EN LA JURISPRUDENCIA DEL TRIBUNAL SUPREMO

En nuestro país, el Tribunal Supremo, a pesar del acervo comunitario, ha preferido construir su propia jurisprudencia del principio de buena administración con la finalidad de dotarlo de contenido, mediante la valoración de la casuística concreta, de modo que lo convierte en una suerte de filtro de valoración de la actuación administrativa, teniendo en cuenta en sus Sentencias de 23 de marzo de 2015 *(Tol 4799304)*, de 7 de noviembre de 2017 *(Tol 6427839)* y de 15 de enero de 2020 *(Tol 7698930)*, que los países integrantes de la Unión Europea reconocen los derechos, libertades y principios enunciados en la Carta de los Derechos Fundamentales de la Unión Europea, la cual tendrá el mismo valor jurídico que los Tratados.

A este respecto, cabe afirmar que aunque es la jurisprudencia del Tribunal Supremo la que resalta la aplicación del principio de buena administración al ámbito tributario, no obstante, la construcción jurisprudencial del citado principio se ha centrado desde su origen en el logro de una gestión pública más óptima en beneficio de la ciudadanía, tal y como nos recuerda Viñuales Ferreiro[4], lo cual ha sido puesto de manifiesto por el hecho que el Tribunal Supremo ha ido configurando su contenido por medio de interpretaciones favorables a la ciudadanía, partiendo para ello de la idea de una mejor y más adecuada gestión por parte de la Admi-

---

4 VIÑUALES FERREIRO, S., "El artículo 41 de la Carta de los Derecho Fundamentales de la Unión Europea: una visión crítica", *Estudios de Deusto*, vol. 63/1, 2015, [en línea: http://www.revista-estudios-deusto.es/].

nistración Pública en beneficio de las personas contribuyentes, tal y como lo afirman, entre otras, sus Sentencias de 19 de febrero de 2019 *(Tol 7087612)* y de 11 de junio de 2020 *(Tol 7980053)*, al considerar que dicho principio "impone a la Administración una conducta lo suficientemente diligente como para evitar definitivamente las posibles disfunciones derivadas de su actuación, sin que baste la mera observancia estricta de procedimientos y trámites", para lo cual se reclama la plena efectividad de garantías y de derechos reconocidos legal y constitucionalmente a las personas contribuyentes y a la propia Administración tributaria, con la finalidad de observar el deber de cuidado y de debida diligencia para su efectividad y para garantizar la protección jurídica que haga inviable el enriquecimiento injusto.

En particular, la Sentencia del Tribunal Supremo de 20 de diciembre de 2022 *(Tol 9365348)*, afirma que la aplicación del principio de buena administración resulta necesaria debido a que el deber administrativo de común colaboración y de comunicación previa de la actividad de comprobación fiscal se debe efectuar en cualquier clase de asuntos de interés recíproco, motivo por el cual las Administraciones tributarias tienen la obligación de notificar, la realización de aquellos ajustes derivados de una comprobación tributaria efectuada a un sujeto pasivo. De este modo, tal y como afirma Orena Domínguez[5], la razón de la vinculación a lo acordado en un acto firme no reside tanto en la protección del adecuado ejercicio de las competencias propias de cada Administración, sino a la protección de las personas contribuyentes a quienes no se puede hacer cargar con las consecuencias adversas derivadas de incomprensibles disputas o malentendidos entre Administraciones Públicas, rigurosamente indebidas y patológicas, lo cual se trata sin duda de una mejora técnica en materia de coordinación entre las distintas Administraciones tributarias, que establece una

---

5 ORENA DOMÍNGUEZ, A., "Deber de común colaboración y de comunicación entre Administraciones: principios de buena administración", *Revista Forum Fiscal*, 300, 2023, [en línea: https://www.smarteca.es/].

solución a aquellas situaciones en las que ante una misma operación y con dos Administraciones afectadas, podían producirse posturas diferentes en relación a la calificación o valoración de la operación puesto que el principio de buena administración exige que el deber de colaboración y comunicación vaya más allá de las operaciones vinculadas.

En este sentido, también se pronuncia la Sentencia del Tribunal Supremo de 23 de diciembre de 2022 *(Tol 9365394)* al establecer la conexión del principio de buena administración con los principios de coordinación y colaboración que rigen las relaciones entre Administraciones Públicas puesto que el hecho que en el ámbito tributario nos encontremos con diferentes Administraciones, no debe ser perjudicial para los intereses económicos de las personas con obligaciones tributarias debido a que por encima de los mecanismos de resolución de los conflictos y de los órganos *ad hoc* existentes para solucionarlos debe prevalecer el principio general del derecho de buena administración, el cual con independencia de lo establecido en las normas o en las leyes, debe de velar por los derechos y garantías de las personas contribuyentes.

Por su parte, la Sentencia del Tribunal Supremo de 19 de octubre de 2015 *(Tol 5534882)* afirma que la obligación de motivar los actos tributarios no se encuentra prevista únicamente como una garantía del derecho a la defensa de las personas contribuyentes, sino que también tiende a asegurar la imparcialidad de la actuación de la Administración tributaria, así como a observar las reglas que disciplinan el ejercicio de las potestades que le han sido atribuidas. Este deber, se observa también en las Sentencias del Tribunal Supremo de 5 de diciembre de 2017 *(Tol 6461966)* y de 18 de diciembre de 2019 *(Tol 7658718)*, en las cuales se pone de manifiesto que el derecho a una buena administración no se trata únicamente de una mera fórmula vacía de contenido, sino que el mismo se impone a las Administraciones Públicas por medio de un correlativo elenco de deberes que le son exigibles, entre los cuales se encuentra, desde luego, el derecho a la tutela administrativa efectiva.

En este contexto, cabe poner de relieve la Sentencia del Tribunal Supremo de 17 de abril de 2017 *(Tol 6057622)*, la cual considera que el principio de buena administración en el ámbito tributario no se detiene en la mera observación estricta tanto del procedimiento como de los trámites, sino que el mismo va más allá al reclamar la plena efectividad tanto de las garantías como de los derechos reconocidos legal y constitucionalmente a la persona contribuyente. Se trata de una especie de derecho-garantía o derecho instrumental, que propicia la defensa de otros derechos, tal y como pone de manifiesto Tomás Mallén[6], puesto que a través del mismo se rechazan aquellos supuestos atentatorios del Estado de Derecho, motivo por el cual se encuentra conectado con la simplificación del procedimiento administrativo con el propósito de obtener finalidades complementarias e íntimamente relacionadas con los principios de eficacia y de buena administración, tal y como pone de manifiesto Gamero Casado[7].

En todo caso, tal y como indica la jurisprudencia del Tribunal de Justicia de la Unión Europea (TJUE), entre otras en su Sentencia de 22 de noviembre de 2017 (As. C-691/15P, *Bilbaína de Alquitranes y otros*) *(Tol 6433473)*, la obligación de diligencia se encuentra inherente al principio de buena administración motivo por el cual debe ser aplicada de manera general en la actividad de la Administración de la Unión Europea, puesto que tal y como afirma Chico de la Cámara[8], la diligencia supone, sobre todo, la ponderación de los intereses en juego con el objetivo que

---

6 TOMÁS MALLÉN, B., *El derecho fundamental a una buena administración*, Instituto Nacional de Administración Pública, Madrid, 2004, pp. 41 y 42.

7 GAMERO CASADO, E., "La simplificación del procedimiento administrativo como categoría jurídica", en *Simplificación del procedimiento y mejora de la regulación. Una metodología para la eficacia y el derecho a la buena administración*, Tirant lo Blanch, Valencia, 2014, p. 45.

8 CHICO DE LA CÁMARA, P., "Compliance tributario & principio de buena fe: ¿cómo sentar unas sólidas bases para una mejora de las relaciones cooperativas?", *Revista Española de Derecho Financiero*, 189, 2021, p. 48.

las decisiones adoptadas por parte de las autoridades tributarias encuentren una adecuada motivación, que refleje la existencia de una congruencia entre los hechos y estas últimas para que no vaya únicamente más allá de las exigencias del principio de proporcionalidad, sino que responda a los objetivos de eficacia, objetividad y buena fe que inspiran la relación cooperativa.

En base a todo ello, como destaca Ponce Solé[9], existe cierta preocupación por la calidad de la actividad administrativa, al tratarse de un aspecto de la función administrativa que incide en cómo se ha de ejercer la misma, motivo por el cual se ha convertido en un poderoso instrumento de resolución de conflictos extraordinariamente versátil que permite al Tribunal Supremo hacer justicia del caso concreto, particularmente eficaz, tal y como pone de relieve Marín-Barnuevo Fabo[10], en aquellos supuestos en los que no existe una clara vulneración del ordenamiento jurídico tributario, motivo por el cual debe aplicarse en la resolución de conflictos, aunque sin duda lo deseable sería que no se tuvieran que judicializar los temas porque la propia Administración tributaria lo haya aplicado de oficio con carácter previo, puesto que como destaca Castillo Blanco[11], en un primer momento su vertiente técnico-jurídica, estuvo delimitada, por su opuesto, esto es, la mala administración, con lo cual englobaba aquellos supuestos que son rechazados como atentatorios del propio principio de Estado de

---

9 PONCE SOLÉ, J., "La calidad en el desarrollo de la discrecionalidad reglamentaria: teorías sobre la regulación y adopción de buenas decisiones normativas por los gobiernos y las Administraciones", *Revista de Administración Pública*, 163, 2003, p. 90; y *Deber de buena administración y derecho al procedimiento administrativo debido. Las bases constitucionales del procedimiento administrativo y del ejercicio de la discrecionalidad*, Lex Nova, Valladolid, 2001, p. 197.

10 MARÍN-BARNUEVO FABO, D., "El principio de buena administración en materia tributaria", *Revista Española de Derecho Financiero*, 186, 2020, p. 16.

11 CASTILLO BLANCO, F.A., "Garantías del derecho ciudadano al buen gobierno y a la buena Administración", *Revista Española de Derecho Administrativo*, 172, 2015, p. 7.

Derecho debido a que el principio de buena administración se encuentra cercano al concepto de buen gobierno, lo cual se refleja en la existencia de transparencia y de otras buenas prácticas.

No obstante, tal y como considera Sanz Gómez[12] "es frecuente que la invocación del principio sea meramente retórica o se limite a forzar argumentos que, por sí mismos, serían insuficientes para motivar el fallo alcanzado", pronunciándose en sentido similar Menéndez Sebastián[13], el cual destaca que como un análisis centrado exclusivamente en el control *a posteriori* no es suficiente, la noción de buena administración no debe solo servir para detectar los casos de mala administración, sino para algo más, es decir, para guiar la actuación de las Administraciones, de ahí también que buena administración sea una noción más amplia y no estrictamente antagónica de la idea de mala administración.

4. CONSIDERACIONES FINALES

El principio de buena administración como auténtico principio sustancial necesario para la actividad de control de la legalidad y de la arbitrariedad de la actuación de la Administración, suele ser invocado en los procedimientos judiciales, tal y como nos recuerda Marín-Barnuevo[14], para referirse a los principios de eficacia, eficiencia y objetividad que lo integran, o las reglas que exigen motivar los actos, resolver en plazo razonable o hacer efectivo el derecho de audiencia, puesto que todos ellos forman parte del núcleo genérico del principio de buena administración, lo

12 SANZ GÓMEZ, R., "Buena Administración y Procedimiento Tributario Justo", en *La Protección de los derechos Fundamentales en el ámbito tributario (capítulo VII)*, Wolters Kluwer España, Madrid, 2021, p. 238.

13 MENÉNDEZ SEBASTIÁN, E.M., *De la función consultiva clásica a la buena administración. Evolución en el Estado social y democrático de Derecho*, Marcial Pons, Madrid, 2021, p. 52.

14 MARÍN-BARNUEVO FABO, D., "El principio de buena administración en materia tributaria", ob. cit., p. 16.

cual genera que nadie puede poner en duda, como destaca Juan Lozano[15], que el derecho de buena administración se configura como un marco conceptual con un impacto creciente del cual se deriva la concreción de ajustes en las posiciones jurídico-subjetivas de las Administraciones tributarias y la ciudadanía, puesto que su aplicación a la relación cooperativa, conduce tanto a la justa realización del deber de contribuir, como a su perfeccionamiento a partir de su proyección sobre el procedimiento de aplicación de los tributos, caracterizándose, tal y como destaca Rodríguez-Arana[16], por la centralidad de la persona, en cuanto sujeto activo del interés general, la metodología del entendimiento y la promoción de la participación.

De este modo, podemos afirmar que el principio de buena administración, se configura como un principio de difícil y compleja delimitación, el cual se debe conectar, tal y como afirma Ponce Solé y Cerrillo I Martínez[17], tanto con la mejora regulatoria como con el modo en que el poder ejecutivo debe desarrollar sus tareas administrativas, debido fundamentalmente, tal y como pone de manifiesto Garde Roca[18], a que "la responsabilidad fiscal y el logro de la equidad en la práctica, dependen no solo de la actitud de los contribuyentes, sino también de forma creciente de las

---

15 JUAN LOZANO, A.M., "Retos y propuestas en el modelo español", en *Buena Administración tributaria y seguridad jurídica: cumplimiento tributario y aplicación del sistema como factores de competitividad y legitimidad,* Instituto de Estudios Fiscales, Madrid, doc. nº 5, 2016, p. 12.

16 RODRÍGUEZ-ARANA, J., "La buena administración como principio y como Derecho fundamental en Europa", *Revista Misión Jurídica,* 6, 2013, p. 28 y ss.

17 PONCE SOLÉ, J. y CERRILLO I MARTÍNEZ, A. "Introducción: innovación, buena regulación y prevención de la corrupción", en *Innovación en el ámbito del buen gobierno regulatorio: ciencias del comportamiento, transparencia y prevención de la corrupción,* Instituto Nacional de Administración Pública, Madrid, 2017, p. 22.

18 GARDE ROCA, J.A., "Responsabilidad fiscal y administración tributaria en tiempos de cambio", en *Gobernanza Fiscal: Una aproximación equilibrada,* Fundación Impuestos y Competitividad, Madrid, 2020, p. 243.

propias Administraciones tributarias", engarzando con una visión de la Administración Pública con obligaciones positivas de ejecutar con calidad, eficacia y eficiencia la gestión de las políticas públicas, lo cual corresponde con el derecho de la ciudadanía a exigir su preceptiva materialización, motivo por el cual debería ser aplicado por la Administración tributaria de oficio en cualquier procedimiento, sin tener que esperar a que ningún Tribunal le recuerde su debida aplicación, puesto que el fomento de la confianza mutua mediante el refuerzo de la cooperación por parte del contribuyente a cambio de certeza, seguridad jurídica y transparencia por parte de la Administración tributaria debe encontrarse, como destaca Sánchez López[19], tras esta nueva forma de entender la relación entre Administración y obligado tributario como una importante fuente de avance y consolidación de su relación cooperativa, puesto que como señala Patón García[20], "para que la nueva cultura de la relación jurídico tributaria sea posible, es indispensable una mejora en las buenas prácticas de los procedimientos tributarios que puedan afectar a los derechos del contribuyente".

Por todo ello, tal y como señala Orena Domínguez[21] es cada vez más patente la aplicación de los principios generales del derecho en la resolución de conflictos, en particular de los principios de coordinación, colaboración y buena administración, los cua-

---

19 SÁNCHEZ LÓPEZ, M. E., "El principio de buena administración y el compliance fiscal: una relación necesaria", *Revista Española de Derecho Financiero, 193, 2022,* [en línea: https://insignis.aranzadidigital.es].

20 PATÓN GARCÍA, G., "Cumplimiento cooperativo y buenas prácticas en los procedimientos de aplicación de los tributos: la conflictividad evitable y el principio de buena administración", en *Cumplimiento cooperativo y reducción de la conflictividad: hacia un nuevo modelo de relación entre la Administración y los contribuyentes,* Thomson Reuters, Aranzadi, Cizur Menor (Navarra), 2021, p. 437.

21 ORENA DOMÍNGUEZ, A., "Deber de común colaboración y de comunicación entre Administraciones: principios de buena administración", ob. cit.

les tienen su encaje en derechos constitucionales, debido a que desde el momento en el que nos encontramos en un Estado de derecho, los poderes públicos y por tanto la Administración tributaria, se encuentran sujetos al ordenamiento jurídico, informado por los principios generales del derecho. Esta sumisión de los poderes públicos se trata de un mandato constitucional, previsto en el apartado primero del artículo 9 de la Constitución Española, en cuyo apartado tercero destaca la prohibición de arbitrariedad de los mismos debido a que tal y como se establece en el artículo 103 de la Constitución Española, existe la obligación que la Administración Pública, entre la cual se encuentra la Administración tributaria, sirva con objetividad los intereses generales con sometimiento pleno a la ley y al Derecho, sumisión de los poderes públicos que se encuentra garantizada por el control que sobre los mismos ejerce los Tribunales, de conformidad con lo dispuesto en el artículo 106 de la Constitución Española.

5. BIBLIOGRAFÍA

CASTILLO BLANCO, F.A., "Garantías del derecho ciudadano al buen gobierno y a la buena Administración", *Revista Española de Derecho Administrativo,* 172, 2015.

CHICO DE LA CÁMARA, P., "Compliance tributario & principio de buena fe: ¿cómo sentar unas sólidas bases para una mejora de las relaciones cooperativas?", *Revista Española de Derecho Financiero,* 189, 2021.

GAMERO CASADO, E., "La simplificación del procedimiento administrativo como categoría jurídica", en *Simplificación del procedimiento y mejora de la regulación. Una metodología para la eficacia y el derecho a la buena administración,* Tirant lo Blanch, Valencia, 2014.

GARÍN BALLESTEROS, B., "La interpretación del deber de buena administración en la jurisprudencia del Tribunal Supremo. Análisis de la STS de 15 de marzo de 2021, rec. núm. 526/2020", *Revista de Contabilidad y Tributación,* 463, 2021.

JUAN LOZANO, A.M., "Retos y propuestas en el modelo español", en *Buena Administración tributaria y seguridad jurídica: cumplimiento tributario y aplicación del sistema como factores de competitividad y legitimidad,* Instituto de Estudios Fiscales, Madrid, doc. nº 5, 2016.

MARÍN-BARNUEVO FABO, D., "El principio de buena administración en materia tributaria", *Revista Española de Derecho Financiero,* 186, 2020.

MENÉNDEZ SEBASTIÁN, E.M., *De la función consultiva clásica a la buena administración. Evolución en el Estado social y democrático de Derecho,* Marcial Pons, Madrid, 2021.

OLIVER CUELLO, R., *Derechos de los contribuyentes en la gestión tributaria,* Thomson Reuters Aranzadi, Cizur Menor (Navarra), 2018.

ORENA DOMÍNGUEZ, A., "El Principio de buena administración en el ámbito tributario: un paso más allá en los derechos y garantías de los obligados tributarios", *Revista Quincena Fiscal* 22, 2020.

ORENA DOMÍNGUEZ, A., "Deber de común colaboración y de comunicación entre Administraciones: principios de buena administración", *Revista Fórum Fiscal,* 300, 2023.

PONCE SOLÉ, J., "La calidad en el desarrollo de la discrecionalidad reglamentaria: teorías sobre la regulación y adopción de buenas decisiones normativas por los gobiernos y las Administraciones", *Revista de Administración Pública,* 163, 2003, p. 90; y *Deber de buena administración y derecho al procedimiento administrativo debido. Las bases constitucionales del procedimiento administrativo y del ejercicio de la discrecionalidad,* Lex Nova, Valladolid, 2001.

PONCE SOLÉ, J. y CERRILLO I MARTÍNEZ, A. "Introducción: innovación, buena regulación y prevención de la corrupción", en *Innovación en el ámbito del buen gobierno regulatorio: ciencias del comportamiento, transparencia y prevención de la corrupción,* Instituto Nacional de Administración Pública, Madrid, 2017.

RODRÍGUEZ-ARANA, J., "La buena administración como principio y como Derecho fundamental en Europa", *Revista Misión Jurídica,* 6, 2013.

SANZ GÓMEZ, R., "Buena Administración y Procedimiento Tributario Justo", en *La Protección de los derechos Fundamentales en el ámbito tributario (capítulo VII),* Wolters Kluwer España, Madrid, 2021.

TOMÁS MALLÉN, B., *El derecho fundamental a una buena administración,* Instituto Nacional de Administración Pública, Madrid, 2004.

VIÑUALES FERREIRO, S., "El artículo 41 de la Carta de los Derecho Fundamentales de la Unión Europea: una visión crítica", *Estudios de Deusto,* vol. 63/1, 2015.

Capítulo 5

La buena administración en la jurisprudencia del Tribunal de Justicia de la Unión Europea: significado y exigencias derivadas de su aplicación en los procedimientos tributarios

JOSÉ ANTONIO CORTÉS TORRES
Doctorando en Derecho Financiero y Tributario
Universidad Complutense de Madrid

SUMARIO: 1. UNA APROXIMACIÓN AL CONCEPTO DE BUENA ADMINISTRACIÓN. 2. PROYECCIÓN DE LA CARTA DE LOS DERECHOS FUNDAMENTALES DE LA UNIÓN EUROPEA. 3. CONEXIÓN ENTRE BUENA ADMINISTRACIÓN Y DERECHO DE DEFENSA. 4. APLICACIÓN EFECTIVA DE LA BUENA ADMINISTRACIÓN POR EL TRIBUNAL DE JUSTICIA DE LA UNIÓN EUROPEA. 4.1. Derecho a recibir un trato imparcial, equitativo y dentro de un plazo razonable. 4.2. Derecho a ser oído. 4.3. Derecho de acceso al expediente. 4.4. Obligación de motivar las decisiones. 5. CONCLUSIÓN. 6. BIBLIOGRAFÍA.

1. UNA APROXIMACIÓN AL CONCEPTO DE BUENA ADMINISTRACIÓN

En la aplicación de los impuestos es primordial la interpretación de la normativa a la luz de los principios generales del Derecho Tributario, que están jugando un creciente papel en la interpretación que de las normas tributarias efectúan las resoluciones y sentencias más recientes[1]. La integración del Ordenamiento ju-

---

1 AGENCIA ESTATAL DE LA ADMINISTRACIÓN TRIBUTARIA (AEAT), «Los principios generales del derecho tributario en la jurisprudencia del Tribunal de Justicia de la Unión Europea. En especial,

rídico[2] de la Unión Europea (en adelante, Unión o UE) a través de la creación y aplicación de principios generales del Derecho ha sido una labor de los tribunales[3].

En la jurisprudencia del Tribunal de Justicia de la Unión Europea (en adelante, Tribunal de Justicia o TJUE) en materia tributaria, encontramos pronunciamientos en los que se apela a principios generales del Derecho Tributario[4], además de a la Carta de Derechos Fundamentales de la Unión Europea[5], debido a la aplicación de esta última, "al carácter fragmentario del Derecho comunitario", "a la necesidad de darle estructuración como un Ordenamiento jurídico completo y cerrado", y al número de cues-

---

los principios de neutralidad y proporcionalidad» [en línea], (2022), <https://sede.agenciatributaria.gob.es>. [Consulta: 27/09/2022.]

2 Entendido como "un sistema integrado de normas e instituciones con vocación de unidad, plenitud y comunidad" (HUELIN MARTÍNEZ DE VELASCO, J., "Los principios generales del Derecho en la jurisprudencia del Tribunal de Justicia de la Unión Europea, con especial referencia al ámbito tributario", *Asamblea: Revista Parlamentaria de la Asamblea de Madrid*, 44, 2023, p. 69).

3 "El Tribunal de Justicia ha completado el ordenamiento europeo mediante la invocación de fuentes ajenas al Derecho comunitario. Ha empleado los principios generales del Derecho comunes a todos los Estados miembros, los elementos compartidos de sus tradiciones constitucionales y los instrumentos internacionales de protección de derechos" (*Ibídem*, p. 77, 78 y 81).

4 "Los principios generales del derecho en el Ordenamiento Jurídico de la Unión son normas escritas que se deducen fundamentalmente por los Jueces de las normas escritas del derecho de la Unión, de normas internacionales en escasa medida y, sobre todo, de los derechos internos de los Estados miembros" (MARTÍNEZ LAFUENTE, A., *Fuentes del ordenamiento jurídico europeo y recurso prejudicial*, Cuadernos de Derecho Registral, Fundación Registral, Madrid, 2016).
Se ha diferenciado entre "principios estructurales de un ordenamiento jurídico" y los "principios generales del Derecho" y, dentro de cada grupo, en escritos y no escritos (HUELIN MARTÍNEZ DE VELASCO, J., "Los principios generales del Derecho...", ob. cit., p. 73).

5 En adelante, Carta o CDFUE. Artículos 41, 42, 47, 49, 50 y 54.

tiones prejudiciales presentadas por los órganos jurisdiccionales de los Estados miembros[6].

Entre los principios generales del Derecho Tributario —seguridad jurídica[7], protección de la confianza legitima[8], no discrimina-

---

6 *Vid.* SSTJUE de 20 de junio de 2018, *Enteco Baltic*, C-108/17 (*Tol 6641466*); 26 de abril de 2018, *Zabrus Siret*, C-81/17 *(Tol 6581520)*; 6 de febrero de 2014, *Fatorie*, C-424/12 *(Tol 4085593)*; 9 de julio de 2015, *Cabinet Medical Veterinar Dr. Tomoiagă Andrei*, C-144/14 *(Tol 5196914)*; 11 de abril de 2018, *SEB bankas*, C-532/16 *(Tol 6573834)*; 17 de mayo de 2018, *Vámos*, C-566/16 *(Tol 6600554)*; 30 de abril de 2020, *Correios de Portugal-CTT*, C-661/18 *(Tol 7896979)*; 14 de octubre de 2021, *Finanzamt N (Communication de l'affectation)*, C-45/20 y C-46/20 *(Tol 8614655)*; 17 de diciembre de 2015, *WebMindLicenses*, C-419/14 *(Tol 5586262)*; 21 de noviembre de 2018, *Fontana*, C-648/16 *(Tol 6919559)*; 17 de enero de 2019, *Dzivev y otros*, C-310/16 *(Tol 6988004)*; 9 de noviembre de 2017, *Ispas*, C-298/16 *(Tol 6417760)*; 18 de septiembre de 2019, *Comisión/Italia*, C-526/17 *(Tol 7829227)*; 2 de mayo de 2019, *Sea Chefs Cruise Services*, C-133/18 *(Tol 7201865)*; y 9 de septiembre de 2021, *GE Auto Service Leasing*, C-294/20 *(Tol 8576592)*, entre otras.

7 *Vid.* SSTJUE 17 de mayo de 2018, *Vámos*, C-566/16 *(Tol 6600554)*; 30 de abril de 2020, *CTT-Correios de Portugal*, C-661/18 *(Tol 7896979)*; y 14 de octubre de 2021, *Finanzamt N (Communication de l'affectation)*, C-45/20 y C-46/20 *(Tol 8614655)*.

8 La STJUE de 11 de abril de 2018, *SEB bankas*, C-532/16 *(Tol 6573834)* señala que "en los supuestos en los que la deducción del IVA inicialmente practicada no pudiera haberse realizado legalmente, incumbe a los Estados miembros determinar la fecha en la que nace la obligación de regularizar la deducción del IVA indebidamente practicada y el período con respecto al cual debe producirse esta regularización, con observancia de los principios del Derecho de la Unión, en particular los de seguridad jurídica y confianza legítima. Incumbe al juez nacional comprobar si estos principios se han observado en un supuesto como el del litigio principal" (ap. 53).

Por su parte, la STJUE de 15 de abril de 2021, *Administration de l'Enregistrement, des Domaines y de la TVA*, C-846/19 *(Tol 8392247)* dispone que "el principio de protección de la confianza legítima no se opone a que la Administración tributaria someta al IVA determinadas operaciones relativas a un período anterior en una situación en la que la mencionada Administración ha aceptado durante varios años las declaraciones

ción[9], efectividad[10], equivalencia[11], cooperación[12], aplicación de oficio (expresión de los principios de primacía y efecto directo del Derecho de la Unión Europea)[13], prohibición del abuso del

---

de IVA del sujeto pasivo en las que no se incluían las operaciones de esa naturaleza como operaciones gravadas y en la que el sujeto pasivo se encuentra ante la imposibilidad de recuperar el IVA devengado de quienes han remunerado dichas operaciones, debiendo considerarse que las remuneraciones pagadas incluían ya el referido IVA" (ap. 94). Finalmente, a tenor de este principio, el Tribunal de Justicia ha sostenido que en determinadas circunstancias los Estados miembros que modifiquen una normativa anterior con efecto inmediato, deberán prever un régimen transitorio; en especial, en aquellos supuestos en los que se adopte, de modo repentino e imprevisible, una nueva ley que suprima un derecho del que hayan disfrutado hasta entonces los sujetos pasivos, sin dejarles el tiempo necesario para adaptarse y sin que el fin perseguido lo requiera [SSTJUE de 9 de junio de 2016, *Wolfgang und Wilfried Rey Grundstücksgemeinschaft GbR*, C-332/14 *(Tol 5742351)*, ap. 58; y 30 de abril de 2020, *Hecta Vitico*l, C-184/19 *(Tol 7896973)*, ap. 56].

Vid. SSTJUE de 20 de junio de 2018, *Enteco Baltic*, C-108/17 *(Tol 6641466)*; 26 de abril de 2018, *Zabrus Siret*, C-81/17 *(Tol 6581520)*; 6 de febrero de 2014, *Fatorie*, C-424/12 *(Tol 4085593)*; y 9 de julio de 2015, *Cabinet Medical Veterinar Dr. Tomoiagă Andrei*, C-144/14 *(Tol 5196914)*.

9 Por todas, STJUE de 3 de septiembre de 2014, *Comisión/España*, C-127/12 *(Tol 4492590)*, ap. 72.

10 Supra n.º 78.

11 "Dicho principio exige que el conjunto de normas aplicables a los recursos, incluidos los plazos establecidos, se aplique indistintamente a los recursos basados en la violación del Derecho de la Unión y a aquellos basados en la infracción del Derecho interno. No obstante, este principio no puede interpretarse en el sentido de que obligue a un Estado miembro a extender su régimen interno más favorable a todos los recursos interpuestos en un ámbito determinado del Derecho [TJUE de 26 de enero de 2010, *Transportes Urbanos y Servicios Generales*, C-118/08 *(Tol 3242222)*, aps. 33 y 34].

12 *Vid.* STJUE de 13 de enero de 2004, *Kühne & Heitz*, C-453/00 *(Tol 331940)*, ap. 47.

13 En virtud de este, en el supuesto de que un particular invoque una exigencia establecida en una fuente del Ordenamiento jurídico europeo ante un juez nacional frente a un Estado miembro que la haya

transpuesto incorrectamente, corresponderá a dicho juez garantizar su plena eficacia y, de no poder interpretar la normativa nacional de manera conforme con dicha exigencia, desechar, por iniciativa propia, las disposiciones nacionales que resulten incompatibles con ella.
El TJUE ha señalado que la aplicación del principio de primacía del Derecho de la UE debe prevalecer incluso por encima de las resoluciones constitucionales [STJUE de 18 de mayo de 2021, *Asociaţia "Forumul Judecătorilor din România"*, C-83/19, C-127/19, C-195/19, C-291/19, C-355/19 y C-397/19 *(Tol 8423027)*, aps. 244 y 245].
Así pues, "el principio de primacía del Derecho de la Unión consagra la preeminencia del Derecho de la Unión sobre el Derecho de los Estados miembros. Por consiguiente, este principio impone la obligación de garantizar la plena eficacia de las distintas normas de la Unión a todos los órganos e instituciones de los Estados miembros, sin que el Derecho de los Estados miembros pueda afectar a la eficacia reconocida a esas distintas normas en el territorio de dichos Estados" [STJUE de 6 de octubre de 2020, *La Quadrature du Net y otros*, C-511/18, C-512/18 y C-520/18 *(Tol 8103182)*, ap. 214].
En base a ello, "que un Estado miembro invoque normas de Derecho nacional, aunque sean de rango constitucional, no puede lesionar la unidad y la eficacia del Derecho de la Unión. En efecto, conforme a consolidada jurisprudencia, los efectos que se asocian al principio de primacía del Derecho de la Unión se imponen a todos los órganos de un Estado miembro, sin que las disposiciones de Derecho interno relativas al reparto de las competencias judiciales, incluidas las de rango constitucional, puedan oponerse a ello" [SSTJUE de 26 de febrero de 2013, *Melloni*, C-399/11 *(Tol 3061437)*, ap. 59; y 2 de marzo de 2021, *A.B. y otros (Nomination des juges à la Cour suprême-Recours)*, C-824/18 *(Tol 8333867)*, ap. 148].
En síntesis, el Tribunal de Justicia ha recordado que se estaría actuando en menoscabo de la primacía y de la aplicación uniforme del derecho de la Unión si los órganos jurisdiccionales nacionales estuvieran facultados para otorgar primacía a las normas nacionales contrarias a este último Ordenamiento, aunque fuera con carácter provisional [STJUE de 6 de octubre de 2020, 6 de octubre de 2020, *La Quadrature du Net y otros*, C-511/18, C-512/18 y C-520/18 *(Tol 8103182), ap. 217)*].

derecho[14], coherencia del Sistema Tributario[15], respeto del derecho de defensa[16] y "*non bis in idem*", entre otros[17]—, la apelación a

---

14 "[...] aplicado con decisión por el Tribunal de Justicia en materia fiscal con la finalidad de evitar que los justiciables invoquen ante sus tribunales nacionales las normas del Derecho de la Unión de manera abusiva o fraudulenta para obtener, a través de cauces anormales o extravagantes, las ventajas establecidas en ellas [...]. A través de este principio, el Tribunal de Justicia ha creado una auténtica clausula general antiabuso en materia fiscal" (HUELIN MARTÍNEZ DE VELASCO, J., "Los principios generales del Derecho...", ob. cit., p. 82).
En este sentido, *vid.* SSTJUE de 26 de febrero de 2019, *N Luxembourg 1*, C-115/16, C-118/16, C-119/16 y C-299/16 *(Tol 7074606)*; y 26 de febrero de 2019, *T Danmark*, C-116/16 y C-117/16 *(Tol 7403678)*.

15 "De la jurisprudencia del Tribunal de Justicia se desprende que la necesidad de salvaguardar la coherencia de un sistema tributario puede justificar una restricción al ejercicio de las libertades fundamentales que garantiza el Tratado. Sin embargo, para que pueda admitirse tal justificación, es necesario que se demuestre la existencia de una relación directa entre la concesión de la ventaja fiscal de que se trate y la compensación de esa ventaja con un gravamen fiscal determinado" [SSTJUE de 17 de septiembre de 2009, *Glaxo Wellcome*, C-182/08 *(Tol 2156805)*, aps. 77 y 78; y 17 de octubre de 2013, *Welte*, C-181/12 *(Tol 3966581)*, ap. 59].

16 Entre otras, *vid.* SSTJUE de 17 de diciembre de 2015, *WebMindLicenses*, C-419/14 *(Tol 5586262)*; 20 de junio de 2018, *Enteco Baltic*, C-108/17 *(Tol 6641466)*; 21 de noviembre de 2018, *Fontana*, C-648/16 *(Tol 6919559)*; 17 de enero de 2019, *Dzivev y otros*, C-310/16 *(Tol 6988004)*; 9 de noviembre de 2017, *Ispas*, C-298/16 *(Tol 6417760)*; 14 de febrero de 2019, *Nestrade*, C-562/17 *(Tol 7058709)*; 2 de mayo de 2019, *Sea Chefs Cruise Services*, C-133/18 *(Tol 7201865)*; y 9 de septiembre de 2021, *GE Auto Service Leasing*, C-294/20 *(Tol 8576592)*.

17 "Con carácter preliminar, procede recordar que el principio *non bis in idem* constituye un principio fundamental del Derecho de la Unión, actualmente consagrado en el artículo 50 de la Carta. Además, dicho principio [...] dimana de las tradiciones constitucionales comunes a los Estados miembros. Por lo tanto, este último artículo debe interpretarse a la luz del artículo 50 de la Carta, de cuyo contenido esencial garantiza el respeto" [SSTJUE de 5 de mayo de 2022, *BV*, C-570/20 *(Tol 8919339)*, ap. 26; 28 de octubre de 2022, *Generalstaatsanwaltschaft München () y ne*

los principios, en sus diversas manifestaciones, de buena administración[18], neutralidad[19] y proporcionalidad[20] ha sido creciente; en

---

bis in idem), C-435/22 PPU *(Tol 9269848),* aps. 64 y 65; y 4 de mayo de 2023, —*MV-98,* C-97/21 *(Tol 9519517),* aps. 34 y 35].
La aplicación de este principio se supedita a un doble requisito: por una parte, que exista una resolución anterior firme (requisito del «bis») y, por otra parte, que la resolución anterior y los procedimientos o resoluciones posteriores tengan por objeto los mismos hechos (requisito del «*idem*». Por lo que respecta, en primer término, al requisito del «*idem*», este exige que los hechos materiales sean idénticos (y no solo similares). La identidad de los hechos materiales se entiende como un conjunto de circunstancias concretas derivadas de acontecimientos que son, en esencia, los mismos, en la medida en que implican al mismo autor y están indisociablemente ligados entre sí en el tiempo y en el espacio" [STJUE de 23 de marzo de 2023, *Dual Prod,* C-412/21 *(Tol 9466463),* aps. 51 y 52].

18 *Vid.* jurisprudencia citada en *epígrafe 4.*

19 Entre otras, *vid.* SSTJUE de 14 de octubre de 2021, *Finanzamt N (Communication de l'affectation),* C-45/20 y C-46/20 *(Tol 8614655)*; 17 de diciembre de 2020, *BAKATI PLUS,* C-656/19 *(Tol 8233395)*; 12 de mayo de 2021, *INSS,* C-844/19 *(Tol 8456317)*; 11 de junio de 2020, *SCT,* C-146/19 *(Tol 7959832)*; 18 de marzo de 2021, *P. (Cartes de carburant),* C-48/20 *(Tol 8355681)*; 2 de marzo de 2023, *NEC PLUS ULTRA COSMETICS,* C-664/21 *(Tol 9422498),* aps. 28 a 30; y 9 de marzo de 2023, *Generali Seguros,* C-42/22 *(Tol 9436892),* ap. 54.

20 Este principio "tiene plena operatividad al juzgar las relaciones entre el poder público tributario y los contribuyentes, tanto en la estricta determinación de la deuda tributaria como en la reacción sancionadora de la Administración. [...] no solo opera en la determinación del contenido y en la aplicación de las normas del Derecho de la Unión, sino que también debe ser respetado por los Estados miembros cuando aprueban disposiciones que dan cumplimiento a las determinaciones de aquel, así como cuando las aplican" (HUELIN MARTÍNEZ DE VELASCO, J., "Los principios generales del Derecho...", ob. cit., p. 85).
Este principio "exige que los actos de las instituciones de la Unión sean idóneos para alcanzar los objetivos legítimos perseguidos por la normativa de que se trate y no sobrepasen los límites de lo que es necesario para alcanzar tales objetivos" [STJUE de 22 de noviembre de 2018, *Swedish Match,* C-151/17 *(Tol 6919556),* ap. 35] e "impone a los Esta-

particular, respecto al Impuesto sobre el Valor Añadido, al tratarse de un impuesto firmemente armonizado.

Ahora bien, ¿se está creando una especie de Derecho Tributario europeo por la vía de la jurisprudencia del TJUE?, ¿existe fundamento en el Derecho de la Unión Europea para ello? y ¿cómo encajaría la misma con la competencia de los Estados miembros en materia, concretamente, en los procedimientos de aplicación de los tributos?

En síntesis, "la buena administración comprende un conjunto de derechos o de principios de actuación que impone a la Administración un deber de ejercer sus potestades con el máximo cuidado, de manera diligente, ágil y coherente, y de forma que logre una solución a la controversia que sea materialmente justa, actuando al servicio de los intereses generales, superando así una simple literalidad de la norma o una aplicación formalista y rigurosa del régimen jurídico aplicable"[21].

---

dos miembros recurrir a medios que, al tiempo que permitan alcanzar eficazmente el objetivo que persigue la normativa nacional, causen el menor menoscabo a los principios establecidos por la legislación de la Unión" [STJUE de 22 de diciembre de 2022, *Shell Deutschland Oil*, C-553/21 *(Tol 9328609)*, ap. 32].

En este sentido, *vid.* SSTJUE de 26 de abril de 2017, *Farkas*, C-564/15 *(Tol 6052617)*, aps. 57 a 67; 30 de abril de 2020, *CTT-Correios de Portugal*, C-661/18 *(Tol 7896979)*; 18 de marzo de 2021, *A. (Exercice du droit à déduction)*, C-895/19 *(Tol 8355682)*; 2 de julio de 2020, *Terracult*, C-835/18 *(Tol 7989269)*; 15 de abril de 2021, *Grupa Warzywna*, C-935/19 *(Tol 8390176)*, aps. 24, 27 y 28; 14 de octubre de 2021, *Finanzamt N (Communication de l'affectation)*, C-45/20 y C-46/20 *(Tol 8614655)*; y 5 de mayo de 2022, *Direction départementale des finances publiques de la Haute-Savoie*, C-570/20 *(Tol 8919339)*.

21 CARRASCO GONZÁLEZ, F. M., "El principio de buena administración en el ámbito de la revisión de actos tributarios", *Civitas. Revista Española de Derecho Financiero*, 197, 2023, pp. 74-75.

Ha sido contemplada como "meta-principio"[22] y como derecho[23], cuestión que no es baladí según ha reconocido la doctrina[24].

---

22 Que engloba otros principios, deberes administrativos (como el deber de motivación) o derechos de los particulares (como el derecho de audiencia) (SANZ GÓMEZ, R., "Buena Administración y Procedimiento Tributario Justo ", en *La Protección de los derechos Fundamentales en el ámbito tributario,* Capítulo VII, Wolters Kluwer-La Ley, Madrid, 2021, p. 254).

23 "Puesto que la primera duda que surge es si estamos ante un derecho a la buena administración, que, incluso pudiera alcanzar el rango de derecho fundamental, o bien, si, en realidad, nos encontramos ante el principio de buena administración" (LITAGO LLEDÓ, R., "El «derecho» a la buena administración y la inactividad de la administración tributaria", en *La Protección de los derechos Fundamentales en el ámbito tributario,* Capítulo VIII, Wolters Kluwer-La Ley, Madrid, 2021, p. 255).

24 "El dilema presenta un doble aspecto: por una parte, la diferencia entre una y otra configuración jurídica es relevante en cuanto será la que determinará el grado de protección jurisdiccional [...]. Por otra parte, se da la circunstancia de que, frente al reconocimiento expreso de un derecho en la Carta, ello no encuentra parangón en el ordenamiento interno, que no es ya que no lo reconozca como derecho o como principio, sino que ni siquiera lo menciona con carácter general" (*Ibídem,* p. 256).
En torno a la naturaleza jurídica de la buena administración, se ha originado un sólido debate en la doctrina administrativa y tributaria. Así, mientras que para unos nos encontramos ante un verdadero derecho subjetivo con un contenido específico exigible (VIÑUALES FERREIRO, S., "El artículo 41 de la carta de los Derechos Fundamentales de la Unión Europea: una visión crítica", *Estudios de Deusto: Revista de Derecho Público,* Vol. 63, 1, 2015, pp. 432-433; PONCE SOLÉ, J., *La lucha por el buen gobierno y el derecho a una buena administración mediante el estándar jurídico de diligencia debida,* Cuadernos Democracia y Derechos Humanos, Universidad de Alcalá, Madrid, 2019, pp. 91-97;); para otros se trata de un principio "guía" de la actividad administrativa (DUTHEIL DE LA ROCHÈRE, J., "The EU Charter of Fundamental Rights, Not Binding but Influential: the Example of Good Administration", en *Continuity and Change in EU Law. Essays in Honour of Sir Francis Jacobs,* Oxford University Press, Oxford, 2018, pp. 157-171). Entre ambos extremos, se ha configurado la buena administración como derecho-garantía (TOMÁS MALLÉN, B., *El derecho fundamental a una buena administración,* Instituto Nacional de Administración Pública-INAP, Madrid, 2004, p. 12), dere-

En ambos casos[25], su contenido es plural[26]. Como principio[27], reclama la plena efectividad de garantías y derechos reconocidos legal y constitucionalmente al contribuyente, y ordena a los responsables de gestionar el sistema impositivo —a la propia Admi-

---

cho instrumental, mandato o deber, "fruto de la positivización de un principio (el de buena administración), cuyo correlato sería una pretensión jurídica" (CARRILLO DONAIRE, J. A., "Buena administración, ¿un principio, un mandato o un derecho subjetivo?", en *Los principios jurídicos del Derecho administrativo,* La Ley, Madrid, 2010, p. 1161).

De acuerdo con la jurisprudencia del Tribunal de Justicia, el principio de buena administración no confiere por sí mismo derechos a los particulares, a menos que constituya la expresión de derechos específicos en el sentido del artículo 41 de la Carta. En este sentido, *vid.* Sentencias de 6 de diciembre de 2001 (Tribunal de Primera Instancia), *Area Cova y otros/Consejo y Comisión,* T-196/99 *(Tol 105706),* ap. 43; 4 de octubre de 2006 (Tribunal de Primera Instancia), *Tillack/Comisión,* T-193/04 *(Tol 4628849),* ap. 127; y 9 de junio de 2016 (Tribunal General), *Growth Energy y Renewable Fuels Association/Consejo,* T-276/13 *(Tol 5742358),* ap. 304.

25 Como se ha señalado, "en las explicaciones no se descarta que un artículo de la Carta pueda incluir elementos que se deriven, a la vez, de un derecho y de un principio" (CARRASCO GONZÁLEZ, F. M., "El principio de buena administración...", ob. cit., pp. 74-75).

26 SANZ GÓMEZ, R., "Buena Administración y Procedimiento...", ob. cit., p. 227.

27 Centrándonos en las distintas manifestaciones del derecho a una buena administración, tal y como se contemplan en los diversos apartados del artículo 41 CDFUE, su condición de principios generales, por lo que respecta a los apartados 1 y 2 [...] resulta expresamente declarada por las Explicaciones al respecto (Explicaciones que, según dispone el artículo 6.1 *in fine* del Tratado de la Unión Europea, han de tenerse debidamente en cuenta a la hora de interpretar la Carta) (ALONSO GARCÍA, R., Y ANDRÉS SÁENZ DE SANTA MARÍA, P., *El sistema europeo de fuentes,* Fundación Coloquio Jurídico Europeo, Madrid, 2022, pp. 76-77).

Se determina así una situación de coexistencia entre la Carta y los principios generales. Una coexistencia en la que, dentro del ámbito de aplicación de la Carta, se aplican las disposiciones contenidas en ella y los principios generales subyacentes pueden servir de parámetros para su interpretación" (DI PIETRO, A., "El principio de buena administración en Italia y en el Derecho europeo", *Studi Trubutari Europei,* 12, 2022, p. 62).

nistración tributaria— observar el deber de cuidado y la debida diligencia para su efectividad, y la de garantizar la protección jurídica que haga inviable el enriquecimiento injusto[28]. Conmina a la autoridad fiscal a proceder de forma imparcial, completa, equitativa y con la debida diligencia[29].

Constituye, por tanto, "un nuevo paradigma del Derecho del siglo XXI referido a un modo de actuación pública que excluye la gestión negligente y [...] se impone a las Administraciones Públicas"[30] —entre ellas, la Tributaria—, debiendo (las mismas) examinar (con diligencia e imparcialidad) todos los elementos pertinentes del asunto en cuestión (incluidos los relativos a las alegaciones formuladas por el obligado tributario), dar respuesta motivada a las solicitudes que los obligados tributarios formulen, explicar las consecuencias adheridas a las actuaciones administrativas y tramitar los asuntos de forma imparcial, equitativa y dentro de un plazo razonable en los procedimientos de aplicación de los tributos[31].

El ejercicio de las potestades tributarias conlleva actuaciones intervencionistas, de inmisión, de gravamen y sancionadoras, proyectándose sobre todas las Administraciones intervinientes el

---

28 Sentencia del Tribunal Supremo 1700/2019, de 14 de mayo de 2019, rec. cas. 3457/2017 *(Tol 7263574)*, Fundamento de Derecho Tercero.4.

29 El principio de buena administración impone a la Administración una actividad concreta para la que le habilita el Ordenamiento jurídico a favor de los derechos de los contribuyentes y en evitación de un enriquecimiento injusto que sólo quedaba amparado por una aplicación rigorista de la Administración de la normativa aplicable (LITAGO LLEDÓ, R., "El «derecho» a la buena administración y la inactividad...", ob. cit., p. 275).

30 Sentencia del Tribunal Supremo 3279/2020, de 15 de octubre de 2020, rec. cas. 1652/2019 *(Tol 8148283)*, Fundamento de Derecho Tercero.

31 *Vid.* SSTJUE de 8 de mayo de 2014, *N.*, C-604/12 (Tol 4629668), aps. 49 y 50; 14 de mayo de 2020, *Peek & Cloppenburg/EUIPO – Peek & Cloppenburg (Peek & Cloppenburg)*, C-446/18 *(Tol 7917467)*, aps. 43 y 44; y 21 de octubre de 2021, *CHEP Equipment Pooling*, C-396/20 *(Tol 8618982)*, aps. 49, 54 y 55.

principio de buena administración[32]. En consecuencia, las autoridades tributarias deberán adoptar una postura activa, diligente[33], que incluya, en caso de disponer de información cierta y veraz, las acciones pertinentes para la subsanación de los errores cometidos por los obligados tributarios[34].

---

32 Teniendo en cuenta que la recta utilización de los conceptos jurídicos contribuye a mejorar la comprensión y aplicación del Derecho, y los perfiles poco definidos, sería deseable una mayor concreción de éste en aras a mejorar su aplicabilidad y definir sus perfiles (MARÍN-BARNUEVO FABO, D., "El principio de buena administración en materia tributaria", *Civitas. Revista Española de Derecho Financiero*, 186, 2020, pp. 15-38).

33 El principio de buena gobernanza impone una actividad pública:
— Ágil y rápida y en su debido momento (promptly, speedily, in good time), desarrollada de una manera apropiada y sobre todo consistente, especialmente cuando afecta a derechos humanos fundamentales, incluyendo el derecho de propiedad.
— Llevada a cabo con sumo (utmost) cuidado, en particular cuando se trata de materias de vital importancia para los individuos, como beneficios sociales y otros derechos parecidos.
— Mediante el desarrollo de procedimientos internos que permitan la transparencia y la claridad de sus operaciones, minimicen el riesgo de errores y promuevan la seguridad jurídica en las transacciones entre particulares afectando intereses relativos a la propiedad.
— Correctora de errores cometidos, con el pago, en su caso, de una adecuada compensación u otro tipo de reparación apropiada para el ciudadano afectado por los mismos (PONCE SOLÉ, J., *La lucha por el buen gobierno...*, ob. cit., p. 57).

34 Excepcionando o reduciendo los intereses de demora en determinados casos, admitiendo rectificaciones de errores no dolosos tras requerimiento de la Administración, objetivando al máximo posible la regulación del derecho a rectificar el error, tomando en consideración el historial del contribuyente a la hora de valorar su responsabilidad, intensificando las actuaciones preventivas que permitan y faciliten la regularización voluntaria, realizando avances en la función preventiva, a través de los Códigos de Buenas Prácticas Tributarias (SECRETARÍA DE ESTADO DE HACIENDA, Consejo para la Defensa del Contribuyente, «Propuesta 3/2022 sobre la incorporación del derecho al error al Ordenamiento tributario español» [en línea], (2022), <https://www.hacienda.gob.es/Documentacion/Publico/GabSEHacienda/CDC/

Propuestas%20e%20informes/2022-3-Propuesta-DerechoalError.pdf>. [Consulta: 27/09/2023]).

Se trata de reconocer —como se ha hecho en la Ley francesa núm. 2018-727, de 10 de agosto de 2018, sobre "Un Estado al servicio de una sociedad de confianza— un derecho a regularizar o corregir el error, aplicable una vez para el mismo error, ya sea de forma espontánea, o a través de un requerimiento administrativo, y dentro del plazo que se le haya indicado, incluso cuando se esté siendo objeto de una comprobación o investigación tributaria.

En este sentido, "el apoyo a la voluntariedad en el cumplimiento de las obligaciones tributarias es fundamental, lo que conlleva la necesidad de avanzar en las estrategias de información y comunicación e intentar mejorar la relación de la Administración tributaria con los contribuyentes, evitando trasladar la impresión de culpabilidad y persecución a aquellos que suelen cumplir sus obligaciones correctamente y que, en alguna ocasión, se retrasaron o se equivocaron en sus relaciones con la Administración. El Comité estima que debe estudiarse la posibilidad de aligerar las sanciones en supuestos de fallos o incumplimientos menores, en línea con lo que se hace en otros países como Francia o Singapur" (COMITÉ DE PERSONAS EXPERTAS, *Libro Blanco sobre la Reforma Tributaria,* Instituto de Estudios Fiscales-IEF, Madrid, 2022, pp. 27-28).

La Ley 13/2023, de 24 de mayo, por la que se modifican la Ley 58/2003, de 17 de diciembre, General Tributaria, en transposición de la Directiva (UE) 2021/514 del Consejo de 22 de marzo de 2021, por la que se modifica la Directiva 2011/16/UE relativa a la cooperación administrativa en el ámbito de la fiscalidad, y otras normas tributarias (BOE nº 124, de 25 de mayo de 2023), ha establecido un sistema único para la corrección de las autoliquidaciones: la denominada "autoliquidación rectificativa", sustituyendo el actual sistema dual de autoliquidación complementaria y solicitud de rectificación. A través de la presentación de esta nueva figura —utilizando el modelo normalizado de autoliquidación aprobado—, el obligado tributario podrá rectificar, completar o modificar la autoliquidación presentada con anterioridad (con independencia del resultado de ésta) sin necesidad de esperar a la resolución administrativa [ap. 4 del artículo 120 de la Ley 58/2003, de 17 de diciembre, General Tributaria (BOE nº 302, de 18 de diciembre de 2003)].

El Proyecto de Real Decreto por el que se desarrollan las normas y los procedimientos de diligencia debida en el ámbito del intercambio automático obligatorio de información comunicada por los operadores

Como derecho, se encuentra recogido de manera expresa en el artículo 41 de la Carta[35], encontrando, de este modo, en el Ordenamiento jurídico europeo "la fuerza que la primacía europea le atribuye, así como los límites de aplicación que la misma interpretación asentada por el Tribunal de Justicia de la Unión Europea le reconoce conscientemente"[36].

Se trata de una situación subjetiva de amplio espectro, que abarca multitud de derechos singulares (derecho a un trato imparcial, equitativo y dentro de un plazo razonable, derecho a ser oído, derecho a acceder al expediente, derecho a la reparación de los daños causados por las Instituciones, derecho a utilizar las lenguas de los Tratados), complementados con el derecho de acceso a los documentos[37]. Todo ello permite que el obligado tribu-

---

de plataformas y se modifica el Reglamento general de las actuaciones y los procedimientos de gestión e inspección tributaria y de desarrollo de las normas comunes de los procedimientos de aplicación de los tributos modifica los reglamentos específicos de desarrollo de las leyes reguladoras del Impuesto sobre el Valor Añadido (art. 74 bis del Real Decreto 1624/1992, de 29 de diciembre), del Impuesto sobre la Renta de las Personas Físicas (art. 67 bis del Real Decreto 439/2007, de 30 de marzo), del Impuesto sobre Sociedades (art. 59 bis del Real Decreto 634/2015, de 10 de julio), de los Impuestos Especiales (arts. 44 bis, 140 bis y 147 bis del Real Decreto 1165/1995, de 7 de julio) y del Impuesto sobre los Gases Fluorados de Efecto Invernadero (art. 3 bis del Real Decreto 712/2022, de 30 de agosto), a efectos de introducir esta nueva figura en los citados tributos.

35 La Carta de los Derechos Fundamentales de la Unión Europea fue proclamada en el Consejo Europeo de Niza el 7 de diciembre de 2000 (DO C nº 364, de 18 de diciembre de 2000), siendo de nuevo proclamada en Estrasburgo por el Consejo, el Parlamento Europeo y la Comisión el 12 de diciembre de 2007, en un texto que incluía las modificaciones en sus disposiciones finales producidas como consecuencia de su adaptación al Tratado Constitucional (DO C nº 303, de 14 de diciembre de 2007).

36 DI PIETRO, A., "El principio de buena administración…", ob. cit., p. 61.

37 Reconocido en el artículo 42 CDFUE. "Las Explicaciones dedicadas a este precepto tampoco hacen referencia alguna a su posible condición de principio general, limitándose a advertir que fue tomado del artícu-

tario pueda desplegar las acciones defensivas reconocidas en las respectivas jurisdicciones internas[38].

La interpretación de los derechos fundamentales, conforme a la idea de mayor efectividad de éstos, exigiría hacer operativos los referidos principios de seguridad jurídica, igualdad en la aplicación de la Ley, sujeción a Ordenamiento Jurídico único, procedimiento único y buena administración, para superar los problemas que en los respectivos Ordenamientos internos genera la aplicación del Derecho de la UE.

2. PROYECCIÓN DE LA CARTA DE LOS DERECHOS FUNDAMENTALES DE LA UNIÓN EUROPEA

Según hemos señalado, el derecho a una buena administración se encuentra recogido en el Capítulo V ("Ciudadanía") de la Carta[39]. En su artículo 41, bajo el nombre de "Derecho a una bue-

---

lo 255 TCE (reubicado ahora, con sus modificaciones, como artículo 15 TFUE)" (ALONSO GARCÍA, R., y ANDRÉS SÁENZ DE SANTA MARÍA, P., *El sistema europeo...*, ob. cit., pp. 78-79).

38 "Resulta comúnmente aceptado que el contenido del principio de buena administración está íntimamente relacionado con derechos fundamentales de los particulares [...]. En particular, se trataría de las garantías que anidan en el seno del genérico derecho fundamental a la tutela judicial efectiva [...]. Así, se ha ido evidenciando en la Jurisprudencia del Tribunal Supremo la conexión con el derecho a un proceso sin dilaciones indebidas, la motivación de las resoluciones y el acceso a la tutela de un órgano jurisdiccional" (LITAGO LLEDÓ, R., "El «principio» de buena administración y el derecho fundamental de acceso a los recursos de los obligados tributarios en caso de inactividad administrativa", en *Los principios del cumplimiento cooperativo en materia tributaria*, Capítulo III, Atelier, Barcelona, 2023, pp. 73-91, p. 74).

39 "De este modo, se introduce en el ordenamiento jurídico europeo, con la categoría de derecho fundamental, un nuevo derecho que hasta entonces solo había tenido un reconocimiento —parcial— en el campo jurisprudencial. [...] A diferencia de otros derechos que ya se habían dejado entrever en los Tratados u otros textos de derecho originario, es

na Administración", se incluyen una serie de derechos procedimentales[40] "de toda persona"[41]. Del tenor literal de este precepto se concluye que va dirigido, no a los Estados miembros, sino únicamente a las "instituciones, órganos y organismos de la Unión"[42].

---

la primera vez que se recoge de forma expresa en un texto escrito" (VIÑUALES FERREIRO, S., "El artículo 41 de la carta de los Derechos..., ob. cit., pp. 423-425).

40 "[...] Se trata en todos los casos de derechos de carácter procedimental, es decir derechos que despliegan todos sus efectos y cobran sentido principalmente en el marco de un procedimiento administrativo. En nuestra opinión, pueden calificarse de verdaderos derechos públicos de carácter subjetivo, que, a priori podrían ser directamente alegables por los particulares frente a la Administración Europea, aunque en la práctica la vulneración de tales derechos se pone de manifiesto a través del control de los vicios del procedimiento" (*Ibídem*, p. 433).

41 Derecho a que las instituciones, órganos y organismos de la Unión traten sus asuntos imparcial y equitativamente y dentro de un plazo razonable (ap. 2); a ser oída antes de que se tome en contra suya una medida individual que la afecte desfavorablemente (ap. 2); a acceder al expediente que le concierna, dentro del respeto de los intereses legítimos de la confidencialidad y del secreto profesional y comercial (ap. 2); a que la Administración motive las decisiones que le atañen (ap. 2); a la reparación por la Unión Europea de los daños causados tanto por sus instituciones como por sus agentes en el ejercicio de sus funciones, de conformidad con los principios generales comunes a los Derechos de los Estados miembros (ap. 3); y, por último, derecho a dirigirse a las instituciones de la Unión Europea —y recibir una contestación— en una de las lenguas de los Tratados (ap. 4).

42 *Vid.* SSTJUE de 21 de diciembre de 2011, *Cicala*, C-482/10 *(Tol 2517096)*, ap. 28; 17 de julio de 2014, *YS y otros*, C-141/12 y C-372/12 *(Tol 4629819)*, ap. 67; 5 de noviembre de 2014 *Mukarubega*, C-166/13 *(Tol 4538996)*, ap. 44; y 17 de diciembre de 2015, *WebMindLicenses*, C-419/14 *(Tol 5586262)*, aps. 83 y 84. También, en este sentido, *vid.* Conclusiones del Abogado General Bobek presentadas el 7 de septiembre de 2017 en el asunto Teodor Ispas, C-298/16, ECLI:EU:C:2017:650, puntos 79 a 85.

En contra de la posición del Tribunal de Justicia, *vid.* Conclusiones del Abogado General Wathelet presentadas el 25 de junio de 2014 en el asunto *Boudjlida*, C-249/13, ECLI:EU:C:2014:2032, punto 47; Conclu-

La doctrina ha señalado que, frente a la eficacia fiscal sustantiva del principio de buena administración en los procedimientos de aplicación de los tributos, que siguen constituyendo una competencia especifica de los Estados miembros, "aparece una debilidad desde el punto de vista europeo, ya que la buena administración se ve limitada en el caso de los impuestos directos, para los que los Tratados europeos no se reconocen competentes, al contrario de lo que sucede en los derechos aduaneros y los impuestos indirectos" [43].

No obstante, tanto el Tribunal de Justicia[44] como la doctrina[45] que ha abordado esta cuestión, han recalcado que la buena administración —en su acepción de principio general del Derecho de la Unión Europea— conlleva exigencias que los Estados miem-

---

siones del Abogado General Mengozzi presentadas el 13 de enero de 2016 en el asunto *Bensada Benallal*, C-161/15, ECLI:EU:C:2016:3, puntos 28 a 32; Conclusiones del Abogado General Bot presentadas el 7 de noviembre de 2013 en el asunto *N.*, C-604/12, ECLI:EU:C:2013:714, punto 36, entre otras.

43 "Una debilidad que deriva precisamente del fundamento mismo de la fuerza aplicativa de la buena administración, a saber, el artículo 41 de la Carta de los Derechos Fundamentales que, según la jurisprudencia europea dominante, está destinado a producir efectos únicamente respecto de las instituciones europeas y no en los ordenamientos jurídicos nacionales" (DI PIETRO, A., "El principio de buena administración...", ob. cit., p. 61).

44 Referidas al ámbito tributario, *vid.* SSTJUE de 9 de noviembre de 2017, *LS Customs Services*, C-46/16 *(Tol 6417765)*, ap. 39; 14 de mayo de 2020, *AGRO-BET CZ*, C-446/18 *(Tol 7917467)*, aps. 43 y 44; 21 de octubre de 2021, *CHEP Equipment Pooling*, C-396/20 *(Tol 8618982)*, ap. 48; y 24 de febrero de 2022, *SC Cridar Cons*, C-582/20 *(ECLI:EU:C:2022:114)*, ap. 45.

45 Entre otros, *vid.* MORENO GONZÁLEZ, S., "La buena administración en el ejercicio de la potestad sancionadora tributaria", en *La proyección de la buena administración sobre los procedimientos de aplicación de los tributos*, Tirant Lo Blanch, Valencia, 2023, pp. 276-277; PONCE SOLÉ, J., *La lucha por el buen gobierno...*, ob. cit., pp. 88-89; MARÍN-BARNUEVO FABO, D., "El principio de buena administración...", ob. cit., p. 20; y CARRASCO GONZÁLEZ, F. M., "El principio de buena administración...", ob. cit.

bros han de respetar, resultando indiferente que se ponga en práctica el Derecho de la UE.

Tras la entrada en vigor del Tratado de Lisboa[46], la Unión Europea hace suyos los postulados de la Carta, dotando a esta última de eficacia jurídica originaria e idéntico valor vinculante al de los Tratados[47]. Los derechos, libertades y principios enunciados en la Carta resultan de aplicación directa y prevalente en las jurisdicciones de los distintos Estados miembros, adquiriendo un protagonismo, tanto en aspectos formales como en cuestiones sustanciales[48].

En cuanto a la eficacia jurídica que debe atribuirse a la Carta, el apartado 1 del artículo 51, al concretar el ámbito de aplicación de sus disposiciones, indica que las mismas "están dirigidas a las instituciones y órganos de la Unión, respetando el principio de subsidiariedad, así como a los Estados miembros únicamente cuando apliquen el derecho de la Unión. Por consiguiente, estos

---

46 Con fecha 1 de diciembre de 2009.

47 En este sentido, se ha señalado que "la Carta no es propiamente parte del Derecho primario, pero adquiere el estatus de tal" (DUTHEIL DE LA ROCHÈRE, J., "The EU Charter of…, ob. cit., p. 208). "Hoy contamos en el ordenamiento jurídico de la Unión Europea con una declaración de derechos fundamentales a la que se ha atribuido el mismo valor jurídico que los Tratados" (VIÑUALES FERREIRO, S., "El artículo 41 de la carta de los Derechos…", ob. cit., p. 424).
Considerando que la CDFUE tiene un carácter meramente declarativo (no es una fuente directa del Derecho), se abre la posibilidad a que tanto el contenido de los principios generales de Derecho de la Unión existentes previamente como su alcance sean superiores a los previstos en la Carta (PISTONE, P., *General Report,* Tax procedures. EATLP Annual Congress Madrid, 6-8 June, 2019, IBFD, Ámsterdam, 2020, p. 17).

48 ÁLVAREZ MARTÍNEZ, J., "El principio de buena administración como nuevo paradigma jurídico y su aplicación en el ámbito tributario: régimen normativo, naturaleza jurídica y contenido", *Nueva Fiscalidad*, 1, 2022, pp. 30-31.

respetarán los derechos, observarán los principios y promoverán su aplicación, con arreglo a sus respectivas competencias"[49].

De cara a hacer efectiva la aplicación de la buena administración, los obligados tributarios podrán instar las respectivas acciones legales ante los tribunales de los Estados miembros. En caso de conflicto entre las disposiciones de los derechos garantizados por la Carta y del Derecho de los Estados miembros, según jurisprudencia reiterada, el órgano jurisdiccional nacional encargado de aplicar, en el marco de su competencia, las disposiciones del Derecho de la Unión "está obligado a garantizar la plena eficacia de estas normas dejando inaplicada de oficio, en caso de necesidad, cualquier disposición contraria de la legislación nacional, incluso posterior, sin solicitar o esperar su previa derogación por el legislador o mediante cualquier otro procedimiento constitucional" [50].

El principio de primacía obliga al juez nacional, encargado de aplicar —en el ámbito de su competencia— las disposiciones del Derecho de la Unión, a garantizar la plena eficacia de las exigencias de este Derecho en el litigio de que conozca en aquellos supuestos en que no resulte posible interpretar la normativa nacional conforme a las exigencias del referido Derecho de la UE, "dejando inaplicada si fuera necesario, y por su propia iniciativa, cualquier normativa o práctica nacional, aun posterior, contraria a una disposición del Derecho de la Unión que tenga efecto directo, sin que deba solicitar o esperar a su previa eliminación por vía legislativa o mediante cualquier otro procedimiento constitucional" [51].

---

[49] *Ibídem*, p. 29.

[50] Entre otras, *vid.* SSTJUE de Sentencia del Tribunal de Justicia de 9 de marzo de 1978, *Amministrazione delle finanze dello Stato/Simmenthal*, C-106/77 *(ECLI:EU:C:1978:49)*, aps. 21 y 24; 19 de noviembre de 2009, *Filipiak*, C-314/08 *(Tol 2171130)*, ap. 81; y 22 de junio de 2010, *Melki y Abdeli*, C-188/10 *(Tol 2156857)*, ap. 43.

[51] *Vid.* SSTJUE de 24 de junio de 2019, Poplawski, C-573/17 (*Tol 6618556)*, aps. 58 y 61; y 21 de diciembre de 2021, *Euro Box Promotion y otros*, C-357/19, C-379/19, C-547/19, C-811/19 y C-840/19 *(Tol 8699816)*, ap. 252.

Como se ha señalado, en aquellos supuestos en los que los jueces nacionales manifiesten dudas sobre el grado de incompatibilidad de la norma nacional con la buena administración, suspenderán el procedimiento y remitirán los expedientes al Tribunal de Justicia, correspondiendo a éste —en calidad de garante de intervención europea— comprobar a continuación la referida incompatibilidad[52], salvo que constate que dicha cuestión no es pertinente, que la disposición del Derecho de la Unión de que se trate ya ha sido interpretada por el Tribunal de Justicia o que la interpretación correcta del Derecho de la Unión se impone con tal evidencia que no deja lugar a ninguna duda razonable[53].

La concurrencia de tal eventualidad debe apreciarse en función de las características propias del Derecho de la Unión, de las dificultades particulares que presenta su interpretación y del riesgo de divergencias jurisprudenciales dentro de la Unión. Tal órgano jurisdiccional no puede quedar dispensado de dicha obligación por la única razón de que ya ha planteado una cuestión prejudicial al Tribunal de Justicia en el marco del mismo asunto nacional[54].

---

52 Por todos, DI PIETRO, A., "El principio de buena administración…", ob. cit., p. 65.

53 *Vid.* STJUE de 6 de octubre de 2021, *Consorzio Italian Management*, C-561/19 (*Tol 8605669*), aps. 39, 41 y 61. Esta Jurisprudencia ha sido recogida por el Tribunal Supremo en Sentencias de 25 de julio de 2023, rec. cas. 5234/2021 *(Tol 9694277)*, Fundamento de Derecho Séptimo; y 26 de julio de 2023, rec. cas. 8620/2021 *(Tol 9662828)*, Fundamentos de Derecho Séptimo y Octavo.
A este respecto, *vid.* AGENCIA ESTATAL DE LA ADMINISTRACIÓN TRIBUTARIA (AEAT), «Los principios de legalidad, proporcionalidad y primacía directa del Derecho de la Unión Europea en el ámbito del derecho sancionador» [en línea], (2023), <https://sede.agenciatributaria.gob.es>. [Consulta: 02/10/2023.]

54 No obstante, el órgano jurisdiccional podrá plantear una cuestión prejudicial al Tribunal de Justicia por motivos de inadmisibilidad propios del procedimiento de que conoce, siempre que se respeten los principios de equivalencia y de efectividad [Ibídem, ap. 66].

En este sentido, "el Derecho de la Unión se opone a una práctica judicial que supedita la obligación del juez nacional de no aplicar ninguna disposición que infrinja un derecho fundamental garantizado por la Carta al requisito de que dicha infracción se deduzca claramente del texto de la Carta o de la jurisprudencia en la materia, dado que priva al juez nacional de la facultad de apreciar plenamente, con la cooperación del Tribunal de Justicia en su caso, la compatibilidad de dicha disposición con la Carta"[55].

3. CONEXIÓN ENTRE BUENA ADMINISTRACIÓN Y DERECHO DE DEFENSA

En la jurisprudencia del Tribunal de Justicia se aprecia una importante conexión entre el derecho a una buena administración y el derecho de defensa, presentando contornos afines[56]. En este sentido, los derechos reconocidos a los obligados tributarios en los procedimientos de aplicación de los tributos enlazan además de con la buena administración[57], con el derecho de defensa[58].

Este último constituye un principio general del Derecho de la Unión que resulta de aplicación cuando las autoridades se pro-

---

55 STJUE de 26 de febrero de 2013, *Åkerberg Fransson*, C-617/10 *(Tol 9277356)*, ap. 49.

56 MORENO GONZÁLEZ, S., "La buena administración en el ejercicio...", ob. cit., pp. 273-274.

57 Artículo 41 CDFUE.

58 Recogido en el artículo 48 CDFUE, el respeto de éste constituye un principio general del Derecho comunitario que resulta de aplicación cuando la Administración se propone adoptar un acto lesivo para una persona.
Conforme a este principio debe permitirse a los destinatarios de decisiones que afecten sensiblemente a sus intereses dar a conocer eficazmente su punto de vista sobre los elementos en los que la Administración tributaria vaya a basar su decisión. A tal efecto, deben disfrutar de un plazo suficiente [STJUE de 18 de diciembre de 2008, *Sopropé*, C-349/07 *(Tol 2164930)*, aps. 36 y 37].

ponen adoptar un acto lesivo para una persona e incluye, entre otros, el derecho a una tutela judicial efectiva[59], que comprende diferentes aspectos (igualdad de armas, acceso a los tribunales, asesoramiento, defensa y representación)[60].

Teniendo en cuenta que al destinatario de una decisión lesiva debe dársele la oportunidad de formular sus observaciones antes de que se adopte ésta (de manera que la autoridad competente pueda tener en cuenta —de modo eficaz y eficiente—, la totalidad de los elementos pertinentes), la Administración tributaria debe prestar toda la atención necesaria a las observaciones formuladas por el interesado[61].

---

59 La conexión del principio de buena administración con el derecho fundamental a la tutela judicial efectiva (en su vertiente de acceso a los recursos en vía judicial) ha propiciado la existencia de interés casacional ante el Tribunal Supremo en dos asuntos en los que la Administración incumple su obligación de resolver en un plazo razonable una reclamación económico-administrativa, no informa sobre los recursos procedentes y se ve recompensada con la declaración de inadmisibilidad del recurso contencioso-administrativo por falta de agotamiento de la vía administrativa [Autos del Tribunal Supremo 5750/2022, de 20 de abril de 2022, rec. cas. 4792/2021 *(Tol 8915216)*, Razonamientos Jurídicos Tercero y Quinto; y 5741/2022, de 20 de abril de 2022, rec. cas. 3069/2021 *(Tol 8915084)*, Razonamiento Jurídico Quinto]. En este sentido, *vid.* LITAGO LLEDÓ, R., "El «principio» de buena administración", ob. cit., p. 74.

60 STJUE de 26 de julio de 2017, *Sacko*, C-348-16 *(Tol 6210575)*, ap. 32.

61 De este modo, se viene a defender la aplicación de la bilateralidad o igualdad de armas [...], pero con una garantía de contradictorio propia de ordenamientos continentales como el alemán o el italiano. La consideración de determinadas garantías incluidas en el principio de buena administración implica una mayor atención a las alegaciones realizadas por el sujeto, de modo que no sea un trámite formal, sino que implique un respeto sustancial a las posiciones del contribuyente, reservando las prerrogativas de la Administración para los casos en los que la bilateralidad no respeta la necesaria buena fe (ANEIROS PEREIRA, J., "El derecho a la defensa en la administración: derecho de toda persona a ser oída y derecho de acceso al expediente", en *La protección*

Debe examinar minuciosa e imparcialmente todos los datos pertinentes del asunto de que se trate, y motivar su decisión detalladamente, de modo suficientemente específico y concreto para que el interesado pueda comprender las razones de la decisión adoptada. Ello constituye el corolario del principio de respeto del derecho de defensa[62].

En base al referido principio, debe permitirse a los destinatarios de decisiones que afecten de modo significativo a sus intereses dar a conocer eficazmente su punto de vista sobre los elementos en los que las autoridades vayan a basar su decisión[63]. En los procedimientos de aplicación de los tributos esta obligación recae sobre las autoridades tributarias, ya que en estos se adoptan decisiones que entran dentro del ámbito de aplicación del Derecho de la Unión, "aun cuando la legislación aplicable no establezca expresamente tal formalidad"[64].

El derecho de defensa es aplicable a los procedimientos tributarios[65]. Así, el Tribunal de Justicia ha destacado que "si bien es cierto que el derecho de defensa debe ser respetado en los procedimientos administrativos que pueden dar lugar a una sanción, ha de evitarse, al mismo tiempo, que el mencionado derecho quede irremediablemente dañado en los procedimientos de investigación previa

---

de los derechos fundamentales en el ámbito tributario, Wolters Kluwer-La Ley, Madrid, 2021, p. 361).

62 STJUE de 5 de noviembre de 2014, *Mukarubega*, C-166/13 *(Tol 4538996)*, ap. 48.

63 Entre otras, SSTJUE de 22 de noviembre de 2012, *Sr. M.*, C-277/11 *(Tol 2720234)*, aps. 82 y 83; y 3 de julio de 2014, *Kamino International Logistics y Datema Hellmann Worldwide Logistics*, C-129/13 *(Tol 4629611)*, ap. 29.

64 STJUE de 17 de diciembre de 2015, *WebMindLicenses*, C-419/14 *(Tol 5586262)*, ap. 84.

65 Este mandato de buena administración junto con la atracción de las garantías de justo proceso, entre las que se incluyen la igualdad de armas y la garantía de contradictorio deben aplicarse a los procedimientos tributarios (ANEIROS PEREIRA, J., "El derecho a la defensa...", ob. cit., p. 347).

[...]. Por consiguiente, si bien algunas manifestaciones del derecho de defensa afectan únicamente a los procedimientos contradictorios que siguen a una comunicación de los cargos imputados, otras deben ser respetadas ya en la fase de investigación previa"[66].

En virtud del principio de igualdad de armas, cada parte debe disponer de una oportunidad adecuada de presentar sus motivos en condiciones que no la dejen en desventaja sustancial respecto a su oponente[67]. Este principio se aplica en el Derecho de la Unión, además de a los procedimientos civiles, a los procedimientos de Derecho Público[68]. Debe apreciarse en función de las circunstancias específicas de cada asunto, y, en particular, de la naturaleza del acto de que se trate, del contexto en que se adoptó y de las normas jurídicas que regulan la materia[69]

Los obligados tributarios tienen que poder conocer los motivos de las resoluciones adoptadas en su contra, ya sea mediante la lectura de las propias resoluciones, ya sea a través la notificación de su motivación (efectuada a petición de éstos), a fin de que puedan defender sus derechos en las mejores condiciones posibles[70]. Es fundamental que puedan comprenderse las razones del procedimiento de aplicación de los tributos e interponer, contra la resolución en la que sea acordado éste, un recurso de forma útil y efectiva[71].

---

66 STJUE de 18 de octubre de 1989, *Orkem*, C-374/87, ap. 33.

67 Como contenido esencial del derecho, el principio de igualdad de armas, que es un corolario del concepto mismo de proceso justo, implica la obligación de ofrecer a cada parte una oportunidad razonable de presentar su causa, incluidas sus pruebas, en condiciones que no la coloquen en una situación de clara desventaja con respecto a su adversario [STJUE de 6 de noviembre de 2012, *Otis y otros*, C-199/11 *(Tol 3297605)*, ap. 71].

68 STJUE de 28 de julio de 2016, *Ordre des barreaux francophones y germanaphone y otros*, C-543/14 *(Tol 5782346)*, aps. 40 a 42.

69 *Vid.* STJUE de 26 de julio de 2017, *Sacko*, C-348/16 *(Tol 6210575)*, ap. 41.

70 *Vid.* STJUE de 4 de junio de 2013, *ZZ*, C-300/11 *(Tol 3752244)*, ap. 53.

71 Entre otras, *vid.* SSTJUE de 6 de septiembre de 2012, *Trade Agency*, C-619/10 *(Tol 2720208)*, ap. 53; y 23 de octubre de 2014, *flyLAL-Lithuanian Airlines*, C-302/13 *(Tol 4631320)*, aps. 51 y 52.

El Tribunal de Justicia ha señalado, a efectos de garantizar el respeto de los derechos previstos en el artículo 47 de la Carta, que "no solo es preciso procurar que el destinatario de un acto lo reciba realmente sino también que se le permita conocer y comprender de forma efectiva y completa el sentido y el alcance de la acción ejercida contra él de manera que pueda ejercer eficazmente sus derechos en el Estado miembro de origen"[72].

No obstante, este Tribunal ha estimado que los derechos fundamentales no constituyen prerrogativas absolutas, pudiendo ser objeto de restricciones, siempre y cuando éstas respondan efectivamente a objetivos de interés general perseguidos por la medida en cuestión y no constituyan —habida cuenta del objetivo perseguido— una intervención desmesurada e intolerable que afecte a la propia esencia de los derechos garantizados[73]. Además, la existencia de una violación de este derecho debe apreciarse en función tanto de las circunstancias específicas de cada asunto, como de la naturaleza del acto de que se trate, del contexto en que se adoptó y de las normas jurídicas que regulan la materia correspondiente[74].

La obligación de respetar el derecho de defensa de los destinatarios de decisiones que afectan de manera considerable a sus intereses recae así, en principio, sobre las Administraciones de los Estados miembros cuando adoptan decisiones que entran en el ámbito de aplicación del Derecho de la Unión; y, entre ellas, sobre la Administración tributaria.

---

[72] STJUE, de 16 de septiembre de 2015, *Alpha Bank Cyprus*, C-519/13 *(Tol 5427340)*, aps. 31 y 32.

[73] Vid. SSTJUE de 15 de junio de 2006 *Dokter y otros*, C-28/05 *(Tol 4627782)*, ap. 75; 26 de septiembre de 2013, *Texdata Software*, C-418/11 *(Tol 3945409)*, ap. 84; y 3 de julio de 2014, *Kamino International Logistics y Datema Hellmann Worldwide Logistics*, C-129/13 y C-130/13 (Tol 4629611), ap. 42.

[74] A título ejemplificativo, *vid.* SSTJUE de 25 de octubre de 2011, *Solvay/Comisión*, C-110/10 P *(Tol 4630151)*, ap. 63; y 18 de julio de 2013, *Comisión y otros/Kadi*, C-584/10 P, C-593/10 P y C-595/10 P *(Tol 4630060)*, ap. 102.

En este punto, debe tenerse en cuenta la autonomía de que disponen los Estados miembros en cuanto a la organización de sus procedimientos administrativos. En base a ello, en aquellos supuestos en los que el Derecho de la Unión no regule las condiciones conforme a las que debe garantizarse el respeto del derecho de defensa, ni las consecuencias de la vulneración de ese derecho, la regulación de dichas condiciones y consecuencias corresponde al Derecho interno de los Estados miembros[75].

Ello es así siempre que las reglas adoptadas en ese sentido sean equivalentes a las que protegen a los particulares en situaciones de Derecho nacional comparables (principio de equivalencia) y no hagan prácticamente imposible o excesivamente difícil el ejercicio de los derechos conferidos por el Ordenamiento jurídico de la Unión Europea (principio de efectividad)[76].

Finalmente, hay que recordar que los obligados tributarios inmersos en un procedimiento de aplicación de los tributos tendrán derecho a la reparación por la Unión Europea de los daños causados por sus instituciones o sus agentes en el ejercicio de sus funciones, de conformidad con los principios generales comunes

---

75 *Vid.* STJUE 8 de marzo de 2017, *Euro Park Service*, C-14/16 *(Tol 5980276)*, ap. 36.

76 *Vid.* SSTJUE de 18 de diciembre de 2008, *Sopropé*, C-349/07 *(Tol 2164930)*, ap. 38; 19 de mayo de 2011, *Iaia y otros*, C-452/09 *(Tol 1926209)*, ap. 16; y 3 de julio de 2014, *Kamino International Logistics y Datema Hellmann Worldwide Logistics*, C-129/13 y C-130/13 *(Tol 4629611)*, ap. 75.
Por lo que al principio de efectividad se refiere, de acuerdo con la jurisprudencia del Tribunal de Justicia, "no exige que una decisión que haya sido impugnada por haberse adoptado en violación del derecho de defensa sea anulada en todos los casos. En efecto, una vulneración del derecho de defensa solo da lugar a la anulación de la decisión adoptada al término del procedimiento administrativo de que se trate si este hubiera podido llevar a un resultado diferente de no concurrir tal irregularidad" [STJUE de 3 de julio de 2014, *Kamino International Logistics y Datema Hellmann Worldwide Logistics*, C-129/13 y C-130/13 *(Tol 4629611)*, aps. 78 y 79; y 28 de junio de 2022, *Comisión/España (Violation du droit de l'Union par le législateur)*, C-278/20 *(Tol 9097233)*, aps. 104 a 106].

a los Derechos de los Estados miembros, y que pueden dirigirse a las instituciones de la Unión Europea en una de las lenguas de los Tratados en la que se recibirá contestación[77].

4. APLICACIÓN EFECTIVA DE LA BUENA ADMINISTRACIÓN POR EL TRIBUNAL DE JUSTICIA DE LA UNIÓN EUROPEA

Desde mediados del siglo pasado[78], el Tribunal de Justicia ha tenido ocasión de pronunciarse sobre el respeto de las exigencias de una "buena administración" en sus distintas perspectivas[79]. En

---

77 "Pueden singularizarse tres «focos de producción» de principios generales del Derecho en el ordenamiento jurídico de la Unión Europea: (i) el propio ordenamiento comunitario, (ii) los sistemas jurídicos de los Estados miembros y (iii) el Derecho internacional público" (HUELIN MARTÍNEZ DE VELASCO, J., "Los principios generales del Derecho...", ob. cit., p. 74).

78 *Vid.* STJUE de 11 de febrero de 1955, *Associazione Industrie Siderurgiche Associate (I.S.A.) v. High Authority of the European Coal and Steel Community,* Case 4/54.

79 A título ejemplificativo, *vid.* SSTJUE de 10 de mayo de 1960, *Barbara Erzbergbau AG y otros v. Alta Autoridad CECA,* Case 3/58 a 18/58, 25/58 y 26/48; *República Federal de Alemania v. Alta Autoridad CECA,* Case 19/58; *Compagnie des hauts fourneaux et Fonderies de Givors y otros v. Alta Autoridad CECA,* Cases 27 a 29/58; 13 de julio de 1961, *Meroni e Co y otros v. Alta Autoridad CECA,* Cases 14, 16, 17, 20, 24, 26 y 27/60 y 1/61; 4 de julio de 1963, *Alvis v. Conseil de la CEE,* Case 36/62; 13 de julio de 1966, *Consten y otros v. Comisión,* Cases 56/64 y 58/64; 15 de octubre de 1987, *Heylens,* C-22/86, aps. 15 y 16; 21 de noviembre de 1991, *Tecnische Universität München,* C-269/90, aps. 13-14; 6 de noviembre de 2008, *Países Bajos v. Comisión,* C-405/07 P *(Tol 4626751),* ap. 56; 29 de marzo de 2012, *Comisión v. Estonia,* C-505/09 P *(Tol 4630183),* ap. 95; 4 de abril de 2017, *Defensor del Pueblo v. Staelen,* C-337/15 P *(Tol 6015724),* ap. 34; y 22 de noviembre de 2017, *Comisión Europea v. Bilbaína de Alquitranes, S.A., y otros,* C-691/15 P *(Tol 6433473),* ap. 47.

el ámbito tributario, son todavía limitadas las decisiones del Tribunal de Luxemburgo que invocan este principio[80].

La buena administración se ha erigido en los últimos tiempos, como bien se ha afirmado, en un poderoso instrumento para la resolución de conflictos. Gracias a ella, se ha otorgado un nuevo enfoque a problemas "que no son desconocidos y de cuya resolución podría derivarse un resultado injusto o contrario a los principios de justicia tributaria"[81].

En este contexto ha tenido gran protagonismo la jurisprudencia del Tribunal de Justicia que, según se ha reconocido, ha sido la encargada de "reconocer y dibujar" los contornos de la buena administración, entendida como principio general del Derecho de la Unión Europea y como derecho fundamental (al menos formalmente) a raíz de su inclusión en la Carta[82].

4.1. Derecho a recibir un trato imparcial, equitativo y dentro de un plazo razonable

El derecho a una buena administración implica la obligación de la Administración de examinar con antelación e imparcialidad todos los elementos pertinentes del asunto concreto, recabar todos los elementos de hecho y de Derecho (necesarios para el ejercicio de su facultad de apreciación) y garantizar el

---

80 Por todos, *vid.* CARRASCO GONZÁLEZ, F. M., "El principio de buena administración…", ob. cit.

81 ÁLVAREZ MARTÍNEZ, J., "El principio de buena administración…, ob. cit., p. 61.

82 "La buena administración encuentra su origen y anclaje en la jurisprudencia del Tribunal de Justicia de la Unión Europea, órgano que ha venido desempeñando, desde antaño, un papel fundamental en el proceso de configuración jurídica de la misma y en la depuración de sus distintas facetas" (*Ibídem,* p. 27; MORENO GONZÁLEZ, S., "La buena administración en el ejercicio…", ob. cit., pp. 271-272).

correcto desarrollo y la eficacia de los procedimientos (que desarrolla)[83].

La Administración tributaria deberá proceder, en el marco de las obligaciones de comprobación que le incumben, a un examen diligente e imparcial de todos los aspectos pertinentes —incluidos los relativos a las alegaciones formuladas por un obligado tributario—, de modo que se asegure de que dispone, al adoptar su decisión, de los datos más completos y fiables posibles para ello[84].

Además, esa obligación de diligencia —que tiene como corolario el derecho de toda persona a que las autoridades administrativas tramiten sus asuntos de forma imparcial, equitativa y dentro de un plazo razonable— exige, esencialmente, que las autoridades tributarias examinen, con diligencia e imparcialidad, todos los elementos pertinentes del asunto de que se trate, incluidos, muy especialmente, los relativos a las alegaciones formuladas por el obligado tributario.

Así, a título ejemplificativo, en aquellos supuestos en los que, a raíz de un error del sujeto pasivo, debidamente detectado, la Administración tributaria haya podido determinar con certeza el importe del impuesto que se le debe devolver, el principio de buena administración le obliga a informar de ello con diligencia al obligado tributario, por los medios que considere más adecuados (incluidos los electrónicos), para solicitarle que rectifique su solicitud de devolución, de cara a que la Administración pueda darle curso favorable[85].

---

83 *Vid.* SSTJUE de 13 de julio de 1966, *Consten y otros v. Comisión*, Cases 56/64 y 58/64; 26 de septiembre de 2014, *B&S Europe/Comisión*, T-222/13; y 14 de mayo de 2020, *Agrobet CZ*, C-446/18 *(Tol 7917467)*, aps. 43 y 44, entre otras.

84 *Vid.* SSTJUE de 2 de abril de 1998, *Comisión/Sytraval y Brink's France*, C-367/95 P *(Tol 4622790)*, ap. 62; de 15 de abril de 2008, *Nuova Agricast*, C-390/06 *(Tol 4627058)*, ap. 54; y 2 de septiembre de 2010, *Comisión/Scott*, C-290/07 P *(Tol 4630307)*, ap. 90.

85 *Vid.* STJUE de 21 de octubre de 2021, *CHEP Equipment Pooling*, C-396/20 *(Tol 8618982)*, ap. 54.

4.2. Derecho a ser oído

El derecho a una buena administración implica "el derecho de toda persona a ser oída antes de que se tome en contra suya una medida individual que le afecte desfavorablemente"; no incluye el derecho a un debate contradictorio entre el autor de los actos impugnados y su destinatario; y, finalmente, permite al interesado decidir —con pleno conocimiento de causa— si le resulta útil recurrir ante un órgano judicial superior[86].

Como ha señalado el TJUE, "el derecho de defensa, que comprende el derecho a ser oído [...], figura entre los derechos fundamentales que forman parte integrante del Ordenamiento jurídico de la Unión y se consagran en la Carta"[87]. Conforme a este principio, "debe permitirse a los destinatarios de decisiones que afecten sensiblemente a sus intereses dar a conocer eficazmente su punto de vista sobre los elementos en los que la Administración vaya a basar su decisión".

Por tanto, "el derecho a ser oído garantiza a cualquier persona la posibilidad de expresar de manera adecuada y efectiva su punto de vista durante el procedimiento administrativo y antes de que se adopte cualquier decisión que pueda afectar desfavorablemente a sus intereses". El respeto de este derecho es exigible incluso

---

[86] *Vid.* STJUE de 11 de febrero de 1955, Associazione Industrie Siderurgiche Associate (I.S.A.) v. High Authority of the European Coal and Steel Community, Case 4/54; 4 de julio de 1963, Alvis v. Conseil de la CEE, Case 36/62; 13 de septiembre de 2007, *Land Oberösterreich/Comisión*, C-439/05 P y C-454/05 P *(Tol 4627430)*; 3 de julio de 2014, *Kamino International Logistics y Datema Hellmann Worldwide Logistics*, C-129/13 y C-130/13 *(Tol 4629611)*; 4 de junio de 2020, *C.F. (Inspección fiscal)*, C-430/19 (*Tol 7950934)*; y 7 de septiembre de 2021, *Klaipėdos regiono atliekų tvarkymo centras*, C-927/19 *(Tol 8576313)*.

[87] A título ejemplificativo, *vid.* SSTJUE de 18 de julio de 2013, *Comisión y otros/Kadi*, C-584/10 P, C-593/10 P y C-595/10 P *(Tol 4630060)*, ap. 99; y 10 de septiembre de 2013, *G. y R.*, C-383/13 PPU (*Tol 4629524)*, ap. 32.

cuando la normativa aplicable no establezca expresamente tal formalidad[88].

4.3. Derecho de acceso al expediente

En virtud del principio de efectividad, el Tribunal de Justicia ha señalado que el requisito de que los destinatarios puedan dar a conocer oportunamente su punto de vista sobre los elementos en los que la Administración vaya a basar su decisión "supone que se les permita conocerlos"[89].

Si bien es cierto que las autoridades tributarias nacionales no están sometidas a una obligación general de otorgar acceso íntegro al expediente de que disponen ni a transmitir de oficio los documentos y la información que fundamentan la resolución que se proponen adoptar, no lo es menos que, en los procedimientos de aplicación de los tributos, un particular debe tener la posibilidad de que se le transmitan, siempre que así lo solicite, tanto la información como los documentos incluidos en el expediente administrativo que la Administración tributaria haya tomado en consideración para adoptar su resolución.

Se exceptúan aquellos supuestos en los que la restricción del acceso a la información y documentos referidos esté justificada por objetivos de interés general[90]; en particular, proteger las exigencias de confidencialidad o de secreto profesional[91], que el ac-

---

88 *Vid.* STJUE de 22 de noviembre de 2012, *M.*, C-277/11 (Tol 2720234), ap. 86.

89 *Vid.* STJUE de 9 de noviembre de 2017, *Ispas,* C-298/16 *(Tol 6417760),* ap. 31.

90 Ibidem, aps. 32 y 39.

91 En la Sentencia de 8 de diciembre de 2022 [*Orde van Vlaamse Balies y otros,* C-694/20 *(Tol 9306779)*], el Tribunal de Justicia ha señalado que "la obligación de notificación establecida en la Directiva de la Unión vulnera el derecho al respeto de las comunicaciones entre el abogado y su cliente, garantizado en el artículo 7 de la Carta, en la medida en que establece que el abogado intermediario, sujeto al secreto profesional,

ceso a determinada información y a ciertos documentos puede menoscabar. Resulta necesario, por tanto, examinar no sólo el contenido de las normas procesales nacionales pertinentes, sino también su aplicación concreta.

Por consiguiente, no existe el derecho a consultar el expediente completo, sino más bien a acceder a la información o documentos esenciales que sirven de fundamento a la resolución administrativa. Además, en cuanto al elemento temporal que se deriva en el alcance de la información, es preciso distinguir entre la fase de investigación (en la que se recaba la información) y la fase contradictoria en los procedimientos de aplicación de los tributos[92].

---

está obligado a notificar sus obligaciones de comunicación de información a cualquier otro intermediario que no sea su cliente".

Por otro lado, el Tribunal de Justicia "excluye la aplicabilidad en el caso de autos del artículo 47 de la Carta, dado que esta presupone la existencia de un vínculo con un procedimiento judicial. Sin embargo, en el caso de autos no existe tal vínculo, dado que la obligación de notificación nace en una fase temprana [...] y, por lo tanto, fuera del marco de un procedimiento judicial o de su preparación. Por consiguiente, la obligación de notificación que viene a sustituir, para el abogado intermediario obligado al secreto profesional, a la obligación de comunicación de información no supone una injerencia en el derecho a un proceso justo, garantizado en el artículo 47 de la Carta" [Resumen STJUE de 8 de diciembre de 2022, *Orde van Vlaamse Balies y otros*, C-694/20 *(Tol 9306779)*]. A este respecto, *vid.* CORTÉS TORRES, J. A., "La declaración sobre determinados mecanismos transfronterizos de planificación fiscal", *Revista Técnica Tributaria*, 139, 2022, pp. 114-116; y "Deberes de información y prerrogativa de secreto profesional: comentario a la sentencia del TJUE de 8 de diciembre de 2022 en el asunto C-694/20" (en prensa).

92 "En el marco de los procedimientos de inspección tributaria, es preciso distinguir entre la fase de investigación (en la que se recaba la información y en la que se inscribe la solicitud de información de una Administración tributaria a otra) y la fase contradictoria (en la que intervienen la Administración tributaria y el contribuyente contra el que se dirige el procedimiento de inspección), fase esta última que comienza con la notificación al contribuyente de una propuesta de liquidación comple-

En la medida en que existan documentos que no sirvan de fundamento a la resolución, el Tribunal de Justicia no ve la obligación de facilitar acceso a la totalidad de los documentos (y la información) recabados durante la fase de investigación en los procedimientos de aplicación de los tributos, aun cuando la información obtenida en dicha fase preliminar pueda haber contribuido a que se adopte la decisión propuesta. Las normas procesales nacionales deben prever vías que permitan al obligado tributario acceder a la información pertinente si así lo desea, es decir, previa petición[93].

4.4. Obligación de motivar las decisiones

La obligación que incumbe a la Administración de motivar las decisiones constituye el corolario del principio de respeto del derecho de defensa[94], en la medida que la exteriorización de los razonamientos que llevan a adoptar una decisión permite apreciar su racionalidad, además de facilitar el ulterior control de la actividad por los órganos superiores[95].

---

mentaria. Cuando la Administración procede a recabar información, no está obligada a ponerlo en conocimiento del contribuyente ni a requerir sus observaciones al respecto" [STJUE de 22 de octubre de 2013, *Sabou*, C-276/12 *(Tol 3974728)*, aps. 40 y 41].

93 En este sentido, *vid.* la *Resolución del Comité de Ministros del Consejo de Europa (77/31) sobre la protección de los particulares en relación con los actos de las autoridades administrativas* (Principio II), o el *Código Europeo de Buena Conducta Administrativa* (artículo 22).

94 *Vid.* STJUE de 8 de mayo de 2019, *PI*, C-230/18 (Tol 7205696), ap. 79.

95 *Vid.* Sentencias del Tribunal Supremo 3849/2012, de 31 de mayo de 2012, rec. cas. 3090/2011 *(Tol 2558285)*, Fundamento de Derecho Primero.

"El deber de diligencia, estrechamente relacionado con los principios de seguridad jurídica, eficacia y transparencia exige, además del reforzamiento de los medios de información y asistencia al contribuyente [...], precisos para fijar con certeza la posición de este último, el debido cuidado en la ponderación de los hechos e intereses relevantes para la toma de decisión, que necesariamente debe traducirse en una adecuada motivación de las decisiones administrativas [...]. Relación

En base a ello, existe una estrecha relación entre la obligación de motivar las decisiones y el derecho fundamental a una tutela judicial efectiva[96], una vez que la motivación —además de manifestación general de la transparencia de la actuación de la Administración— debe atribuir a los particulares la facultad de decidir, con pleno conocimiento de causa, si es útil para ellos recurrir al órgano judicial superior[97].

Para el Tribunal de Justicia la motivación debe, por un lado, adaptarse a la naturaleza del acto de que se trate; por otro, mostrar —de manera clara e inequívoca— el razonamiento de la Administración tributaria de la que emane el acto, de modo que los interesados puedan conocer las razones de la medida adoptada y el órgano judicial competente pueda ejercer su control[98]. Se sintetiza, así, su doble función[99].

La exigencia de motivación debe apreciarse en función de las circunstancias de cada caso. En particular, del contenido del acto,

---

en que debe ser «especialmente valorada» la aptitud mostrada por el contribuyente, debiendo ello llevar a la exoneración o atenuación de la responsabilidad, que por el momento se «ha pasado por alto», y que entendemos necesaria si realmente se quiere avanzar en la construcción de dicha relación, con base en la confianza y seguridad jurídica" (SÁNCHEZ LÓPEZ, Mª. E., "El principio de buena administración y el compliance fiscal: una relación necesaria", *Civitas. Revista Española de Derecho Financiero,* 193, 2022).

96 Recogido en el artículo 47 CDFUE.

97 Conclusiones de la Abogado General Sra. Juliane Kokott presentadas el 27 de enero de 2005, *Housieaux,* C-186/04, ap. 32.

98 *Vid.* SSTJUE de 9 de noviembre de 2017, *LS Customs Services*; C-46/16 (*Tol 6417765),* ap. 40; 13 de marzo de 2019, *AlzChem/Comisión,* C-666/17 P *(Tol 7101559),* no publicada, ap. 54; 12 de julio de 2019, *Syndicat Transport Ile de France (STIF-IDF),* T-738/17 (*Tol 7378787),* ap. 27; y 23 de septiembre de 2020, *Landesbank Baden-Württemberg/JUR,* T-411/17 *(Tol 8080529),* aps. 83 a 89, entre otras.

99 GARÍN BALLESTEROS, B., "Estándar de buena administración en los actos tributarios", en *La proyección de la buena administración sobre los procedimientos de aplicación de los tributos,* Tirant Lo Blanch, Valencia, 2023, p. 91.

la naturaleza de los motivos invocados; y, finalmente, del interés que los destinatarios u otras personas afectadas directa e individualmente por dicho acto puedan tener en recibir explicaciones[100]. Debe ser lógica y no presentar contradicciones internas que obstaculicen la buena comprensión de las razones subyacentes al acto[101].

En la medida en que la cuestión de si la motivación de un acto cumple las exigencias del artículo 296 Tratado de Funcionamiento de la Unión Europea debe apreciarse en relación, no solo con su tenor, sino también con su contexto, así como con el conjunto de normas jurídicas que regulan la materia cuestionada, no se exige que la motivación especifique todos los elementos de hecho y de Derecho pertinentes[102].

5. CONCLUSIÓN

La incorporación del principio de buena administración, junto a la plasmación de los principios de seguridad jurídica, protección de la confianza legítima, no discriminación, efectividad, equivalencia, cooperación, aplicación de oficio del Derecho de la Unión Europea, prohibición del abuso del derecho, coherencia del Sistema Tributario, respeto del derecho de defensa y "*non bis in idem*" —entre otros—, a las legislaciones internas de los Estados miembros, coadyuva a reequilibrar la relación entre los derechos de los obligados tributarios y las potestades de las Administraciones tributarias en los procedimientos seguidos ante las mismas[103];

---

100 A título ejemplificativo, *vid.* SSTJUE de 28 de noviembre de 2019, *Hypo Vorarlberg Bank/JUR*, T-377/16, T-645/16 y T-809/16 *(Tol 7829434)*, ap. 175; y 28 noviembre de 2019, *Portigon/JUR*, T-365/16 *(Tol 7829435)*, ap. 164, entre otras.

101 *Vid.* STJUE de 15 de julio de 2015, *Pilkington Group/Comisión*, T-462/12 *(Tol 5203132)*, ap. 21.

102 *Vid.* STJUE de 7 de marzo de 2013, *Acino/Comisión*, T-539/10 *(Tol 3297967)*, no publicada, ap. 124.

103 "La buena administración [...] debe conducir a una mejora de los procedimientos de aplicación de los tributos y, en definitiva, al modo de

es decir, que, con el objetivo de aplicar la Ley, las autoridades fiscales no incurran en excesos[104].

La "buena administración tributaria" encierra potencialidades inéditas e innovadoras que podrían hacerse patentes a la hora de reforzar las garantías de los obligados tributarios en los procedimientos de aplicación de los tributos[105]. No obstante, su manida invocación en los supuestos en los que las Administraciones tributarias se han limitado a observar las reglas que ordenan su actuación en el procedimiento distorsiona claramente su significado y alcance[106].

---

relacionarse ambas partes de la relación tributaria, actualmente abocadas a la conflictividad. [...] debe encontrar traducción práctica en la relación entre Administración tributaria y contribuyente, no solamente en orden al perfeccionamiento y delimitación del modelo cooperativo y, en consecuencia, una más justa realización del deber de contribuir sino en aras, sobre todo, de la "plena efectividad de las garantías y derechos" reconocidos al contribuyente" (SÁNCHEZ LÓPEZ, Mª. E., "El principio de buena administración y el compliance...", ob. cit., 2022). En el mismo sentido, LÓPEZ CANDELA, J. E., "Nuevas perspectivas sobre el principio de buena administración en el ámbito tributario. Análisis y crítica", *Actum Fiscal*, 192, 2023, pp. 74 y ss.

104 *Vid.* CORTÉS TORRES, J. A. y GRAU RUIZ, Mª. A., "Las inspecciones conjuntas en la Unión Europea y la protección de los derechos de los obligados tributarios: especial referencia a la buena administración", *Studi Trubutari Europei*, 12, 2022, p. 33.

105 "Ello supone que el número de posibilidades en los que se pueda utilizar este principio sea enorme, en cuanto que bastaría con relacionarlo con argumentos sólidos, con los derechos y garantías previstos [...] es de un potencial enorme de cara a la defensa de los derechos y garantías de los obligados tributarios" (ORENA DOMÍNGUEZ, A., "El principio de buena administración como derecho y garantía de los obligados tributarios", en *Los principios del cumplimiento cooperativo en materia tributaria*, Capítulo II, Atelier, Barcelona, 2023, p. 53).
En el mismo sentido, *vid.* SÁNCHEZ LÓPEZ, "La seguridad jurídica en la elaboración de las normas tributarias. La proyección de la buena administración", en *Los principios del cumplimiento cooperativo en materia tributaria*, Capítulo VI, Atelier, Barcelona, 2023, p. 177.

106 MARÍN-BARNUEVO FABO, D., "El principio de buena administración...", ob. cit., p. 26.

La jurisprudencia del Tribunal de Justicia ha sido la encargada de delimitar la noción de buena administración —como concepto genérico— al igual que algunos de los derechos que la componen (en calidad de principios rectores de la actividad administrativa)[107], que van a surtir efectos en los procedimientos de aplicación de los tributos. Por ahora, su valor depende, básicamente, de su aplicación efectiva por los órganos judiciales[108] en el momento de sopesar el ejercicio de potestades discrecionales e impactar en el sistema de revisión de actos tributarios[109].

Ahora bien, la jurisprudencia por sí sola no resulta suficiente de cara al establecimiento de un marco coherente de protección de los derechos de los obligados tributarios en los procedimientos de aplicación de los tributos[110]. En este sentido, resultaría conveniente establecer un marco mínimo de protección de estos derechos fundamentales[111] , comenzando al menos por un instru-

---

107 VIÑUALES FERREIRO, S., "El artículo 41 de la carta de los Derechos..., ob. cit., pp. 429-430.

108 Téngase en cuenta que nos encontramos, como ha advertido la doctrina, "ante una creación jurisprudencial tanto en el ámbito del Derecho de la Unión Europea como del Convenio Europeo de Derechos Humanos" (SANZ GÓMEZ, R., "Buena Administración y Procedimiento...", ob. cit., p. 254).

109 "Necesidad de resolver un recurso de reposición [...] antes de poder adoptar medida alguna de ejecución forzosa, [...] de interpretar de manera muy flexible las vías de recurso ante situaciones donde la excepcional complejidad, sumada a la escasa diligencia administrativa en resolver, puedan causar un perjuicio al obligado tributario. Finalmente, la necesidad de promover la revisión de oficio de actos que se descubran contrarios al ordenamiento y lesivos para el interesado" (*Ibídem*, p. 254).

110 CORTÉS TORRES, J. A. y GRAU RUIZ, Mª. A., "Las inspecciones conjuntas en la Unión Europea y la protección...", ob. cit., pp. 33-34.

111 COMISIÓN EUROPEA, *Proyecto de la Comisión Europea sobre derechos de los contribuyentes en el Mercado Interior*, de cara a perfilar unos estándares mínimos de protección de los derechos fundamentales de los contribuyentes en la Unión Europea y para identificar las mejores prácticas por parte de los Estados miembros. En su *Plan de acción para una fiscalidad equitativa y sencilla que apoye la estrategia de recuperación*, la Comisión

mento de *soft law* (una norma no vinculante que identifique los estándares mínimos)[112], y posponiendo, para un futuro próximo, las reformas normativas puntuales pertinentes[113].

---

anunció para 2021 una Comunicación en la que se recojan los derechos que asisten al contribuyente en virtud del Derecho de la UE, junto con una Recomendación a los Estados miembros de facilitar el ejercicio de los derechos del contribuyente y de simplificar las obligaciones fiscales [COMISIÓN EUROPEA, *Comunicación de la Comisión al Parlamento Europeo y al Consejo: Plan de Acción para una fiscalidad equitativa y sencilla que apoye la estrategia de recuperación*, COM(2020) 312 final, de 15 de julio de 2020].

112 El *soft law* se refiere generalmente a los principios, reglas y normas que rigen las relaciones internacionales y que no se consideran procedentes de una de las fuentes de derecho internacional enumeradas en el artículo 38 del Estatuto de la Corte Internacional de Justicia (THÜRER, D., «"*Soft Law*", *Max Planck Encyclopedia of Public International Law*, Oxford University Press» [en línea], (2009). [Consulta: 27/09/2023]).
En el contexto de los derechos de los contribuyentes, un instrumento de *soft law* podría ser un primer paso valioso hacia la protección internacional codificada de los contribuyentes, especialmente si un tratado vinculante no es todavía aplicable [...] Si los mercados políticos optan por el enfoque del *soft law*, deben tener en cuenta que el instrumento debe estar en consonancia con el derecho internacional vinculante (KOKOTT, J., & PISTONE, P., *Taxpayers in International Law: international Minimum Standards for the Protection of Taxpayers' Rights*, Hart Publishing, an imprint of Bloomsbury Publishing Oxford, UK; New York, NY, 2022, p. 506).
En este sentido, se ha señalado que existen buenas razones para que el desarrollo de la relación entre la Administración e intermediarios se haga a través del *soft law*, ya que permite la participación de los sujetos privados en el establecimiento del marco regulatorio (SUBERBIOLA GARBIZU, E., "DAC 6: nuevas obligaciones de información", *Forum Fiscal. La Revista Tributaria de Álava, Bizkaia y Gipuzkoa*, 262, 2020, p. 28).

113 Puede que sea un buen momento para replantearse el diseño de un modelo organizativo acorde con las exigencias comunitarias, fundamentalmente con la tutela judicial efectiva del artículo 47 de la Carta de los derechos Fundamentales de la Unión Europea (además del artículo 41 referido a la buena administración), de forma que se asegure la legitimidad para presentar cuestiones prejudiciales en materia fiscal ante el

Todos los intentos de concretar su significado en el ámbito tributario, así como de extraer las exigencias concretas derivadas de la aplicación de éste por el Tribunal de Justicia respecto de la actuación de la autoridad tributaria, van allanando el camino de cara a la aplicación de éste con eficiencia, haciendo realidad una tutela efectiva de los derechos fundamentales en el marco de un Sistema.

En definitiva, los derechos, libertades y principios enunciados en la Carta de los Derechos Fundamentales de la Unión Europea resultan de aplicación directa y prevalente en las jurisdicciones de los distintos Estados miembros, adquiriendo un protagonismo tanto en aspectos formales, así como en cuestiones sustanciales[114], lo que puede suponer claros avances en la protección de los derechos de los obligados tributarios en los procedimientos de aplicación de los tributos[115].

Resultaría ciertamente útil que todas estas cuestiones pudieran especificarse en pro de la seguridad jurídica de Administraciones tributarias y contribuyentes; y, de este modo, evitar el riesgo de aplicación asimétrica por parte de los Estados miembros. Con ello, podría mejorarse sustancialmente la posición jurídica del obligado tributario, en aras a lograr el anhelado equilibrio en las relaciones de los administrados con una o varias Administraciones tributarias (actuando de consenso); y, en consecuencia, reforzar la seguridad jurídica en los procedimientos de aplicación de los tributos.

Tribunal de Luxemburgo (GRAU RUIZ, Mª. A., La cuestión prejudicial en materia económico-administrativa: ¿otras formas de avanzar en su planteamiento?, *Revista Técnica Tributaria,* 132, 2021, p. 13).

114 ÁLVAREZ MARTÍNEZ, J., "El principio de buena administración...", ob. cit., pp. 30-31.

115 A tenor de los estándares procedimentales comunes y las interpretaciones aceptados en el marco internacional (PISTONE, P., *General Report, Tax procedures*..., ob. cit., p. 14).

6. BIBLIOGRAFÍA

AGENCIA ESTATAL DE LA ADMINISTRACIÓN TRIBUTARIA (AEAT), «Los principios de legalidad, proporcionalidad y primacía directa del Derecho de la Unión Europea en el ámbito del derecho sancionador» [en línea], (2023), <https://sede.agenciatributaria.gob.es>. [Consulta: 21/02/2024.]

— «Los principios generales del derecho tributario en la jurisprudencia del Tribunal de Justicia de la Unión Europea. En especial, los principios de neutralidad y proporcionalidad» [en línea], (2022), <https://sede.agenciatributaria.gob.es>. [Consulta: 21/02/2024.]

ALARCÓN GARCÍA, E., «Principios generales del derecho tributario» [en línea], (20/01/2023), <https://fiscalblog.es/?p=8221>. [Consulta: 27/09/2023.]

«De la ley del embudo a la buena administración» [en línea], (17/05/2019), <https://fiscalblog.es/?p=4880>. [Consulta: 21/02/2024.]

ALEGRE VILA, J. M. y SÁNCHEZ LAMELAS, A., *Validez y Eficacia de los actos jurídicos. Procedimientos, actos y recursos administrativos*, Tirant Lo Blanch, Valencia, 2021.

ALMUDÍ CID, J. M., *Garantías del contribuyente en el procedimiento sancionador tributario*, Tirant Lo Blanch, Valencia, 2022.

ALONSO GARCÍA, R., y ANDRÉS SÁENZ DE SANTA MARÍA, P., *El sistema europeo de fuentes*, Fundación Coloquio Jurídico Europeo, Madrid, 2022.

ALONSO GARCÍA, R. y UGARTEMENDÍA ECEIZABARRENA, J. I., *La aplicación judicial de la Carta de Derechos Fundamentales de la Unión Europea*, Instituto Vasco de Administración Pública (IVAP), 2017.

ÁLVAREZ MARTÍNEZ, J., "El principio de buena administración como nuevo paradigma jurídico y su aplicación en el ámbito tributario: régimen normativo, naturaleza jurídica y contenido", *Nueva Fiscalidad*, 1, 2022, pp. 23-66.

— *La motivación de los actos tributarios en la nueva Ley General Tributaria*, Marcial Pons, Madrid, 2004.

ANEIROS PEREIRA, J., "El derecho a la defensa en la administración: derecho de toda persona a ser oída y derecho de acceso al expediente", en *La protección de los derechos fundamentales en el ámbito tributario*, Wolters Kluwer-La Ley, Madrid, 2021, pp. 329-362.

BARNES VAZQUEZ, J., "Buena administración, principio democrático y procedimiento administrativo", *Revista Digital de Derecho Administrativo*, 21, 2019, pp. 77-123.

BOTO ÁLVAREZ, A., *Administración y doctrina de los actos propios. Incoherencias aplicativas*, Tirant Lo Blanch, Valencia, 2021.

BOUZA, R., "La polisemia del derecho a una buena administración: análisis crítico de los ordenamientos europeo y español", *Revista de la Facultad de Derecho de México*, Vol. 70, 276, 1, 2020, pp. 199-230.

CAMPOS MARTÍNEZ, Y. A., "Los principios de buena administración e integra regularización frente al endurecimiento de las condiciones para ejercer el derecho a la reducción en los rendimientos netos positivos de los arrendamientos de vivienda a la luz de la Ley 11/2021", en *Los derechos de los contribuyentes y la prevención y lucha contra el fraude fiscal*, Atelier, Barcelona, 2022, pp. 220-240.

CARRASCO GONZÁLEZ, F. M., "El principio de buena administración en el ámbito de la revisión de actos tributarios", *Civitas. Revista Española de Derecho Financiero*, 197, 2023, pp. 73-110.

— "El derecho a una buena administración: la exigencia de plazos razonables en los procedimientos tributarios", *Derechos Fundamentales y Hacienda Pública: una perspectiva europea*, 2015, pp. 169-193.

CARRILLO DONAIRE, J. A., "Buena administración, ¿un principio, un mandato o un derecho subjetivo?", en *Los principios jurídicos del Derecho administrativo*, La Ley, Madrid, 2010, pp. 1137-1165.

CASAS AGUDO, D., "Derecho a una buena administración y Ordenamiento tributario", en *Derechos Fundamentales y Tributación: monográfico Nueva Fiscalidad*, 2020, Dykinson, Madrid, pp. 61-101.

CASTEL GAYÁN, S., "El buen gobierno y la buena administración", en *Estrategias para la calidad y la regeneración de la democracia*, Comares, Granada, 2018, pp. 95-118.

CASTILLO BLANCO, F. A., "Garantías del derecho ciudadano al buen gobierno y a la buena administración", *Revista Española de Derecho Administrativo*, 172, 2015, pp. 123-162.

CHAVES GARCÍA, J. R., «Principio de buena administración: nuevo paradigma de control de la discrecionalidad» [en línea], (07/06/2020), <https://delajusticia.com/2016/06/07/principio-de-buena-administracion-nuevo-paradigma-de-control-de-la-discrecionalidad/>. [Consulta: 21/02/2024.]

— «La fortaleza jurídica creciente del principio de buena administración» [en línea], (17/01/2020), <https://delajusticia.com/2020/01/17/la-fortaleza-juridica-creciente-del-principio-de-buena-administracion/>. [Consulta: 21/02/2024.]

COLLADO YURRITA, M. A., "El principio de buena administración en el Derecho europeo y su aplicación por la jurisprudencia en el Ordenamiento tributario español", en *La proyección de la buena administración sobre los procedimientos de aplicación de los tributos*, Tirant Lo Blanch, Valencia, 2023, pp. 47-72.

COMITÉ DE PERSONAS EXPERTAS, *Libro Blanco sobre la Reforma Tributaria, Instituto de Estudios Fiscales (IEF)*, Madrid, 2022.

CORTÉS TORRES, J. A., "La declaración sobre determinados mecanismos transfronterizos de planificación fiscal", *Revista Técnica Tributaria*, 139, 2022, pp. 61-145.

— "Deberes de información y prerrogativa de secreto profesional: comentario a la sentencia del TJUE de 8 de diciembre de 2022 en el asunto C-694/20" (en prensa).

CORTÉS TORRES, J. A. y GRAU RUIZ, Mª. A., "Las inspecciones conjuntas en la Unión Europea y la protección de los derechos de los obligados tributarios: especial referencia a la buena administración", *Studi Trubutari Europei*, 12, 2022, pp. 11-39.

CUDERO BLAS, J., "La recepción definitiva del principio de buena administración en la reciente jurisprudencia de la Sala Tercera del Tribunal Supremo —Sección Segunda— en el último año", en *Anuario del Buen Gobierno y de la Calidad de la Regulación. La Regulación de la protección de los alertadores y denunciantes (whistleblowers)*, Fundación Democracia y Gobierno Local, Barcelona, 2021, pp. 391-413.

DI PIETRO, A., "El principio de buena administración en Italia y en el Derecho europeo", *Studi Trubutari Europei*, 12, 2022, pp. 59-70.

DI PIETRO, A. y TASSANI, T. (Dir.), *Los principios europeos del Derecho Tributario*, Atelier, Barcelona, 2016.

DUTHEIL DE LA ROCHÈRE, J., "The EU Charter of Fundamental Rights, Not Binding but Influential: the Example of Good Administration", *Continuity and Change in EU Law. Essays in Honour of Sir Francis Jacobs*, Oxford University Press, Oxford, 2018.

ESCUIN PALOP, V., "En torno a la buena administración", en *Los desafíos del derecho público en el siglo XXI: libro conmemorativo del XXV aniversario del acceso a la Cátedra del Profesor Jaime Rodríguez-Arana Muñoz*, Instituto Nacional de Administración Pública (INAP), 2019, pp. 325-344.

FERNÁNDEZ RODRÍGUEZ, T. R., "El derecho a una buena administración: una nueva mirada a la Administración y al derecho administrativo", *Anuario del buen gobierno y de la calidad de la regulación: ABGCR*, 1, 2020, pp. 81-100.

— «Reflexiones sobre la discrecionalidad, la arbitrariedad y el derecho a una buena administración», Ponencia *Seminario de Derecho Local, Federació de Municipis de Catalunya* [en línea], (2020), <http://formacio.fmc.cat/09/fitxers/publicacions/2019/SDL%20A4%2019-20_DEF.pdf>. [Consulta: 21/02/2024.]

— "El derecho a una buena administración en la Sentencia del TJUE de 16 de enero de 2019", *Revista de Administración Pública,* 209, 2019, pp. 247-257.

FUENTETAJA PASTOR, J. A., "Del «derecho a la buena administración» al derecho de la Administración europea", *Cuadernos Europeos de Deusto,* 51, 2014, pp. 19-43.

— "El derecho a la buena administración en la Carta de los Derechos Fundamentales de la Unión Europea", *Revista de Derecho de la Unión Europea,* 15, 2008, pp. 137-154.

GARCÍA NOVOA, C., «El principio de Buena Administración como regla de control de los actos administrativos en materia tributaria» [en línea], (20/08/2019),

<https://www.politicafiscal.es/equipo/cesar-garcia-novoa/el-principio-de-buena-administracion-como-regla-de-control-de-las-actos-administrativos-en-materia-tributaria>. [Consulta: 21/02/2024.]

GARÍN BALLESTEROS, B., "Estándar de buena administración en los actos tributarios", en *La proyección de la buena administración sobre los procedimientos de aplicación de los tributos,* Tirant Lo Blanch, Valencia, 2023, pp. 73-123.

GARRIDO MAYOL, V., "El principio de buena administración y la gobernanza en la contratación pública", *Estudios de Deusto: Revista de Derecho Público,* Vol. 68, 2, 2020, pp. 115-140.

GONZÁLEZ DE LARA MINGO, S., "El procedimiento tributario en la reciente jurisprudencia del Tribunal Supremo: en particular, el principio de buena administración", en *Cuestiones actuales en los procedimientos de aplicación de los tributos y propuestas de mejora,* Fundación Impuestos y Competitividad, 2022, pp. 331-394.

— "Del tránsito del derecho a la tutela judicial efectiva al derecho a la buena jurisdicción", *Actualidad Administrativa,* 6, 2022.

GRAU RUIZ, Mª. A., "La cuestión prejudicial en materia económico-administrativa: ¿otras formas de avanzar en su planteamiento?", *Revista Técnica Tributaria,* 132, 2021, pp. 7-15.

HERRERA MOLINA, P. M., "Gobernanza fiscal: de las empresas a la administración", en *Gobernanza fiscal: una aproximación equilibrada,* Fundación Impuestos y Competitividad, 2020, pp. 25-87.

HUELIN MARTÍNEZ DE VELASCO, J., "Los principios generales del Derecho en la jurisprudencia del Tribunal de Justicia de la Unión Europea, con especial referencia al ámbito tributario", *Asamblea: Revista Parlamentaria de la Asamblea de Madrid*, 44, 2023, pp. 65-88.

JUAN LOZANO, A. M. y FUSTER ASENCIO, C., "Buena administración tributaria y seguridad jurídica: cumplimiento tributario y aplicación del sistema como factores de competitividad y legitimidad", *Documentos-Instituto de Estudios Fiscales (IEF)*, 5, 2016, pp. 1-130.

KOKOTT, J., & PISTONE, P., *Taxpayers in International Law: international Minimum Standards for the Protection of Taxpayers' Rights*, Hart Publishing, an imprint of Bloomsbury Publishing Oxford, UK; New York, NY, 2022.

LITAGO LLEDÓ, R., "El «principio» de buena administración y el derecho fundamental de acceso a los recursos de los obligados tributarios en caso de inactividad administrativa", en *Los principios del cumplimiento cooperativo en materia tributaria*, Capítulo III, Atelier, Barcelona, 2023, pp. 73-91.

— "Eficacia práctica del «principio» de buena administración formulado por el Tribunal Supremo", *Revista Técnica Tributaria*, 133, 2021, pp. 127-154.

— "El «derecho» a la buena administración y la inactividad de la administración tributaria", en *La protección de los derechos fundamentales en el ámbito tributario*, Capítulo VIII, Wolters Kluwer-La Ley, Madrid, 2021, pp. 255-290.

— "La creación de Derecho Tributario por el Tribunal Supremo", *Civitas. Revista Española de Derecho Financiero*, 186, 2020, pp. 99-148.

LÓPEZ CANDELA, J.E., "Nuevas perspectivas sobre el principio de buena administración en el ámbito tributario. Análisis y crítica", *Actum Fiscal*, 192, 2023, pp. 74-80.

LÓPEZ MARTÍNEZ, J., "El elemento subjetivo de las obligaciones informativas de planificación fiscal agresiva. Alcance del secreto profesional de los intermediarios financieros", *Nueva Fiscalidad*, 2, 2023, pp. 21-62.

LUCHENA MOZO, G. Mª., "El tax compliance como factor decisivo en la implementación del derecho a una buena administración (tributaria)", en *La proyección de la buena administración sobre los procedimientos de aplicación de los tributos*, Tirant Lo Blanch, Valencia, 2023, pp. 335-376.

— "Buena administración, compliance y la arquitectura del comportamiento como soporte de las buenas prácticas tributarias", *Quincena Fiscal*, 9, 2023.

LUCHENA MOZO, G. Mª. y SÁNCHEZ LÓPEZ, Mª. E. (Dir.), *La proyección de la buena administración sobre los procedimientos de aplicación de los tributos*, Ed. Tirant Lo Blanch, Valencia, 2023.

MARÍN-BARNUEVO FABO, D., "El principio de una buena administración en materia tributaria", *Civitas. Revista Española de Derecho Financiero,* 186, 2020, pp. 15-38.

MARTÍNEZ LAFUENTE, A., "Un principio general de Derecho Tributario", *Carta tributaria. Revista de opinión,* 98, 2023.

— *Fuentes del ordenamiento jurídico europeo y recurso prejudicial,* Cuadernos de Derecho Registral, Fundación Registral, Madrid, 2016.

MEILÁN GIL, J. L., "El paradigma de la buena administración", *Anuario da Facultade de Dereito da Universidade da Coruña,* 17, 2013, pp. 233-257.

MENÉNDEZ SEBASTIÁN, E. M., *De la función consultiva clásica a la buena administración. Evolución en el Estado social y democrático de Derecho,* Marcial Pons, Madrid, 2021.

MERINO JARA, I., "El derecho a una buena administración en materia tributaria", en *Derechos fundamentales y ordenamiento tributario,* Instituto Vasco de Administración Pública (IVAP), 2018, pp. 351-372.

MORENO GONZÁLEZ, S., "La buena administración en el ejercicio de la potestad sancionadora tributaria", en *La proyección de la buena administración sobre los procedimientos de aplicación de los tributos,* Tirant Lo Blanch, Valencia, 2023, pp. 267-334.

MORENO GONZÁLEZ, S. y CARRASCO PARRILLA, P. J. (Dir.), *Los principios del cumplimiento cooperativo en materia tributaria,* Atelier, Barcelona, 2023.

ORENA DOMÍNGUEZ, A., "El Principio de buena administración en el ámbito tributario: un paso más allá en los derechos y garantías de los obligados tributarios", *Quincena Fiscal,* 22, 2020, pp. 113-146.

— "Deber de común colaboración y de comunicación entre Administraciones: principio de buena administración", *Fórum Fiscal: la Revista Tributaria de Álava, Bizkaia y Gipuzkoa,* 300, 2023.

— "El principio de buena administración como derecho y garantía de los obligados tributarios", en *Los principios del cumplimiento cooperativo en materia tributaria,* Capítulo II, Atelier, Barcelona, 2023, pp. 47-71.

PATÓN GARCÍA, G., "Cumplimiento cooperativo y buenas prácticas en los procedimientos de aplicación de los tribunales: la conflictividad evitable y el principio de buena administración", en *Cumplimiento cooperativo y reducción de la conflictividad: hacia un nuevo modelo de relación entre la Administración tributaria y los contribuyentes,* 2021, Thomson Reuters Aranzadi, Navarra, 2021, pp. 415-442.

PÉREZ POMBO, E., «El principio de buena administración. El unicornio tributario» [en línea], (26/10/2021), <https://fiscalblog.es/?p=7033>. [Consulta: 21/02/2024.]

PI LLORENS, M., *La protección de los derechos fundamentales en el Ordenamiento Jurídico comunitario*, Universidad Autónoma de Barcelona, 1997.

PISTONE, P., "General Report", *Tax Procedures, EATLP Annual Congress, Madrid 6-8 June 2019*, IBFD, Amsterdam, 2020.

PONCE SOLÉ, J., *La lucha por el buen gobierno y el derecho a una buena administración mediante el estándar jurídico de diligencia debida*, Cuadernos Democracia y Derechos Humanos, Universidad de Alcalá, Madrid, 2019.

— "La prevención de riesgos de mala administración y corrupción, la inteligencia artificial y el derecho a una buena administración", *Revista Internacional de Transparencia e Integridad*, 6, 2018, pp. 1-19.

— "La discrecionalidad no puede ser arbitrariedad y debe ser buena administración", *Revista Española de Derecho Administrativo*, 175, 2016, pp. 57-84.

— *Deber de buena administración y derecho al procedimiento administrativo debido. Las bases constitucionales del procedimiento administrativo y del ejercicio de la discrecionalidad*, Lex Nova, Valladolid, 2001.

RODRÍGUEZ-ARANA MUÑOZ, J., "Consideraciones sobre el derecho fundamental a la buena administración", en *La proyección de la buena administración sobre los procedimientos de aplicación de los tributos*, Tirant Lo Blanch, Valencia, 2023, pp. 21-45.

— "El derecho fundamental a la buena administración en la Constitución Española y en la Unión Europea", *Revista Eurolatinoamericana de Derecho Administrativo*, Vol. 1, 2, 2014, pp. 73-93.

— "La buena administración como principio y como derecho fundamental en Europa", *Misión Jurídica: Revista de Derecho y Ciencias Sociales*, Vol. 6, 6, 2013, pp. 23-56.

ROZAS VALDÉS, J. A., "Fundamentos y acicates de las políticas de Compliance Tributario", en *El control de los riesgos fiscales en la empresa a través del Compliance Tributario*, Wolters Kluwer-La Ley, Madrid, 2021, pp. 45-72.

— "Hacia la codificación del derecho a la buena administración", en *El derecho a una buena administración pública*, Junta de Castilla y León, 2008, pp. 173-195.

SÁNCHEZ LÓPEZ, Mª. E., "La seguridad jurídica en la elaboración de las normas tributarias. La proyección de la buena administración", en *Los principios del cumplimiento cooperativo en materia tributaria*, Capítulo VI, Atelier, Barcelona, 2023, pp. 151-180.

— "El principio de buena administración y el compliance fiscal: una relación necesaria", *Civitas. Revista Española de Derecho Financiero,* 193, 2022, pp. 159-198.

SANZ GÓMEZ, R., "Una revisión de la recaudación tributaria ejecutiva a la luz de la jurisprudencia del Tribunal Supremo sobre el principio de buena administración", *Nueva Fiscalidad,* 3, 2023, pp. 73-105.

— "Buena Administración y Procedimiento Tributario Justo", en *La protección de los derechos Fundamentales en el ámbito tributario,* Capítulo VII, Wolters Kluwer-La Ley, Madrid, 2021, pp. 225-254.

SCHIAVOLIN, R., "Il diritto ad una buona amministrzione e il giustu procedimento tributario", *Il diritto ad una buona amministrzione nei procedimenti tributari,* Giuffre Francis Lefebvre, 2019, pp. 33-54.

SERRAT ROMANÍ, M., "Un punto y aparte al silencio administrativo negativo en aras de la buena administración", *Tributos Locales,* 164, 2023, pp. 79-97.

SUBERBIOLA GARBIZU, I., "El principio de buena administración en los procedimientos de gestión e inspección", *Fórum Fiscal: la Revista Tributaria de Álava, Bizkaia y Gipuzkoa,* 291, 2022.

— "Tecnologías colaborativas al servicio de una buena administración tributaria", en *Estudios del impacto de la digitalización en la economía,* Thomson Reuters Aranzadi (Cizur Menor), Navarra, 2022, págs. 321-341.

— "El principio de buena administración en el ámbito aduanero: la solicitud de aplazamiento del importador beneficia al representante indirecto", *Nueva Fiscalidad,* 4, 2021, págs. 239-249.

TOMÁS MALLÉN, B., *El derecho fundamental a una buena administración,* Instituto Nacional de Administración Pública (INAP), Madrid, 2004.

TORNOS MÁS, J., "El principio de buena administración o el intento de dotar de alma a la Administración Pública", en *Derechos fundamentales y otros estudios en homenaje al Prof. Dr. Lorenzo Martin-Retortillo,* Vol. 1, 2008, pp. 629-642.

VIÑUALES FERREIRO, S., "El artículo 41 de la carta de los Derechos Fundamentales de la Unión Europea: una visión crítica", *Estudios de Deusto: Revista de Derecho Público,* Vol. 63, 1, 2015, pp. 423-435.

Capítulo 6

La motivación de actos tributarios como obligación preexistente al principio de buena administración[1]

YERAY VILLEGAS ALMAGRO
Área de Derecho Financiero y Tributario
Universidad de Málaga

«La bondad de un gobierno consiste no solamente en la regularidad de su organización, sino también en la justa combinación de sus formas con las proporciones del cuerpo político»[2].

SUMARIO: 1. UNA APROXIMACIÓN AL CONCEPTO DE «BUENA ADMINISTRACIÓN». 2. NATURALEZA Y ALCANCE DEL PRINCIPIO-DERECHO DE UNA BUENA ADMINISTRACIÓN. 3. LA PROYECCIÓN DEL PRINCIPIO DE BUENA ADMINISTRACIÓN EN EL ACTUAL SISTEMA DE RELACIONES JURÍDICO-TRIBUTARIAS. 4. LA MOTIVACIÓN DE ACTOS: ¿ELEMENTO CONFIGURADOR O DEBER PREEXISTENTE AL PRINCIPIO DE BUENA ADMINISTRACIÓN? 5. CONCLUSIONES. 6. BIBLIOGRAFÍA.

---

1 Este trabajo se ha realizado en el marco del Proyecto de Investigación: «La protección de los derechos y garantías del contribuyente ante el uso de la inteligencia artificial por la Administración Tributaria», financiado por el Ministerio de Ciencia e Innovación (PID2022-13663OB-I00) y cuyos investigadores principales son los Profs. Juan José Hinojosa Torralvo y Guillermo Sánchez-Archidona Hidalgo.

2 GARCÍA GOYENA, F. y AGUIRRE, J., *Febrero o Librería de Jueces, Abogados y Escribanos, comprensiva de los códigos civil, criminal y administrativo, tanto en la parte teórica como en la práctica, con arreglo en todo a la legislación hoy vigente, corregida y aumentada por don Joaquín Aguirre y don Juan Manuel Montalbán, Tomo VI, Derecho Administrativo,* 4.ª edición reformada y considerablemente aumentada por CARAVANTES, J.V., Imprenta y librería de Gaspar y Roig, Madrid, 1852, p. 5.

1. UNA APROXIMACIÓN AL CONCEPTO DE «BUENA ADMINISTRACIÓN»

Como apuntan algunos autores, desde una perspectiva político-social, las primeras referencias a la buena administración —en realidad, al buen gobierno— pueden encontrarse en obras como las de Platón, Sócrates o Cervantes[3]. Lo cierto es que, aunque utilizadas de forma indistinta en algunas ocasiones, son nociones —buen gobierno y buena administración— que deben distinguirse por la diferencia entre medios y resultados, toda vez que «puede haber buena administración y mala gobernanza»[4].

Este uso indistinto es consecuencia, en palabras de ESCUÍN PALOP, de la «notable falta de concreción de la idea de buena administración», lo que parece «no aportar nada nuevo, sino integrar de manera desestructurada un conjunto de principios, reglas e instituciones, sin especificar […] sus mecanismos garantizadores, que siguen siendo los propios de los elementos que puedan integrarse en ella»[5].

---

[3] En este sentido, MARÍN-BARNUEVO FABO se refiere especialmente a la obra El Quijote. *Vid.* MARÍN-BARNUEVO FABO, «El principio de una buena administración en materia tributaria», *Civitas. Revista española de derecho financiero*, 186, 2020, p. 15. En el Capítulo XXIII de dicha obra, como expone CHULL —siguiendo a MARAVALL—, la idea de la «república bien ordenada», en el gobierno de la ínsula Barataria de Sancho Panza, en consonancia con las aspiraciones políticas contemporáneas, «llega a transcribirse al campo de lo social, produciendo una igualación humana de los de abajo con los de arriba». *Cfr.* CHULL, P., *Actas del IV Congreso Internacional de la Asociación de Cervantistas*, Lepanto, 1-8 de octubre de 2000, p. 334. De otro lado, autores como PONCE SOLÉ, vinculan el «deber de buen gobierno» a autores clásicos como Platón, Sócrates, Aristóteles o Cicerón. *Vid.* PONCE SOLÉ, J., *Deber de buena administración y derecho al procedimiento administrativo debido. Las bases constitucionales del procedimiento administrativo y del ejercicio de la discrecionalidad*, Lex Nova, Valladolid, 2001, pp. 127-128.

[4] *Cfr.* BOUSTA, R., «Pour une approche conceptuelle de la notion de bonne administration», *Revista Digital de Derecho Administrativo*, 21, 2019, p. 39.

[5] *Cfr.* ESCUÍN PALOP, V., «En torno a la buena administración», en *Los desafíos del derecho público en el siglo XXI: libro conmemorativo del XXV ani-*

En un plano estrictamente jurídico y contemporáneo, la preocupación por la «buena administración» se pone de manifiesto, al menos, en el siglo XIX, como preocupación misma para el buen ejercicio del poder público[6]. Así, GARCÍA GOYENA et al., consideraban que «exponer la utilidad que la sociedad reporta de una buena administración, que reúne en sí los medios necesarios para dar fuerza al gobierno, proteger a los ciudadanos y fomentar los intereses generales del país sería querer demostrar una verdad que está al alcance de todos, y de que nunca ha dudado ningún hombre sensato»[7].

La realidad es que, a pesar de los numerosos precedentes normativos —de los que no nos ocupamos en este trabajo por razón de espacio—, algunos autores han llegado a calificar el concepto como «vago [...] por naturaleza» y cuyo contenido «poliédrico» es de contornos difusos y heterogéneo, abarcando «una amplia variedad de principios generales y derechos», formales —deber de motivación— y sustantivos —resolución en plazo—[8].

---

versario del acceso a la Cátedra del Profesor Jaime Rodríguez-Arana Muñoz, Instituto Nacional de Administración Pública, Madrid, 2019, p. 333.

6 *Vid.* CORREA MATILLA, A. «La buena administración como principio jurídico: una aproximación conceptual», *Revista Derechos en Acción,* 10, 2019, p. 112.

7 Para los autores, convencidos de dicha verdad, su principal pretensión era la de «poder fijar con claridad los principios de la ciencia administrativa, para que [sus] lectores pudieran deducir de ellos las consecuencias y aplicaciones necesarias, y formar un juicio exacto de las relaciones que existen entre aquellos y estas». *Cfr.* GARCÍA GOYENA *et al.*, ob. cit., p. 5.

8 *Vid.* CASAS AGUDO, D., «Derecho a una buena administración y ordenamiento tributario», en *Derechos fundamentales y tributación: monográfico Nueva Fiscalidad,* 2020, p. 69; CASAS AGUDO, D., «El principio-derecho a una buena administración y su incipiente proyección en el ámbito tributario» [en línea], (2021), https://grupoinvestigacionderechofinanciero.ugr.es/el-principio-derecho-a-una-buena-administracion-y-su-incipiente-proyeccion-en-el-ambito-tributario/. [Consulta: 28/09/2023].

En este sentido, autores —como URIARTE RICOTE—, apuntan, en una primera aproximación, la compleja y sintética construcción que muestra este concepto, «un derecho-deber edificado desde [...] la ciudadanía». El autor sitúa, además, el germen de este en su opuesto, la mala administración[9], concepto que, desde su inclusión en el artículo 195 del TCE, tampoco ha estado exento de problemática en su definición[10].

Cuando hablamos de mala administración, no lo hacemos «simplemente de ilegalidad», sino que, como escribe ÁVILA RODRÍGUEZ, «se configura como una actuación que no se realiza de conformidad con las normas o principios a los que debe obligatoriamente atenerse»[11].

Se trata este, pues, de un concepto de origen británico —que pasa a la Unión Europea a través de los informes del Defensor del Pueblo Europeo— y que, en palabras de PONCE SOLÉ, debe ser diferenciado de la corrupción, entendida como mala administración o mal gobierno dolosos, pero no como mera negligencia en el ejercicio de los poderes públicos[12].

---

9 *Vid.* URIARTE RICOTE, M., "El derecho a una buena administración como garantía de un ejercicio de poder democrático", en *La Carta de los Derechos Fundamentales de la Unión Europea y su reflejo en el ordenamiento jurídico español,* Thomson Reuters Aranzadi, Cizur Menor, 2014, pp. 716-717.

10 *Cfr.*, RODRÍGUEZ, A., *Integración europea y derechos fundamentales,* Civitas, Ciudad, 2001, p 223. Como señala el autor, se trata de un concepto que «ha ocasionado alguna que otra polémica entre las instituciones de la Unión», p. 224.

11 *Cfr.* ÁVILA RODRÍGUEZ, C.M., «La buena administración. ¿Objeto de protección de criterio de supervisión de la actividad administrativa para las instituciones de los defensores del pueblo?», en *El derecho a una buena administración y la ética pública,* Tirant lo Blanch, Valencia, 2011, p. 140.

12 *Vid.*, PONCE SOLÉ, *La lucha por el buen gobierno y el derecho a una buena administración mediante el estándar jurídico de diligencia debida,* Universidad de Alcalá, Alcalá de Henares, 2019, pp. 97-98. A raíz de estos acontecimientos, debe tenerse en cuenta la aprobación del Código Europeo de Buena Conducta que, en palabras de RODRÍGUEZ-ARANA, es «un

Así las cosas, ante el notorio nexo existente entre el buen gobierno y la buena administración, algunos autores han considerado que se está ante conceptos complementarios que se refieren a distintos aspectos y niveles de la actividad y actuación pública[13]; otros, *a sensu contrario,* entienden la buena administración como reflejo de las distintas aplicaciones de las ideas de gobernanza y buen gobierno[14]. Términos estos que, traídos al ámbito tributario, quedarían integrados en el sistema de relaciones como «gobernanza fiscal»; un concepto que, si bien no es claro, sí que debe tenerse en consideración «una cierta noción», aproximándose, por su naturaleza «fragmentaria» a un mero concepto paraguas ante realidades muy heterogéneas, según HERRERA MOLINA[15].

---

instrumento magnífico para que el Defensor del Pueblo compruebe la existencia de casos de mala administración cuando así se le solicite», ejerciendo de este modo un control externo de la actuación de instituciones y órganos de la UE. *Vid.*, RODRÍGUEZ-ARANA MUÑOZ, J., «Consideraciones sobre el derecho fundamental a la buena administración», en *La proyección de la buena administración sobre los procedimientos de aplicación de los tributos,* Tirant lo Blanch, Valencia, 2023, p. 31.

13 *Vid.*, CASTILLO BLANCO, F.A., «Garantías del derecho ciudadano al buen gobierno y a la buena administración», *Revista Española de Derecho Administrativo,* 172, 2015, p. 172. En el mismo sentido CARRASCO PARRILLA, siguiendo lo escrito en el Libro Blanco sobre la Gobernanza Europea —acto comunitario calificado por la doctrina como atípico y que delimita el concepto de buena gobernanza—, entiende ambos conceptos como un «conjunto de buenas prácticas necesarias para una aplicación de las normas tributarias que permitan la transparencia y la claridad, minimicen el riesgo de errores y promuevan la seguridad jurídica». *Cfr.* CARRASCO PARRILLA, P.J., «Cumplimiento cooperativo, gobernanza fiscal y derechos y garantías de los contribuyentes», *Revista de Educación y Derecho,* 26, 2022, p. 23.

14 *Vid.* RODRÍGUEZ-ARANA, J., «La buena administración como principio y como derecho fundamental en Europa», *Revista Misión Jurídica,* 6, 2013, 23-56.

15 *Vid.* HERRERA MOLINA, P.M., «Gobernanza fiscal: De las empresas a la administración», en *Gobernanza fiscal: una aproximación equilibrada,* Fundación Impuestos y Competitividad, 2020, pp. 28-36.

Escribe GARCÍA DE ENTERRÍA que «se ha dicho del poder discrecional [...] que es el verdadero caballo de Troya en el seno del Derecho Administrativo de un Estado de Derecho», debiendo observarse que «en todo acto discrecional hay elementos reglados suficientes como para no justificarse de ninguna manera una abdicación total del control sobre los mismos»[16]. Este «uso adecuado de la discrecionalidad» conduciría a reforzar el control de la misma, de manera que, su ejercicio se entienda «en armonía con los principios de derecho»[17].

Sin embargo, «aunque la buena administración se desenvuelve principalmente en el terreno del ejercicio de la discrecionalidad administrativa»[18], juega un papel fundamental en toda actuación administrativa «como presupuesto basal [que] exige que la Administración cumpla sus deberes y mandatos legales estrictos y no se ampare en su infracción [...] para causar un innecesario perjuicio al interesado»[19].

Con todo, la Real Academia Española recoge dos entradas del concepto de «buena administración». La primera, lo define como un derecho consagrado en la Carta de los Derechos Fundamentales de la Unión Europea (CDFUE), de acuerdo con el artículo 41 del referido instrumento. La segunda, lo identifica como principio rector de nuestro ordenamiento jurídico y que deriva de la Constitución Española, así como del conjunto de principios consolidados en la normativa administrativa. Definición esta que

---

16 *Cfr.* GARCÍA DE ENTERRÍA MARTÍNEZ-CARANDE, E., «La lucha contra las inmunidades del poder en el Derecho administrativo (poderes discrecionales, poderes de gobierno, poderes normativos)», *Revista de Administración Pública*, 38, 1962, pp. 167-168.

17 *Cfr.* RODRÍGUEZ-ARANA MUÑOZ, J., «Consideraciones sobre el derecho fundamental a la buena administración», ob. cit., p. 24.

18 *Cfr.* MORENO GONZÁLEZ, S., «La buena administración en el ejercicio de la potestad sancionadora tributaria», en *La proyección de la buena administración sobre los procedimientos de aplicación de los tributos*, ob. cit., p. 270.

19 STS de 28 de mayo de 2020 (*Tol 7966258*), FJ 2.º.

da cuenta del debate sobre su naturaleza y alcance —y que expondremos en el siguiente epígrafe—.

2. NATURALEZA Y ALCANCE DEL PRINCIPIO-DERECHO DE UNA BUENA ADMINISTRACIÓN

Aunque pueden encontrarse textos normativos que reconocen de forma expresa el deber de buena administración —Constitución finlandesa de 1919 y 1999, en sus artículos 16 y 21, respectivamente; Constitución italiana de 1947, en su artículo 97—, la mayor parte de la doctrina —entre ella, MORENO GONZÁLEZ— considera que la génesis de este principio-derecho en los distintos ordenamientos europeos «se ha producido de forma dispersa y asistemática», lo que ha hecho necesario inferir el alcance del mismo a partir de «los principios y [sub-derechos] constitucionales relativos a la Administración pública»[20].

Con el paso del tiempo, la aprobación de la Carta de Niza trajo consigo la positivización de este deber en su artículo 41, cuya naturaleza y alcance no han estado exentos de debate. Así, las posiciones doctrinales son muy diversas[21]. Un sector lo ha considerado derecho subjetivo[22] —e incluso fundamental, en algunos casos—; y otro, un principio informador u orientador[23]. Entre los

---

20 *Cfr.* MORENO GONZÁLEZ, S., ob. cit., p. 271.

21 A este respecto, nos remitimos al estudio realizado por ÁLVAREZ MARTÍNEZ, J., «El principio de buena administración como nuevo paradigma jurídico y su aplicación en el ámbito tributario: régimen normativo, naturaleza jurídica y contenido», *Nueva Fiscalidad,* 1, 2022, 23-66.

22 *Vid.* RODRÍGUEZ-ARANA MUÑOZ, J., «Consideraciones sobre el derecho fundamental a la buena administración», ob. cit., p. 26; CASAS AGUDO, D. «Derecho a una buena administración y ordenamiento tributario», ob. cit., p. 63.

23 *Vid.* COLLADO YURRITA, M.A., «El principio de buena administración en el Derecho europeo y su aplicación por la jurisprudencia en el Ordenamiento tributario español», en *La proyección de la buena administración sobre los procedimientos de aplicación de los* tributos, ob. cit., p.

dos anteriores, se encuentran los que han optado por una posición intermedia[24]; y, por último, un cuarto grupo no lo consideraría ni norma, ni principio[25].

En cuanto a la naturaleza, RODRÍGUEZ diferencia entre la naturaleza de la Carta o la naturaleza de los derechos que establece. Atendiendo a esta última, el autor alude a tres criterios que la doctrina maneja generalmente para dilucidar la naturaleza de aquellos: «deben tratarse de derechos subjetivos, indisponibles para los poderes constituidos y que gocen de unos mecanismos de protección y tutela específicos»[26].

Por lo que al alcance de este principio en el ordenamiento patrio se refiere, resulta preciso analizar la eficacia jurídica del mismo y sus limitaciones ex artículo 51 CDFUE. Lo cierto es que, como expone RODRÍGUEZ, «la Carta deja [...] claro que protege los derechos fundamentales que contempla sólo cuando su ejercicio tenga lugar en materias de competencia de la Comunidad»[27].

No han faltado, sin embargo, opiniones contrarias a esta postura. Así, ORENA DOMÍNGUEZ sostiene que «si bien de la lectura del art. 51 de la CDFUE, podría considerarse que el ámbito de

---

48; PÉREZ POMBO, E., «El principio de buena administración. El unicornio tributario». [en línea], (2021), <https://fiscalblog.es/?p=7033>. [Consulta: 28/09/2023]; SANZ GÓMEZ, R.J., «Buena administración y procedimiento tributario justo», en *La protección de los derechos fundamentales en el ámbito tributario,* Wolters Kluwer, 2021, pp. 253-254; ÁLVAREZ MARTÍNEZ, J., «El principio de buena administración como nuevo paradigma jurídico y su aplicación en el ámbito tributario: régimen normativo, naturaleza jurídica y contenido», ob. cit.

24 *Vid.* ORENA DOMÍNGUEZ, A., «El principio de buena administración en el ámbito tributario: un paso más allá en los derechos y garantías de los obligados tributarios», *Quincena Fiscal,* 22, 2020, 113-146.

25 *Vid.* PEGORARO, L., «¿Existe un derecho a la buena administración?», en *El derecho a una buena administración y la ética pública,* Tirant lo Blanch, Valencia, 2011, pp. 37-38.

26 *Cfr.* RODRÍGUEZ, A., ob. cit., p. 233.

27 Ibidem, p. 247.

aplicación de los derechos y obligaciones procedimentales recogidos en la CDFUE, queda limitado a las instituciones, órganos y organismos de la Unión [...], así como a los Estados miembros [...] cuando apliquen el Derecho de la Unión [...], conviene recordar que, los Estados miembros están obligados a respetar los valores en los que se fundamenta la Unión Europea también cuando actúan fuera del ámbito de aplicación del Derecho de la UE». Basta, para el autor, con relacionar este principio-derecho con argumentos sólidos y con derechos y garantías constitucionales.[28] En el mismo sentido, GARCÍA NOVOA pone de relieve que «sería plenamente aplicable en el ordenamiento español, por efecto de la primacía de la Carta [...]» el principio de buena administración; sin perjuicio de que «también podría derivarse del artículo 103.1 CE [...] en conexión con el art. 106.1 [...]»[29].

Lo cierto es que, a este respecto, ni las resoluciones del Tribunal de Justicia de la Unión Europea, ni las del Tribunal Supremo, han resultado aclaratorias. Así las cosas, el Alto Tribunal, a pesar de recibir este principio-derecho del acervo comunitario, ha preferido, como manifiesta GARÍN BALLESTEROS, construir su jurisprudencia[30]. Ahora bien, no puede obviarse, en consonancia con lo expuesto por MORENO GONZÁLEZ, que dicha jurisprudencia «destila cierta confusión, pues en ocasiones se refiere a la buena administración como "principio" y en otras como "derecho"»[31].

---

28 *Cfr.* ORENA DOMÍNGUEZ, A., ob. cit.

29 *Cfr.* GARCÍA NOVOA, C., «El principio de Buena Administración como regla de control de las actos administrativos en materia tributaria» [en línea], (2019), <https://www.politicafiscal.es/equipo/cesar-garcia-novoa/el-principio-de-buena-administracion-como-regla-de-control-de-las-actos-administrativos-en-materia-tributaria>, [Consulta: 28/09/2023].

30 *Vid.* GARÍN BALLESTEROS, B., «La interpretación del deber de buena administración en la jurisprudencia del Tribunal Supremo: Análisis de la STS de 15 de marzo de 2021, rec. núm. 526/2020», *Revista de Contabilidad y Tributación. CEF*, 463, 2021, p. 147.

31 *Cfr.* MORENO GONZÁLEZ, S., ob. cit., p. 282. A este respecto, *Vid.*, por todas, SSTS de 17 de abril de 2017 (*Tol* 6057622) y 5 de diciembre de

No obstante, entendemos que la posición del Tribunal Supremo no puede ser otra que la de estar ante un principio que derivaría de la propia Constitución Española —artículos 9.3, 103 y 106 CE— y que debe concebirse como «nuevo paradigma del siglo XXI referido a un modo de actuación pública que excluye la gestión negligente y [...] no consiste en una pura fórmula vacía de contenido, sino que se impone a las Administraciones Públicas, de suerte que el conjunto de derechos que de aquel principio derivan [...] tiene —debe tener— plasmación efectiva y lleva aparejado, por ello un correlativo elenco de deberes plenamente exigible por el ciudadano a los órganos públicos»[32].

En este sentido, la naturaleza dada por la jurisprudencia nacional, a pesar de la ambigüedad con la que el Alto Tribunal ha tratado el concepto que es objeto del presente trabajo, es la de principio. Un principio que, en definitiva, se encuentra en construcción y «cuya materialización, más que de forma reglada, se está llevando a cabo por vía pretoriana»[33] gracias a la labor de ambos tribunales.

Antes de finalizar este epígrafe, creemos que no debe ignorarse la dificultad que subyace en la decantación y aplicación de principios que, en no pocas ocasiones, se refieren a derechos y principios preexistentes. «No es misión de la jurisprudencia la de crear o producir tales principios —escriben DÍEZ-PICAZO y GULLÓN—, puesto que [estos], como fuente autónoma, preexisten a la jurisprudencia y son producto de las convicciones y de las creencias sociales imperantes o de los juicios de valor generalizados en la sociedad»[34].

2017 (*Tol* 6461966), las cuales, en sus FFJJ 3.º y 4.º, respectivamente, hacen referencia a la buena administración como "principio" y "derecho".

32 STS de 15 de octubre de 2020 (*Tol 8148283*), FJ 3.º.

33 *Cfr.* SUBERBIOLA GARBIZU, I., «El principio de buena administración en el seno del procedimiento de revisión.: Un análisis DAFO del principio en la revisión tributaria», en *La proyección de la buena administración sobre los procedimientos de aplicación de los tributos*, ob. cit., p. 235.

34 *Cfr.* DÍEZ-PICAZO, L. y GULLÓN, A., *Sistema de Derecho Civil, Vol. I, Parte general del Derecho civil y personas jurídicas*, 13.ª Ed., Tecnos, Madrid, 2016, pp. 144-145.

Nos encontramos, por tanto, ante la «consagración» de un principio; fenómeno este en el que pueden coexistir «principios generales ya recibidos en la jurisprudencia, al lado de otros que se encuentran en situación latente en las normas y ella los descubre»[35].

Concluyendo, creemos oportuno partir de la idea de «supra-concepto» o «meta-principio», reafirmada por la doctrina y que «hunde sus raíces en el ámbito procedimental»[36]. Desde esta perspectiva, su contenido aglutinaría «un conjunto de [sub-principios] y [sub-derechos] tanto formales como materiales, no siempre bien perfilados»[37] e irradiaría «a todo el procedimiento *ex ante* a la emisión de cualquier acto administrativo tributario»[38].

3. LA PROYECCIÓN DEL PRINCIPIO DE BUENA ADMINISTRACIÓN EN EL ACTUAL SISTEMA DE RELACIONES JURÍDICO-TRIBUTARIAS

La calidad de la actuación administrativa se encuentra hoy en tela de juicio. La crisis de seguridad jurídica y de los principios de justicia tributaria[39], puesta de manifiesto en la Declaración de Granada (2018), es prueba de ello. Y es que, como afirma MERINO JARA, «se ha desaprovechado la ocasión para fortalecer los derechos y garantías del contribuyente» frente al refuerzo de la posición de la Administración[40].

---

35 *Ibidem.*

36 *Cfr.* LUCHENA MOZO, G.M., «El tax compliance como factor decisivo en la implementación del derecho a una buena administración (tributaria)», en *La proyección de la buena administración sobre los procedimientos de aplicación de los tributos,* ob. cit., p. 340.

37 *Cfr.* MORENO GONZÁLEZ, S., ob. cit. pp. 282-283.

38 *Cfr.* GARÍN BALLESTEROS, B., «Estándar de buena administración en los actos tributarios», en *La proyección de la buena administración sobre los procedimientos de aplicación de los tributos,* ob. cit., p. 73.

39 *Vid.* LUCHENA MOZO, G.M., ob. cit. p. 350.

40 *Vid.* MERINO JARA, I., «Prólogo», en *La proyección de la buena administración sobre los procedimientos de aplicación de los tributos,* ob. cit., p. 13.

Nos encontramos ante un sistema de relaciones cada vez más complejo, en el que el *big data* y la inteligencia artificial han adquirido un gran protagonismo, brindando numerosas oportunidades a la Administración Tributaria en el ejercicio de sus potestades; entre ellas, la lucha contra el fraude fiscal, la revelación de hechos imponibles no declarados y consecuente regularización, la geolocalización y comprobación de la ubicación de un sujeto en España —con el fin de determinar su residencia fiscal—, así como un adecuado soporte en la toma de decisiones para seleccionar precedentes de casos análogos y adoptar decisiones, en el caso de los tribunales administrativos[41].

Ello ha prolongado en el tiempo un evidente «desequilibrio estructural de las relaciones Administración-contribuyente, manteniéndose un alto nivel de incertidumbre e inseguridad jurídica sobre lo que constituye un adecuado cumplimiento tributario y de planificación legítima»[42]. Y decidimos prolongado porque ya venía advirtiendo HINOJOSA TORRALVO de cómo continuaba tomando carta de naturaleza la mayor protección de los intereses del Fisco frente a la pretendida paridad de posiciones[43].

En este sentido, como señala SÁNCHEZ-ARCHIDONA, el empleo de estas herramientas se traduce en el necesario cumplimiento de una serie de obligaciones, «al tiempo que se debe asegurar que en sus actuaciones no se vean afectados los derechos y garantías de los contribuyentes»[44].

---

41 *Vid.* CHICO DE LA CÁMARA, P., «El principio de buena administración & inteligencia artificial», en *La proyección de la buena administración sobre los procedimientos de aplicación de los tributos*, ob. cit., pp. 425-427.

42 *Vid.* GARDE ROCA, J.A., «Responsabilidad fiscal y administración tributaria en tiempos de cambio», en *Gobernanza Fiscal: Una aproximación equilibrada,* Fundación Impuestos y Competitividad, Madrid, 2020, p. 261.

43 *Vid.* HINOJOSA TORRALVO, J.J., «Bases para el análisis de las relaciones entre la Hacienda Pública y los ciudadanos», en *Persona y Estado en el umbral del siglo XXI,* Universidad de Málaga, 2001, p. 409.

44 *Cfr.* SÁNCHEZ-ARCHIDONA HIDALGO, G., *El sistema de relaciones entre la Administración Tributaria y los contribuyentes en la era de la inteligencia*

En los procedimientos tributarios, la Administración está, como apunta MARÍN-BARNUEVO, «obligada a actuar con objetividad y tomar las decisiones más adecuadas para hacer efectivos los referidos principios», por lo que resulta lógico que «el principio de buena administración tenga una proyección específica en este ámbito, al contener una exigencia genérica de actuación coherente con los principios de eficacia, eficiencia y objetividad», orientada a hacer efectivo el deber del artículo 31 CE[45].

La Administración, por tanto, deberá ejercer correcta y proporcionalmente sus potestades administrativas a través de los procedimientos[46], empleando los medios adecuados en su consecución[47]. En este sentido, PATÓN GARCÍA apunta que, «para que la nueva cultura de la relación jurídico-tributaria sea posible, es indispensable una mejora en las buenas prácticas de los procedimientos tributarios que puedan afectar a los derechos del contribuyente»[48].

Así las cosas, el TJUE consideró aplicables a un Estado miembro —cuando aplica el Derecho de la Unión— las exigencias derivadas del derecho a una buena administración, de manera que, la Administración Tributaria, al adoptar su decisión, debe asegurarse de disponer «de los datos más completos y fiables po-

---

artificial y del cumplimiento voluntario, Thomson Reuters Aranzadi, Cizur Menor, 2023, p. 45.

45 *Cfr.* MARÍN-BARNUEVO FABO, D., ob. cit.

46 *Vid.* CASAS AGUDO, D., «Derecho a una buena administración y ordenamiento tributario», ob. cit., p. 65.

47 *Vid.* MENÉNDEZ SEBASTIÁN, E.M., *De la función consultiva clásica a la buena administración: Evolución en el Estado social y democrático de Derecho,* Marcial Pons, Algete, 2021, p. 19.

48 *Cfr.* PATÓN GARCÍA, G., «Cumplimiento cooperativo y buenas prácticas en los procedimientos de aplicación de los tribunales: la conflictividad evitable y el principio de buena administración», en *Cumplimiento cooperativo y reducción de la conflictividad: hacia un nuevo modelo de relación entre la Administración tributaria y los contribuyentes,* Thomson Reuters Aranzadi, Cizur Menor, 2021, p. 438.

sibles para ello»; además de cumplir con su «obligación de diligencia», que pasa por tramitar los asuntos «de forma imparcial, equitativa y dentro de un plazo razonable», así como exigir que las autoridades «examinen, con diligencia e imparcialidad, todos los elementos pertinentes del asunto de que se trate, incluidos, muy especialmente, los relativos a las alegaciones formuladas por un sujeto pasivo»[49].

Sin embargo, la inespecificidad sobre los mecanismos de tutela, así como la heterogeneidad de sus contenidos, puede constituir «un factor que puede contribuir a que la buena administración se convierta en argumento residual para fundamentar pretensiones sin una base más sólida»[50].

Dicho esto, creemos que el principio de buena administración, como defiende SANZ GÓMEZ, debe servir de fundamento en las «interpretaciones correctoras de la norma o de su aplicación, que varían en función de las circunstancias». De este modo, su empleo «como criterio para determinar cómo debe tratar la Administración una determinada situación para la que no existen reglas completamente específicas»[51] sería el más acertado, desde nuestro punto de vista.

No obstante, si bien es cierto que el principio de buena administración, como expone MORENO GONZÁLEZ, en muchos pronunciamientos, «coadyuva a una interpretación correctora, finalista o teleológica de las normas, que vela por la efectividad [de] los derechos constitucionales de los presuntos infractores y evita situaciones absurdas o disfuncionales en supuestos vacíos, defectos o imprecisiones normativas», no puede ignorarse que, en algunas ocasiones, «es empleado como un simple canon hermenéutico más que apuntala la argumentación principal del tribu-

---

49 STJUE de 14 de mayo de 2020, asunto C-446/18 (*Tol 7917467*), ap. 44.

50 *Cfr.* CASAS AGUDO, D., «Derecho a una buena administración y ordenamiento tributario», ob. cit., p. 92. El autor parte de lo expuesto por ESCUÍN PALOP, ob. cit., p. 333.

51 *Cfr.* SANZ GÓMEZ, R.J., ob. cit., p. 244.

nal, la cual reposa sobre otros derechos y principios constitucionales que, por sí solos, son suficientes para fundamentar el fallo alcanzado».

4. LA MOTIVACIÓN DE ACTOS: ¿ELEMENTO CONFIGURADOR O DEBER PREEXISTENTE AL PRINCIPIO DE BUENA ADMINISTRACIÓN?

Por todos es conocida la importancia que reviste el deber de motivar los actos administrativos, que, en palabras de ÁLVAREZ MARTÍNEZ, se encuentra estrechamente vinculado a la exigencia de objetividad en la actuación de la Administración ex artículo 103.1 CE[52] —precepto nuclear del que deriva, según doctrina y jurisprudencia, la buena administración—. En consecuencia, el resultado del ejercicio de las potestades administrativas no puede ser «puramente arbitrario, subjetivo o caprichoso», sino todo lo contrario, habrá de ser «imparcial»[53].

La motivación «ha de ser clara, concreta y con expresa referencia al supuesto individual al que se refiere». En este sentido, no debe limitarse a una mera garantía contenciosa, sino que debe configurarse como «una auténtica garantía precontenciosa», siendo una de sus principales manifestaciones «la defensa de los interesados». El TJUE, en su sentencia de 8 de mayo de 2019 (*Tol 7205696)*, subraya la trascendencia de este deber, al indicar que «constituye el corolario del principio del respeto del derecho de defensa».

Hoy, lo que es una «manifestación de otra exigencia general que impone a los poderes públicos que justifiquen todas sus de-

---

52 *Vid.* ÁLVAREZ MARTÍNEZ, J., *La motivación de los actos tributarios en la nueva Ley General Tributaria, Marcial Pons,* Paracuellos de Jarama, 2004, p. 52.

53 *Cfr.* FERNANDO PABLO, M.M., *La motivación del acto administrativo,* Tecnos, Madrid, 1993, p. 153.

cisiones que afecten a los derechos e intereses de los ciudadanos y se erige en una garantía de primer orden para el ciudadano y en un elemento basilar del Estado de Derecho»[54], juega un papel fundamental en el actual sistema de relaciones jurídico-tributarias, que —como se expuso en el epígrafe anterior— ha experimentado una indudable digitalización y, con ella, una generalización de los actos automatizados.

En este sentido, SELMA PENALVA afirma que las decisiones automatizadas pueden, de un lado, «poner en riesgo ese derecho —motivación—» y, de otro, «extender más allá de sus límites habituales la obligación de la Administración tributaria de motivar sus actos»[55]. Se trataría, por tanto, como apunta SÁNCHEZ-ARCHIDONA, de «informar sobre los estándares mínimos que la Administración debe implementar para informar debidamente de cuándo se está empleando una determinada tecnología que puede afectar a los contribuyentes», a la vez que se revisa normativamente el grado de diligencia que tiene la Administración en su proceso de toma de decisiones, a través del subprincipio de transparencia[56].

Dicho esto, el Tribunal Supremo ha comenzado a invocar *recientemente* el principio de buena administración, en conexión con el deber de motivación[57]. Lo cierto es que, la Audiencia Nacional ya apuntaba en su sentencia de 21 de febrero de 2002 (*Tol 5258073*), la constante que constituye en nuestro ordenamiento

---

54 *Cfr.* CASAS AGUDO, «Derecho a una buena administración y ordenamiento tributario», ob. cit., p. 87.

55 *Cfr.* SELMA PENALVA, V., «La aplicación de herramientas de inteligencia artificial en las actuaciones de la Administración Tributaria: ¿Cómo afecta a los derechos y garantías de los obligados tributarios?», en *La digitalización de la economía y la innovación tecnológica en la Administración tributaria: de la eficiencia en la aplicación de los tributos a la protección de los derechos y garantías de los contribuyentes,* Documentos del Instituto de Estudios Fiscales, 9, 2022, p. 45.

56 *Cfr.* SÁNCHEZ-ARCHIDONA HIDALGO, G., ob. cit., p. 43.

57 STS de 15 de marzo de 2021 (*Tol 8379116*).

jurídico la exigencia de motivación —constitucionalizada en el artículo 120.3 CE—, como derivación de los artículos 9.3, 24.2 y 103 CE, a la vez que conectaba este requisito con la buena administración y el derecho de defensa del obligado tributario, así como la posible observancia de las reglas que disciplinan el ejercicio de las potestades que le han sido atribuidas[58].

Conexión esta que ha reavivado —si es que en algún momento se zanjó— el debate sobre «la calificación de los vicios del procedimiento como determinantes de la simple anulabilidad y las posibilidades de reiteración de actuaciones, permitiendo una nueva línea argumental en defensa del tiro único», como señala GARCÍA NOVOA[59].

La opinión mantenida tradicionalmente por la mayoría de la doctrina española acerca del requisito de la motivación es situar a este dentro del núcleo de los elementos formales del acto administrativo, existiendo incluso autores que han llegado a conceptuarla como mera forma no esencial. Sin embargo, frente a esta postura, viene abriéndose desde tiempo atrás una corriente doctrinal que lo considera un elemento absolutamente esencial o de fondo[60].

En este mismo sentido, PONCE SOLÉ considera que «no cabe afirmar que la motivación sea un puro requisito formal [...] sino que deberán tenerse en cuenta sus conexiones con el procedimiento de toma de decisión y, en consecuencia, con el fondo de esta, así como su papel instrumental respecto al cumplimiento del deber constitucional de buena administración»[61].

---

58 Conclusión esta que se extiende a sentencias actuales. *Vid.*, por todas, STS 19 de junio de 2007 (*Tol 1124202*), STS 19 de octubre de 2015 (*Tol 5534882*) y STS 1 de diciembre de 2017 (*Tol 6506236*).

59 *Cfr.* GARCÍA NOVOA, C., ob. cit.

60 *Vid.* ÁLVAREZ MARTÍNEZ, J., *La motivación de los actos tributarios en la nueva Ley General Tributaria, ob. cit.*, pp. 22-23.

61 *Cfr.* PONCE SOLÉ, J., *Anuario del Buen Gobierno y de la Calidad de la Regulación. La calidad normativa a diez años de los efectos vinculantes de la Carta de los Derechos Fundamentales de la Unión Europea y de la transposición de*

Por último, en la misma línea, ALEGRE y SÁNCHEZ consideran que «la motivación [...] en tanto que expresión o justificación de la *causa* del acto administrativo, a saber de la ligazón entre el contenido y el fin, en tanto que elementos objetivos de la declaración o manifestación en que consiste aquél [...], se inserta en la médula espinal del acto administrativo, impregna su razón de ser como tal declaración o manifestación, incorpora ese hálito que insufla realidad al producto jurídico llamado acto administrativo». Por lo que, calificar su deficiencia «como mero vicio o defecto de índole formal es, pues, manifiestamente improcedente»[62].

La consecuencia de esta consideración resulta, en palabras de GARÍN BALLESTEROS, trascendental con vistas a permitir o no la retroacción de las actuaciones. Y es que, como escribe el autor, «bajo el estándar de buena administración, la insuficiente motivación debe considerarse un defecto que derive en la anulabilidad del acto por motivos sustantivos», de modo que «no puede considerarse una cuestión de forma»[63].

En esta línea, cabe señalar que la Administración puede dictar una nueva liquidación, rechazándose la teoría del tiro único. En este sentido, la STS de 22 de diciembre de 2020 (*Tol 8257468*), explica que, si bien es cierto que «existen supuestos de falta o insuficiencia de motivación [...] que, necesariamente, obligaría a reiniciar el procedimiento de comprobación en ese momento y seguir el mismo hasta su continuación con la remisión de la oportuna propuesta de regularización al interesado», también «pueden existir otros casos en los que el déficit de motivación del

---

la Directiva de Servicios y a cinco años de la Ley de Garantía de la Unidad de Mercado, Fundación Democracia y Gobierno Local, Barcelona, 2020. Citado por GARÍN BALLESTEROS, «Estándar de buena administración en los actos tributarios», ob. cit., p. 91.

62 *Cfr.* ALEGRE VILA, J.M. y SÁNCHEZ LAMELAS, A., *Validez y Eficacia de los actos jurídicos. Procedimientos, actos y recursos administrativos,* Tirant lo Blanch, Valencia, 2021, pp. 555-556.

63 *Cfr.* GARÍN BALLESTEROS, B., «Estándar de buena administración en los actos tributarios», ob. cit., p. 92.

acto no requiera actuación administrativa alguna», sino la simple sustitución de «la liquidación inmotivada y anulada por otra nueva cumpliendo esa exigencia» (FJ 2.º).

No obstante, señala GARÍN BALLESTEROS, que «la retroacción de actuaciones [...] para aquellos defectos formales apreciados por los órganos jurisdiccionales o económicos administrativos, también deben cumplir unos parámetros de buena administración»[64].

Ahora bien, por lo que al objeto de este trabajo respecta, la realidad es que creemos que debe ser considerado un deber preexistente al principio de buena administración; prueba de ello es la innumerable jurisprudencia anterior a la aprobación del artículo 41 CDFUE. Así, la STS de 25 de noviembre de 1987 (*Tol 2344876*), que se pronuncia sobre la relevancia del deber de motivación y expone que «la discrecionalidad es el resultado de un proceso razonado e intelectivo en que sin duda habrán de ser valoradas las circunstancias que den lugar y contribuyan a que la decisión sea adoptada con la mejor voluntad y buen criterio» (FJ 2º).

En el ámbito europeo, el TJUE vino a manifestarse de forma similar, cuando en su sentencia de 28 de junio de 2018 (*Tol 6652072*) señaló que, si bien es cierto que «el derecho a una buena administración incluye [...], conforme al artículo 41 [CDFUE], la obligación de la Administración de motivar sus decisiones», esta obligación —en este caso concreto— «también resulta del artículo 75 del Reglamento n.º 207/2009», persiguiendo así un doble objetivo, cual es «permitir, por una parte, que los interesados conozcan la justificación de la medida adoptada con el fin de poder defender sus derechos y, por otra, que el juez de la Unión ejerza su control sobre la legalidad de la resolución de que se trate» (ap. 64).

Por todo lo expuesto, consideramos que el principio de buena administración debe ser entendido como canon interpretativo que sirva de refuerzo a las garantías de los contribuyentes, pero únicamente en aquellos casos en los que la norma vigente no alcance a

---

64 *Ibidem*, pp. 108-109.

proteger a aquellos. Sin embargo, no creemos necesaria la positivización de este principio para hacer efectivo el cumplimiento de numerosas obligaciones que ya encuentran respaldo suficiente en el ordenamiento jurídico —e incluso constitucional—.

Así, en no pocas ocasiones, se ha podido ver cómo el Tribunal Supremo ha conectado este deber también con los principios de seguridad jurídica e interdicción de la arbitrariedad ex artículo 9.3, junto al deber de servir con objetividad los intereses generales y actuar con sometimiento pleno a la Ley y al Derecho del art. 103 CE.

Empero, si un deber tan consolidado por la doctrina y la jurisprudencia, como el de motivación, ha de ser reforzado constantemente, el problema no se encuentra en la regulación del mismo, sino que, como recordaba GARCÍA NOVOA —en alusión al refranero español—, «para el mal oficial no hay herramienta buena».

Con todo, una permanente e indiscriminada invocación del principio de buena administración —pensamos— podría coadyuvar a desvirtuar un principio que, en muchas ocasiones, puede resultar útil.

5. CONCLUSIONES

1.ª La utilidad del concepto de buena administración en el seno de las relaciones entre Estado y ciudadano fue puesta de manifiesto, al menos, en el siglo XIX. Esto nos lleva a concluir que el concepto, aunque de aplicación novedosa, no es de nuevo cuño.

2.ª La definición de buena administración no ha estado exenta de conflictos. Los numerosos precedentes normativos no delimitan dicho concepto, y la doctrina, por su parte, no alcanza un consenso a la hora de definirla. No obstante, si hay un punto en común, es la referencia a su opuesto —la mala administración— y su evidente conexión con la buena gobernanza; prueba de ello son las referencias que pueden encontrarse en los instrumentos e informes de la Unión Europea.

3.ª Muy debatida ha sido la naturaleza de este principio. Mientras que para unos se trata de un derecho subjetivo —en ocasiones, incluso fundamental—, para otros, se está ante un principio rector. No obstante, algunos autores han mantenido una postura intermedia, más moderada, al considerar que se trata de una moneda, en la que una de las caras funciona como principio y, la otra, como derecho.

4.ª Dada la controversia sobre la eficacia jurídica de la CDFUE, el Tribunal Supremo decidió construir este principio a través de la casuística, con el fin de hacer frente a los considerables problemas de calidad normativa y de actuación administrativa, lo que se traduce en un ostensible desequilibrio en las relaciones entre el Fisco y el contribuyente.

5.ª Entre las manifestaciones de este principio, siempre se alude al deber de motivación de los actos administrativos. Sin embargo, de la numerosa jurisprudencia, así como de los debates doctrinales, creemos que puede desprenderse que se trata de un deber preexistente al referido principio.

6.ª La motivación de los actos, al igual que otras obligaciones, resulta esencial; sobre todo hoy, cuando las relaciones jurídico-tributarias se han digitalizado y se ha extendido el uso de decisiones automatizadas. Ahora bien, no pensamos que, en este caso concreto, la invocación del principio sirva de refuerzo a dicho deber, dada la consolidación de este último en nuestro ordenamiento.

7.ª El problema, en realidad, continuará dándose si la Administración tributaria no revierte su *modus operandi.* De modo que, una invocación indiscriminada y continuada en el tiempo del principio, en conexión con deberes y obligaciones que encuentran mecanismos de protección suficiente en el ordenamiento, puede conducir a una desvirtuación del mismo y, en consecuencia, a la pérdida de su utilidad en otros casos.

6. BIBLIOGRAFÍA

AA.VV. «Declaración de Granada», *Civitas. Revista española de derecho financiero,* 179, 2018, 17-34.

ALEGRE VILA, J.M. y SÁNCHEZ LAMELAS, A., *Validez y Eficacia de los actos jurídicos. Procedimientos, actos y recursos administrativos,* Tirant lo Blanch, Valencia, 2021.

ÁLVAREZ MARTÍNEZ, J., «El principio de buena administración como nuevo paradigma jurídico y su aplicación en el ámbito tributario: régimen normativo, naturaleza jurídica y contenido», *Nueva Fiscalidad,* 1, 2022, 23-66.

— *La motivación de los actos tributarios en la nueva Ley General Tributaria,* Marcial Pons, Paracuellos de Jarama, 2004.

ÁVILA RODRÍGUEZ, C.M., «La buena administración. ¿Objeto de protección de criterio de supervisión de la actividad administrativa para las instituciones de los defensores del pueblo?», en *El derecho a una buena administración y la ética pública,* Tirant lo Blanch, Valencia, 2011, pp. 131-178.

BOUSTA, R., «Pour une approche conceptuelle de la notion de bonne administration», *Revista Digital de Derecho Administrativo,* 21, 2019, 23-45.

CARRASCO PARRILLA, P.J., «Cumplimiento cooperativo, gobernanza fiscal y derechos y garantías de los contribuyentes», *Revista de Educación y Derecho,* 26, 2022.

CASAS AGUDO, D., «El principio-derecho a una buena administración y su incipiente proyección en el ámbito tributario» [en línea], (2021), https://grupoinvestigacionderechofinanciero.ugr.es/el-principio-derecho-a-una-buena-administracion-y-su-incipiente-proyeccion-en-el-ambito-tributario/. [Consulta: 28/09/2023].

CASAS AGUDO, D., «Derecho a una buena administración y ordenamiento tributario», en *Derechos fundamentales y tributación: monográfico Nueva Fiscalidad,* 2020, 61-101.

CASTILLO BLANCO, F.A., «Garantías del derecho ciudadano al buen gobierno y a la buena administración», *Revista Española de Derecho Administrativo,* 172, 2015, 123-162.

CHICO DE LA CÁMARA, P., «El principio de buena administración & inteligencia artificial», en *La proyección de la buena administración sobre los procedimientos de aplicación de los tributos,* Tirant lo Blanch, Valencia, 2023, pp. 421-442.

CHULL, P., «La república bien ordenada en el mundo literario de Cervantes», en *Actas del IV Congreso Internacional de la Asociación de Cervantistas,*

Lepanto, 1-8 de octubre de 2000, Universitat de les Illes Balears y Ministerio de Educación Cultura y Deporte, 2001, pp. 327-340.

COLLADO YURRITA, M.A., «El principio de buena administración en el Derecho europeo y su aplicación por la jurisprudencia en el Ordenamiento tributario español», en *La proyección de la buena administración sobre los procedimientos de aplicación de los tributos,* Tirant lo Blanch, Valencia, 2023, pp. 47-72.

CORREA MATILLA, A. «La buena administración como principio jurídico: una aproximación conceptual», *Revista Derechos en Acción,* vol. 10, 10, 2019, 110-160.

DÍEZ-PICAZO, L. y GULLÓN, A., *Sistema de Derecho Civil,* Vol. I, Parte general del Derecho civil y personas jurídicas, 13.ª Ed., Tecnos, Madrid, 2016.

ESCUÍN PALOP, V., «En torno a la buena administración», en *Los desafíos del derecho público en el siglo XXI: libro conmemorativo del XXV aniversario del acceso a la Cátedra del Profesor Jaime Rodríguez-Arana Muñoz,* Instituto Nacional de Administración Pública, Madrid, 2019, pp. 325-344.

FERNANDO PABLO, M.M., *La motivación del acto administrativo,* Tecnos, Madrid, 1993.

GARCÍA DE ENTERRÍA MARTÍNEZ-CARANDE, E., «La lucha contra las inmunidades del poder en el Derecho administrativo (poderes discrecionales, poderes de gobierno, poderes normativos)», *Revista de Administración Pública,* 38, 1962, 159-208.

GARCÍA GOYENA, F. y AGUIRRE, J., *Febrero o Librería de Jueces, Abogados y Escribanos, comprensiva de los códigos civil, criminal y administrativo, tanto en la parte teórica como en la práctica, con arreglo en todo a la legislación hoy vigente, corregida y aumentada por don Joaquín Aguirre y don Juan Manuel Montalbán, Tomo VI, Derecho Administrativo,* 4.ª edición reformada y considerablemente aumentada por CARAVANTES, J.V., Imprenta y librería de Gaspar y Roig, Madrid, 1852.

GARCÍA NOVOA, C., «El principio de Buena Administración como regla de control de los actos administrativos en materia tributaria» [en línea], (2019), <https://www.politicafiscal.es/equipo/cesar-garcia-novoa/el-principio-de-buena-administracion-como-regla-de-control-de-las-actos-administrativos-en-materia-tributaria>, [Consulta: 28/09/2023].

GARDE ROCA, J.A., «Responsabilidad fiscal y administración tributaria en tiempos de cambio», en *Gobernanza Fiscal: Una aproximación equilibrada,* Fundación Impuestos y Competitividad, Madrid, 2020, pp. 241-289.

GARÍN BALLESTEROS, B., «La interpretación del deber de buena administración en la jurisprudencia del Tribunal Supremo: Análisis de la STS de 15 de marzo de 2021, rec. núm. 526/2020», *Revista de Contabilidad y Tributación. CEF*, 463, 2021, 141-152.

HERRERA MOLINA, P.M., «Gobernanza fiscal: De las empresas a la administración», en *Gobernanza fiscal: una aproximación equilibrada*, Fundación Impuestos y Competitividad, 2020, pp. 25-88.

HINOJOSA TORRALVO, J.J., «Bases para el análisis de las relaciones entre la Hacienda Pública y los ciudadanos», en *Persona y Estado en el umbral del siglo XXI*, Universidad de Málaga, 2001, pp. 405-418.

LUCHENA MOZO, G.M., «El tax compliance como factor decisivo en la implementación del derecho a una buena administración (tributaria)», en *La proyección de la buena administración sobre los procedimientos de aplicación de los tributos*, Tirant lo Blanch, Valencia, 2023, pp. 335-376.

MARÍN-BARNUEVO FABO: «El principio de una buena administración en materia tributaria», *Civitas. Revista española de derecho financiero*, 186, 2020, 15-38.

MARTÍNEZ MUÑOZ, Y., «El principio de buena administración y los procedimientos de gestión tributaria: cuestiones pendientes», en *La proyección de la buena administración sobre los procedimientos de aplicación de los tributos*, Tirant lo Blanch, Valencia, 2023, pp. 125-166.

MENÉNDEZ SEBASTIÁN, E.M., *De la función consultiva clásica a la buena administración: Evolución en el Estado social y democrático de Derecho*, Marcial Pons, Algete, 2021.

MERINO JARA, I., «Prólogo», en *La proyección de la buena administración sobre los procedimientos de aplicación de los tributos*, Tirant lo Blanch, Valencia, 2023, pp. 9-18.

MORENO GONZÁLEZ, S., «La buena administración en el ejercicio de la potestad sancionadora tributaria», en *La proyección de la buena administración sobre los procedimientos de aplicación de los tributos*, Tirant lo Blanch, Valencia, 2023, pp. 267-334.

ORENA DOMÍNGUEZ, A., «El principio de buena administración en el ámbito tributario: un paso más allá en los derechos y garantías de los obligados tributarios», *Quincena Fiscal*, 22, 2020, 113-146.

PATÓN GARCÍA, G., «Cumplimiento cooperativo y buenas prácticas en los procedimientos de aplicación de los tribunales: la conflictividad evitable y el principio de buena administración», en *Cumplimiento cooperativo y reducción de la conflictividad: hacia un nuevo modelo de relación entre la Administración tributaria y los contribuyentes*, Thomson Reuters Aranzadi, Cizur Menor, 2021, pp. 415-442.

PEGORARO, L., «¿Existe un derecho a la buena administración?», en *El derecho a una buena administración y la ética pública*, Tirant lo Blanch, Valencia, 2011, pp. 17-42.

PÉREZ POMBO, E., «El principio de buena administración. El unicornio tributario». [en línea], (2021), <https://fiscalblog.es/?p=7033>. [Consulta: 28/09/2023].

PONCE SOLÉ, J., *Deber de buena administración y derecho al procedimiento administrativo debido. Las bases constitucionales del procedimiento administrativo y del ejercicio de la discrecionalidad*, Lex Nova, Valladolid, 2001.

— *La lucha por el buen gobierno y el derecho a una buena administración mediante el estándar jurídico de diligencia debida*, Universidad de Alcalá, Alcalá de Henares, 2019.

RODRÍGUEZ-ARANA MUÑOZ, J., «Consideraciones sobre el derecho fundamental a la buena administración», en *La proyección de la buena administración sobre los procedimientos de aplicación de los tributos*, Tirant lo Blanch, Valencia, 2023, pp. 21-45.

— «La buena administración como principio y como derecho fundamental en Europa», *Revista Misión Jurídica*, 6, 2013, 23-56.

RODRÍGUEZ, A., *Integración europea y derechos fundamentales*, Civitas, Navalcarnero, 2001.

SÁNCHEZ LÓPEZ, M.E., «El principio de buena administración y el compliance fiscal: una relación necesaria», *Civitas. Revista Española de Derecho Financiero*, 193, 2022, 159-198.

SÁNCHEZ-ARCHIDONA HIDALGO, G., *El sistema de relaciones entre la Administración Tributaria y los contribuyentes en la era de la inteligencia artificial y del cumplimiento voluntario*, Thomson Reuters Aranzadi, Cizur Menor, 2023.

SANZ GÓMEZ, R.J., «Buena administración y procedimiento tributario justo», en *La protección de los derechos fundamentales en el ámbito tributario*, Wolters Kluwer, 2021, pp. 225-254.

SELMA PENALVA, V., «La aplicación de herramientas de inteligencia artificial en las actuaciones de la Administración Tributaria: ¿Cómo afecta a los derechos y garantías de los obligados tributarios?», en *La digitalización de la economía y la innovación tecnológica en la Administración tributaria: de la eficiencia en la aplicación de los tributos a la protección de los derechos y garantías de los contribuyentes*, Documentos del Instituto de Estudios Fiscales, 9, 2022, pp. 9-56.

SUBERBIOLA GARBIZU, I., «El principio de buena administración en el seno del procedimiento de revisión.: Un análisis DAFO del principio en la revisión tributaria», en *La proyección de la buena administración sobre los procedimientos de aplicación de los tributos,* Tirant lo Blanch, Valencia, 2023, pp. 235-266.

URIARTE RICOTE, M., "El derecho a una buena administración como garantía de un ejercicio de poder democrático", en *La Carta de los Derechos Fundamentales de la Unión Europea y su reflejo en el ordenamiento jurídico español,* Thomson Reuters Aranzadi, Cizur Menor, 2014, pp. 716-717.

Capítulo 7

El ruido que no cesa: las notificaciones electrónicas y los derechos y garantías de los obligados tributarios

JULIA MARÍA DÍAZ CALVARRO
Profa. Ayudante Doctora de Derecho Financiero y Tributario
Universidad Carlos III de Madrid

SUMARIO: 1. INTRODUCCIÓN. PRINCIPIO DE BUENA ADMINISTRACIÓN, DERECHOS Y GARANTÍAS DE LOS OBLIGADOS TRIBUTARIOS Y NOTIFICACIONES ELECTRÓNICAS. 2. ALGUNOS ASPECTOS CONTROVERTIDOS DE LAS NOTIFICACIONES ELECTRÓNICAS Y SU INCIDENCIA EN LOS DERECHOS Y GARANTÍAS DE LOS ADMINISTRADOS. 3. LA SENTENCIA DEL TRIBUNAL SUPERIOR DE JUSTICIA DE LA COMUNIDAD VALENCIANA 1928/2020: EL INDISPENSABLE CONSENTIMIENTO A LA RECEPCIÓN DE NOTIFICACIONES ELECTRÓNICAS. 4. LA SENTENCIA DEL TRIBUNAL CONSTITUCIONAL 147/2022, DE 29 DE NOVIEMBRE Y LA VULNERACIÓN DE LA TUTELA JUDICIAL EFECTIVA EN EL ÁMBITO ADMINISTRATIVO. 5. CONCLUSIONES Y PROPUESTAS. 6. BIBLIOGRAFÍA.

1. INTRODUCCIÓN. PRINCIPIO DE BUENA ADMINISTRACIÓN, DERECHOS Y GARANTÍAS DE LOS OBLIGADOS TRIBUTARIOS Y NOTIFICACIONES ELECTRÓNICAS

La continuidad de una relación, sea del tipo que sea, se basa, entre otros aspectos, en una buena comunicación. No es una excepción la establecida entre la Administración Tributaria y el obligado tributario, donde adquiere especial importancia porque la recepción de comunicaciones y notificaciones es fundamental para poder exigir al contribuyente una determinada conducta y que tome las decisiones que mejor convengan a su situación tributaria[1].

---

1 CAMPANON GALIANA, L., <<Rubius no estás solo. El problema de las notificaciones electrónicas continua>> [en línea], (2021),

La implantación y el desarrollo de la Administración 4.0 implica fundamentalmente una nueva forma de relacionarse de la Administración Tributaria y los obligados tributarios, a través del sistema de notificaciones electrónicas, con el objetivo de mejorar su eficiencia y eficacia. Este nuevo sistema tiene relación directa con el principio de buena administración e incidencia, tanto positiva como negativa, en los derechos y garantías de los obligados tributarios. En ningún caso puede ser la excusa para la vulneración de los derechos y garantías reconocidos al ciudadano en el ámbito tributario[2], tales como la seguridad jurídica o la tutela judicial efectiva en el ámbito administrativo.

El principio de buena Administración se reguló expresamente por primera vez como derecho fundamental en el artículo 41 Carta de los Derechos Fundamentales de la Unión Europea, recogiendo una serie de demandas relativas al funcionamiento de la Administración. En nuestro derecho interno, se encuentra implícito en el artículo 9.3 de la Constitución Española, que prohíbe la arbitrariedad de los poderes públicos. Su concreción se está realizando a través de una interesante jurisprudencia del Tribunal Supremo, pero también en instancias europeas, considerándose paradigma del contenido de buena administración la Sentencia del Tribunal Justicia de la UE de 21 de octubre de 2021 (*CHEP Equipment Pooling*, asunto C-396/20) al afirmar que "cuando, a raíz de un error del sujeto pasivo debidamente detectado, la Administración Tributaria haya podido determinar con certeza el importe del IVA que se le debe devolver, el principio de buena administración le obliga a informar de ello con diligencia al sujeto pasivo, por los medios que considere más adecuados (...)". Se observa en esta importante sentencia la conexión entre el deber de información y el principio de buena administración en función del canal

---

<https://www.politicafiscal.es/equipo/laura-campanon-galiana/rubius-el-problema-de-las-notificaciones-tributarias-continua >. [Consulta: 20/09/2023.]

2 NAVARRO EGEA, M., *Hacia un entorno digital más garantista: las relaciones tributarias electrónicas,* Aranzadi, Madrid, 2021, pp.71 y ss.

utilizado, también admitido y desarrollado en las resoluciones de diversos tribunales de justicia de nuestro país que, admitiendo las bondades de las notificaciones electrónicas para los administrados, pone sobre el papel el beneficio que también supone para la Administración Pública el uso de las nuevas tecnologías, exigiendo en contrapartida a las Administraciones Públicas, en palabras del Tribunal Supremo[3] "una conducta lo suficientemente diligente como para evitar posibles disfunciones derivadas de su actuación, por así exigirlo el principio de buena administración que no se detiene en la mera observancia estricta de procedimientos y trámites, sino que más allá reclama la plena efectividad de garantías y derechos reconocidos legal y constitucionalmente al contribuyente".

La Administración electrónica puede ser un elemento esencial para garantizar al ciudadano su derecho a la buena administración[4] y puede coadyuvar a que sea el centro de la regulación tal y como ha reflejado la Carta de los derechos digitales, cuando afirma que las decisiones y actividades en el entorno digital deben respetar los principios de buen gobierno y el derecho a una buena administración digital.

El precedente a la actual regulación sobre el régimen de notificaciones electrónicas y pieza fundamental en la implantación de la Administración 4.0. fue la Ley 11/2007, de 22 de junio, del acceso electrónico de los ciudadanos a los servicios públicos. Esta ley ya reconocía el derecho de los ciudadanos a relacionarse de forma electrónica con la Administración y, para algunos autores, entre los que se encuentran Valero Torrijos y quien suscribe estas páginas, colocaba al administrado en el centro. Se trataba de

---

3 Sentencia Tribunal Supremo de 17 de abril de 2017 *[Tol 6057622]*.

4 COTINO HUESO, L.: "La preocupante falta de garantías constitucionales y administrativas en las notificaciones electrónicas" [en línea], (2021), < https://laadministracionaldia.inap.es/noticia.asp?id=1511913 >. [Consulta: 12/09/2023.]

una regulación en este sentido más favorable que la actual, que establecía un estatuto del ciudadano administrado de forma electrónica y cuya falta de reflejo en la actual regulación se considera "una oportunidad perdida"[5]. Se ha afirmado que la Administración electrónica debe integrarse con una reflexión profunda sobre cómo puede afectar a la posición de los contribuyentes y a sus derechos y garantías[6].

La vigente Ley 39/2015, de 1 de octubre, de Procedimiento Administrativo Común, ha consagrado los sistemas electrónicos de notificación electrónica y establece en su artículo 14 el derecho del ciudadano a relacionarse con la Administración por medios electrónicos, pudiendo determinarse reglamentariamente[7] qué sujetos tienen la obligación de recibir las comunicaciones y obligaciones por vía electrónica. La Ley implica, para el obligado a relacionarse con la Administración Tributaria, el cumplimiento de una nueva obligación de carácter formal cuya no observancia puede acarrear consecuencias indeseadas, sobre todo y en lo que compete a este trabajo, en relación al derecho a la tutela judicial efectiva[8]. Y es que la obligatoriedad de relacionarse electrónicamente con la Administración Tributaria ha generado y genera

---

5 VALERO TORRIJOS, J., "La reforma de la Administración electrónica, ¿una oportunidad perdida?", *Revista Española de Derecho Administrativo,* nº 172, 2015, 13-24.

6 GARCIA-HERRERA BLANCO, C., "El uso del big data y la inteligencia artificial por las Administraciones Tributarias en la lucha contra el fraude fiscal. Particular referencia a los principios que han de regirla y a los derechos de los contribuyentes", en *Fiscalidad e inteligencia artificial: Administración tributaria y contribuyentes en la era digital,* Aranzadi, 2020, pp. 297-318.

7 Real Decreto 1363/2010, de 29 de octubre, por el que se regulan supuestos de notificaciones y comunicaciones administrativas obligatorias por medios electrónicos en el ámbito de la Agencia Estatal de Administración Tributaria *[Tol 1978464].*

8 ALVAREZ BARBEITO P., "Notificaciones tributarias electrónicas: principales controversias derivadas de su práctica", *Revista de Contabilidad y Tributación CEF,* 467, 2022, p. 11.

mucha polémica, a pesar de que el Tribunal Supremo en su Sentencia de 22 de febrero de 2012 (*Tol 2.509.499*) haya admitido que la norma reglamentaria goza de suficiente cobertura legal. La mencionada Sentencia tuvo un voto particular en el que se incidía que, en la práctica, la extensión de la obligatoriedad de relacionarse con la Administración Tributaria podía suponer, por diversos motivos, que no quedara suficientemente garantizado el acceso y disponibilidad a los medios tecnológicos precisos para la recepción de las notificaciones electrónicas.

En este sentido, el Consejo de Estado[9], más sensible a estas circunstancias que las propias Administraciones Públicas, apuntó la necesidad de completar la regulación con la previsión de criterios objetivos para excluir a aquellos sujetos que aun cumpliendo los requisitos subjetivos, no disponían de medios suficientes para el acceso y disponibilidad a los medios tecnológicos necesarios para comunicarse con la Administración o tenían dificultades de conectividad.

Ignora la actual norma la denominada brecha digital[10] concepto más amplio que incluye el analfabetismo digital y las dificultades de conectividad y accesibilidad, a lo que se añade la complejidad de la regulación tributaria para la mayoría de los ciudadanos. La doctrina cuestiona si la Administración Tributaria establece procedimientos que están al alcance de todos y si se puede derivar una vulneración del principio de igualdad ante la existencia de desigualdades de trato[11].

---

9 Dictamen 1815/2010, de 30 de septiembre, del Consejo de Estado sobre el Proyecto de Real Decreto por el que se regulan supuestos de notificaciones y comunicaciones administrativas obligatorias por medios electrónicos en el ámbito de la AEAT *[Tol 4052304]*.

10 "Separación entre grupos que tienen acceso y utilizan las TIC como parte de su rutina diaria y los que no", OLARTE ENCABO, S., "Brecha laboral digital, pobreza y exclusión social", *Temas laborales* 138/2017, Junta de Andalucía, 2017, 285-313.

11 DIAZ CALVARRO, J.M., "La brecha digital y su repercusión en los derechos y garantías de los contribuyentes: análisis crítico", *Revista Quincena Fiscal* 10/2021, Aranzadi, 1-26.

La polémica puede reavivarse con el futuro Reglamento que sustituirá al Real Decreto 1363/2010, de 20 de octubre sobre la extensión de la obligación de relacionarse a todos los profesionales, autónomos y personas físicas que realicen algún tipo de actividad económica, fundamentándose, nuevamente, en la presunción de acceso y disponibilidad para la recepción de las notificaciones electrónicas[12], reafirmando la sensación, para algunos autores[13], de que la Administración "parece desconocer los obstáculos reales que ha de sortear el titular de un negocio de reducidas dimensiones para disponer de la plataforma, el tiempo y de los conocimientos necesarios".

En este sentido, tanto la doctrina como los tribunales han subrayado que el derecho a la buena administración y el principio de confianza legítima son relevantes cuando la forma de la relacionarse con la Administración es imperativa para el administrado, ya que éste no puede soportar cargas injustificadas en el cumplimiento de sus obligaciones que ponen en cuestión el principio de proporcionalidad. Tal y como señala Valero Torrijos[14], se trata de "adaptar a la nueva realidad las necesarias e irrenunciables garantías que tradicionalmente ha consagrado el Derecho Administrativo".

Esta idea es compatible con exigir tanto a la Administración como al administrado unas mínimas posiciones: ni el administrado puede estar totalmente desconectado del contexto social y tecnológico, siempre y cuando las condiciones de accesibilidad y conectividad sean las adecuadas, ni la Administración puede pre-

---

12 CALVO VÉRGEZ, J., "A vueltas con la obligación de relacionarse electrónicamente con la Administración tributaria: Administración tributaria electrónica "versus" derechos del obligado tributario", *Revista Quincena Fiscal Aranzadi,* 14/2023, Aranzadi, 2023, 1-21.

13 MARTÍNEZ-CARRASCO PIGNATELLI, J.M., "Impacto sobre los derechos y garantías de los obligados tributarios de las notificaciones electrónicas obligatorias", en *El sistema jurídico ante la digitalización: Estudios de Derecho Tributario,* Tirant lo Blanch, Valencia, 2020, pp.319-358.

14 VALERO TORRIJOS, J., ob. cit., p. 17.

suponer la idea general de un ciudadano conectado tecnológicamente ni desconocer la existencia de una importante brecha digital.

En las siguientes páginas se van a analizar algunas de las controversias derivadas del sistema de notificaciones electrónicas que más inciden en los derechos y garantías de los ciudadanos y ponen en cuestión el principio de buena administración, haciendo un especial énfasis en dos de las últimas resoluciones del Tribunal Supremo y el Tribunal Constitucional que inciden en esta perspectiva, pudiendo ser un punto de partida para que se articulen no solo medidas sino cambios más profundos en la regulación de las relaciones por vía electrónica entre las Administraciones Públicas y los administrados.

2. ALGUNOS ASPECTOS CONTROVERTIDOS DE LAS NOTIFICACIONES ELECTRÓNICAS Y SU INCIDENCIA EN LOS DERECHOS Y GARANTÍAS DE LOS ADMINISTRADOS

Previo al desarrollo de los problemas que se plantean por la notificación por vía electrónica, se debe resaltar la importancia de que los obligados tributarios tengan conocimiento de la actividad de la Administración Tributaria. Como ya se ha mencionado, es de vital importancia a la hora de exigir al contribuyente una determinada conducta, para la defensa de sus intereses y la seguridad jurídica que debe presidir toda actividad administrativa. En consecuencia, es fundamental que la comunicación Administración-administrado sea lo más fluida y eficaz posible.

Sin embargo, la realidad es que no siempre la recepción de la información por el administrado se produce como debiera y lo demuestra el hecho de que las notificaciones, ya sea por cauces tradicionales o por medios electrónicos —junto con la prescripción—, son los principales protagonistas de las causas de litigiosidad entre la Administración Tributaria y los obligados tributarios. Implica un gran número de resoluciones, de carácter diverso por razón de la alta casuística y teniendo como consecuencia la dificultad de establecer una doctrina general, aunque en la Sentencia del Tribunal Supremo de 25 de marzo de 2021 (*Tol 8.378.858*) se resalta que, a la hora de resolver las cuestiones relativas a la práctica de las notificaciones, se deben ponderar dos elementos: primero, el grado de cumplimiento por la Administración de las formalidades establecidas en la norma, en la medida en que garantizan que el acto llegue a conocimiento del destinatario y, segundo, las circunstancias particulares del caso, entre las que destaca el grado de diligencia tanto del administrado como de la Administración Tributaria, el conocimiento que ha tenido el interesado del contenido de la notificación por cualquier medio y el comportamiento de los terceros que puedan aceptar la notificación.

Antes de entrar en el fondo del análisis de las dos resoluciones escogidas, se van a citar alguna de las cuestiones relacionadas con el régimen de las notificaciones que más inciden en los derechos de garantías de los contribuyentes y en el principio de buena administración y cuál ha sido el posicionamiento de los tribunales, principalmente del Tribunal Supremo.

Es curioso comprobar como en el sistema de notificaciones electrónicas el plazo de acceso al contenido de la notificación es de diez días contados desde el día siguiente a la puesta a disposición de la misma en la Dirección Electrónica Habilitada[15] frente al plazo establecido en las notificaciones a través de medios tradicionales, más amplio y donde se incluyen dos intentos de notificación por parte de la Administración[16]. El esfuerzo y la diligencia exigidos a la Administración para que la recepción de la notificación llegue a buen fin se traslada al obligado tributario en el ámbito de las notificaciones electrónicas[17]. Este insuficiente plazo

15 Artículo 43 Ley 39/2015, de 1 de octubre, de Procedimiento Administrativo Común *[Tol 4594102]*.

16 Artículo 42 Ley 39/2015, de 1 de octubre, de Procedimiento Administrativo Común *[Tol 4594102]*.

17 ALVAREZ BARBEITO, P., ob. cit., p. 30.

es una limitación de las garantías del ciudadano y, en opinión de Rodríguez Muñoz[18], "supone una flagrante quiebra del principio de no discriminación por razón del medio utilizado en la tramitación del procedimiento y se compagina mal con el pretendido afán de impulso al uso masivo de las TIC en las relaciones con la Administración".

El aviso de notificación que la Administración debe enviar al correo electrónico del interesado informándole de la puesta a disposición de una notificación en la Dirección Electrónica Habilitada Única decae, pese a estar recogido en la norma, ante lo establecido en el apartado 6 artículo 41 párrafo final Ley 39/2015, de 1 de octubre, de Procedimiento Administrativo Común, donde se advierte que la falta de práctica de este aviso no impide que la notificación sea considerada plenamente valida. Sin embargo, la incongruencia de la regulación no le quita importancia a la recepción del aviso y, en este sentido incide la Sentencia del Tribunal Superior de Justicia de Cataluña de 15 de junio de 2018 (*Tol 6.968.010*) porque el hecho de recibir habitualmente los avisos genera una confianza legítima en el contribuyente "que no debía cercenar sus posibilidades de defensa y ataque contra la liquidación notificada". El tribunal aprecia además que se vulnera el principio de los actos propios "por cuanto si con los propios actos, el órgano administrativo de instancia se ha creado una confianza en el tercero, tales actos no pueden mutarse por sorpresa y pretenderse que la conducta contraria a la anterior tenga tutela"[19].

El Tribunal Superior de Justicia de Cataluña, en la sentencia mencionada, apunta que por encima de cómo deben efectuarse las notificaciones, se debe valorar si cumplen su finalidad, el conocimiento de los interesados de su contenido, cuestión que debe

---

[18] RODRÍGUEZ MUÑOZ, J.M., "Algunas cuestiones polémicas o problemáticas en torno a los procedimientos tributarios por medios electrónicos", *Revista Aranzadi Doctrinal* 5/2009, Aranzadi, 2009, 61-74.

[19] Sentencia Tribunal Superior de Justicia de Cataluña de 15 de junio de 2018 *[Tol 6968010]*.

valorarse a la luz de las circunstancias concretas del caso dado la numerosa casuística que existe. Y más allá de eso y de forma implícita se critica el cumplimiento rígido de la norma por parte de la Administración Pública, mención que se repite en otras resoluciones que se van a estudiar.

La falta de aviso puede plantear la vulneración del principio de buena administración, que incluye el derecho de toda persona a ser oída antes de que se tome en contra suya una medida individual que la afecte desfavorablemente, el derecho de la persona a acceder a todo expediente que le concierna o la obligación de la Administración de motivar sus decisiones, porque, como afirma el Tribunal Supremo, "lo relevante, pues, no es tanto que se cumplan las previsiones legales sobre cómo se llevan a efecto las notificaciones, sino el hecho de que los administrados lleguen a tener conocimiento de ello"[20]. De lo que se deduce, para aquellos que tienen una visión de la actuación de la Administración centrada en el ciudadano, que el principio de buena administración exige que si la Administración Tributaria tiene conocimiento de que el contribuyente no ha recibido una comunicación importante, como es el inicio de un procedimiento, debe desplegar toda su actividad para que el contribuyente tenga conocimiento de la misma. Y la garantía de la recepción de la información puede ser algo tan básico como realizar el aviso de la puesta a disposición de la notificación a través del móvil o del correo electrónico[21]. Aunque no es determinante respecto a la invalidez de las notificaciones efectuadas en la Dirección Electrónica Habilitada, su no observancia puede impedir al ciudadano tener conocimiento de información fundamental como, por ejemplo, el inicio de un procedimiento sancionador, impidiéndole preparar su respuesta y posición[22]. Por otro lado, vulnera el princi-

---

20 Sentencia Tribunal Supremo de 16 de noviembre de 2016 *[Tol 5419162]*.

21 "Notificaciones electrónicas sin aviso al e-mail del contribuyente...¿buena administración?" [en línea], (2022), <https://aticojuridico.com/buena-administracion-aviso-correo-electronico/ >. [Consulta: 18/05/2023].

22 CALVO VÉRGEZ, J., ob. cit., p. 13.

pio de igualdad con respecto a las notificaciones en papel, que sí tienen más de un aviso en el buzón de correos ordinario, lo cual puede ser causa de indefensión.

En el mismo sentido y de forma más contundente, el Tribunal Constitucional, en su Sentencia 84/2022, de 27 de junio (*Tol 9.136.485*) aun admitiendo que la falta de aviso no determina la invalidez de las notificaciones recibidas por medios electrónicos, "ello no exime a la Administración de desplegar una conducta que permita que las notificaciones lleguen al efectivo conocimiento de su destinatario"[23].

En las sentencias que se van a analizar en los siguientes epígrafes se aprecia una especial sensibilidad hacía la posición del obligado tributario. Aunque no son una rareza en este sentido, generan una más que aceptable presión para que la Administración Tributaria flexibilice su forma de actuar frente al ciudadano e incluso coadyuve a una más que necesaria mejora de la normativa administrativa y tributaria, incluyendo un enfoque pro administrado.

3. LA SENTENCIA DEL TRIBUNAL SUPERIOR DE JUSTICIA DE LA COMUNIDAD VALENCIANA 1928/2020: EL INDISPENSABLE CONSENTIMIENTO A LA RECEPCIÓN DE NOTIFICACIONES ELECTRÓNICAS

En la Sentencia del Tribunal Superior de Justicia de la Comunidad Valenciana 1928/2020, de 4 de noviembre de 2020 (*Tol 8.270.914*) se valora la impugnación de un acuerdo del Tribunal Económico-Administrativo Regional que inadmitió como extemporánea una reclamación presentada por el contribuyente contra la liquidación del Impuesto sobre la Renta de las Personas Físicas. El obligado tributario recibía las notificaciones por vía postal y por correo electrónico. Aunque accedía a las notificaciones vía electrónica, atendía, a efectos de plazos, a las comunicaciones

---

23 CALVO VÉRGEZ, J., ob. cit., p. 12.

por correo postal, las cuales fueron admitidas por la AEAT como temporáneas. Sin embargo, al presentar la reclamación económico-administrativa, se consideró la misma como extemporánea pues al acceder a la notificación electrónica primero, el plazo del mes comenzó a correr desde esa fecha y no a partir del momento en que recogió la notificación en papel en la oficina de correos. Un dato fundamental a la hora de la resolución de este caso es que "el recurrente no ha consentido que se le notificasen los actos administrativos por medios electrónicos, no ha recibido comunicación por parte de la AEAT sobre la obligatoriedad de comunicarse con ella mediante correo electrónico. No puede considerarse como tal consentimiento que se acceda al buzón electrónico; tampoco se le comunicó su inclusión en el sistema de dirección electrónica habilitada"[24].

El Tribunal Superior de Justicia de la Comunidad Valencia analiza dos cuestiones: por un lado, cómo se realiza la inclusión del contribuyente en el sistema de notificaciones electrónicas y cómo se otorga el consentimiento en caso de no ser sujeto obligado y, por otro lado, un supuesto de doble notificación

El Tribunal rechaza la validez de las comunicaciones por vía electrónica si el contribuyente no las ha aceptado previamente: "Las notificaciones electrónicas de la Administración Tributaria a personas físicas que no hayan autorizado expresamente su consentimiento a este tipo de comunicaciones no son válidas"[25], estableciendo la posibilidad de que el administrado pueda elegir el medio por el que se quiera relacionar con las Administraciones Tributarias. Tal y como establece el artículo 14.1 LPAC, excepto en aquellos casos en que reglamentariamente se establece una obligación para determinados sujetos, la adhesión al sistema de

---

24 Fundamento de Derecho Segundo Sentencia Tribunal Superior de Justicia de la Comunidad Valenciana 1928/2020, de 4 de noviembre de 2020 *[Tol 8270914]*.

25 Sentencia Tribunal Comunidad Valenciana 1928/2020, de 4 de noviembre de 2020 *[Tol 8270914]*.

notificaciones electrónicas es voluntaria para el resto de ciudadanos. La inclusión en el sistema de notificaciones electrónicas se tiene que comunicar al obligado tributario, según establece el artículo 5 del Real Decreto 1363/2010, de 29 de octubre, y notificarse por medios no electrónicos y tal y como establece la Sentencia: "no se cumple con que la Administración meramente remita correos electrónicos a la persona interesada" porque ignoraría lo establecido en el mencionado artículo y las consecuencias que implica un cambio en el sistema de notificaciones.

En el caso resuelto por el Tribunal Superior de Justicia de la Comunidad Valenciana, lo que se plantea es si el consentimiento se entiende tácitamente otorgado si el obligado tributario accede al contenido de la notificación electrónica a través de la Dirección Habilitada Única. Y la respuesta es negativa porque la aceptación del obligado tributario debe hacerse conforme a lo que la normativa establece, a la que antes se ha aludido. Y a esta misma conclusión llegaron otras instancias como el Tribunal Económico-Administrativo Central, en su Resolución de 2 de julio de 2015 (*Tol 6427479*).

Por otra parte también resolvía un supuesto de doble notificación porque en los hechos analizados, el contribuyente consideraba como válida —a efectos de los plazos y demás consecuencias—, la recepción de la notificación por correo ordinario, que era posterior a la recibida en la Dirección Electrónica Habilitada Única, situación que era admitida por la Administración a la vista de la validez de los distintos escritos presentados por el obligado tributario. Este criterio se modificó a partir de la notificación de la liquidación tributaria resultante del procedimiento de comprobación. La consecuencia fue la presentación fuera de plazo del recurso por el obligado tributario al considerar este como válida la notificación posterior realizada por correo ordinario. El tribunal consideró que se había generado una expectativa legítima para el obligado tributario que, unido a su falta de conocimiento de su inclusión en el sistema de notificaciones electrónicas, fundamentaba una vulneración del derecho de acceso al proceso o a la jurisdicción, ya que el otorgamiento de validez a las notificaciones por vía electrónica "cortaría el acceso del contribuyente a la vía judicial para resolver sobre el fondo de la controversia"[26].

La doble notificación, lejos de estar resuelta, genera muchas dudas debido a los distintos pronunciamientos de los Tribunales Superiores de Justicia porque mientras unos tribunales consideran que el defecto de la falta de notificación por medios electrónicos queda validado por la notificación en papel, al entender que el destinatario ha tenido conocimiento suficiente de ella, otros tribunales consideran que, en los casos en que la Administración esté obligada a notificar por vía electrónica no puede defenderse la validez de la notificación efectuada en papel[27].

Lo destacable de la resolución analizada es que refuerza las garantías del contribuyente en el sistema de notificaciones electrónicas exigiendo su riguroso cumplimiento[28] porque la Sentencia concluye que el Tribunal Económico-Administrativo Regional de Valencia vulneró tanto el principio de confianza legítima como la doctrina de los actos propios, primero, por la falta de consentimiento del obligado tributario a que se le notificase por medios electrónicos y segundo, por no haber sido apercibido de su inclusión en el sistema de notificaciones electrónicas[29].

Posteriormente, se interpuso un recurso de casación por la abogacía del Estado ante el Tribunal Supremo, rechazado mediante Providencia de fecha 6 de octubre de 2021. El Tribunal Supremo refuerza así el razonamiento del Tribunal Superior de Justicia de

---

[26] ÁLVAREZ BARBEITO, P., ob. cit., p. 43.

[27] Auto Tribunal Supremo de 14 de julio de 2021 *[Tol 8514324]*.

[28] <<El TSJ de la Comunidad Valenciana exige garantías en el sistema de comunicaciones electrónicas de la Administración a particulares>> [en línea] (2021), <https://www.hayderecho.com/2021/05/27/el-tsj-de-la-comunidad-valenciana-exige-garantias-en-el-sistema-de-comunicaciones-electronicas-de-la-administracion-a-particulares/>.[Consulta: 17/05/2023.]

[29] CALVO VÉRGEZ, J., ob. cit., p. 10.

la Comunidad Valenciana sobre la importancia del consentimiento de las personas físicas o sujetos no obligados a recibir las notificaciones de la AEAT por medios electrónicos y la idea de que este tipo de conducta no debería darse en las Administraciones Públicas al servicio de los ciudadanos y cuya actuación debe estar presidida por el respeto al principio de buena administración.

4. LA SENTENCIA DEL TRIBUNAL CONSTITUCIONAL 147/2022, DE 29 DE NOVIEMBRE Y LA VULNERACIÓN DE LA TUTELA JUDICIAL EFECTIVA EN EL ÁMBITO ADMINISTRATIVO

La elección de este pronunciamiento del Tribunal Constitucional se justifica por dos razones, primero, la exigencia de diligencia de la Administración Tributaria en el sistema de notificaciones electrónicas para que cumpla la finalidad de comunicación al obligado tributario y, segundo, porque extiende las garantías del artículo 24.2 de la Constitución Española a procedimientos administrativos no sancionadores.

La Sentencia del Tribunal Constitucional 147/2022, de 29 de noviembre, plantea un recurso de amparo de una resolución de la Agencia Tributaria que inadmitió la solicitud de nulidad de pleno derecho de una liquidación provisional del IVA. El contribuyente estaba incluido obligatoriamente en el sistema de dirección electrónica habilitada y así se le comunicó por correo postal mediante entrega recogida por la hija de 16 años del representante legal de la sociedad. Se inicia un procedimiento de comprobación limitada, notificando esta circunstancia en la dirección electrónica habilitada y, transcurrido el plazo de diez días, se entiende que la notificación ha sido rechazada, teniéndose por efectuado el trámite y continuándose con el procedimiento. Y así se repite con las siguientes notificaciones, incluida la liquidación provisional y un requerimiento de datos que, al no ser atendido por el obligado, tuvo consecuencias negativas para el contribuyente. Ante la falta de satisfacción de la deuda derivada de la liquidación o, en su caso, la presentación de alegaciones por el deudor tributario, se inicia la vía de apremio.

El Tribunal Constitucional tiene en consideración dos datos en el planteamiento de la resolución: primero, a la Agencia Tributaria le consta que las notificaciones no fueron leídas y que la sociedad no tuvo conocimiento de ninguna de las comunicaciones o informaciones sobre los trámites, sin que variara su actuación ante esa circunstancia y, segundo, el recurrente es una sociedad muy pequeña que no disponía en la fecha de puesta a disposición de las notificaciones de medios técnicos suficientes ni de conocimientos para el acceso por medios electrónicos a las comunicaciones por parte de la Administración Tributaria.

El derecho a la tutela judicial efectiva, en su vertiente administrativa, garantiza que las personas tienen derecho a ser informadas de la acusación formulada contra ellas, a un proceso público sin dilaciones indebidas y con todas la garantías y a utilizar los medios de defensa pertinentes para su defensa, por lo que tiene relación directa con el proceso de notificaciones, plazos, emplazamientos, derecho de audiencia, etc.; en consecuencia, la falta de conocimiento de las distintas notificaciones enviados por canales electrónicos tiene relación directa con la vulneración de dichos derechos. Para el Tribunal, se vulnera el artículo 24 de la Constitución Española por actos dictados por órganos judiciales "en aquellos casos que no se permite al interesado, o se le dificulta el acceso a los tribunales"[30].

Se vulnera la tutela judicial efectiva, según el Alto Tribunal[31], si existe indefensión material, esto es, cuando no se produce el cumplimiento de la finalidad de la comunicación en términos que permitan mantener las alegaciones o formular los recursos establecidos en el ordenamiento jurídico frente a dicha resolu-

---

30 Fundamento Jurídico Tercero Sentencia Tribunal Constitucional 197/1988, de 24 de octubre *[Tol 80045]*.

31 Sentencia Tribunal Constitucional 184/2000, de 10 de julio de 2000 *[Tol 81347]*.

ción; lo que, consecuentemente, supone un perjuicio real y efectivo para los interesados. En una Sentencia anterior[32], el Tribunal Constitucional asevera que el derecho a ser informado de la acusación presupone que al interesado le sea notificado el inicio del procedimiento, "pues solo así podrá disfrutar de una efectiva posibilidad de defensa frente a la infracción que se le imputa previa a la toma de decisión y, por ende, que la administración siga un procedimiento en el que el denunciado tenga oportunidad de aportar y proponer las pruebas que estime pertinentes y de alegar lo que a su derecho convenga".

El Tribunal Constitucional no aprecia que la notificación se haya realizado incorrectamente tal y como viene establecido en las normas administrativas y tributarias, pero considera que al ser consciente la Administración Tributaria de que el obligado tributario no recibía las comunicaciones y dado el perjuicio que se podía derivar de esa falta de comunicación, estaba obligada a desplegar una conducta tendente a lograr que las mismas llegaran al efectivo conocimiento del interesado, redundando en el derecho a la tutela judicial efectiva reconocido en el artículo 24 de la Constitución Española que se ve vulnerado. Por tanto, "la indefensión originada en vía administrativa tiene relevancia constitucional, entonces, cuando la causa que la provoque impida u obstaculice que el obligado tributario pueda impetrar la tutela judicial contra el acto administrativo en cuestión, eliminándole la posibilidad de utilizar los medios de impugnación que el ordenamiento tributario dispone específicamente contra los diferentes actos dictados en cada procedimiento"[33].

Critica el Tribunal la aplicación excesivamente rigurosa de la normativa de la que se derivan perjuicios para el ciudadano, ya

---

32 Fundamento Jurídico Segundo Sentencia Tribunal Constitucional 32/2008, de 25 de febrero *[Tol 1265125]*.

33 Sentencia Tribunal Constitucional 147/2022, de 29 de noviembre *[Tol 9331455]*.

que no se despliega una conducta que logre que las notificaciones lleguen al efectivo conocimiento del obligado tributario.

De lo que se deduce que la Administración incumple su deber de diligencia y buena fe cuando no se asegura que el contenido del acto es conocido por el administrado. Y esta es la idea que sigue el Tribunal Constitucional en la sentencia analizada al concluir es el ejercicio del principio de buena administración que debe presidir sus actuaciones obliga a la Agencia Tributaria a no dar por válida "una notificación enviada a la dirección electrónica habilitada si se tiene conocimiento de que el contribuyente no ha accedido a tal comunicación"[34].

5. CONCLUSIONES Y PROPUESTAS

En la Exposición de Motivos de la Ley 58/2003, de 17 de diciembre, General Tributaria, se habla de la potenciación "del deber de información y asistencia a los obligados tributarios" para conseguir "el reforzamiento de las garantías de los contribuyentes y la seguridad jurídica", algo indispensable habida cuenta de la dificultad a la que se enfrentan algunos ciudadanos para el cumplimiento de sus obligaciones frente a la Administración Tributaria[35] que toma mayor importancia con la introducción de las TIC y la extensión del sistema de notificaciones electrónicas.

Con respecto al sistema de notificaciones electrónicas, el escenario ideal sería la reducción de la litigiosidad, primero, por evitar el propio conflicto y segundo, porque redunda en la mejora de la actuación de la Administración Tributaria, repercute en el cumplimiento del principio de buena administración y en el

---

34 <<Notificación electrónica y tutela judicial: claves de la Sentencia Tribunal Constitucional 147/2022>> [en línea], (2022), <https://www.cuatrecasas.com/es/spain/art/notificacion-electronica-tutela-judicial-claves-stc-147-2022>. [Consulta: 18/05/2023.]

35 ROVIRA FERRER, I., *Los deberes de información y asistencia de la Administración Tributaria en la sociedad de la información"*, Bosch, Barcelona, 2011.

reforzamiento de los derechos y garantías de los obligados tributarios.

La regulación de las notificaciones electrónicas, como ya se ha mencionado, tiene una cobertura legal y constitucional que no es óbice para que se critique que parece diseñado sin prestar excesiva atención a los derechos de los ciudadanos, proponiendo dos vías de mejora las últimas resoluciones de los tribunales. Por una parte, la obligatoria ponderación de las circunstancias de cada caso[36] o, dicho de otro modo, la no aplicación excesivamente rigurosa de la norma. Por otra, la mejora de la regulación de las notificaciones electrónicas y la implementación de actuaciones que mejoren la atención de la Administración Tributaria:

— La asistencia constante a los obligados tributarios se traduce en una apuesta por medidas que minimicen la brecha digital e incidan en la accesibilidad de todos los ciudadanos, sean cuales sean sus circunstancias, derecho recogido en el artículo 34.1.a) LGT.

— Respecto a la obligatoriedad de algunos sujetos al sistema de notificaciones electrónicas y, teniendo en cuenta los obstáculos que suponen para alguno de estos obligados, especialmente pymes y micro pymes, sería oportuno que la inclusión exigiera o contemplara criterios objetivos que eviten cargas injustificadas a los contribuyentes.

— Carácter preceptivo del envío de un correo electrónico por la Administración Tributaria.

Un sistema que pretende mejorar las relaciones y la forma de comunicación entre la Administración Tributaria y los obligados tributarios no puede vulnerar los derechos y garantías de los ciu-

---

36 COTINO HUESO, L.: <<La preocupante falta de garantías constitucionales y administrativas en las notificaciones electrónicas>> [en línea}, (2021), <https://laadministracionaldia.inap.es/noticia.asp?id=1511913>. [Consulta: 12/09/2023.]

dadanos ni suponer una obligación frente a la Administración Tributaria. Se debe situar en el centro al administrado y darle su lugar, redundando en el cumplimiento de las obligaciones tributarias. Las críticas, como ya se ha mencionado en otros trabajos sobre esta materia[37] se concretan en la falta de desarrollo del derecho-deber de asistencia a los obligados tributarios que se relacionan con la Administración y la falta de consecuencias jurídicas que tiene su incumplimiento[38].

Esta idea está refrendada por diversas resoluciones de los tribunales que deben hacer reflexionar al legislador sobre la necesidad de modificar la normativa administrativa y tributaria. El punto de partida podía ser la perspectiva que, con respecto a los derechos y garantías de los obligados tributarios rezumaba la Ley 11/2007, de 22 de junio, de acceso electrónico de los ciudadanos a los Servicios Públicos; pero hay que ser más ambiciosos e introducir todo lo que la práctica administrativa ha generado y las soluciones aportadas desde distintos ámbitos, entre los que se encuentran las decisiones de los tribunales.

6. BIBLIOGRAFÍA

ALVAREZ BARBEITO P., "Notificaciones tributarias electrónicas: principales controversias derivadas de su práctica", Revista de Contabilidad y Tributación CEF, 467, 2022.

BERTRÁN GIRÓN, M., "La aplicación de las nuevas tecnologías en la Administración Tributaria y el principio de seguridad jurídica", en El sistema jurídico ante la digitalización: Estudios de Derecho Tributario, Tirant lo Blanch, 2020.

CALVO VÉRGEZ, J., "A vueltas con la obligación de relacionarse electrónicamente con la Administración tributaria: Administración tributaria

37 DIAZ CALVARRO, J.M., ob. cit., p.11.

38 BERTRÁN GIRÓN, M., "La aplicación de las nuevas tecnologías en la Administración Tributaria y el principio de seguridad jurídica", en *El sistema jurídico ante la digitalización: Estudios de Derecho Tributario,* Tirant lo Blanch, 2020, pp. 275-318.

electrónica “versus” derechos del obligado tributario”, Revista Quincena Fiscal Aranzadi, 14/2023, Aranzadi, 2023.

CAMPANON GALIANA, L., <<Rubius no estás solo. El problema de las notificaciones electrónicas continua>> [en línea], (2021),

<https://www.politicafiscal.es/equipo/laura-campanon-galiana/rubius-el-problema-de-las-notificaciones-tributarias-continua>. [Consulta: 20/09/2023.]

COTINO HUESO, L.: <<La preocupante falta de garantías constitucionales y administrativas en las notificaciones electrónicas>> [en línea}, (2021),

<https://laadministracionaldia.inap.es/noticia.asp?id=1511913>. [Consulta: 12/09/2023.]

DIAZ CALVARRO, J.M., “La brecha digital y su repercusión en los derechos y garantías de los contribuyentes: análisis crítico”, Revista Quincena Fiscal 10/2021, Aranzadi, 2021.

GARCIA-HERRERA BLANCO, C., “El uso del big data y la inteligencia artificial por las Administraciones Tributarias en la lucha contra el fraude fiscal. Particular referencia a los principios que han de regirla y a los derechos de los contribuyentes”, en *Fiscalidad e inteligencia artificial: Administración tributaria y contribuyentes en la era digital,* Aranzadi, 2020.

MARTÍNEZ-CARRASCO PIGNATELLI, J.M., “Impacto sobre los derechos y garantías de los obligados tributarios de las notificaciones electrónicas obligatorias”, en El sistema jurídico ante la digitalización: Estudios de Derecho Tributario, Tirant lo Blanch, Valencia, 2020.

NAVARRO EGEA, M., Hacia un entorno digital más garantista: las relaciones tributarias electrónicas, Aranzadi, Madrid, 2021.

OLARTE ENCABO, S., “Brecha laboral digital, pobreza y exclusión social”, Temas laborales 138/2017, Junta de Andalucía, 2017.

RODRÍGUEZ MUÑOZ, J.M., “Algunas cuestiones polémicas o problemáticas en torno a los procedimientos tributarios por medios electrónicos”, Revista Aranzadi Doctrinal 5/2009, Aranzadi, 2009.

ROVIRA FERRER, I., Los deberes de información y asistencia de la Administración Tributaria en la sociedad de la información”, Bosch, Barcelona, 2011.

VALERO TORRIJOS, J., “La reforma de la Administración electrónica, ¿una oportunidad perdida?”, Revista Española de Derecho Administrativo, nº 172, 2015.

Capítulo 8

Buena administración y regularización íntegra de la situación de los obligados tributarios[*]

LAURA SOTO BERNABEU
Profesora Permanente Laboral
Área de Derecho Financiero y Tributario
Universidad Miguel Hernández de Elche

1. INTRODUCCIÓN

El principio de íntegra regularización puede ser definido como la obligación que recae sobre los órganos de gestión e inspección tributaria de que, cuando comprueben la situación de un obligado tributario, analicen todos los aspectos que resulten de dicha comprobación, atendiendo también a aquellos que puedan resultar favorables para el mismo. Por tanto, constituye un mandato que debe regir las actuaciones administrativas desarrolladas en el seno de los procedimientos de gestión y de inspección tributaria[1].

* Este trabajo se enmarca en el Proyecto de I+D+i PID2019-109167RB-I00, financiado por MCIN/AEI/10.13039/501100011033, cuyas investiga-

Se trata de un principio elaborado por la jurisprudencia del Tribunal Supremo, cuyo origen suele situarse en su sentencia de 3 de abril de 2008. En ella se resuelve un asunto sobre la sujeción de la transmisión de unos terrenos al Impuesto sobre el Valor Añadido (IVA) o al Impuesto sobre Trasmisiones Patrimoniales y Actos Jurídicos Documentados (ITPAJD), lo que dependía de si los mismos eran calificados como urbanizables, en curso de urbanización o no urbanizables.

En concreto, se discutía sobre la aplicación de la exención prevista en el artículo 8.1.20º de la Ley 10/1985, de 2 de agosto, del Impuesto sobre el Valor Añadido, vigente en el momento en que se produjo la transmisión. La Oficina Nacional de Inspección consideró que, al tener los bienes la condición de no edificables en el momento de la entrega, la operación estaba exenta en el IVA y, por tanto, sujeta al ITPAJD. En consecuencia, dictó la correspondiente liquidación por las cuotas de IVA que habían sido indebidamente deducidas, además de los intereses de demora que resultaban exigibles.

Tras agotar la vía administrativa, el contribuyente acudió a la vía judicial y obtuvo una resolución estimatoria de sus pretensiones, declarándose que las operaciones sí estaban sujetas al IVA por entenderse que eran terrenos en curso de urbanización. Frente a ella, el Abogado del Estado formuló el mencionado recurso de casación que se resolvió en el sentido de considerar que la operación estaba exenta en el IVA y que, por tanto, procedía tributar por el ITPAJD en su modalidad de transmisiones patrimoniales

---

doras principales son la Dra. Eva Aliaga Agulló y la Dra. Paula Vicente-Arche Coloma.

También se realiza en el seno del Proyecto de investigación Talento Joven UNED 2022, titulado "La codificación del principio de buena administración en los procedimientos tributarios", cuyo investigador principal es el Dr. Rafael Jesús Sanz Gómez.

RAMÍREZ GÓMEZ, S., "El principio de regularización íntegra en la jurisprudencia del Tribunal Supremo: aspectos sustantivos y procedimentales", *Quincena Fiscal*, nº 6, 2021, p. 2 (Versión online).

onerosas, debiendo descontarse lo previamente satisfecho en concepto de actos jurídicos documentados.

Aunque el principio de regularización íntegra no se menciona expresamente en la sentencia, en su fundamento jurídico 6° se pueden apreciar determinados razonamientos que posteriormente han venido configurando su contenido. Así, el Tribunal Supremo considera que, al practicar la oportuna liquidación para que se ingresen las cuotas indebidamente deducidas y los intereses de demora correspondientes, la Administración tributaria debe realizar las actuaciones oportunas para garantizar el derecho del vendedor a obtener la devolución de las cuotas repercutidas e ingresadas previamente.

De este modo, concluye que el hecho de que la Administración tributaria pretenda cobrar las cuotas de IVA indebidamente deducidas, con los correspondientes intereses de demora, sin prestar atención a los efectos que derivan de la sujeción de la transmisión patrimonial al ITPAJD, constituye una "situación totalmente injusta" que deriva en una doble tributación que solo puede evitarse si se ordena también la devolución del IVA indebidamente ingresado.

Como los primeros asuntos en los que el Tribunal Supremo aplicó el principio de íntegra regularización se refieren a comprobaciones realizadas en relación al IVA, las liquidaciones practicadas se fundamentaron en el principio de neutralidad fiscal. En estos asuntos, las actuaciones de la Administración tributaria finalizaban con lo que puede definirse como una regularización incompleta, ya que solamente se corregían aquellos aspectos de la liquidación que suponían un aumento de la cuantía a ingresar. Por aplicación del citado principio, el Tribunal Supremo exigía que se atendiera tanto al IVA devengado, como al IVA soportado deducible[2].

---

2 Entre otras, puede consultarse la sentencia del Tribunal Supremo, de 29 septiembre 2008, FJ 4° (*TOL1.386.088*); la sentencia del Tribunal Supremo, de 25 de marzo de 2009, FJ 6° (*TOL1.509.866*); o la sentencia del Tribunal Supremo, de 26 de enero de 2011, FJ 3° (*TOL2.041.718*).

Posteriormente, la eficacia del principio de íntegra regularización se ha extendido a diferentes impuestos de nuestro sistema tributario. Además de los mencionados asuntos relacionados con el IVA, destaca la aplicación del citado principio en supuestos relativos al Impuesto sobre la Renta de las Personas Físicas (IRPF). En concreto, encontramos ejemplos de comprobaciones sobre pagos a cuenta no practicados[3] o sobre la aplicación de la reducción por rentas derivadas del arrendamiento de bienes inmuebles en dicho impuesto[4].

También, se han dictado numerosas sentencias en las que se exige una regularización íntegra en relación con el Impuesto sobre Sociedades (IS), en casos sobre regularizaciones derivadas de la aplicación improcedente de ciertas deducciones[5] o sobre el cuestionamiento de operaciones vinculadas[6].

Junto a ello, en los últimos años igualmente se ha venido produciendo su aplicación en comprobaciones en relación con otros tributos, como el Impuesto sobre Sucesiones y Donaciones (ISD)[7], el Impuesto sobre la Renta de no Residentes (IRNR)[8] o la tasa por emisión de informes de auditoría del Instituto de Contabilidad y Auditoría de Cuentas (ICAC)[9].

---

3 Sobre este particular puede consultarse la sentencia del Tribunal Supremo, de 25 de junio de 2013, (*TOL3.853.136);* o la sentencia del Tribunal Supremo, de 17 de abril de 2017, (*TOL6.057.622*).

4 Véase a este respecto la sentencia del Tribunal Supremo, de 15 de octubre de 2020, (*TOL8.148.017*).

5 Ejemplo de ello es la sentencia del Tribunal Supremo, de 26 de enero de 2012, (*TOL2.438.746*).

6 A modo de ejemplo, puede consultarse la sentencia del Tribunal Supremo, de 13 de noviembre de 2019, (*TOL7.591.908*).

7 Sentencia del Tribunal Supremo, de 30 de octubre de 2014, (*TOL4.545.809*); y la sentencia del Tribunal Supremo, de 3 de febrero de 2016, (*TOL5.639.499*).

8 Sentencia del Tribunal Supremo, de 24 de enero de 2017, (*TOL5.994.689*).

9 Sentencia del Tribunal Supremo, de 28 de febrero de 2023, (*TOL9.437.747*).

La última sentencia citada, de 28 de febrero de 2023, será analizada con mayor detalle en el apartado 3° del presente trabajo, ya que constituye un ejemplo relevante en la configuración jurisprudencial del principio de íntegra regularización por ser dictada en relación con una regularización practicada en un procedimiento de comprobación limitada. No obstante, debido al mayor peso que han tenido en la construcción jurisprudencial del principio de íntegra regularización, centraremos mayoritariamente el presente estudio en el análisis de las sentencias del Tribunal Supremo dictadas en asuntos en los que se regulariza de forma incompleta la situación de los obligados tributarios respecto del IVA, del IRPF y del IS.

Esta "eficacia expansiva" del mandato de íntegra regularización ha conllevado su vinculación, no solo con el principio de neutralidad del IVA, sino también con principios constitucionales como el principio de seguridad jurídica y el principio de interdicción de la arbitrariedad de los poderes públicos (artículo 9.3 de la Constitución española), o los principios materiales de justicia tributaria (artículo 31.1 de la Constitución).

Al hilo de lo anterior, encontramos múltiples referencias a la necesidad de evitar la doble imposición y de cumplir con la prohibición de enriquecimiento injusto de la Administración en la jurisprudencia del Tribunal Supremo. Todo ello, se ha venido utilizando como base para fundamentar la obligación de realizar una regularización completa de las cuotas repercutidas y de las cuotas soportadas en el IVA[10] y en supuestos de regularizaciones relativas a la obligación de realizar pagos a cuenta en el IRPF[11] y en el IS[12].

---

[10] Ejemplo de ello son la sentencia del Tribunal Supremo, de 18 de septiembre de 2013, FJ 5°, (*TOL3.954.539*); sentencia del Tribunal Supremo, de 25 de octubre de 2015, FJ 4°, (*TOL5.550.191*); y sentencia del Tribunal Supremo, de 22 de abril de 2021, FJ 2°, (*TOL8.417.660*).

[11] Véase la sentencia del Tribunal Supremo, de 5 de noviembre de 2012, FJ 3°, (*TOL2.694.379*); la sentencia del Tribunal Supremo, de 12 de

Últimamente, el Tribunal Supremo ha venido refiriéndose al principio de regularización íntegra como una consecuencia del principio de buena administración recogido en el artículo 41 de la Carta de Derechos Fundamentales de la Unión Europea (en adelante, CDFUE). De esta forma, en el fundamento jurídico 2º de su sentencia de 26 de mayo de 2021, indica que "la Administración no puede ignorar la conexión que tienen los principios de regularización íntegra y de buena administración, y, por ello le resulta exigible "una conducta lo suficientemente diligente como para evitar definitivamente las disfunciones derivadas de su actuación"".

Debido a la creciente importancia del principio de buena administración en la jurisprudencia del Tribunal Supremo, en el siguiente apartado vamos a incidir en la relación existente entre dicho principio y la obligación de regularizar íntegramente la situación de los obligados tributarios que son objeto de actuaciones de control por parte de la Administración tributaria. Tras ello, nos referiremos a las exigencias del principio de regularización íntegra en los procedimientos de gestión e inspección tributaria.

2. EL PRINCIPIO DE BUENA ADMINISTRACIÓN COMO FUNDAMENTO PARA UNA REGULARIZACIÓN ÍNTEGRA

El principio de buena administración se reconoce en el apartado 1º del artículo 41 de la CDFUE. En él se determina que toda persona tiene derecho a que las instituciones y los órganos de la Unión traten sus asuntos de forma imparcial y equitativa, siempre dentro de un plazo razonable.

---

diciembre de 2013, FJ 3º, (*TOL4.063.075*); y la sentencia del Tribunal Supremo, de 17 de abril de 2017, FJ 3º, (*TOL6.057.622*).

12 A título ejemplificativo puede citarse la sentencia del Tribunal Supremo de 25 de junio de 2013, la sentencia del Tribunal Supremo de 22 de noviembre de 2017, FJ 6º, (*TOL6.454.465*); o la sentencia del Tribunal Supremo, de 13 de noviembre de 2019, FJ 9º, (*TOL7.591.908*).

Más concretamente, el apartado 2º de dicho artículo determina que en él se incluye el derecho de toda persona a ser oída antes de que se tome en su contra una medida individual que le afecte de forma desfavorable; el derecho de toda persona a acceder a su expediente, dentro del respeto de los intereses legítimos de confidencialidad y del secreto profesional y comercial; y la obligación que recae sobre la Administración de motivar sus decisiones.

En este punto es fundamental señalar que, desde la entrada en vigor del Tratado de Lisboa en el año 2009, la CDFUE tiene el mismo valor jurídico que los Tratados de la Unión. De este modo, se ratificó el carácter normativo de los derechos, libertades y principios en ella contenidos, pasando a formar parte del Derecho interno de los Estados miembros y resultando así directamente aplicables[13].

Por lo tanto, el contenido de la CDFUE es vinculante para los Estados miembros de la Unión Europea cuando aplican directamente el Derecho de la Unión Europea, pero también cuando actúan en el ámbito del Derecho comunitario mediante el cumplimiento de las normas nacionales[14].

Así lo ha interpretado el Tribunal de Justicia de la Unión Europea (TJUE), considerando que la Carta resultaba aplicable en asuntos sobre medidas legislativas y administrativas establecidas por un Estado para garantizar el cobro del IVA en su territorio o en el seno de los procedimientos de intercambio de información en el marco de la Directiva 2011/16/UE del Consejo, de 15 de

---

13 ÁLVAREZ MARTÍNEZ, J. "El principio de buena administración como nuevo paradigma jurídico y su aplicación en el ámbito tributario: régimen normativo, naturaleza jurídica y contenido", *Revista Nueva Fiscalidad*, nº 1, 2022, pp. 30-31.

14 Véase a este respecto la sentencia del Tribunal de Justicia de la Unión Europea, de 26 de febrero de 2013, Asunto C-617/10, apartado 29 (*TOL9.277.356*).

febrero, relativa a la cooperación administrativa en el ámbito de la fiscalidad[15].

En el ordenamiento jurídico español, el principio de una buena administración se encuentra implícito en los artículos 9.3 y 103 de la Constitución y tiene su plasmación directa en el artículo 3.1 e) de la Ley 40/2015, de 1 de octubre[16]. Además, en el ámbito tributario, debe considerarse que el conjunto de los derechos y garantías de los obligados tributarios reconocidos en el artículo 34 de la Ley General Tributaria[17] (LGT) enlaza directamente con el derecho a una buena administración en materia tributaria[18].

El Tribunal Supremo ha definido la buena administración como un derecho que impone a la Administración "una conducta lo suficientemente diligente como para evitar definitivamente las posibles disfunciones derivadas de su actuación, o aquellas que den lugar a resultados arbitrarios, sin que baste al respecto la mera observancia estricta de procedimientos y trámites, sino que más allá reclama la plena efectividad de garantías y derechos reconocidos legal y constitucionalmente al contribuyente"[19].

De esta definición, debemos concluir que la buena administración es un derecho fundamental de los ciudadanos y, al mismo tiempo, un principio que debe guiar la actuación administrativa.

---

15 GARCÍA CARACUEL, M. "Protección multinivel de los derechos fundamentales en el Derecho tributario", en MERINO JARA, I. (Dir.). *La protección de los derechos fundamentales en el ámbito tributario"*, Wolters Kluwer, Madrid, 2021, pp. 716-718.

16 Ley 40/2015, de 1 de octubre, de Régimen Jurídico del Sector Público (*TOL5.494.100*).

17 Ley 58/2003, de 17 de diciembre, General Tributaria (*TOL327.278*).

18 SÁNCHEZ LÓPEZ, M.E. "El principio de buena administración y el compliance fiscal: una relación necesaria", *Revista Española de Derecho Financiero*, nº 193, 2022, pp. 174-175.

19 A este respecto, puede consultarse la sentencia del Tribunal Supremo, de 17 de abril de 2017, FJ 3º, (*TOL6.057.622*); la sentencia del Tribunal Supremo, de 18 de mayo de 2020, FJ 6.1 (*TOL7.939.057*); y la sentencia del Tribunal Supremo de 11 de junio de 2020, FJ 5.4 (*TOL7.980.053*).

En este sentido, coincidimos con RODRÍGUEZ-ARANA cuando afirma que es un principio que sirve para resaltar la centralidad del ser humano y de los derechos fundamentales como eje desde el que comprender la Administración Pública. Ello es así porque no debe perderse de vista que la Administración Pública existe y se justifica en la medida en que sirve al interés general[20].

Por consiguiente, se dice que el principio de buena administración constituye un "nuevo paradigma del Derecho del siglo XXI" que se refiere a un modo de actuación pública que excluye la gestión negligente y que, en ningún caso, constituye una mera fórmula vacía de contenido[21].

De hecho, el Tribunal Supremo explica que de dicho principio derivan una serie de derechos de los ciudadanos, que ya cuentan con plasmación efectiva, como el derecho a la tutela judicial efectiva o el derecho a una resolución administrativa en un plazo razonable. Por su parte, a este conjunto de derechos le sigue una serie de deberes que se recaen sobre las Administraciones públicas, entre los que podemos situar a la obligación de motivar sus decisiones, la de resolver en un plazo razonable, o la de realizar de oficio una regularización completa de la situación tributaria de aquellos que están siendo sometidos a un procedimiento de comprobación e investigación tributaria.

En el ámbito tributario, el principio de buena administración ha servido como fundamento del fallo en numerosos pronunciamientos del Tribunal Supremo. Además de los múltiples casos sobre regularizaciones incompletas efectuadas en procedimientos de gestión e inspección tributaria citados a lo largo del presente trabajo, también se ha utilizado para determinar si había prescrito

---

20 RODRÍGUEZ-ARANA, J. "La buena administración como principio y como derecho fundamental en Europa", *Revista Misión Jurídica,* vol. 6, nº 6, 2013, pp. 25 y 55.

21 Puede consultarse a este respecto la sentencia del Tribunal Supremo, de 5 de diciembre de 2017, FJ 4º, (*TOL8.379.116*); y la sentencia del Tribunal Supremo, de 15 de octubre de 2020, FJ 3º, (*TOL8.148.017*).

el derecho de la Administración a liquidar una deuda tributaria por el largo período de tiempo transcurrido entre la resolución del Tribunal Económico-Administrativo Central y los actos administrativos dictados para su ejecución[22].

Otro ejemplo puede encontrarse en aquellos asuntos en los que el Tribunal Supremo ha admitido la posibilidad de impugnar una valoración catastral firme al impugnar la liquidación del Impuesto sobre Bienes Inmuebles (IBI)[23]. También, muy recientemente, el Alto Tribunal ha declarado la nulidad de una liquidación practicada sin valorar las alegaciones del contribuyente previas al acta y a la liquidación por considerar que se había generado indefensión al contribuyente, a la luz del derecho al procedimiento administrativo debido, interpretado conforme al principio de buena administración[24].

Como puede observarse, utilizando las palabras de MARÍN-BARNUEVO FABO, el principio de buena administración "se ha convertido en un poderoso instrumento de resolución de conflictos extraordinariamente versátil que permite al Tribunal Supremo hacer justicia del caso concreto, especialmente eficaz en los supuestos en que no existe una clara vulneración del ordenamiento jurídico tributario"[25]. Precisamente, esto es lo que ocurre cuando la Administración tributaria realiza una regularización incompleta de la situación del obligado tributario que está

---

22 Ejemplo de ello son la sentencia del Tribunal Supremo, de 5 de diciembre de 2017, (*TOL8.379.116*), y la sentencia del Tribunal Supremo, de 18 de diciembre de 2019, (*TOL7.658.718*).

23 Véase la sentencia del Tribunal Supremo, de 19 de febrero de 2019 (*TOL7.087.612*), la sentencia del Tribunal Supremo, de 20 de marzo de 2019 (*TOL7.179.842*), o la sentencia del Tribunal Supremo, de 28 de mayo de 2020 (*TOL7.960.875*).

24 Sentencia del Tribunal Supremo, de 12 de septiembre de 2023 (*TOL9.712.903*).

25 MARÍN-BARNUEVO FABO, D., "El principio de buena administración en materia tributaria", *Civitas. Revista Española de Derecho Financiero*, nº 186, 2020, p. 2 (Versión online).

siendo sometido a un procedimiento de gestión o de inspección tributaria.

En función de todo lo expuesto, debemos concluir este apartado afirmando que el principio de buena administración ocupa una posición fundamental en la justificación de la obligación de la Administración tributaria de llevar a cabo una regularización íntegra del obligado tributario cuyo comportamiento está siendo objeto de un procedimiento de gestión o de inspección tributaria.

En este sentido, compartimos plenamente la opinión de SUBERBIOLA GARBIZU cuando afirma que el principio de buena administración debe ser entendido "como reflejo de los principios de justicia tributaria, lo cual exige que en los procedimientos que tengan por objeto el control del cumplimiento de las obligaciones tributarias se proceda a una regularización íntegra"[26].

3. LAS EXIGENCIAS DEL PRINCIPIO DE REGULARIZACIÓN ÍNTEGRA EN LOS PROCEDIMIENTOS DE APLICACIÓN DE LOS TRIBUTOS

El principio de regularización íntegra no se encuentra reconocido expresamente en la Constitución española. Tampoco existe, hasta la fecha, referencia alguna al mismo en la LGT o en las leyes reguladoras de los diferentes impuestos que conforman nuestro ordenamiento tributario. De este modo, como hemos señalado en la introducción, este principio ha sido elaborado y desarrollado por la jurisprudencia del Tribunal Supremo.

Por este motivo, resulta imprescindible realizar un análisis de las sentencias dictadas por dicho Tribunal en los últimos años para conocer cuáles son las exigencias que derivan del mismo. De dicha jurisprudencia puede concluirse que nos encontramos ante

---

26 SUBERBIOLA GARBIZU, I., "El principio de buena administración en los procedimientos de gestión e inspección", *Revista Forum Fiscal*, nº 291, 2022, p. 26 (Versión online).

un mandato del que deriva una obligación a cargo de los órganos de gestión e inspección tributaria de realizar una regularización completa de los diferentes elementos que conforman el ámbito material en el que se desarrollan sus actuaciones.

Sin embargo, es importante tener presente que este deber de íntegra regularización "no impone, *per se,* efectuar una devolución de ingresos indebidos, sino que obliga a la Administración a que compruebe si el contribuyente tiene o no derecho a la misma"[27].

En los próximos apartados estudiaremos cuál es el contenido del principio de íntegra regularización con el objetivo de concretar su alcance, haciendo para ello referencia a la evolución que este ha experimentado a lo largo de los años. Como veremos, se trata de un principio cuya eficacia se despliega en el seno del procedimiento de inspección tributaria, con independencia de si las actuaciones tienen un alcance general o un alcance parcial, resultando también aplicable respecto de las comprobaciones efectuadas en el seno de los procedimientos de gestión tributaria.

3.1. La creación jurisprudencial del principio por el Tribunal Supremo y su consolidación en el seno del procedimiento inspector

La mayoría de las sentencias del Tribunal Supremo en las que se aplica el principio de regularización íntegra se refieren a regularizaciones incompletas practicadas en el seno de un procedimiento de inspección tributaria, según acabamos de indicar.

---

27 LONGÁS LAFUENTE, A., "Regularización íntegra del IVA en procedimientos de comprobación limitada. Análisis de las RRTEAC de 26 de febrero de 2020, RG 2449/2017, y de 17 de septiembre de 2020, RG 281/2018, y de la STS de 26 de mayo de 2021, rec. núm. 574/2020", *Revista de Contabilidad y Tributación,* nº 463, 2021, p. 114.
Sobre este extremo, al hilo del cual reflexiona sobre la posible colisión del principio de buena administración con el principio de legalidad, puede consultarse LITAGO LLEDÓ, R. "Eficacia práctica del "principio" de buena administración formulado por el Tribunal Supremo", *Revista Técnica Tributaria,* nº 133, 2021, pp. 147-152.

Por ello, puede considerarse que el origen del citado principio se encuentra en este tipo de procedimientos, aunque veremos en el apartado siguiente como su eficacia ha ido extendiéndose también a los procedimientos de gestión.

En dichas sentencias relativas a actuaciones desarrolladas por la Inspección de Tributos, la obligación de regularización íntegra ha sido definida por el Tribunal Supremo como aquella que alcanza tanto a los aspectos positivos como a los aspectos negativos que resultan de una comprobación efectuada a un obligado tributario. Lo contrario se considera "una actuación administrativa a doble cara siempre favorable a la Administración"[28].

Por este motivo, explica el Tribunal que, cuando un contribuyente es sometido a una comprobación y se procede a la regularización mediante la oportuna liquidación, "se debe atender a todos los componentes, y ello por elementales principios que inspiran un sistema tributario que aspira a responder al principio de justicia"[29].

Si nos centramos en el contenido del principio de regularización íntegra, del análisis de la jurisprudencia del Tribunal Supremo debemos concluir que el ámbito objetivo del citado principio incluye "todos los componentes que conforman el ámbito material sobre el que se desarrolla la actuación inspectora". De este modo, el mismo "no encuentra limitación según estemos ante ac-

---

28 Esta expresión fue por primera vez utilizada en la sentencia del Tribunal Supremo, de 7 de octubre de 2015, FJ 4º (*TOL5.534.716*). Posteriormente, ha sido reproducida en múltiples pronunciamientos, siendo ejemplo de ello la sentencia del Tribunal Supremo, de 10 de octubre de 2019, FJ 8º, (*TOL7.548.428*); la sentencia del Tribunal Supremo, de 2 de octubre de 2020, FJ 5º (*TOL8.111.891*); y la sentencia del Tribunal Supremo, de 22 de abril de 2021, FJ 2º (*TOL8.417.660*).

29 Puede consultarse la sentencia del Tribunal Supremo, de 26 de enero de 2012, FJ 3º (*TOL2.438.746*); la sentencia del Tribunal Supremo, de 12 de diciembre de 2013, FJ 3º (*TOL4.063.075*); o la sentencia del Tribunal Supremo, de 22 de noviembre de 2017, FJ 6º (*TOL6.454.465*).

tuaciones generales o parciales, pero que, claro está, debe aplicarse dentro de cada marco concreto en el que debe ponderarse"[30].

Este matiz contribuye a la delimitación del ámbito objetivo del citado principio, ya que vemos que su alcance se encuentra supeditado al ámbito material sobre el que se desarrolla la concreta actuación de la Administración tributaria[31]. Esto es fundamental, ya que no existe en nuestro ordenamiento jurídico un derecho del obligado tributario a solicitar la comprobación de determinados conceptos tributarios o de ciertos períodos impositivos, al margen de la solicitud del obligado tributario de que se realice una inspección de carácter general cuando se hayan iniciado previamente unas actuaciones de carácter parcial, según lo previsto en el artículo 149 de la LGT[32].

---

30 Estos fragmentos han sido extraídos de los pronunciamientos mencionados en la nota al pie anterior. Sobre el ámbito objetivo del principio de íntegra regularización, véase VILLAR EZCURRA, M., "La jurisprudencia sobre la obligación de practicar una regularización completa y su recepción en la reforma de la Ley General Tributaria de 2015", *Quincena Fiscal*, nº 9, 2016.

31 Todo ello, obviamente, sin perjuicio de la posibilidad de que el propio obligado tributario solicite la ampliación de unas actuaciones de inspección de carácter parcial a unas actuaciones de carácter general, según lo establecido en el artículo 149 de la LGT y en el artículo 179 del RGGIT.

32 La situación es diferente, por ejemplo, en el ordenamiento tributario francés desde la aprobación de la *Loi n° 2018-727, du 10 août 2018, pour un Etat au service d'une société de confiance.* Mediante el artículo 2 de dicha Ley se reformó el artículo L124-1 del *Code des relations entre le public et l'administration* y se introdujo el derecho de cualquier persona a solicitar que se compruebe su situación mediante el procedimiento legislativamente previsto, para lo que debe precisar cuáles son los aspectos que solicita que se sometan a comprobación.
A este respecto, puede consultarse VERSAILLES, F., "Loi pour un État au service d'une société de confiance: les dispositions fiscales majeures", *La revue fiscale du patrimoine*, nº10, 2018, p. 2.

No obstante, la aplicación del principio de regularización íntegra exige que, al comprobar la situación de un obligado tributario, se realice una regularización completa "en la que se apliquen todas las normas concomitantes que resultan «en cascada» de la regularización practicada"[33]. Ello implica que se debe extender la regularización practicada sobre otros elementos de la obligación tributaria relativos al mismo concepto tributario y al mismo período impositivo objeto de comprobación, pero también sobre otros conceptos tributarios y sobre otros períodos impositivos que resulten afectados por la misma.

En cuando al ámbito subjetivo de aplicación del principio de íntegra regularización es imprescindible hacer referencia al deber de extender los efectos de la regularización practicada a un contribuyente sobre otros obligados tributarios. A este respecto también se ha pronunciado el Tribunal Supremo en relación con numerosos asuntos relacionados con las retenciones a cuenta en el IRPF[34], con ajustes de operaciones entre entidades vinculadas en el IS[35] y en relación con la denegación de deducibilidad de cuotas soportadas y la obligación de repercusión en el IVA[36].

---

33 JUAN LOZANO, A.M., "El principio de completud y la exigencia de regularización completa: análisis empírico y formulación desde el método inductivo", *Actum Fiscal*, nº 71, 2013, p. 3 (Versión online).

34 Véase la sentencia del Tribunal Supremo, de 16 de julio de 2008, FJ 6º, (*TOL1.353.285*); la sentencia del Tribunal Supremo, de 25 de junio de 2013, FJ 5º, (*TOL3.853.136*); y la sentencia del Tribunal Supremo, de 17 de abril de 2017, FJ 3º, (*TOL6.057.622*).

35 Sentencia del Tribunal Supremo, de 13 de noviembre de 2019, FJ 9º, (*TOL7.591.908*); sentencia de 11 de junio de 2020, FJ 3º, (*TOL7.980.053*); y la Sentencia del Tribunal Supremo, de 17 de septiembre de 2020, FJ 2º, (*TOL8.091.163*).

36 Sentencia del Tribunal Supremo, de 10 de octubre de 2019, FJ 9º, (*TOL7.548.428*); sentencia del Tribunal Supremo, de 17 de octubre de 2019, FJ 10º, (*TOL7.548.608*); y sentencia del Tribunal Supremo, de 26 de mayo de 2021, FJ 10º (*TOL8.464.048*).

En ellas, el Tribunal Supremo fija como criterio interpretativo que la Administración debe efectuar una regularización completa y bilateral de la situación, evitando con ello el enriquecimiento injusto de la Administración, en todos aquellos supuestos en los que la extensión de los efectos de la comprobación a otros sujetos pasivos intervinientes en la operación tendría como resultado un exceso de tributación susceptible de ser regularizado.

A este respecto, son muy ilustrativas las palabras utilizadas por el Tribunal Supremo en su sentencia de 11 de junio de 2020. En su fundamento jurídico 3º, el citado Tribunal explica que, en el asunto planteado, "nada impedía a la Inspección de los Tributos en el caso concreto que nos ocupa regularizar conjuntamente una partida claramente conexa, que no era más, en definitiva, que una misma cosa vista desde la perspectiva de quien paga y de quien recibe, dada la absoluta correlación entre el ingreso y el gasto".

Esta reflexión es fundamental para observar la conexión entre el principio de regularización íntegra y el principio de buena administración[37]. Como puede comprobarse, en la mayoría de los supuestos en los que se plantea la posibilidad de extender la regularización practicada a un contribuyente a otros obligados tributarios, la Administración tributaria dispone, o está en posición de disponer, de todos los datos necesarios para llevar a cabo una regularización completa de la situación tributaria de todas las partes implicadas en el asunto.

Por ello, en el fundamento 2º de su sentencia de 17 de septiembre de 2020, el Tribunal Supremo concluye que el principio de buena administración exige que se llame al procedimiento a quienes presentan un interés legítimo para no causarles indefensión, tanto sean los particulares interesados, como las Administraciones

---

37 SANZ GÓMEZ, R. "Buena administración y procedimiento tributario justo", en MERINO JARA, I. (Dir.), *La protección de los derechos fundamentales en el ámbito tributario"*, Wolters Kluwer, Madrid, 2021, pp. 247-249.

competentes en su caso para resolver o gestionar el correspondiente impuesto.

Para terminar con este estudio sobre la aplicación del principio de íntegra regularización en los procedimientos de inspección tributaria debemos referirnos a las exigencias formales que derivan del mismo, lo que se ha denominado la regla procedimental de unidad de acto.

Existen numerosas sentencias sobre la aplicación de la citada regla a regularizaciones practicadas en un procedimiento de inspección tributaria[38]. Todas ellas tratan sobre asuntos en los que se dictó una liquidación porque se había producido una deducción indebida de cuotas de IVA por una serie de operaciones económicas que se consideraron simuladas. Sin embargo, en ninguno de esos asuntos se entra a analizar si las cuotas indebidamente repercutidas por un tercero habían sido o no ingresadas para, en su caso, proceder a su devolución.

Aquí es donde radica la clave del conflicto planteado. Por un lado, la Administración tributaria defendía que el derecho a la devolución de ingresos indebidos debía solicitarse por el obligado tributario que había soportado la repercusión indebidamente en un ulterior procedimiento, instando para ello una rectificación de la autoliquidación previamente presentada, sobre la base de lo establecido en el artículo 14.3 y del artículo 14.1 c) del Real Decreto 520/2005, de 13 de mayo[39]. Por otro lado, las entidades

---

[38] A modo de ejemplo, puede citarse la sentencia del Tribunal Supremo, de 25 de septiembre de 2019, FJ 2º, (*TOL7.595.834*); la sentencia del Tribunal Supremo, de 10 de octubre de 2019, FJ 9º, (*TOL7.548.428*); la sentencia del Tribunal Supremo, de 17 de octubre de 2019, FJ 8º, (*TOL7.548.608*); la sentencia del Tribunal Supremo, de 13 de noviembre de 2019, FJ 7º, (*TOL7.591.908*); y la sentencia del Tribunal Supremo, de 22 de abril de 2022, FJ 2º (*TOL8.417.660*).

[39] Real Decreto 520/2005, de 13 de mayo, por el que se aprueba el Reglamento general de desarrollo de la Ley 58/2003, de 17 de diciembre, General Tributaria, en materia de revisión en vía administrativa (*TOL636.056*).

recurrentes consideraban que se debería de haber analizado si concurrían todos los requisitos del artículo 14.2 c), para reconocer el derecho a la devolución en el seno del procedimiento de inspección previamente iniciado.

Para resolver esta cuestión, el Tribunal Supremo hace hincapié en que ya existía un procedimiento de inspección cuyo objeto versaba, precisamente, sobre la improcedencia de tributar por IVA y, por ende, de repercutir cuotas, de soportar la repercusión y, en definitiva, de obtener la devolución de dichas cuotas si se cumplían los requisitos del artículo 14 del mencionado Reglamento de revisión en vía administrativa.

Por este motivo, el citado Tribunal concluye que en estos supuestos no era posible mantener la procedencia de acudir a un eventual procedimiento autónomo, en concreto, a un procedimiento específico de devolución de ingresos indebidos. Así lo defiende, por aplicación del principio de regularización íntegra, debido a que las cuestiones a solventar eran una consecuencia directa e inmediata de lo que se había discutido, analizado y comprobado por la Administración en el seno del procedimiento de inspección.

Para terminar este apartado debemos señalar que la regla procedimental de unidad de acto resulta de aplicación en todos aquellos supuestos en los que se ha producido una regularización incompleta, incluso aunque concurra una situación de fraude o de abuso. En ese caso, será procedente el ejercicio de la potestad sancionadora con las correspondientes consecuencias que de ello puedan derivarse, tal y como indica el Tribunal Supremo en la jurisprudencia antes mencionada.

3.2. La eficacia expansiva del principio y el reconocimiento de su aplicación en los procedimientos de gestión tributaria

En el apartado anterior hemos podido comprobar cómo se ha venido produciendo la consolidación jurisprudencial del principio de regularización íntegra en relación con actuaciones administrativas desarrolladas en el seno de un procedimiento de inspección tributaria.

De la jurisprudencia analizada hasta el momento puede concluirse que este principio presenta una eficacia expansiva. Aunque comenzó su "andadura" en asuntos relacionados con el IVA, rápidamente fue aplicado en asuntos sobre regularizaciones incompletas respecto de diferentes impuestos de nuestro sistema tributario como el IRPF, el IS, el ISD o el ITPAJD. Igualmente, aunque en sus inicios los efectos de la regularización íntegra parecían limitarse al contribuyente cuya situación se analizaba en el correspondiente procedimiento, el Tribunal Supremo no tardó en pronunciarse sobre la posible extensión de su eficacia a otros obligados tributarios que pudieran resultar afectados por las actuaciones de comprobación y de investigación. Por último, como broche final, se ha establecido que dicha regularización completa debe realizarse en unidad de acto, es decir, en el seno del procedimiento inspector en curso.

A pesar de la evolución experimentada en la eficacia del citado principio en el procedimiento de inspección, a lo largo de este tiempo han surgido dudas sobre su posible aplicación respecto a comprobaciones incompletas efectuadas al amparo de los procedimientos de gestión tributaria[40], regulados en los artículos 117

---

40 A este respecto, basta citar que, entre los años 2020 y 2021, separándose de la jurisprudencia del Tribunal Supremo, el Tribunal Económico-Administrativo Central dictó varias resoluciones en las que concluyó que el principio de regularización íntegra no resultaba de aplicación en los procedimientos de comprobación limitada. A finales de ese mismo año 2021, en su resolución de 20 de octubre, cambió de criterio y aceptó su aplicación en dicho procedimiento. Véase a este respecto MÁRQUEZ SILLERO, C.; MÁRQUEZ MÁRQUEZ, A., "La aplicación del principio de íntegra regularización en los procedimientos de gestión tributaria (comentario a la resolución de 27 de julio de 2021, del recurso de reposición de 14 de septiembre de 2021 y al acuerdo de imposición de sanción de 8 de octubre de 2021", *Carta Tributaria. Revista de opinión*, nº 82, 2022.

a 140 de la LGT. Principalmente, estas dudas se han debido al hecho de que nos encontramos ante diferentes procedimientos en los que la potestad de comprobación presenta un alcance más limitado[41].

En líneas generales, los órganos de gestión están facultados para proponer una liquidación sobre la base de datos que han sido proporcionados por los obligados tributarios mediante declaración, de datos proporcionados por terceros en cumplimiento de las denominadas obligaciones de información e, incluso, de datos obtenidos mediante requerimientos de información dirigidos al propio obligado tributario o a terceros. Sin embargo, los órganos de gestión no pueden investigar hechos de los que no tienen conocimiento por alguna de las vías apuntadas, ya que las facultades de investigación están reservadas exclusivamente a los órganos de inspección.

A pesar de las limitaciones que afectan a las facultades de comprobación de los órganos de gestión tributaria, al definir el principio de regularización íntegra, el Tribunal Supremo ha establecido que "cuando la Administración inicia un procedimiento de comprobación, verificación de datos o inspección y procede a la regularización del contribuyente, ésta ha de ser integra, afectando no solo al tributo gestionado, sino a todos aquellos que estén relacionados directamente con los mismos presupuestos fácticos, y por ello debe llamar al procedimiento a quienes puedan ser afectados por la resolución del mismo"[42].

---

41 Para un análisis en mayor profundidad sobre el alcance de los procedimientos de gestión tributaria puede consultarse MARTÍNEZ MUÑOZ, Y., "Una reflexión sobre algunos aspectos comunes a los procedimientos de gestión tributaria", *Quincena Fiscal*, nº 19, 2008, p. 3 (Versión online).

42 Véase la sentencia del Tribunal Supremo, de 17 de diciembre de 2019, FJ 4º, (*TOL8.249.350*). Posteriormente, reproduce este mismo razonamiento en su sentencia de 15 de octubre de 2020, FJ 4º, (*TOL8.148.017*); en su sentencia de 17 de diciembre de 2020, FJ 4º, (*TOL8.249.350*); y en su sentencia de 25 de febrero de 2021, FJ 4º, (*TOL8.364.835*).

Si atendemos a la definición que ha elaborado el Tribunal Supremo del principio de íntegra regularización, podemos concluir que, en sus dimensiones objetiva y subjetiva, el citado principio resulta plenamente aplicable en relación con regularizaciones practicadas en el seno de los procedimientos de gestión tributaria.

A efectos de la vertiente procedimental del principio de regularización íntegra, resulta interesante hacer referencia a la sentencia de 26 de mayo de 2021, en la que se examina una regularización por IVA practicada en un procedimiento de comprobación limitada. En ella, el Tribunal Supremo defiende que, aunque los razonamientos expresados en su fundamentación jurídica se han realizado en el marco de actuaciones inspectoras, "su filosofía tanto en el plano sustancial como en el procedimental ha de extenderse, con las adaptaciones que sean necesarias, a las actuaciones de gestión"[43].

De este modo, considera que no procede en el presente caso acudir a un procedimiento autónomo de devolución de las cuotas indebidamente repercutidas. Ello es así porque el Tribunal Supremo defiende que la Administración no puede ignorar la conexión que tienen los principios de regularización integra y de buena administración, resultándole exigible una conducta lo suficientemente diligente como para evitar las disfunciones derivadas de su actuación.

Sobre la base de todo lo expuesto, debemos reafirmar que el principio de íntegra regularización resulta de aplicación respecto de las actuaciones de comprobación e investigación desarrolladas por los órganos de gestión e inspección tributaria, tengan dichas actuaciones alcance general o parcial.

Así, atendiendo a las circunstancias de cada caso, la Administración tributaria no solo puede, sino que debe regularizar de forma completa la situación del obligado tributario, atendiendo

---

43 Sentencia del Tribunal Supremo, de 26 de mayo de 2021, FJ 2º, (*TOL8.464.048*).

también a los aspectos favorables para dicho sujeto y sin limitarse a la liquidación de las cantidades que legalmente procedan. Para ello, deberá llamar al procedimiento a terceros interesados y facilitar en el mismo acto la devolución de ingresos indebidos que correspondan o el ejercicio de otros derechos que se deriven de la normativa tributaria[44].

A estos efectos, no puede perderse de vista que, en todos los asuntos planteados, el reconocimiento del derecho a la devolución de ingresos indebidos se realiza sobre la base de datos que ya obran en poder de la Administración y a los que los órganos de gestión tienen fácil acceso. Junto a ello, debemos resaltar que ese reconocimiento se realiza mediante el ejercicio de funciones que son propias de un procedimiento de devolución de ingresos indebidos.

A mayor abundamiento, en la propia LGT se reconoce la posibilidad de que los procedimientos de gestión tributaria terminen cuando sea necesario iniciar otro procedimiento con una finalidad más amplia (artículos 127, 133 y 139 de la LGT). Otra cuestión a debatir, que excede del objeto del presente trabajo, sería si la utilización inadecuada de los procedimientos de gestión que deriva en la existencia de varios procedimientos con el mismo objeto es conforme a las exigencias del derecho a un proceso debido, interpretado igualmente de conformidad con el principio de buena administración[45].

Sin embargo, en los casos en los que la regularización practicada versa únicamente sobre aquellos aspectos que derivan en una

---

44 BAS SORIA, J., "El procedimiento de comprobación como procedimiento tendente a la íntegra regularización de la situación del obligado tributario. Análisis de la RTEAC de 19 de febrero de 2015, R.G. 3545/2011", *Revista de Contabilidad y Tributación*, nº 387, 2015, p. 158.

45 A este respecto puede consultarse MARTÍNEZ MUÑOZ, Y. "El principio de buena administración y los procedimientos de gestión tributaria", en LUCHENA MOZO, M.G; SÁNCHEZ LÓPEZ, E. *La proyección de la buena administración sobre los procedimientos de aplicación de los tributos,* Tirant Lo Blanch, 2023, pp. 135-140.

mayor cuota a ingresar, nos encontramos con que se produce precisamente la situación contraria. La Administración tributaria se escuda en las limitaciones del correspondiente procedimiento de gestión en curso para no practicar una regularización completa de la situación del obligado tributario. Esta situación difícilmente casa con los mandatos del derecho a un proceso debido, si atendemos al modo en la que la Administración ejerce sus potestades y al grado de respeto y cumplimiento de los derechos y garantías de los obligados tributarios[46].

De esta forma, en caso de que la exigencia de realizar una regularización íntegra exceda del ámbito material del procedimiento de gestión tributaria previamente iniciado, consideramos que el órgano actuante debe hacer uso de la posibilidad de decidir la transformación de ese procedimiento en otro con mayor objeto y facultades[47].

Expuesto lo anterior, no podemos terminar este apartado sin hacer referencia a la sentencia del Tribunal Supremo, de 28 de febrero de 2023, en la que se pronuncia sobre una regularización incompleta efectuada en relación con la tasa del ICAC por la emisión de informes de auditoría de cuentas. A pesar de todo lo analizado en el presente apartado, si quedaba alguna duda sobre la eficacia del principio de regularización íntegra en los procedimientos de gestión tributaria, creemos que ha sido resuelta con esta sentencia.

Brevemente, los hechos se refieren a un procedimiento de comprobación limitada iniciado por un error a la hora de computar el número de informes que debían ser declarados en el año 2011, que se incluyeron por el obligado tributario en la primera declaración del año siguiente. Los órganos de gestión tributaria

---

46 SANZ GÓMEZ, R. "Buena administración y procedimiento tributario justo", en MERINO JARA, I. (Dir). *La protección de los derechos fundamentales en el ámbito tributario*", Wolters Kluwer, Madrid, 2021, pp. 225-227.

47 CAYÓN GALIARDO, A. "Ante la diversidad de procedimientos de gestión tributaria", *Revista Técnica Tributaria,* nº 78, 2007, p. 16.

iniciaron el correspondiente procedimiento, exigiendo las tasas por los informes elaborados en el año 2011, sin atender al hecho de que las mismas habían sido declaradas extemporáneamente en la declaración de 2012.

El Tribunal Supremo considera que se produce en el presente caso una "doble imposición innegable", señalando de forma lapidaria que "no parece un esfuerzo sobrehumano, lejos del alcance de una Administración servicial de los intereses generales, la mera comprobación de la realidad de ese doble pago y la posibilidad de regularización íntegra, a fin de evitar esa indebida y perturbadora doble imposición, que es evidente, y el enriquecimiento injusto de aquélla"[48].

De este modo, defiende el citado Tribunal que el ajuste realizado por la Administración tributaria debería de ser íntegro o total, es decir, que debería contemplar todas las correcciones y ajustes necesarios para reestablecer la situación tributaria de manera global, tanto en lo que beneficia como en lo que perjudica a la Administración. Para ello, obviamente, esa regularización puede afectar a períodos, conceptos tributarios o sujetos distintos a los determinantes del ámbito objetivo inicial del procedimiento comprobador, dejando indemne al contribuyente de los efectos colaterales de la regularización practicada.

En repuesta a la cuestión casacional planteada en el recurso que da origen a la mencionada sentencia, el Tribunal Supremo concluye que el principio de íntegra regularización es aplicable a los supuestos en los que se comprueba por la Administración un hecho imponible, imputándolo al ejercicio que corresponde, sin tener en cuenta que el contribuyente ya había satisfecho el importe de la deuda, fuera del plazo legal, pero con carácter previo a la regularización.

En este caso, que se refiere a un procedimiento de comprobación limitada, concluye el Tribunal que la Administración tribu-

---

48 Sentencia del Tribunal Supremo, de 28 de febrero de 2023, FJ 5º, (*TOL9.437.747*).

taria debió hacer todo lo posible, de oficio, para evitar ese doble pago, ajustando la deuda, sin remitir al sujeto pasivo el inicio de un nuevo procedimiento para obtener aquello que puede y debe reconocerse en el propio procedimiento abierto.

Junto a ello, determina que el principio de íntegra regularización, en su vertiente procedimental, es aplicable a los procedimientos de inspección y a los de gestión tributaria. Por este motivo, en ningún caso, es posible remitir al contribuyente a un nuevo procedimiento de rectificación de la autoliquidación y de devolución de ingresos indebidos "totalmente innecesario y contrario a los principios de eficacia, economía y proporcionalidad en la aplicación de los tributos"[49].

Desde luego, la respuesta a esta cuestión supone un paso más en la configuración jurisprudencial del principio de íntegra regularización, tanto en su vertiente material como procedimental, ya que contribuye al reconocimiento de su plena eficacia en los procedimientos de gestión tributaria. De esta forma, siguiendo a VILLAR EZCURRA, debemos concluir que el principio de íntegra regularización resulta de aplicación en todos aquellos supuestos en los que, en el seno de un procedimiento de gestión o de inspección tributaria, "solo se regularizan los aspectos que incrementan la deuda tributaria y no otros que la disminuyen, o pueden dar lugar a devoluciones por el mismo concepto tributario o por otros"[50].

4. CONSIDERACIONES FINALES

La doctrina jurisprudencial examinada a lo largo del presente trabajo pone de relieve el creciente impacto del principio de

---

[49] Sentencia del Tribunal Supremo, de 28 de febrero de 2023, FJ 6º, (*TOL9.437.747*).

[50] VILLAR EZCURRA, M., "La jurisprudencia sobre la obligación de practicar una regularización completa y su recepción en la reforma de la Ley General Tributaria de 2015", ob. cit., p. 5 (Versión online).

buena administración en materia tributaria y, con él, del principio de íntegra regularización. Ambos se asientan sobre la base de los mandatos que derivan del principio de seguridad jurídica, del principio de interdicción de la arbitrariedad de los poderes públicos y de los principios materiales de justicia tributaria, reconocidos en nuestra Constitución.

A modo de resumen, la aplicación del principio de íntegra regularización exige que las actuaciones de comprobación desarrolladas por los órganos de gestión e inspección tributaria comprendan todos los aspectos que resulten de las mismas, siempre atendiendo al ámbito material del correspondiente procedimiento. Además, en caso de que sea necesario para asegurar la completitud de la regularización, su reconocimiento deriva en la necesidad de que se llame al procedimiento a todos aquellos que puedan verse afectados por el resultado de las mencionadas actuaciones.

Todo ello carecería de eficacia práctica si no fuera por la vertiente procedimental del citado principio, la regla de la unidad de acto. Esta regla conlleva la obligación de que dicha regularización se lleve a cabo en el mismo procedimiento de comprobación sin que, en principio, sea posible remitir al obligado tributario al inicio de un procedimiento ulterior para completar la misma.

A pesar de su consolidación jurisprudencial, creemos que el reconocimiento normativo del principio de regularización íntegra supondría un avance para la satisfacción de las exigencias que derivan del principio de seguridad jurídica. De igual manera, en aras de su adecuada garantía, sería deseable profundizar en el desarrollo reglamentario de su contenido para establecer de forma clara y precisa cuáles son las exigencias que derivan del mismo. Todo ello, teniendo en cuenta que la regulación actualmente en vigor sobre la regularización de obligaciones tributarias conexas no agota todos los supuestos en los que resulta exigible la realización de una regularización íntegra de los obligados tributarios.

No podemos terminar el presente trabajo sin destacar que no nos encontramos ante un principio cuya aplicación vaya a producir necesariamente un resultado favorable a los intereses de los obligados tributarios. Lógicamente, las exigencias que derivan de su reconocimiento pueden dar lugar a un resultado que beneficie al contribuyente, pero no tiene por qué ser siempre así.

En una sentencia, de 26 de mayo de 2017, el Tribunal Supremo ha determinado que no existe obligación de ampliar las actuaciones si de la regularización practicada no se derivan efectos favorables sino perjudiciales para el interesado. Sin embargo, estamos seguros de que resultaría difícil encontrar un supuesto en el que la Administración no desarrolle las actuaciones pertinentes cuando el resultado probable de las mismas sea una mayor cuota a ingresar.

En definitiva, debemos considerar que el reconocimiento del principio de íntegra regularización es un aspecto que contribuye a lograr un equilibrio justo entre las partes de la relación jurídico-tributaria. A nuestro modo de ver, la satisfacción de las exigencias que derivan del reconocimiento del principio de íntegra regularización debería resultar inherente a la posición de la Administración tributaria como garante de la aplicación de un sistema tributario justo inspirado en los principios de igualdad, capacidad económica y progresividad que, en ningún caso, tendrá alcance confiscatorio. Todo ello, evidentemente, garantizando su adecuada ponderación con otros principios constitucionales que ordenan nuestro sistema tributario, como el principio de legalidad.

5. BIBLIOGRAFÍA

ÁLVAREZ MARTÍNEZ, J. "El principio de buena administración como nuevo paradigma jurídico y su aplicación en el ámbito tributario: régimen normativo, naturaleza jurídica y contenido", *Revista Nueva Fiscalidad*, nº 1, 2022.

BAS SORIA, J., "El procedimiento de comprobación como procedimiento tendente a la íntegra regularización de la situación del obligado tributario. Análisis de la RTEAC de 19 de febrero de 2015, R.G. 3545/2011", *Revista de Contabilidad y Tributación*, nº 387, 2015.

CAYÓN GALIARDO, A. "ante la diversidad de procedimientos de gestión tributaria", *Revista Técnica Tributaria*, nº 78, 2007.

GARCÍA CARACUEL, M. "Protección multinivel de los derechos fundamentales en el Derecho tributario", en MERINO JARA, I. (Dir.). *La protección de los derechos fundamentales en el ámbito tributario"*, Wolters Kluwer, Madrid, 2021

JUAN LOZANO, A.M., "El principio de completud y la exigencia de regularización completa: análisis empírico y formulación desde el método inductivo", *Actum Fiscal*, nº 71, 2013.

LITAGO LLEDÓ, R. "Eficacia práctica del "principio" de buena administración formulado por el Tribunal Supremo", *Revista Técnica Tributaria*, nº 133, 2021.

LONGÁS LAFUENTE, A., "Regularización íntegra del IVA en procedimientos de comprobación limitada. Análisis de las RRTEAC de 26 de febrero de 2020, RG 2449/2017, y de 17 de septiembre de 2020, RG 281/2018, y de la STS de 26 de mayo de 2021, rec. núm. 574/2020", *Revista de Contabilidad y Tributación*, nº 463, 2021.

MARÍN-BARNUEVO FABO, D., "El principio de buena administración en materia tributaria", *Civitas. Revista Española de Derecho Financiero*, nº 186, 2020.

MÁRQUEZ SILLERO, C.; MÁRQUEZ MÁRQUEZ, A., "La aplicación del principio de íntegra regularización en los procedimientos de gestión tributaria (comentario a la resolución de 27 de julio de 2021, del recurso de reposición de 14 de septiembre de 2021 y al acuerdo de imposición de sanción de 8 de octubre de 2021", *Carta Tributaria. Revista de opinión*, nº 82, 2022.

MARTÍNEZ MUÑOZ, Y., "Una reflexión sobre algunos aspectos comunes a los procedimientos de gestión tributaria", *Quincena Fiscal*, nº 19, 2008.

— "El principio de buena administración y los procedimientos de gestión tributaria", en LUCHENA MOZO, M.G; SÁNCHEZ LÓPEZ, E. *La proyección de la buena administración sobre los procedimientos de aplicación de los tributos*, Tirant Lo Blanch, 2023.

RAMÍREZ GÓMEZ, S., "El principio de regularización íntegra en la jurisprudencia del Tribunal Supremo: aspectos sustantivos y procedimentales", *Quincena Fiscal*, nº 6, 2021.

RODRÍGUEZ-ARANA, J. "La buena administración como principio y como derecho fundamental en Europa", *Revista Misión Jurídica*, vol. 6, nº 6, 2013.

SÁNCHEZ LÓPEZ, M.E. "El principio de buena administración y el *compliance* fiscal: una relación necesaria", *Revista Española de Derecho Financiero*, nº 193, 2022.

SANZ GÓMEZ, R. "Buena administración y procedimiento tributario justo", en MERINO JARA, I. (Dir.). *La protección de los derechos fundamentales en el ámbito tributario"*, Wolters Kluwer, Madrid, 2021.

SUBERBIOLA GARBIZU, I., "El principio de buena administración en los procedimientos de gestión e inspección", *Revista Fórum Fiscal*, nº 291, 2022.

VERSAILLES, F., "Loi pour un État au service d'une société de confiance: les dispositions fiscales majeures", *La revue fiscale du patrimoine*, nº10, 2018.

VILLAR EZCURRA, M., "La jurisprudencia sobre la obligación de practicar una regularización completa y su recepción en la reforma de la Ley General Tributaria de 2015", *Quincena Fiscal*, nº 9, 2016.

Capítulo 9

La doctrina del Tribunal Supremo y el TEAC sobre el principio de buena administración y su efecto sobre los procedimientos tributarios de aplazamiento y fraccionamiento del pago y apremio

NORA LIBERTAD RODRÍGUEZ PEÑA
Investigadora Postdoctoral Margarita Salas[1]
Área de Derecho Financiero y Tributario
Universidad de Salamanca

SUMARIO: 1. INTRODUCCIÓN. 2. CUESTIONES PRELIMINARES SOBRE LOS PROCEDIMIENTOS TRIBUTARIOS DE APLAZAMIENTO Y FRACCIONAMIENTO DEL PAGO Y SOBRE EL PROCEDIMIENTO DE APREMIO. 3. EL INTERÉS CASACIONAL DE LA SENTENCIA DEL TRIBUNAL SUPREMO DE 15 DE OCTUBRE DE 2020 Y SU VINCULACIÓN CON EL PRINCIPIO DE BUENA ADMINISTRACIÓN Y BUENA FE: LA SUJECIÓN DE LA ADMINISTRACIÓN

1 Investigadora postdoctoral Margarita Salas para la formación de jóvenes doctores del Programa de ayudas para la recualificación del sistema universitario español para 2021-2023 de la Universidad de Salamanca, financiado por la Unión Europea NextGenerationEU dentro del Plan de Recuperación, Transformación y Resiliencia del Gobierno de España. Esta publicación se enmarca en la estancia docente y de investigación postdoctoral realizada durante el curso académico 2022-2023 en el Instituto Jurídico de la Facultad de Derecho de la Universidad de Coimbra y dentro del Proyecto I+D+i PID2021-126795NB-I00 "*Desafíos de una Administración Tributaria más eficaz: digitalización inclusiva, compliance, y mejoras en seguridad jurídica*" del Ministerio de Ciencia e Innovación, cuya investigadora principal es la Prof. Dra. María Ángeles Guervós Maíllo.

TRIBUTARIA AL ART. 9 CE. 4. LOS EFECTOS DEL CAMBIO DE DOCTRINA DEL TRIBUNAL SUPREMO EN LOS PROCEDIMIENTOS DE APLAZAMIENTO Y FRACCIONAMIENTO DEL PAGO Y APREMIO Y SU ALCANCE AL TEAC. 5. REFLEXIONES FINALES. 6. REFERENCIAS BIBLIOGRÁFICAS.

1. INTRODUCCIÓN

Desde que se aprobó la nueva Ley General Tributaria (LGT) en 2003, los procedimientos de aplazamiento y fraccionamiento del pago han experimentado cuatro reformas sustanciales entre los años 2012 y 2016. La atención del legislador al aplazamiento y fraccionamiento del pago de los ingresos tributarios encuentra causa en la acuciada y reiterada presencia de este tipo de procedimientos en las relaciones entre la Administración tributaria y los contribuyentes. Dos procedimientos que, antes de la reforma del anterior Reglamento General de Recaudación (RGR) de 1990 y la posterior modificación de la LGT de 1995, se caracterizaban por la excepcionalidad y la discrecionalidad han evolucionado de forma tal que en la actualidad, en el nuevo RGR y en la nueva LGT, se conciben como un medio ordinario de gestión recaudatoria de la Hacienda pública, es decir, como una modalidad más del pago del tributo.

Sin embargo, el estudio de estos procedimientos tributarios por parte de la doctrina pone de manifiesto que si bien se han configurado como procedimientos recaudatorios cuyo presupuesto y fundamento es la dificultad económica del obligado tributario, es decir, la imposibilidad de afrontar en base a una situación temporal de iliquidez una deuda en favor de la Administración tributaria, su debatida clasificación como procedimientos reglados o discrecionales por parte de la Administración y su carácter excepcional en el seno del procedimiento recaudatorio ha conllevado una aplicación restrictiva de los mismos[2].

---

[2] En este sentido *vid.* SÁNCHEZ LÓPEZ, M.E., "Algunas consideraciones acerca del aplazamiento y fraccionamiento de los ingresos tributarios", en *Crónica Tributaria,* núm. 102, 2002, pp. 79-95. También LOZANO SERRANO, C., "Aplazamiento y Fraccionamiento de los Ingresos Tributarios",

De ahí que tanto el legislador como la jurisprudencia de los Tribunales de Justicia hayan dedicado esfuerzos a moldear los límites del carácter discrecional de la potestad de la Administración tributaria en estos procedimientos y, en los últimos años, sus efectos en el procedimiento de apremio. En este capítulo abordaremos la jurisprudencia reciente del Tribunal Supremo (TS) y la doctrina del Tribunal Económico Administrativo Central (TEAC) sobre estos procedimientos, en particular la aplicabilidad del principio de buena administración, del principio de buena fe y la interdicción de arbitrariedad de los poderes públicos que proclama el art. 9 de la Constitución (CE).

2. CUESTIONES PRELIMINARES SOBRE LOS PROCEDIMIENTOS TRIBUTARIOS DE APLAZAMIENTO Y FRACCIONAMIENTO DEL PAGO Y SOBRE EL PROCEDIMIENTO DE APREMIO

En términos generales, el plazo de presentación y de pago de un tributo tiene carácter obligatorio para los contribuyentes, previendo el ordenamiento como consecuencia jurídica de su incumplimiento el devengo del recargo por declaración extemporánea sin requerimiento previo y del interés de demora (según el caso), basándose dicha consecuencia en un hecho objetivo: la presentación de la autoliquidación o declaración fuera de plazo.

No obstante, según lo dispuesto en los arts. 13 de la Ley General Presupuestaria (LGP) y 65 LGT, las deudas tributarias que se encuentren en período voluntario o ejecutivo podrán aplazarse o

---

en *Cuadernos de Jurisprudencia Tributaria*, 1997, pp. 37 y ss., donde el autor señalaba que el aplazamiento generaba como consecuencia "[…] una verdadera negación del contenido esencial del tributo y de la imperatividad de su régimen jurídico", viniendo además a suponer el sacrificio del interés recaudatorio en favor del interés particular, razones ambas que según la doctrina abonaban la consideración de dicho instituto como absolutamente excepcional en el seno del procedimiento recaudatorio.

fraccionarse en los términos que se fijen reglamentariamente[3] y previa solicitud del obligado tributario cuando su situación económico-financiera le impida de forma transitoria efectuar el pago en los plazos establecidos[4].

De esta forma, por regla general, todas las deudas tributarias pueden ser aplazadas o fraccionadas, incluso las que sean de titularidad de otros Estados de la Unión Europea, o de entidades internacionales o supranacionales, salvo ciertas excepciones que contempla la ley[5].

---

3 Es importante señalar que la regulación del aplazamiento y fraccionamiento a que hace referencia la LGT, y que desarrolla el RGR, no agota todos los supuestos y modalidades que éstos pueden revestir, sino sólo su régimen general. De ahí que la normativa de cada tributo pueda prever regímenes especiales, como ocurre en el IRPF o en ISD. En igual sentido, *vid.* MERINO JARA, I., "Las garantías en el aplazamiento y el fraccionamiento del pago", en *Anuario de la Facultad de Derecho*, vol. XXV, 2007, pp. 13-27, donde señala que "Además de la regulación general contenida en la LGT existen otras específicas, tales como las relativas a los supuestos de aplazamiento y fraccionamiento previstos en la relación con las contribuciones especiales municipales y en relación con determinadas adquisiciones patrimoniales lucrativas en las que el aumento de capacidad económica no se traduce en un aumento inmediato de liquidez."

4 Como señala MERINO JARA, I., "Las garantías…", ob. cit., p. 15, "Entre los documentos que han de incluirse en la solicitud presentada por los obligados tributarios se hallan las causas que motivan la solicitud del aplazamiento o fraccionamiento. Con ello se pretende concretar las dificultades financieras por las que atraviesa el obligado tributario (caída de ventas, retraso en los cobros, pérdida del puesto de trabajo, etc.), pues no son admisibles las solicitudes que respondan a mera conveniencia, es decir, sin tener dificultades de tesorería.".

5 En la actualidad, según el art. 65.1 LGT no son aplazables las siguientes deudas tributarias: a) Aquellas cuya exacción se realice por medio de efectos timbrados. b) Las correspondientes a obligaciones tributarias que deban cumplir el retenedor o el obligado a realizar ingresos a cuenta. c) En caso de concurso del obligado tributario, las que, de acuerdo con la legislación concursal, tengan la consideración de créditos contra la masa. d) Las resultantes de la ejecución de decisiones de recuperación de ayudas de Estado. e) Las resultantes de la ejecución

Y es que, a partir de la entrada en vigor de la Constitución en 1978 y la incorporación en ella de los principios tributarios de justicia material y formal que consagra el art. 31 CE, se inició un cambio de orientación a la hora de interpretar el contenido de muchos institutos tributarios y vino a constituirse en nota definitoria de todos ellos la necesidad de alcanzar la efectividad del deber de contribuir conforme los parámetros establecidos en las leyes. La doctrina señala que los institutos del aplazamiento o fraccionamiento del pago no han sido ajenos a esta evolución, teniendo que ser analizados a partir de la finalidad que persiguen, esto es, facilitar el cumplimiento del deber de contribuir de aquellos que, en base a determinadas circunstancias de iliquidez, no pueden hacer frente al pago de la obligación tributaria. La doctrina es unánime a la hora de erigir el fin mencionado en fundamento y razón de ser del aplazamiento o fraccionamiento de los ingresos tributarios[6].

---

de resoluciones firmes total o parcialmente desestimatorias dictadas en un recurso o reclamación económico-administrativa o en un recurso contencioso-administrativo que previamente hayan sido objeto de suspensión durante la tramitación de dichos recursos o reclamaciones. f) Las derivadas de tributos que deban ser legalmente repercutidos salvo que se justifique debidamente que las cuotas repercutidas no han sido efectivamente pagadas. g) Las correspondientes a obligaciones tributarias que deba cumplir el obligado a realizar pagos fraccionados del Impuesto sobre Sociedades.

6 En este sentido, *vid.* SÁNCHEZ LÓPEZ, M.E., "Algunas consideraciones acerca...", ob. cit., p. 81; MARTÍN JIMÉNEZ, F.J., "Aplazamiento y fraccionamiento de pago de deudas tributarias: criterio administrativo", en *Revista de información fiscal*, núm. 107, 2012, pp. 11-67; JIMÉNEZ FERNÁNDEZ-AHUJA, C., "El aplazamiento y fraccionamiento del pago de deudas tributarias: últimas modificaciones", en *Diálogos jurídicos.: Anuario de la Facultad de Derecho de la Universidad de Oviedo*, núm. 3, 2018, pp. 223-246; MORENO FERNÁNDEZ, J.I., *El aplazamiento en el pago de los tributos*, Lex Nova, 1996; SERRANO ANTON, F., "El aplazamiento o fraccionamiento del pago en el Impuesto sobre Sucesiones y Donaciones", en *Revista de Derecho Financiero y Hacienda Pública*, núm. 223, 1993, p.115-154 y "Aplazamiento y fraccionamiento de deudas tributarias en situación de concurso de acreedores", en *Revista de derecho concursal y*

En palabras de CALVO ORTEGA, los ordenamientos modernos insertos en Estados de Derecho buscan una solución equitativa (caso por caso) a las dificultades transitorias de cumplimiento de las obligaciones tributarias. El aplazamiento o fraccionamiento que estudiamos es un mecanismo de ajuste y como tal tiene en cuenta circunstancias concretas del deudor en un momento dado, siempre posterior a aquel en que se manifestó la capacidad económica (cierre de ejercicio, percepción de una renta, realización de una adquisición, etc.). Considerando que estas circunstancias pueden ser muy diversas, algunas incluso independientes a la voluntad del deudor, los procedimientos de aplazamiento y fraccionamiento del pago vienen a introducir una nota de flexibilidad y equidad en las relaciones tributarias sin lesionar el derecho de la Administración en su posición de acreedora. Como toda consideración equitativa, contribuyen a la mejor realización de la justicia, en este caso tributaria[7].

---

paraconcursal: Anales de doctrina, praxis, jurisprudencia y legislación, núm. 27, 2017, pp. 161-173; entre otros.

7 *Vid.* CALVO ORTEGA, R., "Aplazamiento y fraccionamiento del pago", en CALVO ORTEGA, R. (Dir.) TEJERIZO LÓPEZ, J.M. (Coord.) *Los nuevos reglamentos tributarios*, Thomson-Civitas, Cizur Menor, 2006, pp. 239-270. En igual sentido, SÁNCHEZ LÓPEZ, M.E., "Algunas consideraciones acerca...", ob. cit., p. 81, quien señala que "[...] la constatación de las dificultades de tesorería junto con los requisitos previstos normativamente debe conducir la concesión del aplazamiento por parte de la Administración Tributaria, no sólo porque entendamos que nos encontramos ante una potestad reglada [...] sino porque el interés perseguido por la norma que disciplina los aplazamientos conduce necesariamente a este resultado pues de lo que se trata es de facilitar el cumplimiento del deber de contribuir de aquellos obligados que, teniendo voluntad de hacerlo, se encuentran transitoriamente imposibilitados con perspectivas de mejora a corto plazo de su situación económico-financiera, no siendo el aplazamiento más que una manifestación, a nuestro juicio, del principio de justicia que debe informar el ordenamiento jurídico-financiero, siendo preciso resaltar en este sentido, además, que esta medida va a resultar beneficiosa no solamente para la propia Administración Tributaria que temporalmente se va a ver

En este nuevo contexto, como vemos, la doctrina ha centrado sus esfuerzos en afianzar esta nueva concepción entendiendo que en estos procedimientos no se está privilegiando el interés del deudor, sino que nos encontramos ante uno de los supuestos en el que el interés particular coincide con el interés común, dado que en ambos prima la finalidad de satisfacer, aunque sea de forma aplazada o fraccionada, la deuda tributaria y el deber de sufragar gastos públicos[8].

El procedimiento para la solicitud del aplazamiento o el fraccionamiento del pago se debe iniciar siempre a petición del interesado y puede realizarse en dos momentos concretos. Primero, si la deuda se encuentra en período de ingreso voluntario, la solicitud se puede presentar en cualquier momento (antes, evidentemente de que transcurra dicho período). En el caso de deudas derivadas de autoliquidaciones presentadas fuera de plazo, solo se entenderá que la solicitud de aplazamiento se ha realizado dentro del plazo voluntario cuando se presente de forma simultánea junto a la autoliquidación extemporánea. Y no se puede iniciar la vía de apremio hasta que no se conteste la solicitud, se produzca esta antes o después de transcurrido el periodo de ingreso voluntario[9].

---

exonerada de iniciar o continuar el procedimiento de apremio. Lo que tratamos de poner de relieve, en definitiva es el equilibrio de intereses que la correcta utilización del instituto del aplazamiento está llamada a garantizar dentro de nuestro actual sistema tributario".

8 *Vid.* DELGADO GARCÍA, A.M., "La solicitud de aplazamiento y fraccionamiento del pago de las deudas tributarias", en DELGADO GARCÍA, A.M. (Dir) *El mantenimiento y continuidad de la empresa y de su actividad desde la perspectiva legal y fiscal",* Aranzadi, Cizur Menor, 2022, pp. 205-232; y "El aplazamiento y fraccionamiento de las deudas tributarias como instrumento para el mantenimiento de las empresas", en *Quincena Fiscal,* núm.17, 2021, pp. 53-78.

9 *Cfr.* STS 478/2010, Sala de lo Contencioso de 4 de febrero de 2010 (Recurso nº 9303/2004); STS 2306/2010, Sala de lo Contencioso de 18 de febrero de 2010 (Recurso nº 1210/2005); STS 1947/2010, Sala de lo Contencioso de 14 de abril de 2010 (Recurso nº 15/2005); STS 4081/2010, Sala de lo Contencioso de 14 de julio de 2010 (Recurso nº 4204/2005).

Es posible, en segundo lugar, la petición del aplazamiento o el fraccionamiento del pago cuando la deuda se encuentra en vía de apremio, siempre y cuando la solicitud se presente en cualquier momento anterior a la enajenación de los bienes embargados. Pero en este caso, a diferencia del anterior, ya no se suspende el procedimiento de apremio, o mejor dicho, ya no es posible la aplicación de los recargos ejecutivos y de apremio reducido, sino que se devenga el recargo ordinario, según lo ha clarificado la STS de 27 de marzo de 2019.

Ahora bien, como adelantábamos líneas atrás, el carácter sistemático de la presentación de solicitudes de aplazamiento y fraccionamiento del pago de las deudas tributarias, así como del incremento de las mismas, se han ido modificando algunas cuestiones sobre su régimen jurídico que han supuesto un endurecimiento por parte de la Administración tributaria en la concesión de aplazamientos o fraccionamientos del pago, en especial por la restricción de las deudas aplazables, cuestión que ha vuelto a remarcar su carácter excepcional dentro del procedimiento de recaudación tributaria. El espíritu detrás de estos cambios normativos tiene un doble perfil, por un lado, evitar su utilización de manera sistemática e injustificada para la obtención del diferimiento del pago de las deudas tributarias, y por otro, el interés de la Administración de garantizar el incremento efectivo de ingresos tributarios al conseguir que las deudas tributarias se paguen en sus correspondientes plazos y evitar que se utilicen estos procedimientos como modo de financiación sobre todo en momentos de dificultad de acceso al crédito.

Como vemos, se trata de un tema nada pacífico en la doctrina que se ha visto incrementado, como bien señala ésta, por la copiosa interpretación administrativa adoptada por la AEAT ante la necesidad de revisar los criterios interpretativos para adecuarlos a las modificaciones normativas, generalmente bajo la forma de instrucciones de orden interno dirigidas a los órganos de la Administración tributaria para homogenizar las pautas de actuación en la tramitación y resolución de aplazamientos y fraccionamientos del pago por los órganos de recaudación. Y, también, por el desarrollo jurisprudencial realizado por los Tribunales de Justicia, entre ellos el TS y los Tribunales Económico-administrativos. En efecto, se constata un aumento de los pronunciamientos jurisprudenciales recaídos sobre diferentes aspectos fundamentales de la regulación de los procedimientos de aplazamiento y fraccionamiento del pago, tales como la presentación de las garantías o la valoración de la situación económico-financiera que impide al obligado tributario a hacer frente al pago de la deuda, entre otros[10].

En este capítulo nos centraremos en la duda que se planteó en el TS, en 2019, sobre la siguiente cuestión: si la solicitud de fraccionamiento o aplazamiento de pago se presenta en período ejecutivo por parte del obligado tributario pero antes de dictarse la providencia de apremio, conlleva o no la paralización del procedimiento ejecutivo contra el contribuyente, esto es, si tal solicitud posee efectos suspensivos en ese procedimiento. Para ello, analizaremos la STS de 15 de octubre de 2020 y el interés casacional del TS en este particular momento del procedimiento, haciendo énfasis en la aplicación del principio de buena administración y buena fe en la actuación de la Administración tributaria.

3. EL INTERÉS CASACIONAL DE LA SENTENCIA DEL TRIBUNAL SUPREMO DE 15 DE OCTUBRE DE 2020 Y SU VINCULACIÓN CON EL PRINCIPIO DE BUENA ADMINISTRACIÓN Y BUENA FE: LA SUJECIÓN DE LA ADMINISTRACIÓN TRIBUTARIA AL ART. 9 CE

Antes de analizar el interés doctrinal de la sentencia del TS de 15 de octubre de 2020[11], la razón por la que este Alto Tribunal

---

10 *Vid.* DELGADO GARCÍA, A.M., "La solicitud de aplazamiento...", ob. cit., pp. 208-209.

11 Sentencia del Tribunal Supremo, Sala de lo Contencioso, Sección 2, del 15 de octubre de 2020, Res. núm. 1309/2020 (Rec. núm. 1652/2019).

encontró en este supuesto interés casacional y su vinculación con el principio de buena administración y buena fe, resulta necesario situarnos en los antecedentes de hecho que la motivaron y que reflejan la práctica administrativa imperante hasta esa fecha por la Administración Tributaria y que ha conllevado a la interpretación jurisprudencial de los arts. 65.5 y 167.3 LGT.

La Administración Tributaria en el año 2006 notifica a un contribuyente tres liquidaciones correspondientes al impuesto sobre sociedades correspondiente a tres ejercicios fiscales, 1999, 2000 y 2001. Tales liquidaciones fueron recurridas en reposición y los recursos fueron expresamente desestimados mediante tres resoluciones de 22 de junio de 2006, notificadas el 23 de junio de 2006. El 5 de julio de 2006 el representante del contribuyente solicita de la Administración tributaria la suspensión de la ejecutividad de los acuerdos de liquidación, aportando las respectivas garantías, avales bancarios, para obtenerla. Mediante acuerdo del Inspector Regional de 14 de julio de 2006 se archiva la petición de suspensión y se devuelven los avales en aplicación del art. 224 LGT y del art. 25 del Real Decreto 520/2005 que la desarrolla, preceptos que disponen que solo cabe la suspensión de la deuda mientras se tramita el recurso de reposición.

Contra dicho acuerdo se interpuso reclamación económico-administrativa y se solicitó la suspensión de su ejecución, pretensión que fue concedida y que determinó que dicha suspensión se prolongara durante toda la tramitación de esa vía y también de la judicial concretamente, durante la tramitación del recurso contencioso-administrativo seguido en la Sala de la Audiencia Nacional y que terminó con sentencia desestimatoria de 17 de mayo de 2012. En fecha 5 julio de 2012, una vez finalizado el período voluntario de pago de la deuda, el contribuyente solicita el aplazamiento de las deudas. La Administración como "respuesta" a dicha solicitud le notifica veinte días después tres providencias de apremio, girándole los recargos correspondientes.

La Administración Tributaria, el TEAR que conocía el procedimiento, el TEAC y la Audiencia Nacional consideraron ajustada a Derecho esta actuación por la razón esencial de que la Ley, concretamente los arts. 167.3.b) y 65.5 LGT, solo contemplan la imposibilidad de dictar providencia de apremio con ocasión de solicitudes de fraccionamiento o aplazamiento del pago de obligaciones tributarias, y hasta que se contestan éstas, cuando las mismas se deducen en período voluntario y no, como aquí ha sucedido, cuando se presentan en período ejecutivo.

La Sentencia de la Audiencia Nacional[12] recurrida señalaba que «*El planteamiento de la demanda se basa en considerar que las consecuencias de pedir el aplazamiento en período voluntario de pago y en vía ejecutiva son las mismas, esto es, las previstas en el artículo 167.3 b) LGT, según el cual no puede dictarse providencia de apremio si se ha presentado solicitud de aplazamiento, fraccionamiento o compensación; pero en dicho precepto se hace referencia a solicitudes presentadas en período voluntario, y no aquellas en las que ya se ha iniciado la vía ejecutiva. Este precepto se encuentra en relación directa con lo dispuesto en el artículo 65.5 LGT que señala que solo la presentación de una solicitud de aplazamiento o fraccionamiento en período voluntario impedirá el inicio del período ejecutivo. Si se presenta en período ejecutivo «la Administración tributaria podrá iniciar o, en su caso, continuar el procedimiento de apremio durante la tramitación del aplazamiento o fraccionamiento. No obstante, deberán suspenderse las actuaciones de enajenación de los bienes embargados hasta la notificación de la resolución denegatoria del aplazamiento o fraccionamiento». En consecuencia, una solicitud de aplazamiento del pago de la deuda no impide la continuación del período ejecutivo, pero sí el remate de bienes embargados mientras no se decida sobre la solicitud. De ahí que resulte indiferente si la solicitud se hizo antes o después de notificarse la providencia de apremio, porque en ambos casos ya se había iniciado el período ejecutivo*».

En vista de los antecedentes de hecho señalados el TS se hizo la pregunta de que si podía considerarse respetuosa con el principio

---

[12] Sentencia de 27 de diciembre de 2018 dictada por la Sala de lo Contencioso-Administrativo (Sección Séptima) de la Audiencia Nacional en el procedimiento ordinario núm. 458/2017.

de buena administración una forma de conducirse de la Hacienda Pública como la que aquí nos ocupa y que ha consistido, como hemos apuntado, en dictar una providencia de apremio, con las consecuencias inherentes a la misma incluido el recargo procedente, sin contestar previamente una solicitud de aplazamiento de la deuda formulada por el contribuyente concluido el período voluntario de pago.

El criterio de la Sala es que el principio de buena administración impide que la Administración tributaria dicte providencia de apremio respecto de deudas tributarias sin contestar previamente las solicitudes de aplazamiento o fraccionamiento del pago de dichas deudas formuladas por el contribuyente, incluso cuando tales solicitudes han sido efectuadas en período ejecutivo de cobro.

Es sabido que el principio de buena administración está implícito en nuestra Constitución, así lo establecen el art. 9.3 CE que institucionaliza en la Carta Magna el principio de legalidad, seguridad jurídica e interdicción de la arbitrariedad de los poderes públicos, el art. 103.1 CE que ordena a la Administración pública a servir con objetividad los intereses generales y actuar con sometimiento pleno a la ley y al Derecho, y el art. 106 CE que habilita a los Tribunales para controlar la potestad reglamentaria y la legalidad de la actuación administrativa, así como el sometimiento de ésta a los fines que la justifican.

Además, el principio de buena administración ha sido positivizado en la Carta de Derechos Fundamentales de la Unión Europea, cuerpo normativo en vigor desde el 1 de diciembre de 2009 junto con el Tratado de Lisboa y legalmente vinculante para todos los países de la Unión Europea, en los arts. 41 y 42. En ellos, se establece el derecho a una buena administración, como aquel que tiene toda persona a que las instituciones y órganos de la Unión traten sus asuntos imparcial y equitativamente y dentro de un plazo razonable.

Este derecho incluye en particular: a) el derecho de toda persona a ser oída antes de que se tome en contra suya una medida individual que le afecte desfavorablemente; b) el derecho de toda persona a acceder al expediente que le afecte, dentro del respeto de los intereses legítimos de la confidencialidad y del secreto profesional y comercial, y c) la obligación que incumbe a la administración de motivar sus decisiones.

Constituye, según la mejor doctrina, un nuevo paradigma del Derecho del siglo XXI referido a un modo de actuación pública que excluye la gestión negligente y arbitraria y no consiste en una pura fórmula vacía de contenido, sino que se impone a las Administraciones públicas, de suerte que el conjunto de derechos que de aquel principio derivan (audiencia, resolución en plazo, motivación, tratamiento eficaz y equitativo de los asuntos, buena fe) tiene, debe tener, plasmación efectiva en las normas jurídicas y lleva aparejado, por ello, un correlativo elenco de deberes plenamente exigible por el ciudadano a los órganos públicos a la hora de resolver los procedimientos administrativos y los consiguientes procesos judiciales que de aquellos se pudiesen derivar[13].

Al respecto se ha pronunciado la doctrina administrativa clásica, destacando principalmente al maestro GARCÍA DE ENTERRÍA, que señaló que si la Administración, sujeto de las relaciones jurídico-administrativas, tiene calidad para producir por sí misma normas jurídicas, no será excepcional que en estas normas se sobrevaloren los intereses propios de la Administración como sujeto, como sucede en el análisis de los procedimientos de aplazamiento y fraccionamiento del pago que estudiamos, o se reflejen en alguna medida, las disfuncionalidades burocráticas que en la Administración inevitablemente alientan. De ahí, que frente a los riesgos propios de una normación burocrática, con sus tendencias negativas, sólo un sistema de principios generales del Derecho resueltamente aplicados por los Tribunales puede restablecer los

---

13 *Vid.* GARCÍA DE ENTERRÍA, E., RAMÓN FERNÁNDEZ, T., *Curso de Derecho Administrativo I*, Thomson Reuters-Civitas, Cizur Menor, 2023

necesarios contenidos de la justicia, que tantas veces es valorada como un simple obstáculo por los administradores[14].

En general, y en el desarrollo de los procedimientos de aplazamiento y fraccionamiento del pago en particular, la posición jurídica de la Administración está en buena medida construida sobre las llamadas potestades discrecionales, que suponen de cierta forma una libertad respecto de los límites establecidos por la Ley. De ahí que el sistema de los principios generales del Derecho entre los que destaca el principio de buena administración y buena fe, se hacen inevitables para que esa libertad no se traduzca en arbitrariedad pura y simple.

Y sobre lo anterior, autores como CALVO ORTEGA y MORENO FERNÁNDEZ han criticado que la redacción que ofrece el art. 44.1 RGR que reza que "*la Administración podrá a solicitud del obligado aplazar o fraccionar el pago de las deudas en los términos previstos en los artículos 65 y 82 de la Ley 58/2003, de 17 de diciembre, General Tributaria*", al emplear el término "podrá" parece dar a entender que puede conceder o denegar con la misma corrección el aplazamiento o fraccionamiento solicitado. Es decir, que es un acto discrecional de la Administración. De ahí, la conflictividad resultante de la aplicación práctica de estos procedimientos tributarios porque la doctrina mayoritaria tajantemente ha señalado que no hay tal discrecionalidad, a la Administración sólo le está permitido verificar si concurren o no en el supuesto concreto de que se trata pero en momento alguno tiene un margen de maniobra que le permite decidir entre varias alternativas igualmente justas o indiferentes jurídicamente, que es lo que implica la discrecionalidad[15].

---

14 *Vid.* GARCÍA DE ENTERRÍA, E., RAMÓN FERNÁNDEZ, T., *Curso de Derecho Administrativo I,* Thomson Reuters-Civitas, Cizur Menor, 2023, pp. 107-114.

15 En este sentido *vid.* CALVO ORTEGA, R., "Aplazamiento y fraccionamiento...", ob. cit., p. 241; MORENO FERNÁNDEZ, J.I., *El aplazamiento en...,* pp. 77 y ss. En igual sentido, *vid.* MERINO JARA, I., "Aplazamien-

Como consecuencia de lo anterior, la normativa tributaria que rige los procedimientos de aplazamiento y fraccionamiento del pago incorpora cada vez mayor número de disposiciones en las que alientan, o directamente se recogen, efectos favorables para el obligado, no ya como mera excepción, sino como normas generales que contribuyen a definir el régimen jurídico de un determinado instituto, y el conjunto de las cuales viene procurando un cierto reequilibrio en las posiciones respectivas entre Administración y obligado, con motivo de la aplicación de los tributos[16]. Sin embargo, la opinión del carácter discrecional de la potestad de aplazamiento o fraccionamiento del pago por parte de la Administración tributaria ha perdurado entre los criterios interpretativos de la propia Administración e incluso después de las reformas normativas en el ámbito de nuestros Tribunales.

Reflejo de lo anterior es el caso que analizamos, donde ha sido el TS el que ante el fallo de los órganos de recaudación de la Administración tributaria, del TEAR, del TEAC y de la Audiencia Nacional ha tenido que posicionarse en defensa de los derechos del contribuyente que se desprenden del respeto e implementación del principio de buena administración y buena

---

to y fraccionamiento de pago en el Reglamento General de Recaudación", en *Nueva Fiscalidad,* núm. 11, 2006, pp. 9-66, donde señala que "Ha desaparecido del nuevo RGR la referencia a la discrecionalidad que se contenía en el artículo 48.1 del Reglamento de 1990 que establecía que 'podrán aplazarse o fraccionarse el pago de la deuda tanto en período voluntario como ejecutivo, previa petición de los obligados, cuando su situación económico-financiera, *discrecionalmente apreciada por la Administración,* les impida efectuar el pago de sus débitos'. Al respecto, la SAN de 26 de junio de 2005 [...] [y] la STSJ de Cataluña de 15 de diciembre de 2005 [...]. Ahora bien, el hecho de que ahora no se haga referencia a la discrecionalidad no debe interpretarse como que todas las potestades son todas regladas. Realmente el aplazamiento era y sigue siendo un acto administrativo complejo con una pluralidad de partes, unas regladas y otras discrecionales".

16 *Cfr.* LOZANO SERRANO, C., *Aplazamiento y fraccionamiento de los ingresos tributarios,* Aranzadi, Pamplona, 1997, p. 43 y ss.

fe. Así, nos recuerda que los principios generales del Derecho y particularmente del Derecho Administrativo del que no escapa la Administración tributaria al estar inserta dentro del Derecho Público, tienen un carácter básico, en sentido ontológico, no sólo lógico, como soportes primarios estructurales del sistema entero del ordenamiento jurídico que se conformó con la Constitución de 1978, al que por ello prestan todo su sentido. Son "generales" por lo mismo, porque trascienden de un precepto o materia concreta y organizan y dan sentido a todo el ordenamiento jurídico. Son fórmulas técnicas del mundo jurídico y no simples criterios morales, o menos aún, buenas intenciones o vagas e imprecisas directivas[17].

Al respecto debemos recordar la Sentencia del Tribunal Constitucional (TC) de 2 de febrero de 1981 y las del TS entre las que destacan la Sentencia de 30 de abril de 1988 y de 16 de mayo de 1990, que señalan que los principios generales del Derecho incluido el principio de buena administración y buena fe son "*la*

---

[17] *Vid.* GARCÍA DE ENTERRÍA, E., RAMÓN FERNÁNDEZ, T., *Curso de Derecho...*, ob. cit., p. 113 donde los autores nos recuerdan que "[...] la relevancia normativa de la Constitución, en todos y cada uno de los preceptos y, por su sistema mismo de valores fundamentales, implica necesariamente un juego resuelto de esos valores (y especialmente de aquellos que se proclaman expresamente como 'superiores': art. 1.1) como principios generales de la totalidad del ordenamiento, en cuanto principios básicos de éste y criterios que ordenan y presiden toda su aplicación. Así pues, una buena parte de los principios generales del derecho han quedado hoy constitucionalizados y con ello dotados de la superioridad normativa formal que la Constitución implica. Es, por ello, un hecho en todos los países en que el valor normativo de la Constitución se desarrolla y se afina a través de la justicia constitucional, que todos los sectores del ordenamiento y de manera muy especial del Derecho Público (y en él su cuerpo más ordinario, el Derecho Administrativo [y el más especial, el Derecho Financiero y Tributario]), ven cerrada su tendencia inercial al puro legalismo para ordenarse finalmente sobre un juego resuelto de principios generales, o expresos en la Constitución o derivados de ella, en un proceso de constante afinamiento de los fundamentos básicos de las reglas positivas".

atmósfera en que se desarrolla la vida jurídica, el oxígeno que respiran las normas y que penetra por eso tanto su interpretación como su propia aplicación, que han de ajustarse necesariamente a ellos [de ahí que] tales principios informen las normas [...] y que la Administración esté sometida no sólo a la Ley, sino también al Derecho —art. 103.1 de la Constitución— y si tales principios inspiran la norma habilitante que atribuye una potestad a la Administración, esa potestad ha de actuarse conforme a las exigencias de los principios".

Señala el TS en la Sentencia de 15 de octubre de 2020 que analizamos, que dentro de los procedimientos de aplazamiento y fraccionamiento del pago está de forma indiscutible uno de esos deberes, el de dar respuesta motivada a las solicitudes que los ciudadanos formulen a la Administración y a que las consecuencias que se deriven de las actuaciones administrativas, especialmente cuando las mismas agraven la situación de los interesados o les imponga cargas (incluso si tienen la obligación de soportarlas), sean debidamente explicadas y no solo por razones de pura cortesía, sino para que el administrado pueda desplegar las acciones defensivas que el ordenamiento le ofrece garantizándose su derecho fundamental a la tutela jurídica efectiva. Además de implicar el cumplimiento del art. 9 CE en concreto su apartado 3 que consagra la interdicción de la arbitrariedad de los poderes públicos.

Las exigencias del principio de buena administración al que antes hemos hecho referencia y del principio de buena fe que debe presidir las relaciones entre la Administración y los ciudadanos abonan, además, una interpretación que acentúe la diligencia en el actuar administrativo y también la deferencia y el respeto con los que las autoridades y empleados públicos deben tratar a los ciudadanos. Derechos que no compatibilizan muy bien con una resolución administrativa de apremio que se dicta sorpresivamente, sin haber dado siquiera trámite a la petición de aplazamiento de las deudas tributarias que se apremian.

En definitiva, ante la falta de regulación expresa del procedimiento de aplazamiento de la deuda solicitado en período ejecutivo pero antes de dictarse providencia de apremio, el TS entendió que los principios de buena administración y buena fe obligan a una solución como la indicada, a lo que debe añadirse que el criterio opuesto podría llevar a resultados poco respetuosos con los principios de igualdad y de proporcionalidad, pues haría de idéntica condición a un obligado tributario que, aunque no paga, muestra su clara disposición a hacerlo en condiciones legalmente más favorables aplazando o fraccionando la deuda, que a aquel otro que niega expresa o tácitamente su abono. Por consiguiente, la Administración tributaria no puede iniciar el procedimiento de apremio respecto de una deuda tributaria sin analizar y dar respuesta motivada a la solicitud de aplazamiento (o fraccionamiento del pago) efectuada por el contribuyente en relación con esa misma deuda, incluso si tal solicitud se efectúa cuando la deuda se encuentra en período ejecutivo[18].

Es más, en pronunciamientos anteriores de este Alto Tribunal que parten de la Sentencia de 20 de junio de 2003, dictada en el recurso de casación núm. 7941/1998 (y que se han repetido en numerosas ocasiones) se señala que las solicitudes de aplazamiento o fraccionamiento de deudas aún no apremiadas «*incorporan una voluntad inequívoca de pago de la deuda pero en las condiciones de aplazamiento o fraccionamiento que, a tenor de la normativa vigente, acuerde la Administración Tributaria*», de manera que tales peticiones «*implicarían per se la suspensión preventiva del ingreso y en*

---

18 En el punto tercero apartado 7 de la Sentencia que analizamos señala que el propio abogado del Estado parece coincidir con la tesis expuesta al afirmar —en la página dieciséis de su escrito de oposición— lo siguiente: "[...] Pudiera declararse que los principios de buena fe y buena administración pueden permitir que el Tribunal de instancia, en consideración a las circunstancias de cada caso concreto (a valorar por los tribunales de instancia) pudiera resolver que en un determinado o determinados supuestos la solicitud de aplazamiento/fraccionamiento del interesado respecto a liquidación tributaria en fase ejecutiva pudiera suspender también la emisión de providencia de apremio (con recargos) cuando todavía no se hubiera resuelto por la Administración Tributaria en plazo razonable la solicitud de aplazamiento/fraccionamiento".

consecuencia la imposibilidad de dictar providencia de apremio». Es cierto que tales decisiones se referían a solicitudes efectuadas junto con autoliquidaciones tributarias sin ingreso fuera del período de pago voluntario, lo cual difiere del supuesto ahora analizado, tal diferencia empero no altera la solución que el Tribunal sabiamente da a la cuestión litigiosa que analizamos, sobre todo si se analiza la misma desde la perspectiva de los principios de buena administración y buena fe que imposibiltan apremiar una deuda sin dar respuesta a una solicitud previa de aplazamiento efectuada por el contribuyente en los términos que la ley le autoriza.

4. LOS EFECTOS DEL CAMBIO DE DOCTRINA DEL TRIBUNAL SUPREMO EN LOS PROCEDIMIENTOS DE APLAZAMIENTO Y FRACCIONAMIENTO DEL PAGO Y APREMIO Y SU ALCANCE AL TEAC

El interés casacional del TS en la Sentencia de 15 de octubre de 2020 que analizamos, ha implicado el cambio de doctrina también en los tribunales administrativos, en concreto en el TEAC en su Resolución de 16 de marzo de 2021 y más recientemente en la Sentencia de 18 de julio de 2022.

La reciente resolución del Tribunal Económico Administrativo Central de 18 de julio de 2022 (3453-2019), se refiere al impedimento de que la Administración tributaria dicte providencia de apremio respecto de deudas tributarias sin contestar previamente las solicitudes de aplazamiento o fraccionamiento de dichas deudas formuladas por el contribuyente, incluso cuando tales solicitudes han sido efectuadas en período ejecutivo de cobro, reiterando lo ya establecido en resoluciones anteriores del mismo órgano y del propio Tribunal Supremo. Basado en este pronunciamiento, el TEAC, remitiéndose a su resolución del 16 de marzo de 2021 (4757/2018) expone que "*Este Tribunal tiene el criterio de considerar que aunque la solicitud de aplazamiento se haya formulado en período ejecutivo, tal solicitud tiene efectos suspensivos, no pudiéndose notificar la providencia de apremio hasta tanto la Administración no resuelva expre-*

samente sobre su solicitud, toda vez que así se ha pronunciado el Tribunal Supremo en Sentencia de 15/10/2020 [...]. *Así las cosas, no resultó procedente que la Administración iniciase el procedimiento de apremio estando pendiente de resolver la solicitud de aplazamiento, aunque ésta se hubiese presentado en periodo ejecutivo, lo que nos lleva a anular las providencias de apremio impugnadas.* [...]".

5. REFLEXIONES FINALES

Estas resoluciones tanto del TS como del TEAC aclaran cuestiones importantes. Primero reiteran la improcedencia de iniciar procedimiento de apremio estando pendiente de resolver la solicitud de aplazamiento, es decir, la petición de solicitud de un aplazamiento o fraccionamiento de pago suspende la emisión de la providencia de apremio hasta tanto no se pronuncie el órgano de recaudación. Y en segundo lugar, que las exigencias del principio de buena administración y del principio de buena fe que debe presidir las relaciones entre la Administración y los ciudadanos abonan, además, una interpretación que acentúe la diligencia en el actuar administrativo y también la deferencia y el respeto con los que las autoridades y empleados públicos deben tratar a los ciudadanos y que se establecen en el art. 13 de la actual Ley 39/2015 del Procedimiento Administrativo Común. Derechos que no se compadecen muy bien con una resolución administrativa que se dicta sorpresivamente, sin haber dado siquiera trámite a la petición de aplazamiento de las deudas que se apremian.

Además, estos pronunciamientos jurisprudenciales nos recuerdan los orígenes de nuestra disciplina y de nuestra Hacienda Pública, y nos reiteran lo que ya apuntaba el TS en anteriores pronunciamientos contencioso administrativos sobre la improcedencia de una Administración pública y sobre todo de la Administración tributaria de actuar de forma arbitraria, de iniciar un procedimiento de apremio que supone la imposición de una carga gravosa para el obligado tributario estando pendiente de resolver una solicitud realizada por el administrado sin que eso suponga quebrantar uno de los principios esenciales de Derecho Administrativo y en definitiva del Estado de Derecho que consagra nuestra Constitución, el principio de buena administración y la interdicción de la arbitrariedad de los poderes públicos.

6. REFERENCIAS BIBLIOGRÁFICAS

CALVO ORTEGA, R., "Aplazamiento y fraccionamiento del pago", en CALVO ORTEGA, R. (Dir.) y TEJERIZO LÓPEZ, J.M. (Coord.) *Los nuevos reglamentos tributarios,* Thomson-Civitas, Cizur Menor, 2006, pp. 239-270.

DELGADO GARCÍA, A.M., "El aplazamiento y fraccionamiento de las deudas tributarias como instrumento para el mantenimiento de las empresas", en *Quincena Fiscal,* ISSN 1132-8576, núm.17, 2021, pp. 53-78.

— "La solicitud de aplazamiento y fraccionamiento del pago de las deudas tributarias", en DELGADO GARCÍA, A.M. (Dir.) *El mantenimiento y continuidad de la empresa y de su actividad desde la perspectiva legal y fiscal", Aranzadi, Cizur Menor, 2022, pp. 205-232.*

GARCÍA DE ENTERRÍA, E., RAMÓN FERNÁNDEZ, T., *Curso de Derecho Administrativo I,* Thomson Reuters-Civitas, Cizur Menor, 2023.

JIMÉNEZ FERNÁNDEZ-AHUJA, C., "El aplazamiento y fraccionamiento del pago de deudas tributarias: últimas modificaciones", en *Diálogos jurídicos.: Anuario de la Facultad de Derecho de la Universidad de Oviedo,* ISSN 2445-2688, núm. 3, 2018, pp. 223-246.

LOZANO SERRANO, C., *Aplazamiento y fraccionamiento de los ingresos tributarios,* Aranzadi, Pamplona, 1997.

MARTÍN JIMÉNEZ, F.J., "Aplazamiento y fraccionamiento de pago de deudas tributarias: criterio administrativo", en *Revista de información fiscal,* ISSN 1576-4133, núm. 107, 2012, pp. 11-67.

MERINO JARA, I., "Aplazamiento y fraccionamiento de pago en el Reglamento General de Recaudación", en *Nueva Fiscalidad,* ISSN 1696-0173, núm. 11, 2006.

— "Las garantías en el aplazamiento y el fraccionamiento del pago", en *Anuario de la Facultad de Derecho,* ISSN 0213-988-X, vol. XXV, 2007, pp. 13-27.

MORENO FERNÁNDEZ, J.I., *El aplazamiento en el pago de los tributos,* Lex Nova, 1996.

SÁNCHEZ LÓPEZ, M.E., "Algunas consideraciones acerca del aplazamiento y fraccionamiento de los ingresos tributarios", en *Crónica Tributaria,* ISSN 0210-2919, núm. 102, 2002, pp. 79-95.

SERRANO ANTON, F., "El aplazamiento o fraccionamiento del pago en el Impuesto sobre Sucesiones y Donaciones", en *Revista de Derecho Financiero y Hacienda Pública,* núm. 223, 1993, pp. 115-154.

— "Aplazamiento y fraccionamiento de deudas tributarias en situación de concurso de acreedores", en *Revista de derecho concursal y paraconcursal: Anales de doctrina, praxis, jurisprudencia y legislación,* ISSN 1698-4188, núm. 27, 2017, pp. 161-173.

Capítulo 10

El principio de ¿buena administración? en el inicio del procedimiento sancionador ante la pendencia de liquidación en sede inspectora[1]

GUILLERMO SÁNCHEZ-ARCHIDONA HIDALGO
Profesor Titular de Derecho Financiero y Tributario
Universidad de Málaga

1. PLANTEAMIENTO DEL PROBLEMA: UN *MODUS OPERANDI*[2] CUESTIONABLE, RATIFICADO POR EL TS

El principio de buena administración (en adelante, PBA) se ha erigido en la piedra angular —y refugio, en muchos casos—

---

1 Este estudio se enmarca en el proyecto de investigación "*La protección de los derechos y garantías de los contribuyentes ante el uso de la inteligencia artificial por la Administración tributaria*" (PID2022-136638OB-I00), concedido por el Ministerio de Ciencia e Innovación, cuyo IP es el propio autor. Además, tiene su origen en la ponencia impartida en la jornada dirigida por el profesor Rafael Sanz Gómez el 19 de mayo de 2023 en la UNED, titulada: ''El principio de buena administración en la jurisprudencia del Tribunal Supremo".

2 Nota sobre el empleo del término ''modus operandi": aunque coloquialmente se utilice para designar principalmente, actividades ilícitas,

para intentar salvaguardar los derechos y garantías de los administrados en las actuaciones ante los órganos de la Administración tributaria en el ejercicio de sus potestades; más si cabe en estos últimos años, en los que ha adquirido una importancia y relevancia nunca vistas.

La construcción jurisprudencial de este, llámese, principio, meta-principio, canon hermenéutico o criterio de actuación, sobre el que la doctrina más notable se ha pronunciado en numerosas ocasiones y a la que nos remitimos —por no ser objeto de este estudio[3] su configuración dogmática—ha descendido desde su configuración en el art. 41 de la Carta de Derechos Fundamentales de la Unión Europea (CDFUE) y el art. 6 del Convenio Europeo de Derechos Humanos (CEDH), hasta su adaptación y alegación por los tribunales de justicia (en especial, por el Tribunal Supremo, TS en adelante) como un instrumento útil en manos de los contribuyentes para reconducir a la legalidad los actos administrativos dictados por la Administración tributaria.

En realidad, sea como fuere, la construcción conceptual, material, requisitos de aplicación y límites se ha perfilado en estos últimos años en varias Sentencias del TS (STS); como también es cierto que se ha perfilado su contenido cuando, a la luz de un asunto en ciernes, no ha sido ''invocado" o ''incluido" por el citado tribunal en su *ratio decidendi.*

En el caso que tratamos, nos planteamos, en un tono evidentemente sarcástico, si existe o no el principio de buena administración en el marco del procedimiento sancionador tributario,

---

proviene del latín, y significa, literalmente, ''modo de operar", ratificado por la Real Academia Española (RAE). En este sentido lo emplearemos, sin más.

3 Para más detalle, véanse los estudios recogidos en LUCHENA MOZO, G., y SÁNCHEZ LÓPEZ, E., (Dir.) *La proyección de la buena administración sobre los procedimientos de aplicación de los tributos,* Tirant lo Blanch, Valencia, 2023; y el resto de los capítulos que componen la obra en la que se enmarca nuestro estudio.

dejando el análisis de su proyección en los diferentes procedimientos de aplicación de los tributos para otros estudios, entre ellos, los contenidos en esta obra colectiva.

Partiendo de la premisa, nada original por otra parte, pero plenamente pacífica entre la doctrina, de que no se ha producido la separación material, que sí formal, de los procedimientos inspector y sancionador desde la entrada en vigor de la Ley 1/1998, de 26 de febrero, *de Derechos y Garantías de los Contribuyentes,* hace ya algún tiempo asistimos a un pronunciamiento del TS que, implícitamente, vino a confirmar la ilusión de que dicha separación podía producirse: nos referimos a la STS de 23/07/2020, rec. 1993/2019 (*Tol 8.037.311*)[4], donde, *grosso modo,* se clarificó que es posible iniciar un procedimiento sancionador sin que exista la propuesta de regularización en sede del procedimiento inspector. Es decir, se permite que, sin siquiera tener la certeza de la regularización a practicar, o si procede o no, iniciar un procedimiento donde se debe demostrar el *animus defraudandi* cometido en un procedimiento de aplicación de los tributos.

El disparate jurídico-tributario es mayúsculo; y el perjuicio, desde el punto de vista de las garantías de los contribuyentes, definitivo. Esta situación ha derivado en el aprovechamiento (consentido) de los deberes de colaboración *ex* art. 93 LGT como instrumento de recopilación de pruebas de cargo que posteriormente serán usados en procedimientos sancionadores. Así sucede cuando, en la gran mayoría de ocasiones, se abre un procedimiento sancionador en una situación de pendencia de una propuesta de liquidación o del propio acuerdo de regularización de operaciones, donde el contribuyente no dispone de la ampliación de garantías aplicables en sede penal (que como sabemos, se aplica, o se adelanta, con matices, en sede administrativa)[5].

---

4 Criterio reiterado, lógicamente, en otra inmediatamente posterior, como es la STS de 05/11/2020, rec. 2004/2019 (*Tol 8. 208. 960*).

5 Véase un trabajo nuestro anterior en SÁNCHEZ-ARCHIDONA, G., ''El derecho a la no autoincriminación y el deber de colaborar con la Ha-

De este modo, existe un salvoconducto para que la Administración tributaria y, en concreto, su personal inspector, obtenga información al amparo del deber general de colaboración tributaria, so advertencia de infracción, cuyos datos serán pruebas de cargo en sede sancionadora, con un evidente menoscabo de las garantías tributarias para los obligados, y en definitiva, sin respetar la jurisprudencia del TEDH en materia del principio de no autoincriminación en materia tributaria (al amparo del art. 6 CEDH)[6].

Esta situación, confirmada desde la analizada STS de 23/07/2020, rec. 1993/2019 (*Tol 8.037.311*) no ha hecho más que empeorar, escenificando un *modus operandi* de la Administración francamente mejorable en cuanto al respeto del principio de buena administración.

Centrando la cuestión, sería la siguiente: ¿cómo se puede compartir que el propio personal de la Administración, sin saber si la conducta es o no constitutiva de una infracción tributaria, y sin siquiera haber regularizado la operación de la que trae causa, abra un procedimiento sancionador que avanza, a todas luces, el parecer de la propia Administración sobre esta operación y que prácticamente sanciona preventivamente al obligado antes de dictar liquidación definitiva del procedimiento de aplicación de los tributos?

Pues bien, esta y otras cuestiones conexas serán analizadas en las siguientes líneas, siempre en consonancia con lo que la doctrina y jurisprudencia han sistematizado en torno al llamado principio de buena administración.

---

cienda" en MERINO JARA, I., (Dir.) y VÁZQUEZ DEL REY VILLANUEVA, A., y SUBERBIOLA GARBIZU, I., (Coord.) *La protección de los derechos fundamentales en el ámbito tributario*, Wolters Kluwer (La ley), 2021, pp. 525-556.

6 Véanse las Sentencias del Tribunal Europeo de Derechos Humanos (SSTEDH) de 25/02/1993 (*Funke contra Francia*); 24/02/1994 (*Bendenoun contra Francia*); de 17/12/1996 (*Saunders contra Reino Unido*); de 03/05/2001 (*J. B. contra Suiza*); 21/07/2009 (*Martinen contra Finlandia*); de 05/04/2012 (*Chambaz contra Suiza*).

2. EL CRITERIO JURISPRUDENCIAL ASENTADO EN LA ÍNCLITA STS DE 23 DE JULIO DE 2020

Decíamos anteriormente que la citada STS de 23/07/2020, rec. 1993/2019 (*Tol 8.037.311*) supuso un punto de referencia en la concepción de los procedimientos tributarios y vino a ratificar la mera separación formal entre los procedimientos inspector y sancionador. A riesgo de ser exhaustivos, conviene mencionar brevemente los fundamentos que llevaron a tal afirmación, siendo cuestión con interés casacional:

— Primero, ''*Determinar si la Administración tributaria está legalmente facultada para iniciar un procedimiento sancionador tributario antes de haberse dictado y notificado el acto administrativo de liquidación, determinante del hecho legalmente tipificado como infracción tributaria —en los casos en que se sancione el incumplimiento del deber de declarar e ingresar correctamente y en plazo la deuda tributaria u otras infracciones que causen perjuicio económico a la Hacienda Pública—, teniendo en cuenta que la sanción se cuantifica en estos casos en función del importe de la cuota liquidada, como un porcentaje de ésta*'';

— Y segundo, ''*Precisar si el artículo 209.2, párrafo primero, de la LGT, debe interpretarse en el sentido de que, al prohibir que los expedientes sancionadores que se incoen como consecuencia de un procedimiento de inspección —entre otros—puedan iniciarse una vez transcurrido el plazo de tres meses desde que se hubiese notificado o se entendiese notificada la correspondiente liquidación o resolución, han de partir necesariamente de tal notificación como dies a quo del plazo de iniciación, sin que por ende sea legítimo incoar tal procedimiento antes de que tal resolución haya sido dictada y notificada a su destinatario*».

Si bien pudiera parecer que tratamos dos cuestiones distintas, en realidad, se puede sintetizar en lo siguiente: discernir si el art. 209.2 LGT autoriza a la Administración tributaria a iniciar un procedimiento sancionador antes de haber resuelto el procedimiento inspector (mediante el oportuno acto de liquidación) del que trae causa.

Recordemos la dicción literal del (anterior) art. 209.2 LGT: *"Los procedimientos sancionadores que se incoen como consecuencia de un procedimiento iniciado mediante declaración o de un procedimiento de verificación de datos, comprobación o inspección no podrán iniciarse respecto de la persona o entidad que hubiera sido objeto del procedimiento una vez transcurrido el plazo de tres meses* [actualmente, seis] *desde que se hubiese notificado o se entendiese notificada la correspondiente liquidación o resolución".*

Al efecto, el TS, en la ST analizada, sobre la base de la falta de prohibición expresa del tenor literal de la norma a iniciar el procedimiento sancionador con posterioridad al acto de liquidación en sede inspectora, entiende que (F.J.3°) "… *El artículo 209.2 LGT, por consiguiente, no establece —para ningún tipo de infracción tributaria— que el procedimiento sancionador solo pueda instruirse después de que se haya dictado la liquidación de la que trae causa".*

Y es más, incide en la idea del siguiente modo: "… *Pero existen preceptos reglamentarios de los que bien podría inferirse que dicho procedimiento puede iniciarse sin que se haya practicado aún la liquidación",* apoyándose en el contenido de los arts. 22.4 y 25 RGRST[7], llegan-

---

7 Recordemos, en los siguientes términos, la dicción del art. 22.4: "… *se iniciarán tantos procedimientos sancionadores como propuestas de liquidación se hayan dictado, sin perjuicio de los que hayan de iniciarse por las conductas constitutivas de infracción puestas de manifiesto durante el procedimiento y que no impliquen liquidación". Y por su parte, el artículo 25 RGRST señala que "… se iniciarán tantos procedimientos sancionadores como actas de inspección se hayan incoado , sin perjuicio de los que hayan de iniciarse por las conductas constitutivas de infracción puestas de manifiesto durante el procedimiento inspector y que no impliquen liquidación*"; y que "…*cuando el inicio y la tramitación del procedimiento sancionador correspondan al mismo equipo o unidad que haya desarrollado o esté desarrollando las actuaciones de comprobación e investigación , la propuesta de resolución podrá suscribirse por el jefe del equipo o unidad o por el funcionario que haya suscrito o vaya a suscribir las actas*".

do a la conclusión de que "... *De ambos preceptos reglamentarios se infiere que el inicio del procedimiento sancionador puede producirse cuando el expediente de gestión o de inspección se encuentra todavía en fase de instrucción y se están llevando a cabo actuaciones de comprobación o de investigación, sin que, en ningún momento, esté previsto que sea precisa la previa notificación a la persona o entidad «presuntamente responsable» de la liquidación tributaria de la que el procedimiento sancionador trae causa para que este pueda iniciarse"*.

Además, en cuanto al sistema de garantías reforzadas que impera en el procedimiento sancionador, el TS concluyó que (F.J.4ª): ''... *estas circunstancias concurren en todos aquellos casos en los que, habiéndose iniciado el procedimiento sancionador tributario por la supuesta comisión de una infracción tributaria de perjuicio económico antes de haberse dictado y notificado el acto administrativo de liquidación con el que finaliza el procedimiento inspector, y pudiendo existir, en consecuencia, cierta indeterminación inicial en la formulación de la acusación, los hechos antijurídicos atribuidos al obligado tributario, su calificación jurídica, y la sanción que corresponde imponer se concretan posteriormente por parte de la Administración en el expediente sancionador, concreción que bien puede producirse en la propuesta de resolución sancionadora a que se refieren los artículos 210.4 LGT y 23.5 RGRST, que, de conformidad con estos mismos preceptos, deberá ir sucedida del correspondiente trámite de alegaciones de quince días durante los cuales el interesado 'podrá alegar cuanto considere conveniente y presentar los documentos, justificantes y pruebas que estime oportunos', mediante el cual se materializaría, en estos casos, y en último término, el ejercicio del derecho de defensa"*; y en resumen, que el derecho a no autoincriminarse no se ve coartado por la iniciación de un procedimiento sancionador previo a la finalización de otro de aplicación de los tributos.

En resumidas cuentas, el criterio contenido en esta STS vino a bendecir ese *modus operandi* habitual de los órganos de la Administración tributaria y a consolidar la automaticidad en la imposición de sanciones que impera en nuestro actual sistema de relaciones entre la Administración y los administrados.

3. ¿LAGUNA O INTERPRETACIÓN LITERAL DE LA NORMA? SOBRE EL 208 Y 209 LGT Y LA ATRIBUCIÓN DE POTESTADES

A la vista de lo brevemente resumido, por razones de la limitación en la extensión, en el apartado anterior, sobre el criterio contenido en la STS de 23/07/2020, rec. 1993/2019 (*Tol 8.037.311*)[8], es obligado realizar una crítica (vamos a decir, constructiva) sobre el que a nuestro juicio es un razonamiento, digamos, correcto jurídicamente, pero indeseable desde la propia lógica y dogmática jurídica.

Para ello, vamos a responder a la cuestión planteada en el enunciado: ¿se trata, en este asunto, de una laguna normativa del 209.2 en conexión con el 208 LGT, que simplemente no delimita el momento procesal adecuado para el inicio del procedimiento sancionador, o que el TS en la STS analizada ha realizado una interpretación literal de la norma que conlleva resultados injustos desde el punto de vista del procedimiento sancionador y del principio de buena administración?

Como bien recoge el magistrado Navarro Sanchís en el voto particular formulado en el Auto del TS 6020/2020, de 29/07/2020 (rec. 1993/2019) frente al sentir mayoritario recogido en la STS de 23/07/2020, rec. 1993/2019 (*Tol 8.037.311*) y que compartimos, la Administración únicamente podrá actuar allí donde la ley le habilite expresamente a hacerlo; es decir, las potestades, en Derecho administrativo, para la Administración, siempre son explícitas, al contrario de lo que supone entre los particulares en sus relaciones jurídicas.

De este modo, si un precepto, como es el 209.2 LGT no prohíbe expresamente a la Administración actuar de un modo determinado, no quiere ello decir que se lo esté permitiendo implícitamen-

---

8 Ratificado, lógicamente, en otras posteriores, como entre otras: SSTS de 05/11/2020 (rec. 2004/2019) y de 26/01/2021 (rec. 5758/2019).

te. Y dice el magistrado una frase demoledora, lúcida y plena de sentido jurídico: ''... *Un procedimiento que se abre como consecuencia de otro del que deriva o trae causa no puede suponer otra cosa que ésta: que el inicio del segundo, lógica y cronológicamente, requiere la finalización del primero, pues el término procedimiento tiene una significación bien precisa, y entraña una serie lógica de actos reglados de trámite que conducen a una decisión final, la cual corona y justifica el procedimiento, sin el cual tales actos carecen de sentido".*

Y es verdad: en el procedimiento sancionador, por más que el procedimiento formalmente *ex* art. 208 LGT se configure como separado a los de aplicación de los tributos, en el caso enunciado en el art. 209.2 LGT, trae causa de uno previo de inspección, en el que se debe esgrimir y fijar la conducta típica y el presunto perjuicio económico ocasionado a la Hacienda pública.

En el caso analizado, se trata de una laguna normativa quizá no prevista por el legislador, aunque por un motivo: la lógica jurídico-técnica de los procedimientos tributarios impone, por sentido común, terminar primero un procedimiento, para después iniciar otro del que trae causa el anterior. Interpretar el 209.2 LGT de la manera que se recogió en la STS de 23/07/2020, rec. 1993/2020 (*Tol 8.037.311*), es permitir a la Administración tributaria aprovecharse de la duda normativa que genera la dicción del texto legal en perjuicio de los administrados: *in dubio pro fisco.*

Principalmente, por los intereses en juego en el procedimiento sancionador y por la necesidad de prestar especial diligencia a las garantías tutelables, desde el punto de vista, fundamentalmente, del derecho a no autoincriminarse (*nemo tenetur se ipsum prodere*)[9] que bajo esta interpretación, permitida por el TS, en la que además de ratificar el *modus operandi* habitual de los órganos de la Administración, le permite la coexistencia de dos procedimientos en el que al amparo de uno (aplicación de los tributos) se

9 *Vid.* SÁNCHEZ-ARCHIDONA, G., ''El derecho a la no autoincriminación y el deber de colaborar con la Hacienda...", ob. cit., p. 534.

les requiere información *ex* art. 93 LGT para servir de prueba de cargo en otro posterior que ya sí supone una acusación en materia penal (sancionador tributario).

4. ¿QUÉ PAPEL TIENE EL PBA DESDE EL PUNTO DE VISTA DE LA NATURALEZA Y OBJETO DEL PROCEDIMIENTO SANCIONADOR?

Estudiado lo anterior, es conveniente ponerlo en relación con el principio de buena administración, más concretamente, desde la naturaleza y objeto del procedimiento sancionador en materia tributaria a la luz de la reciente jurisprudencia relevante. Eso sí, siempre tomando nuestra premisa como punto de partida, que a riesgo de evadirnos, es: la posibilidad de iniciar un procedimiento sancionador sin haber finalizado uno anterior de aplicación de los tributos del que trae causa.

Como bien es sabido, y sobre el procedimiento sancionador no vamos a descubrir nada nuevo, puesto que existe doctrina reciente más autorizada al respecto que ya lo ha hecho[10], nos encontramos ante un procedimiento en el que se tutelan unas garantías muy distintas a las que se despachan en los de aplicación de los tributos: mientras que en estos últimos se persigue la satisfacción del art. 31.1 CE, es decir, el sostenimiento de los gastos públicos de acuerdo a los principios constitucionales, en el procedimiento sancionador se ejerce el *ius puniendi* del Estado, y por ello, se trata del castigo o represión por, precisamente, no haber aportado (a juicio de la Administración) lo suficiente o haberlo hecho de un

10 *Vid.* entre otros, los estudios de ALMUDÍ CID, J.M.: *Garantías del contribuyente en el procedimiento sancionador tributario,* Tirant lo Blanch, Valencia, 2022; MORENO GONZÁLEZ, S.: "La buena administración en el ejercicio de la potestad sancionadora tributaria", en LUCHENA MOZO, G., y SÁNCHEZ LÓPEZ, E., (Dir.) *La proyección de la buena administración sobre los procedimientos de aplicación de los tributos,* Tirant lo Blanch, Valencia, 2023, pp. 267 y ss.

modo incorrecto, que es lo que se ventila en los procedimientos de aplicación de los tributos.

Por ello, como bien se ha afirmado hasta la saciedad por parte tanto de los tribunales supranacionales como por nuestro TC y TS[11], se trata de un procedimiento en el que se ejerce una acusación en materia penal, y ya no impera el deber general de colaboración *ex* art. 93 LGT, de ahí que algunas fases procedimentales como, por ejemplo, el trámite de audiencia devenga fundamental para entender que se ha respetado el procedimiento con todas las garantías.

Dicho esto, e insistimos, es solo una breve pincelada que nos ayuda a contextualizar, el PBA se encuentra, podemos decir, más ''desarrollado" en otros asuntos que específicamente en el que tratamos, y mencionamos algunos ejemplos recientes[12]:

— Acerca del *principio de regularización íntegra*, donde la STS de 17/09/2020, rec. 325/2019 (*Tol8. 091.146*) es la referencia.

---

11 Véanse, en nuestra jurisprudencia constitucional, las Sentencias del Tribunal Constitucional (SSTC) 76/1990, de 26 de abril; 18/2005, de 1 de febrero; 147/2009, de 15 de junio; y 54/2015, de 16 de marzo. Y por parte de la jurisprudencia casacional, véanse las recientes SSTS 1075/2020, de 23 de julio, y 1161/2020, de 15 de septiembre.

12 Para más detalle, véanse los estudios de MARÍN-BARNUEVO FABO, D.: ''El principio de buena administración en materia tributaria", *Revista Española de Derecho Financiero*, núm. 186, 2020, (versión online); CASAS AGUDO, D.: ''Derecho a una buena administración y ordenamiento tributario", *Nueva Fiscalidad*, monográfico Derechos fundamentales y tributación, 2020, pp. 61-101; ÁLVAREZ MARTÍNEZ, J.: ''El principio de buena administración como nuevo paradigma jurídico y su aplicación en el ámbito tributario: régimen normativo, naturaleza jurídica y contenido", *Nueva Fiscalidad*, núm. 1, 2022, pp. 23-66; CARRASCO GONZÁLEZ, F.: ''El principio de buena administración en el ámbito de la revisión de actos tributarios", *Revista Española de Derecho Financiero*, núm. 197, 2023 (versión online).

— La *inactividad administrativa* y la imposibilidad de aprovecharla para sus intereses, recogido en la STS de 18/12/2019, rec. 4442/2018 (*Tol7.658.718*).

— Los *efectos de la falta de impugnación expresa* de un acto administrativo, mencionado en la STS de 28/05/2020, rec. 5751/2017 (*Tol7.966.258*).

— La posibilidad de *admitir la impugnación de un acto a pesar de la firmeza* de estos, incluso si no se impugnó en el momento procesal adecuado: STS de 19/02/2019, rec. 231/2018 (*Tol7.301.069*).

Sin embargo, en el marco del procedimiento sancionador, no tanto. En la mayoría de los casos, por lógica jurídico-técnica, el procedimiento sancionador trae causa de uno anterior de aplicación de los tributos. Incluso en los casos de tramitación conjunta hay un hilo conductor: sin regularización, no hay procedimiento sancionador. Por ello, es destacable que se pretenda anticipar a la regularización y prever que la conducta será en el futuro sancionada, constituyendo, a nuestro juicio, un verdadero ejercicio de videncia por parte de la Administración (que únicamente confirma la anomalía operativa de la automaticidad en la imposición de sanciones, como ya dijimos con anterioridad).

Dicho esto, creemos que la cuestión fundamental a tratar es la siguiente: ¿puede el PBA servir como herramienta para reconducir la apertura del procedimiento sancionador al momento procesal oportuno, desde el punto de vista de los derechos y garantías de los obligados?

Reconducimos la cuestión a la perspectiva de los derechos de los contribuyentes porque, entendemos, que por la propia esencia del procedimiento sancionador y las garantías que imperan, es de justicia que el administrado conozca con anterioridad qué conducta ha cometido y que exista una propuesta de regularización cierta en el seno del procedimiento (generalmente) inspector, donde además, se suelen avanzar los efectos sancionadores, antes de afrontar la apertura del procedimiento sancionador (a efectos procedimentales y lógicos, posterior); en lugar de confundirse (por más que el TS no comparta esta tesis) en el tiempo ambos procedimientos.

Por tanto, por ''momento procesal oportuno" se debe entender dentro del plazo que el propio 209.2 LGT entiende para abrir el procedimiento, este es, dentro de los seis meses posteriores a la finalización del procedimiento del que trae causa; que por otra parte, en la última reforma de este plazo, como es sabido, ampliado de tres a seis meses (por Ley 11/2021, de 9 de julio, *de medidas de prevención y lucha contra el fraude fiscal*), precisamente se justificó por la necesidad del personal inspector de tener más tiempo para abrir los procedimientos sancionadores, pero en buena lógica, porque ya se habría despachado el anterior. De lo contrario, no tiene sentido adelantar prematuramente, so pena de caducidad, el inicio del procedimiento sancionador; asunto sobre el que volveremos más adelante.

Así las cosas, parece razonable afirmar que de acuerdo con la construcción dogmática actual del PBA, si más que como canon hermenéutico sirve como herramienta o criterio de interpretación, y sabiendo que en el plano de otros asuntos (como los sucintamente guionizados más arriba) sí que ha tenido más incidencia, con el beneplácito del TS a la operativa de la Administración, el PBA queda relegado únicamente como, a decir verdad, lo que en realidad es: argumento *a fortiori* o de refuerzo sin entidad propia para reconducir ese disparate jurídico-procedimental bendecido por nuestro Alto tribunal.

Sin embargo, y quizá es el caso más destacable, en la STS de 19/02/2019 el TS bendijo que el PBA pudiera servir, incluso, para contravenir frontalmente las disposiciones normativas sobre la firmeza de los actos administrativos (que fue el resultado); entonces, ¿cómo no va a ser ''útil", no para ir frontalmente contra la normativa, sino para ''interpretarla" de acuerdo con el sentido común y las garantías constitucionalmente protegidas en el procedimiento sancionador? Ello nos traslada, ineludiblemente al siguiente apartado.

4.1. ¿El principio de buena administración puede corregir interpretaciones literales "injustas"?

En el apartado anterior ya mencionamos el interesante voto particular del magistrado Navarro Sanchís, que, como también dijimos, escenificó un debate doctrinal por casi todos conocido, aunque bien es cierto que no se cita, ni una vez, el PBA en este asunto; quizá porque por los argumentos vertidos tampoco era necesario, a decir verdad.

Precisamente, en el asunto mencionado de la STS de 19/02/2019, que a nuestro juicio, responde afirmativamente a la pregunta que encabeza este apartado, es decir, corrige una interpretación literal "injusta", o más bien, se aparta de las reglas procedimentales en aras de la protección del contribuyente en una fase concreta de un procedimiento, Marín-Barnuevo realiza una interesante reflexión, en los siguientes términos: "*... del principio de buena administración no se puede deducir la existencia de un deber de la Administración de apartarse de las reglas de procedimiento que ordenan su actuación, ni siquiera cuando éstas arrojen un resultado injusto*"[13].

Tesis contraria, en principio, a la sostenida por Navarro Sanchís (y gran parte de la doctrina) en el conocido voto particular, *ma non troppo*, porque en este caso no supone apartarse de las reglas procedimentales establecidas (como en la STS de 19/02/2019): es una situación de ausencia de regulación, no de contravención directa de la misma.

Es que, a decir verdad, es difícil sostener que el legislador quisiera que la finalidad del 209.2 en conexión con el 208 LGT fuese que el procedimiento sancionador pudiera iniciarse antes del de aplicación de los tributos del que trae causa; de ahí que, incluso, se pueda sostener que la tesis defendida por el TS vaya en contra

---

13 *Cfr.* MARÍN-BARNUEVO FABO, D.: "El principio de buena administración en materia tributaria...", ob. cit., p. 21.

del espíritu y finalidad de los citados preceptos en relación con los derechos de los contribuyentes.

Es razonable afirmar que el PBA no actúe si sirve para contravenir frontalmente disposiciones normativas (en ese sentido, coincidimos con Marín-Barnuevo); pero que sí lo haga cuando no exista tal previsión y exista riesgo desde el punto de vista de la naturaleza del procedimiento y de los derechos de los administrados. Se pretende, así, que el PBA sirva de herramienta para prevenir resultados injustos derivados de una falta de previsión normativa; lo que a todas luces e indiscutiblemente sucedió en el asunto resuelto por la STS de 23/07/2020, rec. 1993/2019 (*Tol 8.037.311*).

Y de ser así, el PBA pasaría de ser un argumento a fortiori o de refuerzo[14], a ser un argumento con entidad propia, que sirva para condicionar el sentido del fallo.

En resumidas cuentas, el PBA no debe servir para contravenir frontalmente disposiciones normativas, aunque incluso en algún asunto (STS de 19/02/2019) se ha argumentado, pero en ausencia de estas, como el caso de la STS de 23/07/2020, rec. 1993/2019 (*Tol 8.037.311*), y ante el riesgo de alcanzar un resultado dañino desde el punto de vista de la lógica jurídico-procedimental y los derechos de los contribuyentes, puede y debe servir para reconducir la interpretación de los preceptos a la mejor solución posible; en este caso, que haya concluido el procedimiento antes de que se notifique la apertura del procedimiento sancionador.

Y ello nos debe llevar, también, a plantearnos la posible modulación del PBA en función del tipo de procedimiento sancionador en el que nos encontremos.

---

14 *Vid.* SANZ GÓMEZ, R.: "Buena administración y procedimiento tributario justo...", ob. cit., p. 230.

4.2. Modulación del PBA en función del tipo de procedimiento sancionador

Como bien es sabido, el procedimiento sancionador ordinario se tramita separadamente, salvo renuncia expresa del obligado tributario (*ex* art. 208.1 LGT) o la firma de un acta con acuerdo en el seno del procedimiento inspector (*ex* art. 208.2 LGT).

Así, en los procedimientos sancionadores tramitados conjuntamente con uno de aplicación de los tributos, generalmente, el procedimiento inspector, ya sea por la firma de un acta con acuerdo o la renuncia expresa del obligado, puede compartirse que, al mostrar el mismo obligado su beneplácito, el PBA pueda tener menos ''incidencia" en la modulación de garantías, porque en realidad se parte de la inexistencia de una fase de instrucción del procedimiento sancionador *stricto sensu*, por la confusión (intencionada) en términos procedimentales.

Sin embargo, es difícil compartir este razonamiento en la mayoría de los supuestos bajo el prisma ordinario de la tramitación separada, donde además, deviene de uno anterior, precisamente, por esa ampliación de garantías que no se dan en los procedimientos de aplicación de los tributos.

El PBA puede y debe servir, en este último (y ordinario, no hay que olvidarlo) caso como argumento suficiente para reconducir esas interpretaciones literales que mermen las garantías de los contribuyentes, y que sean injustas de acuerdo con la naturaleza y objeto del sancionador, porque uno casi siempre es consecuencia de otro: no hay procedimiento sancionador sin la comisión de la conducta tipificada en el ordenamiento, que a su vez, se ha determinado (generalmente) en el procedimiento inspector en el que se establece la cantidad monetaria dejada (de nuevo, generalmente) indebidamente de ingresar.

Precisamente, entre otros motivos, consideramos un despropósito la tesis mayoritaria sostenida por el TS. ¿Acaso a los órganos de la Administración se les conceden potestades implícitas si no hay regulación en contrario? La norma, estrictamente, no impone a la Administración que deba hacerlo necesariamente así y, por tanto, en ausencia de precepto, el PBA (y por qué no, la propia razón) debe inspirar que se culmine primero el procedimiento inspector que sirve de causa para la apertura del siguiente (sancionador).

El asunto tratado evidencia, además de los problemas ya descritos, que se perdió una gran oportunidad para clarificar el posicionamiento del TS ante un asunto tan delicado como este, y quizá, le faltó al Alto tribunal estar convencido de que el PBA (como sí hizo en otros asuntos) podría haber actuado con más fuerza de la que lo hizo, que fue nula.

En este sentido se expresó Navarro Sanchís, en los siguientes términos (apartado 5): ''... *no es de menor importancia destacar la preocupación de este magistrado por la falta de aprovechamiento de una ocasión única para, por la vía de creación jurisprudencial que nos incumbe en el actual recurso de casación y en presencia de un caso idóneo para formar doctrina, aportar claridad y certeza a situaciones, como las sancionadoras, basadas en principios y normas que, como hemos visto, o están rudimentariamente reconocidos en la ley; o carecen de medidas de garantía de su observancia; o simplemente no tienen un contenido sustantivo propio...*".

Y continuó sentenciando que: ''... *En realidad, el núcleo de la sentencia, a la postre, no es otro que el de indicar que nada obsta a la posibilidad que la propia Administración haga sin cortapisas ni trabas lo que ella misma afirma que viene haciendo en el 95 por 100 de los casos. Al margen de que no resulta convincente el hecho de que prospere un recurso de casación basado en criterios cuantitativos —si se prohíbe o se declara contrario a la ley lo que es práctica habitual, serían inválidos en su gran mayoría los procedimientos sancionadores que se incoan— por suponer una especie de argumento estadístico —conforme al cual es gravemente dañosa la doctrina que entorpece la actuación de la Administración conforme a la práctica que ella decide, elevada así, materialmente, en fuente del Derecho—, puede afirmarse que la celeridad y la eficacia no son principios rectores absolutos que puedan imponerse, ni siquiera someterse a un juicio de ponderación, con los verdaderos derechos fundamentales a que se ha hecho referencia...*".

Sorprende incluso más cuando, en muchas ocasiones, la jurisprudencia de esa sala se ha caracterizado por pronunciamientos pro contribuyente, en situaciones, incluso, podemos decir que más delicadas jurídicamente y con más zonas grises que las tratadas en este estudio, como la ya citada STS de 19/02/2019.

En otro orden de cosas, uno de los principales problemas, fundamentalmente en la práctica procesal diaria, se produce desde el punto de vista de la no autoincriminación, que además, como ya dijimos, solo opera en el procedimiento sancionador tributario[15], y ello nos lleva a una reflexión que ya planteamos anteriormente: ¿qué sentido tiene, para la Administración, adelantar prematuramente (sin una regularización cierta) la apertura del procedimiento sancionador, bajo el riesgo de caducidad, si no es aprovecharlo como subterfugio para seguir obteniendo pruebas de cargo en el de aplicación de los tributos que sean automáticamente trasvasadas al sancionador, máxime cuando en virtud de este último, no impera el deber general del art. 93 LGT?

5. ALGUNAS NOTAS FINALES

Para concluir este estudio, a modo de corolario, recogeremos una serie de conclusiones que, sin agotar, lógicamente, la pléyade de reflexiones posibles, pongan énfasis en los principales problemas que hemos ido identificando y sobre los que las líneas de actuación futuras deben deparar.

Primera. El modo de proceder de la Administración puede haber sido ratificado por el TS, pero es difícil de compartir tanto desde la propia interpretación racional de los arts. 208 y 209.2 LGT como desde la construcción dogmática del PBA, y no solo a la luz de los últimos pronunciamientos del TS, sino desde la interpreta-

---

15 De nuevo, nos remitimos a un estudio nuestro anterior: SÁNCHEZ-ARCHIDONA, G., ''El derecho a la no autoincriminación y el deber de colaborar con la Hacienda...", ob. cit., pp. 525 y ss.

ción que desde los tribunales supranacionales se viene dando al citado principio en el marco del art. 41 CDFUE y del 6 CEDH.

Segunda. El mayor problema es un viejo reclamo: la falta de respeto a la separación material de ambos procedimientos, que como ya se ha señalado, ya se vilipendia sin disimulo. No hay de qué esconderse, porque al permitir una tramitación conjunta (que no confundida, dice el TS, en un ejercicio de inocencia impropio del citado Tribunal), se cercena la materialización de una tramitación separada real. Y no digamos ya cuando, en muchos casos, el personal instructor es el mismo en uno (inspector) y otro (sancionador) procedimiento; sobre este asunto se debe reparar en el futuro, ya que es difícilmente comprensible que nuestra normativa no se pronuncie al respecto.

Tercera. El PBA, que estamos seguros, seguirá desarrollándose en este y otros asuntos, debe servir, sobre la base del 41 CDFUE y 6 CEDH, como argumento suficiente para reconducir interpretaciones literales injustas que bendigan potestades implícitas. Coincidimos en que no puede servir para contravenir frontalmente las disposiciones normativas, pero sí debe empezar a considerarse más que como un mero canon hermenéutico, como una herramienta con entidad propia que permita a los tribunales de justicia prevenir y corregir los abusos de poder por los poderes públicos.

Cuarta. Lo dicho se acentúa por el clima general de ''cumplimiento voluntario" que se está imponiendo, y la pregunta, entonces, sería la siguiente: ¿cómo se entabla una relación amigable con una Administración que pone en práctica este tipo de actuaciones, a sabiendas de que solo puede ella resultar beneficiada y el contribuyente ser el perjudicado? No parece casar la inspiración de ese clima de cumplimiento voluntario con este tipo de actuaciones, que no solo se deben valorar desde el PBA, sino también desde los fundamentos dogmáticos del sistema de relaciones entre la Hacienda pública y los contribuyentes[16].

---

16 *Vid.* por nuestra parte SÁNCHEZ-ARCHIDONA, G., *El sistema de relaciones entre la Administración tributaria y los contribuyentes en la era de la inteli-*

Quinta. Por último, no podemos olvidar que la construcción jurisprudencial del PBA es una reacción del TS frente al ejecutivo, en una guerra en la que ya se han dado varios episodios (no hay más que observar el preámbulo de la Ley 11/2021, de 9 de julio) y en la que solo hay un grupo de perdedores: los contribuyentes. Es necesario, por tanto, una vuelta a la normalidad legislativa en el pleno respeto a los derechos y garantías de los contribuyentes, que en los últimos tiempos parece haberse olvidado.

6. BIBLIOGRAFÍA

ALMUDÍ CID, J.M. *Garantías del contribuyente en el procedimiento sancionador tributario,* Tirant lo Blanch, Valencia, 2022.

ÁLVAREZ MARTÍNEZ, J. “El principio de buena administración como nuevo paradigma jurídico y su aplicación en el ámbito tributario: régimen normativo, naturaleza jurídica y contenido”, *Nueva Fiscalidad,* núm. 1, 2022.

CARRASCO GONZÁLEZ, F. “El principio de buena administración en el ámbito de la revisión de actos tributarios”, *Revista Española de Derecho Financiero,* núm. 197, 2023 (versión online).

CASAS AGUDO, D. “Derecho a una buena administración y ordenamiento tributario”, *Nueva Fiscalidad,* monográfico Derechos fundamentales y tributación, 2020.

HINOJOSA TORRALVO, J.J. “Bases para el análisis de las relaciones entre la Hacienda pública y los ciudadanos”, en AA.VV. *Persona y Estado en el umbral del siglo XXI,* XX Aniversario de la Facultad de Derecho de la Universidad de Málaga, 2001.

LITAGO LLEDÓ, R. “Eficacia práctica del ‘principio’ de buena administración formulado por el Tribunal Supremo”, *Revista Técnica Tributaria,* núm. 133, 2021.

— “El ‘derecho’ a la buena administración y la inactividad de la Administración tributaria”, en MERINO JARA, I., (Dir.) y SUBERBIOLA GARBIZU, I., *La protección de los derechos fundamentales en el ámbito tributario,* Wolters Kluwer (La Ley), Madrid, 2021.

---

gencia artificial y del cumplimiento voluntario, Aranzadi, Navarra, 2023, pp. 145-147.

LUCHENA MOZO, G., y SÁNCHEZ LÓPEZ, E. (Dir.). *La proyección de la buena administración sobre los procedimientos de aplicación de los tributos,* Tirant lo Blanch, Valencia, 2023.

MARÍN-BARNUEVO FABO, D. "El principio de buena administración en materia tributaria", *Revista Española de Derecho Financiero,* núm. 186, 2020 (versión online).

MORENO GONZÁLEZ, S. "La buena administración en el ejercicio de la potestad sancionadora tributaria", en LUCHENA MOZO, G., y SÁNCHEZ LÓPEZ, E., (Dir.) *La proyección de la buena administración sobre los procedimientos de aplicación de los tributos,* Tirant lo Blanch, Valencia, 2023.

PÉREZ POMBO, E. "El principio de buena administración. El unicornio tributario", *FiscalBlog,* 2021, disponible online: https://fiscalblog.es/?p=7033 [Fecha de última consulta: 15/01/2023].

SÁNCHEZ-ARCHIDONA, G., "El derecho a la no autoincriminación y el deber de colaborar con la Hacienda" en MERINO JARA, I., (Dir.) y VÁZQUEZ DEL REY VILLANUEVA, A., y SUBERBIOLA GARBIZU, I., (Coord.) *La protección de los derechos fundamentales en el ámbito tributario,* Wolters Kluwer (La Ley), 2021.

SANZ GÓMEZ, R. "Buena administración y procedimiento tributario justo", en MERINO JARA, I., (Dir.) y SUBERBIOLA GARBIZU, I., *La protección de los derechos fundamentales en el ámbito tributario,* Wolters Kluwer (La Ley), Madrid, 2021.

Capítulo 11

Incidencia del principio de buena administración en el funcionamiento de la vía económico-administrativa

JOSÉ MIGUEL MARTÍN RODRÍGUEZ
Profesor Contratado Doctor
Universidad Pablo de Olavide de Sevilla

SUMARIO: 1. EL PRINCIPIO DE BUENA ADMINISTRACIÓN HA LLEGADO PARA QUEDARSE. 2. LA VÍA ECONÓMICO-ADMINISTRATIVA, CALDO DE CULTIVO PARA LA APLICACIÓN DEL PRINCIPIO DE BUENA ADMINISTRACIÓN. 3. EL PRINCIPIO DE PERSONALIDAD ÚNICA DE LA ADMINISTRACIÓN Y SUS EFECTOS EN EL DIES A QUO DE LOS PLAZOS. 4. EFECTOS DEL INCUMPLIMIENTO DEL PLAZO DE EJECUCIÓN DE LAS RESOLUCIONES ESTIMATORIAS POR RAZONES MATERIALES. 5. EL PLAZO DE EJECUCIÓN DE LAS RESOLUCIONES ECONÓMICO-ADMINISTRATIVAS EN EL CASO DE ANULACIÓN POR RAZONES FORMALES. 6. LA INADMISIBILIDAD DE UN RECURSO CONTENCIOSO-ADMINISTRATIVO POR FALTA DE AGOTAMIENTO DE LA VÍA ADMINISTRATIVA FRENTE A RESOLUCIONES PRESUNTAS. 7. LA RESOLUCIÓN DE RECLAMACIONES POR UN TEAR INCOMPETENTE PORQUE HAN SIDO DIRIGIDAS, *PER SALTUM*, AL TEAC. 8. CONCLUSIONES. 9. BIBLIOGRAFÍA.

1. EL PRINCIPIO DE BUENA ADMINISTRACIÓN HA LLEGADO PARA QUEDARSE

Lo primero que debemos aclarar es que, dada la calidad y profundidad de los trabajos que se han ocupado ya de desgranar el contenido y finalidad del principio de buena administración en la esfera tributaria, tanto en esta obra como en estudios anteriores[1]

---

1 Entre otros, CASAS AGUDO, D. "Derecho a una buena administración y ordenamiento tributario", en *Derechos Fundamentales y tributación*, Nueva Fiscalidad: Monográfico (Dir. Isaac Merino Jara), 2020, pp. 61-101;

no vamos a detenernos en ahondar más en esa línea de contribuciones. Sin embargo, sí queremos aportar una visión lo más innovadora y actualizada posible en torno a su rol en el proceder de los Tribunales económico-administrativos (TEA) como elemento capital para el acceso a la justicia en nuestro sistema tributario.

Creemos que ya se ha incidido suficientemente en su carácter de principio "poliédrico" o con mil caras, que persigue en esencia que la administración ejerza sus potestades de manera diligente, ágil y coherente, en busca de soluciones materialmente justas, superando la aplicación formalista y rigurosa del régimen jurídico aplicable protegiendo así al administrado de situaciones reprobables con soluciones jurídicas inexistentes o imperfectas.

Tal vez por la relevancia de la instancia en que se reconoció, un ejemplo paradigmático sea la STJUE de 14 mayo 2020, *Agrobet Cz*, C-446/18, *(Tol 7917467)*, en la cual el TJUE se apoyó en este principio general del Derecho de la UE para cuestionar el hecho de que no existiera un derecho explícito a la devolución parcial del IVA sobre la parte no cuestionada en un procedimiento y que el sujeto no pudiera siquiera formular alegaciones al respecto. En concreto, el TJUE lo considera como "el derecho de toda persona a que las autoridades administrativas tramiten sus asuntos de forma imparcial, equitativa y dentro de un plazo razonable (…)

MARÍN-BARNUEVO FABO, D. "El principio de una buena administración en materia tributaria", *Civitas. Revista española de derecho financiero*, núm. 186, 2020, pp. 15-38; LITAGO LLEDÓ, R. "Eficacia práctica del principio de buena administración formulado por el Tribunal Supremo", *Revista Técnica Tributaria*, 2021, núm. 133, pp. 127-154; CARRASCO GONZÁLEZ, F.M. "El principio de buena administración en el ámbito de la revisión de actos tributarios", *Civitas. Revista Española de Derecho Financiero*, núm. 197, 2023, pp. 73-110; ORENA DOMÍNGUEZ, A. "El principio de buena administración como derecho y garantía de los obligados tributarios", en *Los principios del cumplimiento cooperativo en materia tributaria* (Dir. Saturnina Moreno González), Atelier, 2023, pp. 47-71.

incluidos, muy especialmente, los relativos a las alegaciones formuladas por un sujeto pasivo"[2].

La expansión del principio de buena administración constituye para el proceso de acceso a la justicia tributaria en nuestro ordenamiento un fenómeno sin precedentes, sin duda alguna es además el derecho fundamental que está calando con mayor ímpetu en el procedimiento tributario por su carácter transversal sobre toda la acción administrativa, generándose multitud de situaciones en las que comienza a invocarse ante la rapidez con que ha sido asumido por todos los agentes. Tal y como recuerda RODRÍGUEZ-ARANA MUÑOZ[3], no debería ser un problema esta consagración como derecho fundamental de derechos que ya estaban en los diferentes ordenamientos equilibrando la relación Administración-administrado, pues este nivel superior de ·invocabilidad va de la mano de parámetros que considera claros: "(L)os ciudadanos europeos tenemos un derecho fundamental a que los asuntos públicos se traten imparcialmente, equitativamente y en un tiempo razonable".

Una sencilla búsqueda en la base de datos de jurisprudencia del Tribunal Supremo (TS) nos permite identificar cifras claramente reveladoras de este crecimiento exponencial. En los últimos cinco años[4] el principio de buena administración aparece citado, con menor o mayor relevancia, en 70 autos del TS y en 244 sentencias. En cambio, si echamos la vista atrás, no existe ningún auto del TS con una antigüedad superior a cinco años que mencione este principio y son apenas 20 las sentencias anteriores que lo citan.

---

2 STJUE de 14 mayo 2020, *Agrobet Cz* (C-446/18), ap. 44.

3 RODRÍGUEZ-ARANA MUÑOZ, J. "El derecho fundamental a la buena administración en la Constitución española y en la Unión Europea", *REGAP: Revista galega de administración pública*, Vol. 1, núm. 40, 2010, pp. 258-259.

4 Del 30 de septiembre de 2018 al 30 de septiembre de 2023, fecha de cierre de este trabajo.

A la vista del contenido e impulso de este principio, en este estudio vamos a tratar de realizar un análisis de su incidencia en la labor de los TEA.

2. LA VÍA ECONÓMICO-ADMINISTRATIVA, CALDO DE CULTIVO PARA LA APLICACIÓN DEL PRINCIPIO DE BUENA ADMINISTRACIÓN

La decisión de centrarnos exclusivamente en la vía económico-administrativa, dejando a un lado el recurso de reposición o los procedimientos especiales de revisión, responde a nuestra idea de que esta vía económico-administrativa (con la consabida excepción local en municipios de menor población) se erige como el pilar fundamental para hacer valer el derecho a la revisión de los actos de la Administración tributaria. No solo porque se presenta como el paso previo obligatorio antes de acudir a los tribunales de justicia, sino porque confiamos sinceramente en la utilidad de este medio de revisión para que los contribuyentes puedan hacer valer sus planteamientos ante órganos técnicos especializados.

Por desgracia, en lo que respecta al otro medio de revisión estructural, el recurso de reposición potestativo, el paso del tiempo no ha hecho sino confirmar sus carencias como medio para obtener una verdadera revisión de la actuación administrativa[5]. Poco

---

5 Ya el propio *Informe para la Reforma de la Ley General Tributaria* de julio de 2001 dibujó un escenario un tanto oscuro de la utilidad del recurso de reposición, afirmando de inicio que “como premisa básica, la mayoría de la Comisión entiende que debe potenciarse y prestigiarse el recurso de reposición” pues se observaba que su utilización por parte de los administrados era muy reducida, principalmente por “el alto grado de desestimaciones —casi automáticas”. De hecho, algunos miembros de la Comisión a la vista de su probada inutilidad consideraban oportuno, incluso, su supresión como vía revisora. Vid. COMISIÓN PARA EL ESTUDIO Y PROPUESTA DE MEDIDAS PARA LA REFORMA DE LA LEY GENERAL TRIBUTARIA, *Informe para la Reforma de la Ley General Tributaria*, 2001, pp. 212-213. Disponible en: https://www.icjce.es/ima-

ha cambiado en estos veinte años un recurso con desestimaciones casi automáticas que, tal y como se ha ocupado de señalar la doctrina, sólo resulta operativo para conseguir la estimación ante errores puramente materiales, errores que realmente ya cuentan con su propia vía especial de revisión[6].

Es cierto que puede parecer una visión reduccionista, pero el nivel de operatividad de una vía de recurso está inevitablemente condicionado por sus cifras de estimación medias. Pues bien, mientras que en el recurso de reposición se barajan cifras globales de apenas un 5%[7], en la vía económico-administrativa, en cambio, conforme a la última memoria anual de 2021 publicada por el Ministerio de Hacienda, un 44,28% de las reclamaciones resueltas lo fueron en sentido estimatorio (total o parcialmente)[8]. Todo ello debemos ponerlo además, como advierte SUBERBIOLA GARBIZU, en el contexto de las cifras de posteriores recursos contenciosos (que sería inferior al 15% de la resoluciones desestimadas)

---

ges/pdfs/TECNICA/A3%20-%20TributaciÃ³n/A31%20-%20Borradores%20fiscal/IEF%20-%20Informe%20para%20la%20reforma%20de%20la%20LGT%20-%20Julio%202001.pdf (última consulta 30 de septiembre de 2023).

6 Vid. GARCÍA-MONCÓ, A.M. "Recurso de reposición y reclamaciones económico-administrativas" en *La nueva Ley General Tributaria* (Dir. Rafael Calvo Ortega), Thomson Civitas, Madrid, p. 894.

7 Vid. GALÁN RUIZ, J. "El recurso de reposición en materia tributaria" en *La revisión de actos en materia tributaria* (Dir. Pablo Chico de la Cámara y Javier Galán Ruiz, Lex Nova, 2016, p. 45.

8 Cifras similares a las de años anteriores: 42% (2015); 44,8% (2016); 45,3% (2017); 40,7% (2018); 45,4% (2019), 45,26% (2020). En las reclamaciones que se elevan al TEAC, eso sí, el nivel de estimación se reduce a cifras en torno al 25%. Vid. Memorias Anuales, Tribunales Económico-Administrativos, Ministerio de Hacienda. Disponibles en: https://www.hacienda.gob.es/es-es/gobiernoabierto/transparencia/paginas/impuestos%20teac.aspx (última consulta 30 de septiembre de 2023).

por trabas, económicas y temporales para acceder finalmente a los tribunales de justicia[9].

Por supuesto, la vía económico-administrativa mantiene carencias y defectos que ya hemos advertido en estudios anteriores[10]. En todo caso, el defecto más flagrante de esta forma de "justicia" tributaria son los eternos plazos para su resolución, tal y como denuncian de manera reiterada los profesionales del ámbito tributario, siendo con frecuencia los plazos reales de resolución expresa de la reclamación económico-administrativa el doble o el triple del año previsto en el art. 240 LGT[11] , acumulándose en caso de acceso al TEAC.

Esta realidad nos obliga a plantearnos, precisamente, si de verdad estamos dando cumplimiento al art. 41.1 de la Carta de Derechos Fundamentales de la UE (CDFUE) cuando dispone que, en el marco del derecho a la buena administración, "Toda persona tiene derecho a que las instituciones, órganos y organismos de la Unión traten sus asuntos imparcial y equitativamente y dentro de un plazo razonable".

Además, sobre los mal llamados "Tribunales" económico-administrativos recae de forma inevitable una permanente sombra de sospecha por su falta de independencia real, lo que les coloca en una difícil posición para administrar justicia, situación acentuada por su carácter previo preceptivo a la vía contenciosa. En un ám-

---

9 SUBERBIOLA GARBIZU, I. "El principio de buena administración en el seno del procedimiento de revisión. Un análisis DAFO del principio en la revisión tributaria", en La proyección de la buena administración sobre los procedimientos de aplicación de los tributos (coord. Gracia María Luchena Mozo y María Esther Sánchez López), Tirant Lo Blanch, 2023, pp. 237-238.

10 Vid. MARTÍN RODRÍGUEZ, J.M. "El derecho del obligado tributario a recurrir contra los actos y actuaciones de aplicación de los tributos", *Documentos-Instituto de Estudios Fiscales*, núm. 10, 2021, pp. 361 y ss.

11 Al margen de las cuestiones menores sujetas al procedimiento abreviado, que representan en torno al 60% de las reclamaciones conforme a la propia Memoria, que sí se han agilizado.

bito tan sensible como el del conflicto tributario, casi siempre con cuestiones monetarias de por medio, se agrava tanto la posición de privilegio de la Administración como la inversamente proporcional posición de debilidad de los administrados.

En esta línea, pronunciamientos jurisprudenciales recientes se cuestionan la posibilidad de un acceso inmediato a la vía contencioso-administrativa cuando sea evidente la inutilidad material de la vía administrativa previa. El primer ejemplo lo hallamos en la STS de 21 de mayo de 2018, rec. 113/2017 (*Tol 6632508*) en que nuestro Alto Tribunal respaldó eludir el carácter preceptivo del recurso de reposición en la esfera local en municipios de menor población cuando se discute, únicamente, la inconstitucionalidad de disposiciones legales que dan cobertura a los actos de aplicación de los tributos[12]. Su argumentación es lógica dado que la entidad local no puede satisfacer la pretensión anulatoria o de nulidad mediante la conocida como "impugnación indirecta", por no disponer de instrumento procedimental que le permita plantear dicha cuestión ante el TC.

A nivel europeo, la STJUE de 21 de enero de 2020, Banco Santander, C-274/14 (*Tol 7682847*), que excluyó de forma definitiva a los TEA de la posibilidad de plantear cuestiones prejudiciales ante el TJUE por no cumplir con el requisito de independencia, puso sobre la mesa el debate de si sería también necesario agotar la vía administrativa cuando la revisión del acto dependiera, exclusivamente, de la interpretación del Derecho de la Unión. La posición del TS, sin embargo, ha sido contraria a esta extensión al entender en su STS de 16 de noviembre de 2021, rec. 2871/2020 (*Tol 8674461*) que aunque los TEA no puedan plantear cuestiones prejudiciales, sí que tienen como función "la correcta aplicación del Derecho de la Unión Europea, inaplicando, en su caso, cualesquiera normas nacionales cuando, agotadas las posibilidades de su interpretación conforme al Derecho de la Unión, constate

[12] En el caso, la inconstitucionalidad del artículo 107 LHL en materia de IIVTNU en los casos de pérdida patrimonial, reconocida posteriormente.

que sus disposiciones dotadas de efecto directo se oponen a tales normas nacionales"(FD 4º)"[13].

Por supuesto, la realidad es que difícilmente un TEA inaplicará la normativa nacional contraria al Derecho de la UE, como advierte MOCHÓN LÓPEZ[14], máxime en situaciones en las que se diriman cuestiones complejas sobre las que quepan diferentes interpretaciones razonables.

A continuación, pasamos a analizar una serie de cuestiones concretas en las cuáles el principio de buena administración está incidiendo, siempre por vía jurisprudencial, en el funcionamiento de la vía económico-administrativa. Recordemos que el propio TS, desde sus primeras menciones a este principio[15], ha advertido ya que "no se detiene en la mera observancia estricta de procedimiento y trámites, sino que más allá reclama la plena efectividad de garantías y derechos reconocidos legal y constitucionalmente al contribuyente". Particularmente, entiende que del mismo se derivan una serie de derechos "entre los que se encuentran, desde luego, el derecho a la tutela administrativa efectiva y (...) a una resolución administrativa en plazo razonable".

---

13 Los efectos de esta jurisprudencia han sido inmediatos, pues mientras que con anterioridad a la STS de 16 de noviembre de 2021 los TEA tendían a inadmitir las reclamaciones por falta de competencia cuando tuvieran como objeto cuestiones de Derecho de la UE, la Resolución del TEAC de 11 de julio de 2022 (RG 00/03686/2020) sentó como criterio, en consonancia con la jurisprudencia del TS, que los TEA debían pronunciarse sobre las posibles vulneraciones del Derecho de la UE por parte de las normas nacionales, no pudiendo inadmitir la REA basándose en su falta de competencia.

14 MOCHÓN LÓPEZ, L. "Reflexiones acerca del encaje constitucional y significado de los recursos administrativos en materia tributaria", *Revista Técnica Tributaria*, núm. 136, 2022, p. 42.

15 STS de 5 de diciembre de 2017 (rec. 1727/2016), FD 4º.

3. EL PRINCIPIO DE PERSONALIDAD ÚNICA DE LA ADMINISTRACIÓN Y SUS EFECTOS EN EL *DIES A QUO* DE LOS PLAZOS

El art. 239.3 LGT dispone que la resolución estimatoria del TEA podrá anular total o parcialmente el acto impugnado por razones de derecho sustantivo o por defectos formales. La diferencia entre estas situaciones es evidente, pues en el caso en que se aprecien defectos formales (que hayan disminuido las posibilidades de defensa del reclamante) se ordenará la retroacción de las actuaciones al momento en que se produjo dicho defecto formal, continuándose el mismo procedimiento; en cambio cuando la reclamación se estime por razones materiales, se procederá a la ejecución de la misma, incluidas las liquidaciones resultantes, una ejecución que no forma parte propiamente del mismo procedimiento.

En el párrafo tercero del precepto, añadido tras la reforma de la LGT mediante la Ley 34/2015, se aclara que, en este segundo caso, el plazo para la notificación de los actos resultantes de la ejecución es de apenas un mes desde que la resolución "tenga entrada en el registro del órgano competente para su ejecución", siendo el efecto del incumplimiento de este plazo de un mes que no se exigirán intereses de demora a partir de entonces. A pesar de esta aparente claridad, se ha suscitado un importante debate doctrinal y jurisprudencial por los problemas que plantea la determinación del *dies a quo* de dicho plazo.

Vamos a tomar como punto de partida la STS de 19 de noviembre de 2020 rec. 4911/2018 (*Tol 8221865*) que analizó la cuestión al hilo del art. 66.2 del Reglamento de Revisión (RGRVA)[16], aunque la solución resulta extrapolable al ordenamiento actual

---

[16] Real Decreto 520/2005, de 13 de mayo, por el que se aprueba el Reglamento general de desarrollo de la Ley 58/2003, de 17 de diciembre, General Tributaria, en materia de revisión en vía administrativa.

porque la redacción es coincidente con la trasladada por la Ley 34/2015, de 21 de septiembre al actual art. 239.3 LGT.

En esta sentencia se resuelve un recurso de casación de la Abogacía del Estado contra una Sentencia del TSJ de Canarias[17] que, en contra de la aparente literalidad del precepto, había considerado como *dies a quo* de este plazo de un mes para notificar los actos resultantes de la ejecución de una resolución del TEAR, la fecha en que tuvo entrada en la Oficina de Relación con los Tribunales (ORT) de la correspondiente Dependencia Regional de Recaudación de la AEAT (21 de noviembre de 2014) y no aquella en que tuvo entrada en el "registro del órgano competente para su ejecución» (la cual tuvo lugar el 9 de febrero de 2015, casi tres meses después), que era la específica Dependencia Regional de Inspección que fue la que dictó la liquidación impugnada y anulada.

La primera cuestión de interés que analizamos aquí (con posterioridad estudiaremos también precisamente cuáles son los efectos del incumplimiento de dicho plazo) es determinar si es suficiente para dar por iniciado el plazo para notificar la ejecución con la entrada de la resolución en un órgano de la AEAT o si, en cambio, como parece disponer la literalidad del precepto, este no se inicia hasta su entrada en el registro del específico órgano competente para su ejecución.

Pues bien, el TS considera que resulta necesario realizar una interpretación en sentido amplio de la expresión "entrada en el registro del órgano competente para su ejecución" entendiendo que engloba "a la Administración Tributaria en su conjunto", por lo que efectivamente, manteniendo el razonamiento del TSJ de Canarias, debe computarse el plazo de un mes desde el momento en que la resolución tuvo entrada en el registro de la AEAT, respaldando esta decisión en tres argumentos principales (FD 3º).

---

17 STSJ de Canarias de 12 de diciembre de 2017, rec. núm. 243/2016.

El primero es el propio principio de personalidad única de la Administración, que implica que no quepa distinguir entre la entrada de la resolución en la misma Oficina de relación con los Tribunales (ORT) y en la dependencia concreta que dictó el acto, pues como señala nuestro Alto Tribunal "si bien es cierto que a los órganos referidos se les atribuyen funciones diferenciadas, no es menos cierto que en el diseño procedimental establecido por el legislador en el sistema general de aplicación de los tributos actúan dentro del ámbito unitario e identificable de una misma Administración Pública".

En segundo término, recuerda que avalar la interpretación contraria dejaría el cumplimiento del referido plazo de un mes "a voluntad de la Administración", pues se permitiría realmente un fraccionamiento del plazo en dos, uno hasta que llegue la resolución al órgano que debe dictar el acuerdo de ejecución y otro para dictarlo, cuando realmente, incidiendo en la cuestión anterior, ambos órganos pertenecen a la Administración Tributaria.

Finalmente, el TS emplea como argumento el propio principio de buena administración en dos sentidos. En primer lugar, considera que una interpretación literal del precepto iría en contra del propio objetivo de la norma "que no es otro que garantizar el derecho del contribuyente a una buena Administración evitando que la ejecución de las resoluciones de los tribunales económico-administrativos se retrase excesivamente en el tiempo". Un derecho que se vería mermado si la Administración, ya en poder de esta, pudiera demorar el plazo de un mes a su voluntad por decisiones organizativas en su seno, opacas para los contribuyentes.

Por último, vincula la solución ofrecida a su sostenida jurisprudencia en torno al principio de buena administración, citando particularmente dos de sus primeros pronunciamientos sobre la cuestión, las SSTS 17 de abril de 2017, rec. 785/2016 (*Tol 6057622*) y de 5 de diciembre de 2017, rec. 1727/2016 (*Tol 6461966*). Como colofón dispone de forma tajante que "No parece compatible con el principio de buena administración que el inicio de un plazo para dictar un acto que afecta a los derechos de los ciudadanos sea el de un registro interno de la propia Administración, inaccesible a éstos y sujeto, en definitiva, a las modificaciones que decida en cada momento la propia Administración".

4. EFECTOS DEL INCUMPLIMIENTO DEL PLAZO DE EJECUCIÓN DE LAS RESOLUCIONES ESTIMATORIAS POR RAZONES MATERIALES

Una segunda cuestión que se suscitó en la misma STS de 19 de noviembre de 2020 (*Tol 8221865*) que tiene vinculación directa también con el principio de buena administración, es determinar cuáles son los efectos del incumplimiento por parte de la Administración del mes de plazo previsto en el art. 239.3LGT (entonces analizado al hilo del art. 66.2 del RGRVA) para la notificación de los actos resultantes de la ejecución de la resolución, desde que tuviera entrada en el órgano competente para su ejecución cuando haya sido estimada por cuestiones materiales.

Un órgano competente que, como hemos visto en el apartado anterior, puede ser interpretado en sentido amplio provocando que, en no pocas situaciones, efectivamente, se haya incumplido este plazo de un mes.

A priori, según la literalidad de los actuales arts. 47 y 48 de Ley 39/2015, de 1 de octubre, del Procedimiento Administrativo Común Administrativo Común[18], este retraso no constituye una causa de nulidad del acto, sino una mera irregularidad no invalidante, la cual apenas tendría como efecto en ese caso la paralización del cómputo de los intereses de demora desde que la Administración incumpla dicho plazo de un mes.

En esta ocasión el TS no respalda los argumentos de la sentencia impugnada del TSJ de Canarias, que consideraba que la con-

---

18 Casi idénticos a los arts. 62 y 63 de la Ley 30/1992, de 26 de noviembre, de Régimen Jurídico de las Administraciones Públicas y del Procedimiento Administrativo Común que se analizaron en época de la sentencia.

secuencia derivada del incumplimiento de ese plazo no podía ser otra que la nulidad del acto que incurrió en tal extemporaneidad.

Lo cierto es que, al tiempo del conflicto, el entonces vigente art. 66.2 RRGVA no contenía mención alguna a estos efectos, pudiendo oscilar la respuesta entre la nulidad de pleno derecho, la anulabilidad o la mera irregularidad no invalidante, que tendría el efecto previsto de paralizar la exigencia de intereses de demora.

Esta última es la opción por la que se decanta el TS, considerando en primer lugar que no cabría la nulidad de pleno derecho, como entendió el TSJ de Canarias, porque esta situación no se encuentra dentro del listado del entonces vigente art. 62.1 de la Ley 30/1992 (trasladado hoy al art. 47.1 de la Ley 39/2015). Tampoco tendría cabida la anulabilidad, toda vez que no encaja en el supuesto previsto en el entonces art. 63.3 de Ley 30/1992 (actual art. 48.3 Ley 39/2015) para los casos de realización de actuaciones administrativas fuera de tiempo.

Un aspecto también importante es que el TS considera que tampoco cabe apreciar la caducidad del procedimiento porque no existe una retroacción de actuaciones en sentido técnico, sino simplemente una nueva decisión ajustada a los términos indicados en la resolución anulatoria, como acto de ejecución al que no le resulta de aplicación los plazos de caducidad de los procedimientos de gestión tributaria. A juicio del TS, refuerza esta postura a favor de considerarla una mera irregularidad no invalidante, el hecho de que el legislador haya vinculado al incumplimiento de este plazo de un mes un efecto específico como el de paralizar el cómputo de intereses de demora.

También ha sido extendida esta jurisprudencia al ámbito de resoluciones económico-administrativas que tienen por objeto sanciones en las que se ordena modificar su calificación o su cuantía[19], insistiendo el TS que no resultan aplicables en fase de

---

[19] Entre otras, SSTS de 21 de septiembre de 2020, rec. 5684/2017 (*Tol 8111769*) o de 5 de mayo de 2021, rec. 470/2020 (*Tol 8431627*).

ejecución los plazos del procedimiento sancionador, sino el mencionado plazo del art. 66.2 RGRVA y 239.3 LGT.

Porque efectivamente, si bien esta interpretación se circunscribía a priori únicamente al art. 66.2 RGRVA, las ocasiones posteriores en que el TS ha tenido ocasión de aplicar la nueva redacción ampliada del art. 239.3 LGT ha extrapolado punto por punto esta jurisprudencia[20].

Lo cierto es que tanto la comentada STS de 19 de noviembre de 2020 (rec. 4911/2018), como las sentencias posteriores en que se ha mantenido esta misma jurisprudencia, han venido siendo objeto de votos particulares de magistrados que discrepan del parecer mayoritario por lo que respecta precisamente a los efectos del incumplimiento de dicho plazo.

A juicio de los magistrados discrepantes este incumplimiento debería comportar la anulabilidad del acto (recordemos que la STSJ de Canarias los consideró nulos), en parte porque la propia estructura de la vía económico administrativa no tendría sentido si sus decisiones pudieran ser postergadas a voluntad de la Administración, haciendo del plazo de un mes "un mero consejo inservible o una recomendación pía, una ingenua intención susceptible de ser frustrada, incluso burlada, sin secuela ni desenlace alguno, sin sanción en suma, sin efecto relevante dirigido al órgano que ha de ejecutar"[21].

Otro de los argumentos principales de estos votos particulares es la necesidad de evitar diferencias de trato respecto a situaciones aparentemente similares o incluso "menos graves", como las de retroacción de actuaciones por errores formales. Efectivamente, en el caso de retroacción de actuaciones se producirá una limitación temporal del procedimiento a que se retrotrae, disponiéndose para su terminación sólo del tiempo restante desde que se

---

[20] Por ejemplo, SSTS de 27 de septiembre de 2022, rec. 5625/2020 (*Tol 9246622*) y de 16 de marzo de 2023, rec. 3634/2021 (*Tol 9484787*).

[21] Voto Particular, STS de 16 de marzo de 2023 (*Tol 9484787*), apartado 3.

produjo tal defecto, siendo la consecuencia en caso de superación de dicho plazo nada menos que la caducidad con la posible desaparición del efecto interruptivo de la prescripción.

Es más, entienden estos votos particulares que, si la resolución forma parte de actuaciones inspectoras, el actual art. 150.7 LGT ordena finalizarlas en el período que reste desde el momento al que se retrotraigan las actuaciones hasta la conclusión del plazo de las actuaciones o "en seis meses, si aquel período fuera inferior". El incumplimiento de este plazo tendrá los efectos previstos en el art. 150.6 LGT que, además de la paralización en el devengo de intereses desde el incumplimiento hasta la finalización, tiene anudada dos consecuencias trascendentales: se considera que las actuaciones inspectoras no han interrumpido la prescripción y que los ingresos realizados hasta la primera actuación tras dicho incumplimiento podrán tener el carácter de espontáneos.

Este asunto creemos que puede ser paradigmático del alcance limitado del principio de buena administración como advierte también CARRASCO GONZÁLEZ[22]. Compartimos con el autor que, aun siendo insatisfactorio el criterio del TS de considerarlo una irregularidad no invalidante, no puede forzar la interpretación de los preceptos legales más allá de un punto, correspondiendo al legislador la labor de equilibrar las respuestas jurídicas de estos incumplimientos en el plazo de ejecución de las resoluciones económico-administrativas.

Realmente en este caso los recurrentes ya han obtenido una respuesta jurídica completa que ha concluido el procedimiento de reclamación que iniciaron, de forma estimatoria, además. El hecho de que por un proceder inapropiado de la Administración se retrase su ejecución constituye efectivamente una dilación, pero no en el acceso a la justicia, sino en su ejecución. Parece entender el legislador que, al igual que no tendría sentido anular

---

22 CARRASCO GONZÁLEZ, F.M. "El principio de buena administración...", ob. cit.

la condena a un reo porque se tarda en ejecutarla, tampoco se debe dotar de tal rango a un retraso molesto que no perjudica tan desproporcionadamente al derecho de los contribuyentes que ya han recibido una respuesta estimatoria a sus pretensiones, es más, quizás esta aparente levedad sea precisamente el motivo por el que no se encuentra entre las causas de nulidad o anulabilidad.

Ojo, no respaldamos necesariamente que esta sea la mejor técnica normativa, pues sería tal vez más congruente con los derechos de los contribuyentes apostar efectivamente por la anulabilidad, aunque ampliando los plazos para esta ejecución. En todo caso, son opciones que corresponde desarrollar al legislador, que por ahora sigue siendo el que tiene encomendada esta labor en nuestro sistema de separación de poderes.

5. EL PLAZO DE EJECUCIÓN DE LAS RESOLUCIONES ECONÓMICO-ADMINISTRATIVAS EN EL CASO DE ANULACIÓN POR RAZONES FORMALES

Otro problema similar es el que afrontan los contribuyentes cuando una resolución estimatoria ordena la anulación del acto por vicios de forma junto con la retroacción de actuaciones al momento en que se produjo tal vicio y existe un notable retraso en la recepción del expediente por el órgano competente. Este retraso es capital, pues como hemos visto antes, en los casos de retroacción de actuaciones en sede inspectora, *el dies a quo* para el cómputo del plazo disponible hasta su conclusión (el restante dentro del procedimiento inspector desde el vicio o al menos seis meses si este fuera inferior) se inicia "desde la recepción del expediente por el órgano competente para ejecutar la resolución", su incumplimiento, recordemos, tiene anudados efectos importantísimos.

Con relación a este asunto, la STS de 5 de diciembre de 2017 (*Tol 6461966*) relata una situación bastante disparatada en la que el TEAC ordena una retroacción de actuaciones mediante una resolución de 31 de enero de 2013, pero hasta el 29 de julio de dicho año, casi seis meses después, no se le da entrada en el correspondiente órgano competente para la ejecución. Dado que la liquidación final en ejecución de la resolución del TEAC se notificó al contribuyente apenas tres meses después, el 29 de octubre, es evidente que no se incumplió el plazo de seis meses que el entonces art. 150.5 LGT (actual 150.7) permitía hasta su conclusión si se tomaba el 29 de julio como fecha de recepción del expediente por el órgano competente para ejecutar la resolución.

Dados los defectos en la formulación del recurso por el contribuyente, es cierto que el TS desestimó su pretensión (esperaba que se considerara excedido el plazo de seis meses para ejecutar la resolución y concluir el procedimiento, lo cual no sucedió). Sin embargo, este pronunciamiento contiene una serie de reflexiones que no sólo han sustentado su jurisprudencia posterior en torno a la construcción del principio de buena administración como hemos visto antes, sino que abre la puerta a rectificar situaciones en las que el plazo total para ejecutar la resolución sí se haya excedido.

El punto de partida, tal y como advierte esta STS de 5 de diciembre de 2017 (FD 4°, *in fine)*, es que el plazo fijado legalmente para ejecutar la resolución estimatoria por motivos formales puede quedar totalmente al albur de la Administración si ésta puede decidir (con el único límite de la prescripción) cuándo se inicia el cómputo de dicho plazo retrasando el traslado al órgano competente. Anudando esta reflexión con el principio de buena administración y aunque en el caso concreto no tuviera consecuencia alguna (pues no se invocó por la recurrente), el TS advierte que "la dilación no razonable y desproporcionada en la remisión del expediente para ejecución de la resolución estimatoria del órgano económico administrativo no puede resultar jurídicamente neutral sino que deberá extraerse las consecuencias jurídicas derivadas".

La realidad es que el TS ha tenido desde entonces varias ocasiones para pronunciarse de nuevo sobre situaciones similares y, aunque esta jurisprudencia que hemos relatado parece que sentaba unas bases suficientemente garantistas con los contribuyentes, por una causa o por otra no ha podido llegar a aplicarse en toda su extensión.

Una de las primeras ocasiones en que pudo aplicarse fue analizada por la STS de 18 de diciembre de 2019, rec. 4442/2018 (*Tol 7658718*). En este caso, una resolución del TEAC de 15 de marzo de 2012 (notificada a las partes el 22 de marzo de 2012) fue remitida para ejecución al TEAR de Valencia (como órgano recurrido) el día 15 de junio de 2012, siendo posteriormente esta remitida por el TEAR a la específica Dependencia Regional de Inspección de Valencia el día 29 de octubre de 2012 y siendo finalmente ejecutada el 27 de noviembre de 2012.

La pretensión de la parte recurrente no era otra que integrar en el plazo de duración del procedimiento inspector todos los períodos de tiempo comprendidos entre la notificación de la resolución a los interesados y la recepción del expediente por el órgano competente para la ejecución (que entendía que se había demorado sensiblemente al ser más de siete meses), particularmente cuando la Administración no justifique y pruebe que estos son necesarios para llevar a cabo el traslado del expediente de acuerdo con los principios de diligencia, transparencia y criterio de celeridad.

En primer lugar, el TS destaca como motivo del retraso en la ejecución el error en la remisión original del expediente a un órgano administrativo que no era competente para su ejecución, aunque este hecho apenas provocó dos semanas más de retraso[23]. Incluso excusando este error un tanto llamativo de remitir el expediente a un órgano incompetente, debemos recordar que la

---

23 En concreto, el TEAR de Valencia remitió el 3 de octubre la resolución dictada al Director del Departamento de Inspección de la AEAT, cuando este es un órgano administrativo legitimado para formular recurso de alzada ordinario ante el TEAC, pero no es competente para la ejecución. Tras recibirla el 15 de octubre, el 19 de octubre este órgano la devolvió al TEAR.

ejecución, que debería ser un trámite ágil, requirió más de seis meses. Pues bien, el TS no aprecia en este caso "·una dilación desproporcionada" e incluso valora positivamente que no haya habido intencionalidad en este retraso, achacando esta demora a la extraordinaria carga de trabajo que pende sobre el mismo TEAC.

Dentro del máximo respeto a las posiciones de nuestro Alto Tribunal, discrepamos de esta interpretación y sostenemos, como ya hizo MARÍN-BARNUEVO FABO[24] que en el contexto actual de comunicaciones telemáticas una dilación de siete meses para estos trámites sí debería constituir una dilación contraria al principio de buena administración en su vertiente del deber de resolver el procedimiento en un plazo razonable.

Recordemos que el actual art. 150.7 LGT (anterior 150.5) dispone que las actuaciones inspectoras deberán concluir en casos como este en que una resolución ordene la retroacción de actuaciones por defectos formales "en el período que reste desde el momento al que se retrotraigan las actuaciones hasta la conclusión del plazo previsto en el apartado 1 o en seis meses, si este último fuera superior". Un plazo que de nuevo comenzará a computarse "desde la recepción del expediente por el órgano competente para ejecutar la resolución".

No podemos respaldar que sea acorde a un funcionamiento normal de la Administración el hecho de que, en el ámbito de plazos tan reducidos, se permita a la Administración dilatar nada menos que siete meses el simple traslado del expediente a dicho órgano competente. Es cierto que la ejecución en sí misma fue rápida y apenas se demoró un mes más, pero ello no hace sino evidenciar que, en un trámite aún más sencillo, como era la mera recepción del expediente por el órgano llamado a ejecutar esta resolución, la Administración se dilatara siete meses.

---

24 MARÍN-BARNUEVO FABO, D. "El principio de una buena administración...", ob. cit.

De hecho, nos permitimos recordar la jurisprudencia sentada por el TS en su Sentencia de 5 de diciembre de 2017 (*Tol 6461966*) que se cita en esta Sentencia de 19 de diciembre de 2019, en la cual el TS reflejó que un plazo de 5 meses para remitir el expediente al órgano competente para su ejecución sí constituía un "desfase temporal que jurídicamente no puede resultar indiferente", pues de otro modo el plazo para tramitar el procedimiento parece quedar a expensas del momento en que la Administración tenga a bien dar traslado al órgano competente.

Por supuesto, creemos que las importantes consecuencias que lleva aparejado el incumplimiento del plazo para la terminación del procedimiento inspector influyeron en la precaución del TS para apreciar la posible vulneración del principio de buena administración en este caso. Sin embargo, aunque en las circunstancias del caso se pudiera encontrar algún atenuante, al permitir que una dilación de siete meses para dar traslado del expediente al órgano competente se encuadre dentro del funcionamiento de una "buena administración", se ha generado un precedente excesivamente laxo con la finalización de los procedimientos en un plazo "razonable".

A la vista de este precedente, parece comprensible que se diera una respuesta similar en la STS de 22 de diciembre de 2020, rec. 5653/2019 (*Tol 8299332*), en la cual el retraso entre la fecha de la resolución estimatoria del TEAR de Madrid (29 de septiembre de 2015) y la "aparente"[25] fecha de entrada en el órgano competente (27 de enero de 2016) fue de casi cuatro meses. En este pronunciamiento el TS recuerda que, en aplicación del principio de buena administración, si se constata que efectivamente ha existido

[25] En el caso en concreto no constaba siquiera en autos la fecha concreta de recepción del expediente por el órgano competente para la ejecución, siendo esta tomada del propio acuerdo de ejecución que hacía mención a la misma. Es evidente que la opacidad de esta fecha constituye en sí misma un problema si de la misma dependen consecuencias jurídicas tan relevantes.

un diferimiento significativo en la remisión del expediente por parte de la propia Administración al órgano competente para su ejecución:

> "la Administración deberá hacer frente a los perjuicios derivados de su actuación, concretamente los comprendidos en el artículo 150.5 (hoy 150.7) de la Ley General Tributaria, sin que pueda ya situar el dies a quo del inicio del plazo fijado en el precepto en el momento extraordinariamente tardío en el que se produjo la remisión o la recepción del expediente, sino que habrá que determinar —caso por caso— en qué fecha ha de ubicarse dicho plazo inicial (...)"

La cuestión es que en este caso en concreto, tal y como advierte el TS, los efectos de esta aseveración serían inexistentes, pues aunque se hubiera podido cuestionar el *dies a quo* establecido a priori (el 27 de enero de 2016) y sustituir por otro (se sugiere el 21 de octubre en que se recepcionó la resolución en el departamento de inspección), en ningún caso se hubiera superado el plazo de 6 meses del entonces art. 150.5 LGT (actual 150.7) hasta los primeros intentos de notificación válidos al contribuyente (6 de abril de 2016).

No deja de resultar llamativo que esta misma aseveración no se incluyera en la anterior Sentencia de 19 de diciembre de 2019, porque en ese caso, si se hubiera constatado ese "diferimiento significativo" en la remisión del expediente al órgano competente para su ejecución, sí que podrían haberse llegado a superar los seis meses de plazo para su terminación.

En un caso similar, aunque en el ámbito del incidente de ejecución de una resolución estimatoria por cuestiones de fondo, el TS consideró en la STS de 23 de julio de 2020, rec. 7483/2018 (*Tol 8037327*), que un retraso inferior a tres meses en la remisión de la resolución al órgano competente tampoco podía considerarse "una dilación desproporcionada" ni que hubiera "diferido significativamente la remisión del expediente".

La sensación que nos queda después de examinar esta jurisprudencia es que la aplicación del principio de buena administración en este ámbito puede llegar a tener un impacto enorme, hasta el punto de poder modificar, a la luz de las circunstancias del caso, la fecha en que efectivamente se recibe el expediente por el órgano competente para su ejecución.

Como advertíamos antes, en el ámbito concreto de la retroacción de actuaciones esta modificación del *dies a quo* podría conllevar un incumplimiento sobrevenido del plazo para resolver la ejecución (el restante del procedimiento o al menos seis meses en el caso de los procedimientos de inspección), incumplimiento este que sí lleva aparejado importantísimos efectos como la caducidad y la pérdida de efectos interruptivos de la prescripción de las actuaciones previas.

Sin embargo, tanto la prudencia del TS para apreciar estas dilaciones como la naturaleza de los asuntos de que ha conocido (que por ahora ha entendido que no superan el umbral de las vulneraciones flagrantes) sitúan esta jurisprudencia en torno a la remisión del expediente al órgano competente para ejecutar como una vía con gran potencial, pero sin resultados relevantes. Es decir, a pesar de mostrarse abierto a ello, el TS no ha apreciado aún dilaciones suficientemente significativas en la remisión al órgano competencia para la ejecución como para modificar el *dies a quo* "extraordinariamente tardío", por uno más acorde a un funcionamiento acorde al principio de buena administración, ni siquiera en asuntos en los que esta remisión se ha demorado varios meses.

Al margen de lo cuestionable que nos pueda parecer esta interpretación tan estricta del concepto de dilación desproporcionada, la realidad es que tal vez el conocimiento de esta misma jurisprudencia haya alentado desde entonces conductas más diligentes limitando el número de asuntos en los que esta remisión se demora sin sentido varios meses. Este podría ser el motivo por el cual, a pesar de la antigüedad de esta jurisprudencia, no han entrado asuntos desde entonces en los que se pudiera poner en práctica. Sin duda alguna, este sería un logro destacable del principio de buena administración, que sin necesidad de promover en este caso ninguna reforma normativa concreta, podría haber calado donde está llamado a hacerlo, en el actuar diario de nuestra Administración tributaria.

6. LA INADMISIBILIDAD DE UN RECURSO CONTENCIOSO-ADMINISTRATIVO POR FALTA DE AGOTAMIENTO DE LA VÍA ADMINISTRATIVA FRENTE A RESOLUCIONES PRESUNTAS

Otra de las cuestiones en que se ha suscitado recientemente la aplicación del principio de buena administración en la vía económico-administrativa tiene que ver con la imposibilidad de inadmitir un recurso contencioso-administrativo por falta de agotamiento de la vía administrativa.

Recordemos a este respecto que el art. 25.1 de la Ley 29/1998, de 13 de julio, reguladora de la Jurisdicción Contencioso-administrativa (LJCA) dispone que el recurso contencioso-administrativo "es admisible en relación con las disposiciones de carácter general y con los actos expresos y presuntos de la Administración pública que pongan fin a la vía administrativa". El art. 69 c) de la misma LJCA indica que el recurso será inadmitido precisamente en caso de "c) Que tuviera por objeto disposiciones, actos o actuaciones no susceptibles de impugnación".

Si bien esta situación ya había recibido una respuesta bastante clara en la jurisprudencia previa del TS[26], vinculando la solución con el derecho a la tutela judicial efectiva, varias sentencias recientes replantean la cuestión en conexión con el propio principio de buena administración.

En la primera de ellas, STS de 7 de marzo de 2023 (rec. 3069/2021) se considera un recurso de casación del Ayuntamiento de Valladolid contra la sentencia del TSJ de Castilla y León de 5

---

26 Entre otras SSTS de 29 de marzo de 1999, rec. 6863/1994 (*Tol 1715770);* de 17 de junio de 2002, rec. 2355/1998 (*Tol 1718028*) o de 25 de marzo de 2004, rec. 104/2003 (*Tol 392965*).

de febrero de 2021 (rec. 285/2020) que refrendaba el derecho a la devolución de ingresos indebidos de un contribuyente.

En concreto, el contribuyente había interpuesto en junio de 2015 una solicitud de ingresos indebidos en concepto de IBI frente al Ayuntamiento de Valladolid, por la anulación de la recalificación de una finca. Tras no recibir respuesta a esta solicitud ni a su recurso de reposición durante casi cuatro años, y sin plantear la preceptiva reclamación económico-administrativa ante el Ayuntamiento, el contribuyente interpuso en junio de 2019 directamente un recurso ante el Juzgado de lo contencioso-administrativo contra la desestimación presunta de su solicitud de devolución de ingresos indebidos.

Lo llamativo del caso es que, apenas un mes después de la interposición de este recurso, en julio de 2019, el Ayuntamiento sí resuelve de forma expresa su solicitud desestimándola. Amparándose en esta resolución, el Ayuntamiento defiende en las diferentes instancias que debería haberse inadmitido el mencionado recurso contencioso-administrativo porque la resolución (si bien presunta) no ponía fin a la vía administrativa al ser preceptiva la reclamación económico-administrativa.

Como indicamos anteriormente, el TS ya se ha pronunciado en numerosas ocasiones ante situaciones similares, sosteniendo de forma reiterada que no cabe declarar la inadmisibilidad de un recurso contencioso-administrativo, por falta de agotamiento de la vía administrativa previa, en los casos en que el acto impugnado fuera una desestimación presunta, por silencio administrativo.

Siendo un caso similar, nos permitimos reproducir partes de la STS de 17 de junio de 2002, (*Tol 1718028*) en la que el TS advierte que "

> "No deja de ser sorprendente que una Administración pública que ha incumplido el deber que la ley le impone de resolver expresamente, con lo que obstaculiza ya, con esa omisión, el acceso del administrado a las vías revisoras ulteriores, entre ellas y en último término, la vía judicial, invoque el no agotamiento de la vía administrativa como causa impeditiva (...)"

> «Lo que importa es recordar que el silencio de la Administración no puede convertirse ni en una excusa legal que se le ofrece a la Administración para que pueda incumplir el deber que tiene de resolver, ni en una trampa para el administrado, sino un mecanismo inventado precisamente para proteger al particular frente a las consecuencias perjudiciales que para él pudieran derivarse de ese incumplimiento de la Administración"

En esta ocasión en particular, la STS de 7 de marzo de 2023 amplía los argumentos habituales conectados con el derecho a la tutela judicial efectiva con la mención al propio principio de buena administración. En concreto (FD 4º), dispone que conceder a la Administración una nueva oportunidad de pronunciarse en relación a un recurso sobre una solicitud que no contestó, además de suponer una dilación indebida del proceso prohibida por el art. 24 CE, sería "una práctica contraria al principio de buena administración, máxime cuando el asunto ya ha sido examinado, endoble instancia, por tribunales de justicia".

No olvidemos que en este caso el contribuyente sorteó la teóricamente preceptiva vía administrativa previa de recurso, lo que el TS avala al considerar que una vez recibida respuesta judicial obligar a agotar esta sería "un acto sin sentido o finalidad procesal alguna y generador de (más) dilaciones indebidas". Finalmente, recuerda que no existe "un derecho subjetivo incondicional de la Administración al silencio" y que este no puede constituir una alternativa a "la respuesta formal, tempestiva y explícita que debe darse", entendiendo que la "persistente falta de decisión" (cuatro años nada menos en este caso) constituye "una actitud contraria al principio de buena administración".

Menos de dos meses después, el TS tuvo ocasión de pronunciarse de nuevo en la STS de 3 de mayo de 2023, rec. 4792/2021 (*Tol 9549230*) en un caso similar, aunque con un trasfondo diferente. En esta ocasión, el recurso contencioso-administrativo se formuló ante el TSJ de Andalucía, tras la falta de resolución en plazo de unas reclamaciones formuladas ante el TEAR de Andalucía. El objeto particular del debate se suscitó en torno a una serie de reclamaciones en las que, por razón de la cuantía (superior a

150.000 euros), correspondía interponer recurso de alzada ante el TEAC.

El TSJ de Andalucía (STSJ de Andalucía de 15 de abril de 2021, rec. 1422/2018), apreció esta causa de inadmisibilidad considerando que, efectivamente, no se había agotado la vía administrativa respaldándose, particularmente, en que durante la tramitación del recurso el TEAR dictó resolución expresa desestimando estas reclamaciones y recordando en el pie de recurso que frente a las de mayor cuantía cabe interponer recurso de alzada ante el TEAC.

El TS, sin embargo, considera que resulta extrapolable la jurisprudencia anteriormente expuesta, que llevaría a admitir el recurso contencioso-administrativo, aunque resulte palmario que no se agotó la vía administrativa de recursos (en este caso ante el TEAC).

Tomando como referencia la sentencia anterior de 7 de marzo de 2023, el TS (FD 3º) plantea las particularidades de este caso centrando el debate en si la Administración, cuando guarda silencio en todas las reclamaciones del TEAR sin resolverlas, puede tener derecho al silencio y a mantener la doble instancia jerárquica, "una potestad reduplicativa y que debería ser objeto de interpretación estricta". Pues bien, el TS rectifica al TSJ de Andalucía y considera que no cabe "retrotraer un proceso judicial para permitir el agotamiento —sobre la base de la impugnación de actos presuntos— mediante una segunda instancia revisora", máxime cuando la cuestión ya está en sede judicial y el TSJ "está en condiciones de pronunciarse sobre las cuestiones objeto de debate".

A este respecto el TS recuerda que resulta contrario al principio de buena administración "exigir al reclamante que adivine qué recursos jerárquicos proceden contra los actos presuntos, que no dejan de revelar un grave incumplimiento del elemental de resolver de modo explícito, mediante resolución motivada que ha de notificarse con indicación de los recursos preceptivos"

7. LA RESOLUCIÓN DE RECLAMACIONES POR UN TEAR INCOMPETENTE PORQUE HAN SIDO DIRIGIDAS, *PER SALTUM*, AL TEAC

La última cuestión de la que nos vamos a hacer eco pretende poner luz sobre los efectos jurídicos de las situaciones en que un TEAR incompetente, por haber sido dirigida la reclamación *per saltum* directamente al TEAC, decide resolver la reclamación con los consecuentes perjuicios temporales para los administrados.

Este es el caso resuelto en sendas SSTS de 14 de febrero de 2023 sobre el mismo asunto, rec. 3687/2021 y 3897/2021 (*Tol 9422809 y 9416017*) Como indicamos, el conflicto trae causa de una reclamación contra una liquidación derivada de una inspección interpuesta por una sociedad directamente ante el TEAC *per saltum* en agosto de 2013. Sin embargo, dicha reclamación fue resuelta de forma expresa por el TEAR del País Vasco en febrero de 2016, siendo estimado parcialmente el recurso de alzada ante el mismo TEAC en abril de 2018, ordenando la anulación de la resolución previa del TEAR y la retroacción de actuaciones para que la reclamación fuera tramitada directamente ante el TEAC.

Lógicamente el debate giro en torno a la interpretación del mencionado recurso *per saltum*, regulado en el momento del conflicto en el art. 229.6 párrafo 5 LGT con la siguiente redacción[27]:

---

[27] Posteriormente, el artículo único. 40 de la Ley 34/2015, de 21 de septiembre, de modificación parcial de la Ley 58/2003, de17 de diciembre, General Tributaria modificó la redacción de este artículo, trasladando este recurso al párrafo 6 en los siguientes términos:
"6. Cuando la resolución de la reclamación económico-administrativa sea susceptible de recurso de alzada ordinario ante el Tribunal Económico-Administrativo Central, la reclamación podrá interponerse directamente ante este órgano. En este caso, la tramitación corresponderá a la Secretaría del Tribunal Económico-Administrativo Regional o Local o del órgano económico-administrativo de la Comunidad Autónoma o dela Ciudad con Estatuto de Autonomía, sin perjuicio de las actuaciones complementarias de tramitación que decida llevar a cabo el Tribu-

«Cuando la resolución de las reclamaciones económico-administrativas sea susceptible de recurso de alzada ordinario ante el Tribunal Económico-Administrativo Central, la reclamación podrá interponerse directamente ante este órgano».

Este artículo debe interpretarse en conexión con el art. 217.1 LGT que limita la nulidad de pleno de pleno derecho a los actos:

"a) Que lesionen los derechos y libertades susceptibles de amparo constitucional.

b) Que hayan sido dictados por órgano manifiestamente incompetente por razón de la materia o del territorio".

Particularmente, la cuestión clave es determinar si la vulneración de este precepto constituiría una nulidad de pleno derecho al encuadrarse en alguno de estos dos supuestos o, como dispuso la SAN recurrida [SAN de 4 de marzo de 2021, rec. 596/2018 (*Tol 8377122*)], constituye en cambio "una mera incompetencia jerárquica o de grado que no es determinante de nulidad de pleno derecho, sino solo un defecto de legalidad menor o no cualificado" que implica la anulabilidad.

Lógicamente el recurrente defiende la nulidad de pleno derecho porque lleva aparejada la pérdida de efectos interruptivos de la resolución de la reclamación y, por tanto, la prescripción.

El TS decide resolver el debate trayendo a colación el principio de buena administración, que considera que sí ha sido vulnerado al retener el TEAR del País Vasco una reclamación que iba dirigida al TEAC. No obstante, el interés está lógicamente en observar los efectos que liga a dicha vulneración.

Pues bien, en un tono ciertamente menos crítico con el proceder de la Administración que en su jurisprudencia anterior sobre el principio de buena administración, el TS (FD 5º) respalda que

---

nal Económico-Administrativo Central y salvo que el interesado solicite que la puesta de manifiesto tenga lugar ante el Tribunal Económico Administrativo Central, en cuyo caso, la tramitación seguirá en este órgano"...

la incompetencia producida es simplemente de naturaleza jerárquica y ello no comporta vicio de nulidad absoluta o radical porque, sin bien tardíamente, "el superior ha conocido finalmente del asunto". Este hecho provoca que no quepa invocar la prescripción, toda vez que no transcurren cuatro años hasta que conoce finalmente el TEAC, órgano ya competente.

Llama particularmente la atención en este fallo que el TS recrimine a la entidad recurrente (si bien reconoce que "no es excusa a los efectos del principio de buena administración") que no reaccionó en su momento contra la competencia que se arrogó el TEAR del País Vasco, ni decidió impugnar tras el primer año sin resolución expresa la desestimación presunta.

A la vista de lo expuesto el TS reconoce la existencia de "una dilación indebida" o "resolución en plazo no razonable" que vulnera efectivamente el derecho a una buena administración. Sin embargo, las soluciones que dispone nuestro ordenamiento para "reparar o mitigar los excesos de plazo o dilaciones y el daño que con ellos se ocasiona" no son otras que el silencio administrativo y la paralización en el devengo de intereses de demora, unos intereses que al no ser discutidos por el recurrente no se rectificaron (aunque el TS parecía proclive a ello).

En vista de todo ello el TS (FD 6º *in fine*) no hace sino ratificar que, si bien en este caso se aprecia una "vulneración —clara y evidente— del principio de buena administración" este hecho "no determina per se la nulidad de los actos tardíamente dictados, sino las consecuencias que se han descrito más arriba."

8. CONCLUSIONES

En este trabajo hemos pretendido realizar un recorrido por los aspectos de la jurisprudencia más reciente del TS en relación con el principio de buena administración que parecen incidir sobre la función de los TEA.

Un primer aspecto que llama la atención es que realmente el TS en muchas ocasiones está resolviendo cuestiones de interés casacional sobre las que ya tenía una jurisprudencia bastante consolidada "a la luz del principio de buena administración". Es decir, trata de demostrar que nuestra jurisprudencia ya era sensible a los parámetros identificativos de este principio, aunque este no existiera como tal aún en nuestro ordenamiento.

Esta jurisprudencia reiterativa, que no pone realmente sobre la mesa elementos novedosos, ni cambia el previsible sentido del fallo, tiene más como fin garantizar y demostrar que nuestro ordenamiento ofrece respuestas acordes y sensibles con un principio recogido en la Carta Europea de Derechos Fundamentales.

Concordamos con la mayoría de la doctrina que este principio resulta útil en sí mismo como ideal de justicia en un contexto en el que seguimos encontrando situaciones de flagrante *mala* administración y *mala* legislación.

Sin embargo, lejos de bonitas afirmaciones y sentidos discursos, debemos dotar a la vulneración de este principio de una respuesta jurídica más acorde a la gravedad de los comportamientos que denota. Centrándonos en la cuestión temporal, hemos podido comprobar cómo el TS se escuda en la mayoría de ocasiones en las tibias respuestas que nuestro ordenamiento ya ha articulado frente a dilaciones flagrantes de la Administración (silencio administrativo desestimatorio, paralización en el devengo de intereses), relativizando así el impacto de la vulneración de este principio de buena administración y el retraso en el acceso a la justicia, por ejemplo, en las situaciones en que resta importancia al retraso de una mera notificación durante varios meses.

Solo si diseñamos respuestas jurídicas lo suficientemente contundentes a estas vulneraciones podremos influir positivamente en el proceder de la Administración y, en particular, en la sensible y fundamental función desarrollada por los TEA, situados en la difícil y delicada posición de contribuir a un acceso efectivo a la justicia mientras que, inevitablemente, siguen vinculados a la

Administración. Legitimar su posición pasa por corregir estas vulneraciones claramente evitables y fácilmente subsanables. Nunca hemos dejado de defender y reconocer su labor, de hecho, precisamente por ello, también advertimos que se requieren soluciones más contundentes y críticas cuando en ocasiones su proceder resulta contrario al cada vez más consolidado principio de buena administración.

Por supuesto, corresponde al legislador dar este paso, pues no resulta legítimo dejar exclusivamente en manos de los tribunales la aplicación del principio de buena administración sin adoptar una sola medida que actualice nuestro ordenamiento al influjo del mismo.

9. BIBLIOGRAFÍA

CARRASCO GONZÁLEZ, F.M. “El principio de buena administración en el ámbito de la revisión de actos tributarios”, Civitas. Revista Española de Derecho Financiero, núm. 197, 2023, pp. 73-110.

CASAS AGUDO, D. “Derecho a una buena administración y ordenamiento tributario”, en *Derechos Fundamentales y tributación,* Nueva Fiscalidad: Monográfico (Dir. Isaac Merino Jara), 2020, pp. 61-101.

GALÁN RUIZ, J. “El recurso de reposición en materia tributaria” en *La revisión de actos en materia tributaria* (Dir. Pablo Chico de la Cámara y Javier Galán Ruiz, Lex Nova, 2016, pp. 33-54.

GARCÍA-MONCÓ, A.M. “Recurso de reposición y reclamaciones económico-administrativas” en *La nueva Ley General Tributaria* (Dir. Rafael Calvo Ortega), Thomson Civitas, Madrid, pp. 887-942.

LITAGO LLEDÓ, R. “Eficacia práctica del principio de buena administración formulado por el Tribunal Supremo”, *Revista Técnica Tributaria,* 2021, núm. 133, pp. 127-154.

MARÍN-BARNUEVO FABO, D. “El principio de una buena administración en materia tributaria”, *Civitas. Revista española de derecho financiero,* núm. 186, 2020, pp. 15-38

MARTÍN RODRÍGUEZ, J.M. “El derecho del obligado tributario a recurrir contra los actos y actuaciones de aplicación de los tributos”, *Documentos-Instituto de Estudios Fiscales,* núm. 10, 2021.

MOCHÓN LÓPEZ, L. "Reflexiones acerca del encaje constitucional y significado de los recursos administrativos en materia tributaria", *Revista Técnica Tributaria,* núm. 136, 2022.

ORENA DOMÍNGUEZ, A. "El principio de buena administración como derecho y garantía de los obligados tributarios", en *Los principios del cumplimiento cooperativo en materia tributaria* (Dir. Saturnina Moreno González), Atelier, 2023.

RODRÍGUEZ-ARANA MUÑOZ, J. "El derecho fundamental a la buena administración en la Constitución española y en la Unión Europea", *REGAP: Revista galega de administración pública,* Vol. 1, núm. 40, 2010.

SUBERBIOLA GARBIZU, I. "El principio de buena administración en el seno del procedimiento de revisión. Un análisis DAFO del principio en la revisión tributaria", en *La proyección de la buena administración sobre los procedimientos de aplicación de los tributos* (Coord. Gracia María Luchena Mozo y María Esther Sánchez López), Tirant Lo Blanch, 2023.

Capítulo 12

Incidencia del principio de buena administración en la gestión compartida de los tributos locales

Joaquín Jesús Polo Cañavate
Doctorando de la Universidad Rey Juan Carlos de Madrid
Ponente Adjunto del Tribunal Económico-Administrativo Municipal de Madrid

1. INTRODUCCIÓN

La denominada «gestión dual» o compartida de los tributos locales —Impuesto sobre Bienes Inmuebles («IBI»), Impuesto sobre el Incremento del Valor de los Terrenos de Naturaleza Urbana («IIVTNU»), Impuesto sobre Actividades Económicas («IAE») y alguna tasa— entre la Administración del Estado y los Ayuntamientos ha planteado numerosos problemas en los últimos años. Nuestro alto Tribunal ha comenzado a considerar esta gestión dual como un sistema que atenta directamente contra principios constitucionales tributarios[1], y espe-

---

1 Y casi toda la doctrina, que es también muy crítica con el sistema de gestión compartida de los tributos locales. Baste la opinión de Martín

cialmente contra el de buena administración. En la sentencia del Tribunal Supremo («TS») 579/2019, TOL7.087.612, [ES:TS:2019:579], de 19 de febrero de 2019, se concluye que la rigidez de la separación competencial, gestora e impugnatoria puede quebrantar el principio de capacidad económica, «en tanto que el contribuyente tendrá que contribuir por una riqueza inexistente o ficticia, condenándolo a un bucle de ribetes kafkianos (...), cuando no a una diáspora impugnatoria, tendente a dejar de pagar lo que con certidumbre no se debe o a que le sea devuelto lo que nunca debió pagar, con merma del principio de legalidad tributaria e igualdad».

En este contexto, a partir de la jurisprudencia del TS se analizarán las implicaciones tributarias del principio de buena administración en el ámbito tributario local y más específicamente en el IBI. En particular, con referencia a tres ámbitos.

El primero, en relación con la impugnación del valor catastral que sirvió para la determinación de la base imponible de una liquidación del IBI mediante la impugnación de esa misma liquidación. Aquí se resquebraja la rigidez de ese principio de la dualidad gestora reiterado por la jurisprudencia, a partir de los artículos 65 y 77 del Texto Refundido de la Ley Reguladora de las Haciendas Locales (TOL346.505), aprobado por Real Decreto Legislativo 2/2004, de 5 de marzo («TRLRHL»).

El segundo ámbito en el que el principio de buena administración despliega sus efectos en relación con los tributos locales se refiere a la **elaboración del novedoso concepto de la «firmeza condicionada de las liquidaciones de IBI».**

Queralt, que, centrando su reflexión en los efectos que en el ciudadano puede producir la gestión compartida en el IBI, afirma que «[a]nte la presencia de Administraciones gestoras diferentes, aquél se ve en muchas ocasiones desamparado, sin saber a qué atenerse, por mor de la propia configuración legal de esa gestión compartida.». MARTÍN QUERALT, J. «Gestión compartida, inactividad de la Administración y prescripción en el Impuesto sobre Bienes Inmuebles». *Tribuna Fiscal*, núm. 187, mayo, 2006, p. 4.

El último ámbito se refiere a **la exigencia de que la fecha de efectos catastrales de los acuerdos recaídos en los procedimientos catastrales de subsanación de discrepancias sea distinta a la fecha de efectos fiscales**, lo que en ocasiones estará en contradicción con lo que dispone el artículo 18.1, segundo párrafo, del Texto refundido de la Ley del Catastro Inmobiliario (TOL346.465), aprobada por el Real Decreto Legislativo 1/2004, de 5 de marzo («TRLCI»).

2. ALCANCE DEL PRINCIPIO DE BUENA ADMINISTRACIÓN EN EL ÁMBITO TRIBUTARIO LOCAL. ANÁLISIS JURISPRUDENCIAL

Existen una serie de principios constitucionales, tanto nacionales como de ámbito supranacional[2] de cuyo juego surge el principio de Buena Administración[3], que en el ámbito tributario

---

2 Véase el artículo 41 de la Carta de los Derechos Fundamentales de la Unión Europea (2010/C 83/02) TOL131.225. El «principio», y el correlativo derecho subjetivo allí consagrado es ampliamente invocado por el TS al margen del límite del artículo 51 de ese mismo texto que, recordemos, establece la aplicabilidad de sus preceptos a los Estados miembros «únicamente cuando apliquen el Derecho de la Unión». Por lo que se refiere a nuestra Carta Magna (TOL173.304), en ella podemos encontrar de forma implícita un deber jurídico de buena administración, «recogido en los artículos 9.3, 31.2 y 103.1 de la Constitución. Por medio de estos preceptos establece la Constitución cómo quiere que se desarrolle la función administrativa y, de este modo, puede decirse que el deber de buena administración aparece como la suma de todos estos principios». MARÍN-BARNUEVO FABO, D. «El principio de buena administración en materia tributaria». *Revista española de Derecho Financiero*, núm. 186 (Abril-Junio, 2020), p. 3.

3 GOMEZ PUENTE cree que en nuestros días ha «ido ganando respaldo social y político la idea de que entre el conjunto de derechos que se consideran inherentes a la dignidad de la persona e imprescindibles para el libre desarrollo de la personalidad —los convencionalmente denominados derechos humanos— ha de incluirse también el derecho

adquiere una importancia decisiva, no sólo para mitigar la desigualdad de las posiciones subjetivas de los intervinientes en la relación jurídico-tributaria, inherente a todos los procedimientos en los que se concreta la exacción de los tributos[4], sino también para mejorar la eficacia y la eficiencia de esos mismos procedimientos, respecto de los que continuamente se busca su mejora, tanto desde el punto de vista del control tributario —garantía del cumplimiento del valor constitucional de generalidad del artículo 31.1 de la Constitución Española («CE»)— como desde el aseguramiento de los derechos de los administrados[5].

---

a una buena administración». GÓMEZ PUENTE, M. «La tutela administrativa efectiva: el Tribunal económico-administrativo municipal de Madrid». *TRIBUTUS. Revista de la Agencia Tributaria Madrid,* Núm. 1. Junio, 2023, p. 75.

4 LITAGO LLEDÓ, R. cree que estamos ante un «sistema legal [el tributario] que es claramente favorable a la Administración tributaria», circunstancia que la jurisprudencia del TS está llamada a poner en entredicho. Y sigue diciendo que «la aplicación del susodicho sistema legal puede llegar a amparar situaciones de verdadera indefensión de los obligados tributarios cuando la Administración tributaria incumple su deber de resolver expresamente y acaba beneficiándose doblemente de esas ventajas que el propio sistema le ofrece. La pauta, el criterio jurídico que propicia la existencia de interés casacional determinante para el pronunciamiento del TS es la conexión del principio de buena administración con el derecho fundamental a la tutela judicial efectiva». «El «principio» de buena administración y el derecho fundamental de acceso a los recursos de obligados tributarios en casos de inactividad administrativa». En *Los principios del cumplimiento cooperativo en materia tributaria.* MORENO GONZÁLEZ, S. y CARRASCO PARRILLA P., directores. Atelier. Barcelona, 2023, p. 74.

5 JUAN LOZANO, A.M. Y FUSTER ASENCIO, C. «Buena administración tributaria y seguridad jurídica: cumplimiento tributario y aplicación del sistema como factores de competitividad y legitimidad». *Instituto de Estudios Fiscales. Documentos.* DOC núm. 5/2016., p. 24. «El anclaje de las nuevas tendencias de cumplimiento y control tributario puede localizarse en diversas coordenadas conceptuales. Por un lado, en el deber de buena administración, como marco conceptual de impacto creciente —tanto en el ordenamiento interno como en el Derecho de la Unión a partir de

Sea como fuera, tal y como ha afirmado MARÍN BARNUEVO, «[e]l principio de buena administración en materia tributaria ha pasado desapercibido en la doctrina académica y, sin embargo, ha tenido un especial desarrollo en la jurisprudencia de la Sección Segunda de la Sala Tercera del Tribunal Supremo de los últimos años»[6]. Encontramos un antecedente jurisprudencial remoto en la sentencia del TS de 21 de febrero de 1979, [ES:TS:1979:892][7].

---

su consagración en el art. 41 de la Carta de Derechos Fundamentales de la Unión Europea— del que deriva la concreción de ajustes en las posiciones jurídico-subjetivas de Administraciones tributarias y ciudadanos; por otro, en diversas manifestaciones del principio de confianza legítima; y, en tercer lugar, también en un elemento jurídico-económico, basado en los principios de eficacia y eficiencia, como parámetro esencial de medición y valoración de los procedimientos de control y regularización de los incumplimientos». En el precitado estudio, de gran interés, se analizan experiencias tributarias en el mundo anglosajón, en el que el recurso a las prácticas de buena administración se dirige en buena medida a evitar o reducir la conflictividad y, por eso, como primer interrogante, se plantean, «en un debate respecto a propuestas de buena administración sería si, ab initio y frente a la ausencia en España de un marco público general relativo a la conflictividad tributaria, podría producir un efecto positivo un proceso de reflexión orientado a la elaboración de una estrategia global de resolución y evitación de conflictos tributarios, así como la divulgación de sus elementos esenciales, protocolos de actuación y monitorización posterior de resultados» (Ibidem, p. 45).

6 MARÍN BARNUEVO FABO, D., ob. cit., p. 5.

7 Los hechos eran los siguientes: en mayo 1972 varias Asociaciones de Familias presentaron un escrito en el Gobierno Civil de Vizcaya exponiendo el problema de la desproporción entre los precios y los salarios y exigiendo que tal desproporción fuera eliminada. Ante dicha carta, el Gobernador Civil decidió sancionar a las Asociaciones firmantes con la suspensión por tres meses, por haberse extralimitado en sus funciones. Interpuesto recurso contencioso-administrativo fue desestimado, por lo que una de las Asociaciones apeló al TS, que estima la apelación y anula la sentencia apelada y la sanción. El fundamento de la estimación fue que el hecho de que una asociación familiar presentase un escrito sobre una situación que afecta gravemente a las necesidades económicas de las familias no constituye en forma alguna acción reprobable digna de una sanción, pues venía justificada por su interés en darla a conocer

En el ámbito de la gestión dual del IBI (que es nuestro objeto de estudio), este principio cobra una especial importancia, ya que las complejidades y disfunciones que acarrea ofrecen al administrado un panorama de enorme complejidad, además de ocasionar —en el mejor de los casos— retrasos en la obtención de soluciones a sus problemas relativos a la tributación sus inmuebles, y a las entidades locales potenciales riesgos de pérdidas de recaudación derivadas, no de su gestión, sino de posibles errores o funcionamiento deficiente de la administración estatal[8].

En los tres ámbitos que vamos a contemplar, a través una serie de sentencias del TS que han ido cercenando los efectos perniciosos de un complejísimo procedimiento gestor e impugnatorio, encontraremos hallazgos jurisprudenciales bien trascendentes e intrínsecamente relacionados, pues trata en realidad de tres enfoques del mismo problema: la dualidad gestora e impugnatoria de determinados tributos locales, que en palabras del TS, pueden dar lugar a «insólitas situaciones de peregrinaje impugnatorio»[9], y afectar gravemente al derecho de los administrados a una buena administración.

---

a los órganos administrativos encargados del bien general, ya que el Estado ha de tener una necesaria presencia «en todas las esferas de la vida social a que aludía la exposición de motivos de la Ley de Procedimiento Administrativo, que es consustancial a toda buena Administración».

8 «Cualquier error o retraso en el ejercicio de competencias catastrales por la Administración del Estado influye de manera directa y perjudica claramente a este Impuesto, dado que los Ayuntamientos sólo tienen competencias para la liquidación y recaudación del mismo pero los elementos esenciales del tributo son fijados por otra Administración. (…) Cualquier error en la emisión del padrón catastral de un municipio puede suponer un quebranto económico grave al municipio afectado». NAVARRO HERAS, R.A. «Problemática en los tributos de gestión compartida: la experiencia del Ayuntamiento de Madrid». *Tributos Locales,* núm. 79. Abril 2008, p. 67.

9 V.g. en la sentencia del TS 966/2020, de 18 de mayo de 2020 [ECLI:ES:TS:2020:966], en su FD séptimo, de la cual se hablará más adelante.

2.1. Posibilidad de impugnar el valor catastral que sirvió para la determinación de la base imponible de una liquidación del IBI mediante la impugnación de esa misma liquidación. Comentario a la sentencia TS 579/2019, de 19 de febrero de 2019.

2.1.1. Concepto jurisprudencial de la «gestión dual»

La «gestión dual» o compartida del IBI, entre la Administración del Estado y los Ayuntamientos es el diseño competencial que «el legislador ha dispuesto»[10], y consiste en procedimientos administrativos secuencialmente relacionados: le corresponde al Catastro —entre otras funciones— la atribución del valor catastral a los bienes inmuebles a efectos de determinar las bases imponible y liquidable del IBI[11], y a los Ayuntamientos la gestión propiamente tributaria. Son, pues, dos fases procedimentales con contenido diferente y con un régimen impugnatorio muy distinto. Estas fases son la de «gestión catastral» y la de «gestión tributaria».

La doctrina jurisprudencial de la «gestión dual» es la siguiente: la distinción entre la gestión catastral y la gestión tributaria «resulta de lo establecido en los artículos 65 y 77 del Texto Refundido de la Ley Reguladora de las Haciendas Locales, aprobado por Real Decreto Legislativo 2/2004, de 5 de marzo [TR/LHL 2004]; y en los artículos 22 a 32 del Texto Refundido de la Ley del Catastro Inmobiliario, aprobado por Real Decreto Legislativo 1/2004, de 5 de marzo [TR/LCI 2004]» (FD 7.º).

A partir de dichos preceptos indica lo que sigue:

---

10 Es expresión que encontramos en el FD segundo de la sentencia del TS 579/2019, TOL7.087.612 [ES:TS:2019:579], de 19 de febrero de 2019.

11 VARONA ALABERN cree que es precisamente el «mayor protagonismo de los valores catastrales [lo que] ha propiciado la creación de un tipo de gestión (la catastral) distinta de la relativa al IBI, separada de ella y que posee cierta autonomía y proyección propia». (VARONA ALABERN, E. *El valor catastral: su gestión e impugnación*. Aranzadi, SA. Pamplona, 1997, p. 29).

> «[S]on actuaciones administrativas diferenciadas estas dos: (1) por una parte, la de determinación de los valores catastrales y, (2) por otra, la de liquidación de la deuda tributaria por el Impuesto sobre Bienes Inmuebles correspondiente a cada ejercicio. La determinación de los valores catastrales, según lo establecido en el TR/LCI 2004 es competencia del Estado y se ejerce a través de la Dirección General del Catastro (artículo 4).

La liquidación corresponde a los Ayuntamientos, a quienes también corresponde la resolución de los recursos contra esta clase de actos (artículo 77 TR/LHL 2004); y la base imponible de esa liquidación, según establece el artículo 65 del TR/LHL 2004: «estará constituida por el valor catastral de los bienes inmuebles, que se determinará, notificará y será susceptible de impugnación conforme a lo dispuesto en las normas reguladoras del Catastro inmobiliario».»[12] De lo anterior el TS sacaba estas consecuencias:

> i) La impugnación contra los valores catastrales ha de plantearse ante el Tribunal Económico-Administrativo[13] y no ante el Ayuntamiento, ii) la impugnación de tales valores, mientras no recaiga resolución firme, y salvo suspensión de su aplicación en vía económico-administrativa o jurisdiccional, no impide a los Ayuntamientos a liquidar con arreglo a ellos, iii) el punto de conexión entre gestión catastral y gestión tributaria está en la determinación de la base imponible del impuesto, que viene constituida por el valor catastral, fin de la gestión catastral y comienzo de la tributaria y iv) la impugnación de la liquidación debe plantearse ante el Ayuntamiento, y no es el cauce adecuado para combatir el valor catastral, que vincula al Ayuntamiento y el conocimiento de su impugnación está reservado a la vía económico-administrativa.

El TS entendía hasta hace bien poco que «deb[ían] respetarse con todo rigor las vías impugnatorias señaladas y las competencias

---

12 Sentencia del TS de 2 de abril de 2019, TOL7.177.938 [ES:TS:2019:1131], una entre otras muchas que describen la gestión dual del IBI.

13 Se refiere aquí el TS únicamente a los Tribunales Económico-Administrativos estatales, esto es, los relacionados en el artículo 228 de la Ley 58/2003, de 17 de diciembre, General Tributaria («LGT») y regulados en la misma.

respectivas»[14], y ello porque «[l]a autonomía en la actuación de ambas Administraciones —la estatal y la local— determina que sus actos deben ser objeto de impugnaciones autónomas, sin que pueda imputarse a quien realiza la liquidación vicios que, en realidad, sólo son imputables a la previa fijación de valores, realizada en fase procedimental autónoma y por la Administración independiente. Por ello, no cabe atender en vía de impugnación de la liquidación municipal, cuestiones referidas a la Administración del Estado, que deben ser resueltas por el cauce de impugnación estatal». Continúa la sentencia diciendo que «[u]na vez que obtenga el recurrente resultado positivo firme de la impugnación producida en el ámbito de la gestión catastral, tanto en la vía económico-administrativa como en la jurisdiccional en su caso, podrá exigir del Ayuntamiento la modificación (...) de la concreta liquidación que se le practicó por el Ayuntamiento...».

Sin embargo, desde muy temprano se entendió que ese respeto a las «competencias respectivas» tenía una importante excepción, que no era otra que la ausencia de notificación —que debía ser siempre previa a la liquidación— del valor catastral. A esa excepción ya se hacía referencia en la Sentencia del TS de 19 de noviembre de 2003, TOL348.412, [ES:TS:2003:7306] donde se indicaba que «[s]ólo en aquellos casos en que no hubo notificación previa de los valores catastrales, resulta permisible la impugnación del valor catastral en el momento en que se notifica la liquidación correspondiente. La posibilidad de impugnación

---

14 Sentencia del TS de 5 de julio de 2002, TOL1.702.207 [ES:TS:2002:4993], en la que, sin embargo, ya se reconocían efectos perniciosos a este esquema de gestión dual, y abogaba por algún tipo de simplificación: «Indudablemente, éste, muy complejo, cuadro de procedimientos administrativos y procesos jurisdiccionales podía simplificarse, por mor del debido respeto al principio de continencia de la causa, y, sobre todo, subordinando el principio de autonomía municipal, que ya lo está en cuanto a la gestión catastral, con el fin de seguir en todo caso una misma vía impugnatoria, la económico-administrativa, con una sola instancia, pero esta es una cuestión ajena a este recurso de casación».

del valor catastral en el momento de notificación de la correspondiente liquidación queda condicionada pues, a la inexistencia de una notificación de dicho valor por la Administración estatal durante la fase de gestión catastral.».

Era una primera versión de la doctrina de las «situaciones excepcionales sobrevenidas» que permitirá superar la rigidez de la dualidad gestora e impugnatoria para poder atacar los valores catastrales con ocasión de la impugnación de la liquidación tributaria, y que encontramos desarrollada en 4 sentencias del TS dictadas los días 2 de abril, TOL7.177.938, [ES:TS:2019:1131], 20 de marzo, TOL7.179.842, [ES:TS:2019:1165], 4 de marzo, TOL7.119.256, [ES:TS:2019:804] y 19 de febrero, TOL7.087.612, [ES:TS:2019:579] de 2019. En la de 4 de marzo queda bien resumida dicha doctrina, haciéndose eco de sentencias anteriores (entre ellas, la de 19 de noviembre de 2003 a la que se acaba de hacer referencia). Dichas situaciones excepcionales son:

— En primer lugar, la que ya hemos visto: cuando en la fase de gestión catastral no haya tenido lugar la notificación individual del valor catastral[15].

---

[15] Al respecto, ya establecía el TS, en su sentencia de 13 de julio de 2000, TOL1.700.627 [ES:TS:2000:5794] que «la correcta notificación individual de los valores catastrales por parte del Órgano de la Administración General del Estado que ha de llevarla a cabo, es un requisito que, por constituir una garantía tributaria, condiciona la validez de las liquidaciones del Impuesto sobre Bienes Inmuebles que han de practicar los Ayuntamientos donde los bienes se encuentran situados.». Ya con anterioridad, en la sentencia de 17 de noviembre de 1997 (TOL5.143.194, ES:TS:1997:6860), en un supuesto en el que no constaba acreditada la «notificación de las bases imponibles», esto es, del valor catastral, decía el Alto Tribunal que «[c]on carácter general ha de señalarse que la circunstancia —originada en razones de utilidad o conveniencia interna de las Administraciones interesadas—de tramitarse expedientes discontinuos para la fijación de las bases imponibles y la liquidación y cobranza del tributo, no puede ser excusa para que lo segundo se produzca sin que conste al Órgano que lo gestiona que se han observado todas las formalidades para la validez de lo primero».

— En segundo lugar, cuando concurran «disfunciones semejantes a la anterior, en casos excepcionales y constatados de manera rigurosa y singularizada», que van a requerir «la constancia de hechos sobrevenidos a la valoración catastral determinante de la liquidación litigiosa que evidencien su invalidez, siempre que las razones de la invalidez hayan sido reconocidas por resoluciones administrativas o judiciales», que «el interesado las haya hecho valer ante órganos catastrales o económico-administrativos» y que «en la impugnación jurisdiccional de esos valores catastrales, que sea planteada dirigiéndola directamente contra el acto principal de liquidación, el Ayuntamiento no haya rebatido eficazmente las concretas razones de invalidez que hayan sido aducidas contra el Valor catastral aplicado en la liquidación».

Pues bien, las razones que explican la doctrina de las «situaciones excepcionales» no son otras que el respeto al principio de la buena administración, ya que el TS ha llegado a considerar la gestión dual como un sistema que atenta directamente contra los principios constitucionales tributarios, y especialmente contra el de buena administración.

2.1.2. Comentario a la sentencia TS 579/2019, de 19 de febrero de 2019

Comentaremos ahora la **sentencia del TS 579/2019, TOL7.087.612, [ES:TS:2019:579], de 19 de febrero de 2019**, ya citada, en la que se utilizó la doctrina de las situaciones excepcionales sobrevenidas. Al igual que en las tres sentencias siguientes de 2019 citadas, se trataba de un caso en el que el inmueble no tenía la consideración de urbano a efectos catastrales. En ella leemos que «[e]l núcleo de la polémica puede sintetizarse en si es posible impugnar la liquidación por el IBI cuestionando el valor catastral determinado por acto firme en vía de gestión catastral.». El ayuntamiento que dictó las liquidaciones de IBI controvertidas consideraba que las liquidaciones eran conformes a derecho, pues liquidó según los datos facilitados por el Catastro, limitándose su competencia a liquidar y a recaudar. Es decir, aplicó la doctrina de la gestión dual incomunicada. El juzgado cuya sentencia fue objeto del recurso de casación determinó, en primer lugar, que «el inmueble sobre que se ha girado la liquidación por IBI, está clasificado como suelo urbano no consolidado, (...) por lo que a todos los efectos no puede ser tenido como urbano, a pesar de que Catastro y TEAR[16] lo tengan como tal», y, en consecuencia «procede declarar la nulidad de las liquidaciones practicadas porque las mismas se realizan como si el inmueble fuese de naturaleza urbana, cuando no lo es.».

La cuestión de interés casacional fue la siguiente: «Determinar si, con ocasión de la impugnación de liquidaciones del impuesto sobre bienes inmuebles y para obtener su anulación, el sujeto pasivo puede discutir la calificación (y la consiguiente valoración) catastral de su inmueble, cuando no lo hizo (o haciéndolo dejó que alcanzara firmeza) al tiempo en que le fue notificado individualmente el valor catastral del bien inmueble sujeto a tributación por dicho impuesto.».

La sentencia afirma que la regla general es que, impugnándose la liquidación, gestión tributaria, no cabe discutir el valor catastral que adquirió firmeza, gestión catastral, pero a continuación recuerda que se dan «situaciones excepcionales que van a permitir que ceda esta regla ante principios superiores que deben, en determinadas situaciones, prevalecer frente al principio de seguridad jurídica.». Y concluye que la rigidez de la separación competencial, gestora e impugnatoria puede quebrantar el principio de capacidad económica, «en tanto que el contribuyente tendrá que contribuir por una riqueza inexistente o ficticia, condenándolo a un bucle de ribetes kafkianos (...), cuando no a una diáspora impugnatoria, tendente a dejar de pagar lo que con certidumbre

---

[16] Acrónimo de Tribunal Económico-Administrativo Regional.

no se debe o a que le sea devuelto lo que nunca debió pagar, con merma del principio de legalidad tributaria e igualdad».

Y es aquí, en este contexto, donde el principio de buena administración desplegará sus benéficos efectos permitiendo impugnar el valor catastral que sirvió para la determinación de la base imponible de una liquidación del IBI mediante la impugnación de esa misma liquidación. Así se resquebraja ese principio de la dualidad gestora tan reiterado por la jurisprudencia, a partir de los artículos 65 y 77 del TRLRHL.

Por tanto, aun con antecedentes remotos (sentencia del TS 1542/1998[17], de 7 de marzo de 1998, TOL1.699.304, [ES:TS:1998:1542]) el asunto quedó jurisprudencialmente consagrado en esta sentencia, apoyada en el principio de buena administración para diluir la rigidez de la duplicidad competencial: «Ante un sistema impugnatorio complejo y potencialmente creador de disfunciones, cuando se producen estas situaciones, como las que nos ocupa, u otras parecidas o análogas, frente a una Administración que ha de servir con objetividad los intereses generales (artículo 103.1 CE), no es admisible jurídicamente que la misma permanezca inactiva dando lugar a un enriquecimiento injusto prohibido o a obligar a los administrados, ciudadanos de un Estado de Derecho, a transitar por largos y costosos procedimientos para a la postre obtener lo que desde un inicio se sabía que le correspondía (...) Ante estas situaciones excepcionales,

---

17 En la que puede leerse (énfasis añadido): «En efecto los Acuerdos que se adoptan en el seno de los Consorcios, para la Gestión e Inspección de las Contribuciones Territoriales, ahora en el Centro de Gestión Catastral, y Cooperación Tributaria, para elaborar y aprobar las ponencias que sirven para la fijación o revisión de los valores catastrales correspondientes a un municipio, son actuaciones administrativas de gestión de un tributo, dirigidas a determinar sus bases, que se materializan en las que afectan a cada sujeto pasivo y que pueden ser objeto de impugnación en vía económico administrativa y revisión jurisdiccional, al combatir dichas bases, ya lo sean con ocasión de su preceptiva notificación o, eventualmente, a través de la liquidación».

para salvar las quiebras que hemos referido, el sistema general que distribuye las competencias entre gestión catastral y gestión tributaria debe reinterpretarse y pulir su rigidez para que en sede de gestión tributaria y en su impugnación judicial quepa entrar a examinar la conformidad jurídica de dicho valor catastral, en su consideración de base imponible del gravamen, en relación con la situación jurídica novedosa que afecta al inmueble al que se refiere la valoración catastral y a esta misma, que no fue impugnada en su momento.

Ya en otras ocasiones hemos hecho referencia al principio de buena administración, (...) que impone a la Administración una conducta lo suficientemente diligente como para evitar definitivamente las posibles disfunciones derivada de su actuación, sin que baste la mera observancia estricta de procedimientos y trámites, sino que más allá reclama la plena efectividad de garantías y derechos reconocidos legal y constitucionalmente al contribuyente (...).»

Y concluye con el siguiente contenido interpretativo en su FD séptimo: « los arts. 65 y 77.1 y 5 del Real Decreto Legislativo 2/2004 y art. 4 del Real Decreto Legislativo 1/2004 (...) no se oponen ni obstan a que recurriéndose liquidaciones por IBI y para obtener su anulación, en supuestos en los que concurren circunstancias excepcionales sobrevenidas análogas o similares a las descritas anteriormente, el sujeto pasivo pueda discutir el valor catastral del inmueble, base imponible del impuesto, aun existiendo la valoración catastral firme en vía administrativa.».

2.2. *Elaboración del novedoso concepto de la «firmeza condicionada» de las liquidaciones de IBI. Comentario de la sentencia del TS 966/2020, de 18 de mayo de 2020*

En la sentencia de 18 de mayo de 2020, TOL7.939.057, [ES:TS:2020:966], que vamos a comentar enseguida, el TS afirmó que si se anula una valoración catastral mediante resolución firme, se deben dejar sin efecto las liquidaciones del IBI que tengan en cuenta esa valoración, puesto que esos casos «[l]a dualidad «gestión catastral»-»gestión tributaria» no permite (...) dar por válida la actuación del ente local» que pretendía mantener la legalidad de una serie de liquidaciones de IBI —pese a saber que se ajustaban a una base imponible ilegal— hasta que se adoptara la decisión correcta sobre los valores catastrales. El TS, sin embargo consideraba que el ayuntamiento debía anular y deja sin efecto las liquidaciones controvertidas, por haberse girado en atención a valores catastrales ilegales, en el bien entendido que su potestad para liquidar no habría prescrito, dada el efecto interruptivo de la prescripción que debe anudarse a la propia impugnación efectuada por el interesado. Y concluía afirmando que «las liquidaciones que constituyen el objeto del proceso ostentaban una firmeza condicionada, esto es, estaban sujetas al resultado de la impugnación catastral que el mismo contribuyente había deducido —con conocimiento de la Corporación— ante el órgano competente de la gestión catastral».

Veamos, por tanto, la **sentencia del TS 966/2020, de 18 de mayo de 2020**. La controversia originaria se basaba el que la entidad que era titular catastral de determinados inmuebles no estuvo conforme con los valores catastrales que les fueron asignados a los mismos en la ponencia de valores publicada el 31 de octubre de 2007, y los impugnó ante el TEAR, el cual estimó la reclamación y declaró nulos los valores catastrales impugnados. El catastro ejecutó dicha resolución del TEAR, modificó los valores catastrales el 23 de septiembre de 2014 y los notificó a la entidad, quien tampoco estuvo de acuerdo e instó recurso (incidente) de ejecución ante el TEAR, quien, el 26 de marzo de 2015 lo estimó y volvió a anular los valores catastrales. El ayuntamiento, entre tanto, liquidó en noviembre de 2014, el IBI de los años 2008 a 2014 con referencia a los valores catastrales comunicados por el Catastro en el mes de septiembre de 2014.

La recurrente, al conocer la resolución del incidente de ejecución adoptada por el TEAR el 26 de marzo de 2015, solicitó de la Corporación municipal —con fecha 21 de agosto de 2015— la devolución de lo ingresado por tal concepto al considerar que «anulados los datos y valores que constituyen la base imponible sobre la cual se realizan las liquidaciones correspondientes, es evidente que dichas liquidaciones son radicalmente nulas al haberse calculado sobre unas Bases y Valores anulados y, por lo tanto, inexistentes en Derecho». Ante la falta de respuesta del ayuntamiento, la interesada interpuso recurso contencioso-administrativo ante el juzgado competente, que condena al ayuntamiento a devolver lo ingresado.

La postura del ayuntamiento recurrido consiste, también en este caso, en invocar el postulado de la «gestión dual», afirmando que «[E]l ente local no puede, motu proprio, liquidar el tributo en atención a datos diferentes a los contenidos en el padrón, pues ello vulneraría lo dispuesto en el artículo 77.5 del texto refundido de la Ley de Haciendas Locales. (...) si el contribuyente ha conseguido la anulación de un valor catastral, su pretensión debe ir encaminada a la ejecución de esa pretensión anulatoria y a la modificación del padrón catastral ante la Administración del Estado y no a pretender una devolución de ingresos indebidos ante un ente local que, expresamente y por una norma con rango de ley, está obligado a liquidar conforme a los datos del padrón». Y, por eso, a su juicio, la solución legalmente procedente sería esta: «el recurrente que ha conseguido una nulidad, anulabilidad o variación del valor catastral de un inmueble debe solicitar posteriormente la modificación del valor catastral, pues el ente local está obligado a liquidar conforme a los datos contenidos en dicho padrón.»[18].

---

[18] A esto responde el Alto Tribunal: «Es posible que una solución como la que postula la parte recurrida sea la procedente ante situaciones idílicas, esto es, ante supuestos en los que las eventuales modificaciones de aquella información tengan un trasunto inmediato o —al menos—muy cercano en el tiempo en el ámbito de la gestión tributaria. En otras palabras, cabría asumir esa tesis si gestión catastral y gestión tributaria (los dos elementos de esa dualidad) fueran razonablemente de la mano y estuvieran perfectamente conectados, de suerte que no se colocara a los contribuyentes —a veces— ante insólitas situaciones de peregrinaje

La cuestión de interés casacional era «determinar cuál es el alcance de la declaración de nulidad (ya sea total o parcial) de los valores catastrales en vía económico-administrativa o en vía judicial, concretamente sobre si dicha nulidad conlleva también la de las liquidaciones del Impuesto sobre Bienes Inmuebles, emitidas por el ayuntamiento con posterioridad, y basadas en aquellos valores catastrales; o si, por el contrario, atendiendo al carácter bifásico del citado impuesto, dichas liquidaciones son válidas en tanto que el Catastro no proceda a rectificar o modificar los valores catastrales, pudiendo ser giradas, incluso, con efectos retroactivos.».

Tras reiterar su doctrina de la «gestión dual», afirma el Alto Tribunal dicha dualidad no permite (¡tampoco ahora!) dar por válida la actuación del ente local. De este modo, afirma que el ayuntamiento «ofrece una solución pro futuro: se mantiene la legalidad de las liquidaciones de IBI —pese a saber que se ajustan a una base imponible ilegal—hasta que se adopte la decisión correcta sobre los valores catastrales y, una vez adoptada ésta y modificado el padrón a instancias del interesado, se ajustan las liquidaciones del IBI ya giradas a los valores correctos, devolviendo al contribuyente —si fuera menester— el exceso de tributación derivado de la comparación entre el valor anulado y el posterior ajustado a Derecho».

Pero el TS cree que había otra solución, que es la que considera correcta: que el ayuntamiento acogiera lo solicitado por el contribuyente, al constatar que las liquidaciones impugnadas se habían girado en atención a valores catastrales ilegales, y procediera a anularlas y dejarlas sin efecto, procediendo a liquidar el IBI con

---

impugnatorio impropias de un sistema en el que la eficacia de la actuación de los poderes públicos y su sometimiento pleno a la Ley constituyen los parámetros esenciales que deben guiar su forma de conducirse. Es evidente que esa conexión no ha tenido lugar en el supuesto que nos ocupa.».

los valores correctos una vez que el catastro hubiera ejecutado la resolución que anuló aquellos valores catastrales[19].

Las razón principal de que esta solución fuera la mejor era precisamente la concurrencia del principio de buena administración, ya que, afirma «[u]na Administración que «sirve con objetividad los intereses generales» —como nuestra Constitución proclama— y que debe atemperarse al indicado principio de buena administración no puede desconocer, amparándose en la estricta rigidez de la existencia de una dualidad procedimental entre gestión catastral y gestión tributaria, que una liquidación tributaria es, claramente, contraria a Derecho porque ha utilizado como base imponible un parámetro —un determinado valor catastral, en nuestro caso— que ha sido declarado contrario a Derecho por el órgano competente (en el seno de la «gestión catastral»).

No puede hacerlo, especialmente, cuando el contribuyente —como sucede en el caso que nos ocupa—ha ejercitado con la mayor diligencia exigible la totalidad de las acciones que el ordenamiento jurídico pone a su disposición para discutir esa base imponible.

Y, sobre todo, cuando ese contribuyente ha respetado escrupulosamente las exigencias de la repetida dualidad procedimental que rige nuestro sistema impositivo en esta materia al pretender modificarla mediante resolución del órgano (estatal) competente».

---

19 «[E]n el bien entendido que su potestad para liquidar no habría prescrito, dada el efecto interruptivo (de la prescripción) que debe anudarse a la propia impugnación efectuada por el interesado», afirma a continuación el TS. Precisamente, el carácter secuencial de la gestión de IBI hace que la interrupción de la prescripción en el ámbito de la gestión catastral cause plenos efectos en el ámbito de la gestión tributaria. La interrupción de la prescripción catastral interrumpe también la fase tributaria, ya que, como establece el artículo 12.1 del TRLCI, los procedimientos catastrales tienen naturaleza tributaria. Por eso, en cuanto tales actuaciones catastrales sean realizadas con conocimiento formal del obligado tributario, tendrán eficacia interruptiva de la prescripción del derecho a liquidar el IBI.

Y las consecuencias de la aplicación aquí del principio de buena administración son que «las liquidaciones que constituyen el objeto del proceso ostentaban una firmeza condicionada, esto es, estaban sujetas al resultado de la impugnación catastral que el mismo contribuyente había deducido —con conocimiento de la Corporación— ante el órgano competente de la gestión catastral.

Podría incluso afirmarse que hubiera resultado exigible para la Hacienda Local —por mor de aquel principio de buena administración— revocar de oficio sus liquidaciones de IBI cuando ha tenido constancia indubitada de que la base imponible sobre la que se giraron era errónea».

Para concluir que:

> «2.1. Si el contribuyente discute en sede de «gestión catastral» —en tiempo y forma— los valores asignados a los inmuebles de su propiedad y obtiene una decisión firme que anula tales valores, ordenando efectuar nueva valoración, el ayuntamiento que ha girado el Impuesto sobre Bienes Inmuebles conforme a los valores declarados nulos no puede aducir la existencia de una dualidad del procedimiento para mantener la vigencia de esas liquidaciones.
>
> 2.2. La Hacienda Local, por tanto y en un supuesto como el que nos ocupa, precisamente por la vigencia en nuestro sistema fiscal de aquella dualidad, debe atemperarse a la decisión que adopte el órgano competente de «gestión catastral» y, si ésta es anulatoria de la valoración que le permitió girar el tributo, debe dejar sin efecto las liquidaciones correspondientes sin esperar a que se produzca un expresa modificación del padrón, a salvo su derecho, en los términos que legalmente procedan, a emitir nuevas liquidaciones conforme a los valores que, finalmente, sean declarados ajustados a Derecho».

2.3. Fijación de una fecha de efectos fiscales diferente de la fecha de efectos catastrales de los acuerdos recaídos en los procedimientos catastrales de subsanación de discrepancias. Comentario de la sentencia del TS 1970/2020, de 3 de junio de 2020

Venimos diciendo que el esquema dual de gestión e impugnación de los tributos locales produce efectos perniciosos que afectan al derecho a un buena administración, pues vulnera «los postulados del más elemental principio de eficacia administrativa así como el respeto del principio de capacidad económica», en palabras de RUIZ GARIJO[20].

La decisión jurisprudencial de que la fecha de efectos catastrales de los acuerdos recaídos en los procedimientos de subsanación de discrepancias sea distinta a la fecha de efectos fiscales,

---

20 Esta autora explica cómo siguen dichas disfunciones en el aspecto impugnatorio: «en primer lugar, la revisión de los actos de gestión catastral debe ser instada ante los Tribunales Económico-Administrativos del Estado, en virtud del artículo 12.4 del TRLCI. En segundo lugar, sólo en el caso de haberse obtenido una respuesta favorable y anularse o modificarse el valor catastral que sirvió en la determinación de la base imponible del impuesto, podrá instarse la revisión de los actos de aplicación y revisión tributaria ante el Ayuntamiento correspondiente (vía recurso de reposición, ex art. 14 TRLRHL), ante su órgano económico-administrativo (en caso de que exista, posibilidad prevista para los grandes municipios en el artículo 137 de la Ley 7/1985, de 2 de abril, Reguladora de las Bases del Régimen Local) y finalmente —como última posibilidad, en caso de desestimación sucesiva en aquellas vías impugnatorias—, acudir al orden contencioso-administrativo. La situación que se acaba de describir se ve agravada por la circunstancia de que no todos los procedimientos de gestión, inspección, o rectificación catastral tienen eficacia *ex tunc* por lo que, muy a menudo, después de haberse instado la declaración, actualización o comprobación de un valor catastral, en función del procedimiento utilizado y de la rectificación que se haya realizado por el Ayuntamiento (en el ejercicio de competencias delegadas) o por la Gerencia del Catastro, no será posible revisar las liquidaciones tributarias ya giradas. (…) Asimismo, (…) mientras que la resolución estimatoria de un procedimiento de rectificación de errores, ex artículo 220 de la LGT, tendrá siempre efectos retroactivos, el procedimiento de subsanación de discrepancias tiene efectos desde que se dicte la resolución que ponga fin al mismo lo que impide la revisión retroactiva de las liquidaciones tributarias no prescritas». RUIZ GARIJO, M. «Efectos catastrales y efectos tributarios del procedimiento de subsanación de discrepancias: el Tribunal Supremo abre una nueva vía para rectificar liquidaciones tributarias firmes». *Tributos Locales*. Núm. 150. Abril-mayo 2021, pp. 24-25.

es verdaderamente notable[21], no sólo por que dicha distinción no exista en ningún texto legal, sino porque, en ocasiones, podrá estar en contradicción con lo que dispone el artículo 18.1, segundo párrafo del TRLCI, incluso después de su «dulcificación» tras la reforma operada en su redacción por el artículo 14.4 de la Ley 11/2021, de 9 de julio, en vigor a partir del 11 de julio de 2021. Dicho artículo pasó de decir que «[l]a resolución que se dicte tendrá efectividad desde el día siguiente a la fecha en que se acuerde» a establecer que «[l]a resolución que se dicte tendrá efectividad desde el día siguiente a la fecha en que el Catastro hubiera tenido constancia documentada de la discrepancia».

Según la Circular de Catastro 05.03/2006, de 27 de abril, sobre tramitación del procedimiento de subsanación de discrepancias:

> «(...) su finalidad esencial consiste en ofrecer un mecanismo alternativo para la corrección de los errores de derecho existentes en el Catastro (determinados errores en la superficie, antigüedad, estado de conservación, coeficientes correctores, tipología constructiva, etc.) que evite la necesidad de acudir a la vía de revisión del artículo 218 y 219 de la Ley 58/2003, de 17 de diciembre, General Tributaria. La rectificación de los errores materiales o de hecho que se produzcan en los datos catastrales seguirá realizándose, en todo caso, de conformidad con lo dispuesto en el artículo 220 de la propia Ley General Tributaria.
>
> Conviene señalar que la jurisprudencia (...) incluye dentro de esta categoría al error en la superficie asignada a un bien inmueble, siempre que este dato no sea el resultado de la aplicación de una norma jurídica, como sucede, por ejemplo, en el cómputo de la

---

21 *Vid.* Lo que reza la exposición de motivos del TRLCI «[L]a utilización múltiple de la información catastral no desvirtúa la naturaleza tributaria de la institución [catastral]», y lo que disponen los artículos de ese mismo texto legal 12.1 («Los procedimientos a que se refiere el artículo anterior tendrán naturaleza tributaria», refiriéndose a los procedimientos de incorporación), 12.4 («[l]os actos citados en el apartado anterior son susceptibles de ser revisados en los términos establecidos en el título V de la Ley 58/2003, de 17 de diciembre, General Tributaria»), o 19.1 («[l] Las actuaciones de inspección catastral tendrán naturaleza tributaria»).

superficie de balcones, terrazas y porches, que se determina de acuerdo con la Norma 11.3 del Real Decreto 1020/1993, de 25 de junio, por el que se aprueban las normas técnicas de valoración y el cuadro marco de valores de suelo y las construcciones para determinar el valor catastral de los bienes inmuebles urbanos.».

La exigencia legal de eficacia prospectiva de la resolución que recaiga en el procedimiento de subsanación de discrepancias (matizada desde 2021, como dijimos) es el principal problema al que atiende la exigencia jurisprudencial de aplicar el principio de buena administración en este punto[22]. Al respecto, en el informe del Defensor del Pueblo[23] podíamos leer:

«La resolución que se dicte tiene efectividad desde el día siguiente a la fecha en que se acuerde y se notifica a los interesados o desde que deviene firme la propuesta de resolución, de conformidad con lo dispuesto en la Ley 58/2003, de 17 de diciembre, General Tributaria. Este aspecto de la fecha de efectos ha generado numerosas quejas de los ciudadanos, que relatan diversos errores que se contienen en actuaciones de la Dirección General del Catastro, a través de sus diferentes Gerencias Regionales o Territoria-

---

22 En opinión de ALONSO GIL, «debería modificarse la previsión contenida en el artículo 18.1 del TRLCI que determina que las resoluciones que se dicten solo tendrán eficacia catastral desde el día siguiente a la fecha en que se acordaron. En consecuencia, según dispone el artículo 75.3 del TRLRHL a efectos del IBI, las alteraciones catastrales derivadas de la tramitación de este procedimiento tendrán efectividad en el devengo posterior al momento en que se han producido los efectos catastrales. Efectividad que resulta rechazable y que puede generar consecuencias negativas tanto para el obligado tributario como para la propia Hacienda local». "La necesaria reforma de la gestión compartida en el Impuesto sobre Bienes Inmuebles y en el Impuesto sobre Actividades Económicas". *Revista de Contabilidad y Tributación*, núm. 347, febrero, 2012, p. 65).

23 *La realidad catastral en España: perspectiva del Defensor del Pueblo*. Madrid. Defensor del Pueblo, 2012, p. 103. Merece la pena leer todo el capítulo 4 del informe, referido a nuestro procedimiento de subsanación de discrepancias, ya que las quejas más comunes al Defensor del Pueblo sobre la gestión catastral se refieren al mismo, hasta el punto de que en el informe se propone su modificación legislativa (p. 110).

> les. Destacan entre ellas las que ponen de manifiesto el perjuicio patrimonial que se les irroga a los titulares de las fincas que han sido inadecuadamente calificadas o valoradas en Catastro, bien por errores en las superficies, usos, tipologías, antigüedad, por atribución errónea de titularidad o por modificación de la numeración o morfología de la finca; errores en los que no interviene el ciudadano que sufre sus efectos. En el curso de un procedimiento de subsanación de discrepancias el Catastro reconoce dicho error y corrige la base de datos, incorporando los que se ajustan a la realidad inmobiliaria, pero le confiere efectividad a las resoluciones a partir del día siguiente de aquel en que se acuerdan éstas.».

Veamos la **sentencia del TS de 3 de junio de 2020, TOL7.983.634 [ES:TS:2020:1907]**[24]. Se trataba de un supuesto en el que la recurrente había solicitado, el 26 de noviembre de 2015, ante la Gerencia Regional de Catastro la subsanación de discrepancias, respecto a la superficie construida de un inmueble del que era titular (y que figuraba de modo erróneo en el Catastro) de suerte que la resolución catastral estimatoria, de mayo de 2016, acordó la mejora de la descripción catastral respecto a la superficie construida, que pasó «a ser de 383 m2 (frente a los 577 m2 que constaban antes)». Simultáneamente, «el valor catastral del suelo para 2016 [quedó] fijado en 210.072,26 euros (en lugar de los 354.494,61 de 2015)». Pero esa modificación del valor catastral del suelo sería aplicable sólo a partir ejercicio siguiente —lo cual perjudicó a la recurrente que, al proceder a la transmisión del inmueble litigioso, en diciembre de 2015, satisfizo una liquidación del Impuesto sobre el Incremento de Valor de los Terrenos de Naturaleza Urbana («IIVTNU») calculada tomando en cuenta el valor catastral de 2015, previo a la resolución catastral—. Debido a eso, solicitó la devolución de las cantidades satisfechas por el IBI de 2012 a 2016 y por el IIVTNU, amparándose en el artículo 18 del TRLCI. La Administración Tributaria municipal desestimó la solicitud de devolución.

---

[24] Es enteramente similar la STS 1752/2020, TOL7.972.812 [ECLI: ES:TS:2020:1752], de la misma fecha, 3 de junio de 2020, y con el mismo ponente, Francisco José Navarro Sanchís.

Se interpuso por los interesados recurso contencioso-administrativo y el juzgado correspondiente acogió en parte la pretensión de la recurrente, acordando «la anulación de las resoluciones impugnadas y —a efectos de lo pedido— la retroacción de actuaciones a fin y efecto de que por el Organismo demandado se acomod[ara] la liquidación de IIVTNU y las de IBI de 2012 a 2015, a los datos modificados por Catastro en mayo de 2016, y el reconocimiento del derecho de la parte actora a la devolución, no de la cantidad concreta que solicita[ba] pues no ha[bía] sido acreditada, al no haber sido practicadas nuevas liquidaciones con los datos modificados, sino a la diferencia que result[ara] de tales liquidaciones, más los intereses de demora procedentes».

La recurrida no estuvo conforme, y alegó en su recurso de casación que «la sentencia impugnada vulnera los preceptos invocados de la LGT, que regulan el procedimiento para la devolución de ingresos indebidos, el recurso de reposición y la suspensión de la ejecución del acto recurrido en reposición, toda vez que se trata de actos impugnados firmes y consentidos y, además, por no haberse instado ninguno de los procedimientos especiales de revisión previstos en las letras a), c) y d) del artículo 216 LGT, como tampoco el recurso extraordinario de revisión regulado en el artículo 244 del mismo texto legal». Y en apoyo de su posición argumentaba (¡cómo no!) que «la resolución del procedimiento de subsanación de discrepancias contemplado en el TRLCI nunca tiene carácter retroactivo, en contra de la doctrina sentada por la sentencia impugnada, que reconoce la devolución de las cantidades satisfechas por el IBI y el IIVTNU, aunque las liquidaciones sean firmes y consentidas, por ser consecuencia de un error en los datos que constaban en el Catastro Inmobiliario». Dice también que «[no puede] imputarse a quien realiza la liquidación vicios que, en realidad, sólo son imputables a la previa fijación de valores, realizada en fase procedimental autónoma y por Administración independiente, sobre todo cuando, como resulta del expediente, no consta que la parte actora impugnara la resolución del Catastro».

La cuestión de interés casacional que había que dilucidar fue: «Discernir si, interpretando los artículos 221 a 224.1 LGT, en relación con el artículo 18 TRLCI, es procedente la devolución en concepto de ingresos indebidos del importe de liquidaciones giradas por IBI e IIVTNU firmes y consentidas, como consecuencia de una resolución del Catastro Inmobiliario, dictada en el seno de un procedimiento de subsanación de discrepancias y que no consta impugnada, otorgándola efectos retroactivos».

El Alto Tribunal comienza recordando una sentencia suya anterior en la que declara que «es improcedente que el valor acordado por la Administración en el procedimiento de oficio habilitado en el artículo 18 TRLCI pueda proyectarse sobre situaciones y hechos anteriores al acto que le pone fin» (es la sentencia TS 1440/2020, de 28 de mayo de 2020, ES:TS:2020:1440, que luego veremos), y, seguidamente, afirma que «el procedimiento de subsanación (art. 18 TRLCI) tiene por objeto la actualización de los datos de las fincas catastrales, a efectos de su valoración. No se trata de rectificar o corregir los actos administrativos, sino de actualizar datos de relevancia catastral, sean procedentes de errores o de falta originaria de información, en cuyo caso podría ser dudoso ese efecto irretroactivo *in malam partem*, aunque la vía de resarcimiento no puede ser en ningún caso la de otorgar eficacia retroactiva a la subsanación, en contra de la expresa declaración legal.

En tales circunstancias, no cabe interpretar el art. 18 TRLCI contra su expreso tenor literal, y reconocer un carácter retroactivo que la norma no prevé, sino que expresamente prohíbe. Por lo demás, la previsión del art. 18 se mantendría incólume en caso de silencio de la ley al respecto, por aplicación del art. 2.3 del Código Civil, conforme al cual «Las leyes no tendrán efecto retroactivo, si no dispusieren lo contrario».

Pero, una vez sentado lo anterior, hemos de señalar, como fundamento de nuestra sentencia, que la irretroactividad a que nos referimos, derivada directamente del artículo 18 TRLCI, despliega sus efectos en el ámbito estrictamente catastral, no así en el tributario.».

El fundamento esencial de dicha doctrina radica en que el efecto irretroactivo de la subsanación de discrepancias no tiene porqué extenderse a efectos fiscales, porque no es admisible que se determine la base imponible de un impuesto de un modo reconocidamente equivocado («no otra cosa es la subsanación de la superficie de las fincas afectadas», afirma), porque si se hiciera así, las consecuencias de ello alterarían los «pilares sustentadores de la imposición», en concreto, el principio de capacidad económica porque «tal principio ha de partir de la premisa ineluctable de un Catastro correcto y concordante con la realidad, lo que no sucede cuando se mantiene un valor que ya se sabe erróneo para no devolver lo que se ha pagado en exceso —y así lo conoce la Administración».

Y, en cuanto a la devolución de ingresos indebidos, el Supremo hace una importante precisión, toda vez que admite que «dentro del plazo de prescripción, el reintegro se pueda deber a causas sobrevenidas, y no solamente originarias, de suerte que lo que inicialmente podía ser correcto, en el sentido de ajustado al valor que constaba en el catastro, luego no lo es como consecuencia de la rectificación (221 LGT)». O lo que es lo mismo, el ingreso efectuado en su momento fue perfectamente debido, pero deja de serlo por alguna circunstancia sobrevenida[25]. Recuérdese que los supuestos que fundamentan la consideración de indebidos de pagos realizados a la Hacienda Pública siempre se sitúan en el pasado, es decir, en el momento de llevarse a cabo. De ahí la trascendencia de esta novedosa doctrina, basada en el respeto al principio de buena Administración.

Y concluye con un resumen de su doctrina:

---

25 Doctrina jurisprudencial que reiteró pocos días más tarde en su sentencia 1884/2020 de 11 de junio, TOL7.980.053 [ES:TS:2020:1884].

«a) El hecho de que el valor catastral resultante de un procedimiento de subsanación de deficiencias (del artículo 18 TRLCI) proyecte sus efectos hacia el futuro en el ámbito puramente catastral no significa que quepa admitir la licitud de una deuda tributaria basada en un valor luego declarado erróneo por la Administración.

b) Que el procedimiento de devolución de ingresos indebidos (art. 221 LGT) es idóneo como instrumento jurídico para recuperar el exceso de lo satisfecho por tales impuestos aquí concernidos —IBI y IIVTNU—cuando, por resolución administrativa posterior a su autoliquidación, el valor catastral sobre cuya base se abonaron resulta disconforme con el valor económico o la realidad física o jurídica de la finca.

c) Que denegar la devolución de lo abonado en exceso, con el argumento de que los valores catastrales se rectifican sin efectos retroactivos, por aplicación del artículo 18 TRLCI, cuando se es consciente de que, como consecuencia del error fáctico de superficie —y, al reducirse ésta, de valor del inmueble— que ha sido rectificado se ha satisfecho una cuota superior a la debida, quebranta el principio de capacidad económica (...), siempre que el error que se subsana ya existiera en los periodos a que se refieren los ingresos que se reputan indebidos».

Como puede observarse, el Tribunal Supremo viene a distinguir dos situaciones, en relación con los efectos fiscales del procedimiento catastral de subsanación de discrepancias:

— Aquellos casos en los que se procede a la actualización de los datos de las fincas catastrales, a efectos de su valoración, sin que ello se haya debido a errores o a la falta de información originaria sino a actuaciones realizadas con posterioridad por la persona interesada o por la Administración la subsanación de discrepancias que se realice tendrá efectos a partir del día siguiente a la fecha en que se acuerde la resolución.

— Aquellos otros en los que el Catastro procede a corregir un error originario del inmueble, (como es la subsanación de la superficie de una finca, u otros errores en los que no ha intervenido la persona interesada que sufre sus efectos) en cuyo caso no es admisible que la base imponible de un impuesto se calcule de un modo “reconocidamente equivocado" pues ello atentaría contra los pilares sustentadores de la imposición, en particular contra el principio de capacidad económica[26].

Pocos días antes, sin embargo, la sentencia TS 1440/2020, de 28 de mayo de 2020, TOL7.966.268, ES:TS:2020:1440 estableció una jurisprudencia contraria a la retroactividad de la resolución del procedimiento de subsanación de discrepancias, no considerando «error originario del inmueble» el error detectado en la edificabilidad de una parcela: «Pues bien, nuestro criterio es que el artículo 18 TRLCI, dada su explícita mención de que las subsanaciones de las características de la finca que determinan su valor catastral sólo tienen efectos hacia el futuro, en ningún caso puede interpretarse contra su tenor literal, coincidente con la interpretación teleológica, y ello al margen de las circunstancias concretas de este asunto que se describen en el auto y que consideramos irrelevantes para resolver, esto es, de que se hayan cumplido los deberes de información exigidos en los arts. 13 y 14 del propio TRLCI.».

3. CONCLUSIÓN

Leemos en la sentencia del TS 665/2017, de 17 de abril de 2017, TOL6.057.622 [ES:TS:2017:1503] que «[L]e era exigible a la Administración una conducta lo suficientemente diligente como para evitar definitivamente las posibles disfunciones derivada de su actuación, por así exigirlo el principio de buena administración que no se detiene en la mera observancia estricta de procedimiento y trámites, sino que más allá reclama la plena efectividad de garantías y derechos reconocidos legal y constitucionalmente al contribuyente».

---

26 Puede encontrarse una explicación sucinta de ambas situaciones en RUIZ GARIJO, M., ob. cit., p. 34.

Como hemos visto, mediante la utilización del concepto del derecho a la buena administración, el TS, a la búsqueda de la justicia material[27], ha ido puliendo lo que realmente son defectos de las disposiciones normativas aplicables al ámbito tributario local y del diseño de los procedimientos tributarios que las mismas establecen, cuyos perniciosos efectos recaen, primeramente, sobre los destinatarios de dichas normas —los obligados tributarios— y también, sobre las propias entidades locales.

De lo expuesto en el presente trabajo debe deducirse la incidencia del principio de buena administración en la efectividad de los derechos, porque «[d]el derecho a una buena administración derivan una serie de derechos de los ciudadanos con plasmación efectiva, no es una mera fórmula vacía de contenido, sino que se impone a las Administraciones públicas de suerte que a dichos derechos sigue un correlativo elenco de deberes a estas exigibles, entre los que se encuentran, desde luego, el derecho a la tutela administrativa efectiva». (Sentencia del TS 4499/2017, de 5 de diciembre de 2017, TOL6.461.966, [ES:TS:2017:4499] en la que se establece la doctrina jurisprudencial de derecho a una resolución administrativa en plazo «razonable», pues de otro modo podría dejar de ser efectiva la resolución que se adopte[28]).

---

27 Con el derecho o principio de buena administración de ha otorgado «un nuevo enfoque a problemas que no son desconocidos y de cuya resolución podría derivarse un resultado injusto"' o contrario a los principios de justicia tributaria». ALVAREZ MARTINEZ, J. «El principio de buena administración como nuevo paradigma jurídico y su aplicación en el ámbito tributario: régimen normativo, naturaleza jurídica y contenido» en *Nueva Fiscalidad*, Núm. 1, enero-marzo 2022, p. 61.

28 En este sentido, LITAGO LLEDÓ (ob. cit., p. 91) afirma que el TS considera que el derecho fundamental de tutela judicial efectiva está estrechamente conectado con el principio de buena administración. En su artículo comentaba dos autos del TS sobre inactividad de la administración, la cual, en ningún caso debería suponer que se viera de algún modo beneficiada de su propia inacción. Pues bien, con posterioridad a la publicación del mismo recayó la sentencia en uno de ellos, en la cual se establece el siguiente criterio jurisprudencial, que disipa

En ocasiones, la aplicación de los criterios jurisprudenciales que se han expuesto pondrá a las entidades locales llamados a aplicarlos en situaciones comprometidas, en tanto en cuanto se encuentran sujetas, en primer lugar, a la Ley y al resto del ordenamiento jurídico, pero, en nuestra opinión, en el primer tercio del siglo XXI a las administraciones públicas debe pedírseles algo más que la fría aplicación de la norma. En este sentido, compartimos la idea de Carrasco González, cuando califica la buena administración como una especie de «derecho paraguas que aglutine y fundamente un conjunto de iniciativas diversas —pero conectadas entre sí— que son exponentes de una Administración acorde con la realidad social y económica del siglo XXI, prestadora de servicios a ciudadanos y empresas exigentes que demandan elevados estándares de calidad y de eficacia[29]».

4. BIBLIOGRAFÍA

ALONSO GIL, M. «La necesaria reforma de la gestión compartida en el Impuesto sobre Bienes Inmuebles y en el Impuesto sobre Actividades Económicas». *Revista de Contabilidad y Tributación*. CEF. Núm. 347, febrero, 2012.

ALVAREZ MARTINEZ, J. « El principio de buena administración como nuevo paradigma jurídico y su aplicación en el ámbito tributario: régimen normativo, naturaleza jurídica y contenido». *Nueva Fiscalidad*, núm. 1, enero-marzo 2022.

---

los temores de la autora citada: «Ordenar, en un recurso de casación, que se conceda a la Administración una nueva oportunidad de pronunciarse, en un recurso administrativo, sobre la procedencia de una solicitud formulada en su día y no contestada explícitamente, supondría una dilación indebida del proceso prohibida por el art. 24 CE y una práctica contraria al principio de buena administración, máxime cuando el asunto ya ha sido examinado, en doble instancia, por tribunales de justicia» (sentencia del TS 799/2023, de 7 de marzo de 2023, TOL9.449.029 [ES:TS:2023:799]).

[29] CARRASCO GONZÁLEZ, F. «El principio de buena administración en el ámbito de la revisión de actos tributarios». *Revista española de Derecho Financiero*. Núm. 197. Enero-Marzo 2023, p. 7.

CARRASCO GONZÁLEZ, F. «El principio de buena administración en el ámbito de la revisión de actos tributarios». *Revista española de Derecho Financiero.* Núm. 197. Enero-Marzo 2023.

GÓMEZ PUENTE, M. «La tutela administrativa efectiva: el Tribunal económico-administrativo municipal de Madrid». *TRIBUTUS. Revista de la Agencia Tributaria Madrid,* Núm. 1. Junio, 2023.

JUAN LOZANO, A.M. Y FUSTER ASENCIO, C. «Buena administración tributaria y seguridad jurídica: cumplimiento tributario y aplicación del sistema como factores de competitividad y legitimidad». Instituto de Estudios Fiscales. Documentos. DOC núm. 5/2016.

MARÍN-BARNUEVO FABO, D. «El principio de buena administración en materia tributaria». *Revista española de Derecho Financiero,* núm. 186 (Abril-Junio, 2020).

MARTÍN QUERALT, J. «Gestión compartida, inactividad de la Administración y prescripción en el Impuesto sobre Bienes Inmuebles». *Tribuna Fiscal,* núm. 187. Mayo, 2006.

NAVARRO HERAS, R.A. «Problemática en los tributos de gestión compartida: la experiencia del Ayuntamiento de Madrid». *Tributos Locales,* núm. 79. Abril 2008.

LITAGO LLEDÓ, R. «El «principio» de buena administración y el derecho fundamental de acceso a los recursos de obligados tributarios en casos de inactividad administrativa». En *Los principios del cumplimiento cooperativo en materia tributaria,* MORENO GONZÁLEZ, S. y CARRASCO PARRILLA P., directores. ATELIER. Barcelona, 2023.

RUIZ GARIJO, M. «Efectos catastrales y efectos tributarios del procedimiento de subsanación de discrepancias: el Tribunal Supremo abre una nueva vía para rectificar liquidaciones tributarias firmes». Tributos Locales. Núm. 150. Abril-mayo 2021.

VARONA ALABERN, E. *El valor catastral: su gestión e impugnación.* Aranzadi, SA. Pamplona, 1997.

— *La realidad catastral en España: perspectiva del Defensor del Pueblo.* Madrid. Defensor del Pueblo, 2012.

Capítulo 13

Procedimientos extraordinarios de revisión de actos desfavorables: ¿dónde están las llaves?

Rafael Sanz Gómez
Profesor Titular de Universidad
Universidad Nacional de Educación a Distancia

1. INTRODUCCIÓN

La Ley General Tributaria (*Tol 327278*), en lo sucesivo LGT, prevé al menos cinco "procedimientos extraordinarios de revisión". Según el art. 216 LGT, se trata de la revisión de actos nulos de pleno derecho, la declaración de lesividad de actos anulables, la revocación, la rectificación de errores y la devolución de ingresos indebidos. A ellos se sumaría el recurso extraordinario de revisión, cuya resolución se atribuye al Tribunal Económico-Administrativo Central (TEAC).

Se trata de un conjunto muy heterogéneo de procedimientos y es difícil, si no imposible, identificar criterios que se apliquen a todos ellos[1]. En su mayor parte, les caracteriza que permiten revisar

---

[1] En este sentido, MARTÍN DÉGANO, I., «Procedimientos extraordinarios de revisión», en HERRERA MOLINA, P. M. *et al, Manual de procedimientos tributarios*, Dykinson, 2021, p. 280.

situaciones ya consolidadas (o relativamente consolidadas). Podemos afirmar como mínimo que la única forma de revisar actos ya firmes es, precisamente, alguno de estos procedimientos.

El particular solo tiene acción para iniciar estos procedimientos en dos escenarios. Por una parte, puede instar la corrección de errores que deriven del expediente, y que normalmente serán de poca importancia. Es el caso de la rectificación de errores del art. 220 LGT (errores materiales, errores aritméticos o errores de hecho que puedan apreciarse a la luz de los documentos ya incorporados al procedimiento) y de la devolución de ingresos indebidos en sentido estricto del art. 221.1 LGT (duplicidad en el pago de deudas o sanciones, ingreso superior al importe que conste en el propio acto administrativo o liquidación, ingreso de deudas o sanciones prescritas[2]).

Los particulares también tienen acción en el extremo opuesto, el de las infracciones más graves del ordenamiento. Se trata de la nulidad de pleno derecho del art. 217 y del recurso extraordinario de revisión del art. 244 LGT.

Todo acto firme afectado por otra clase de infracción del ordenamiento (cualquier causa de anulabilidad, por ejemplo) solo podrá revisarse mediante procedimientos que se inician exclusivamente de oficio: la declaración de lesividad con vistas a la posterior impugnación ante la jurisdicción contencioso-administrativa (art. 218 LGT) y la revocación (art. 219 LGT). Como es bien sabido, la declaración de lesividad opera en perjuicio del contribuyente (por ejemplo, cuando se pretende la anulación de un beneficio fiscal ya reconocido) y la revocación en su beneficio (como la anulación de una sanción tributaria). El presupuesto de hecho de ambos procedimientos está redactado en términos amplios. La declaración de lesividad procede cuando el acto o resolución ad-

---

2 Salvo que se hubiera producido la prescripción tributaria pero no la penal, y el ingreso hubiera servido para acogerse a la regularización voluntaria a efectos penales [art. 221.1.c) LGT, con referencia al art. 252 LGT].

ministrativa "incurr[a] en cualquier infracción del ordenamiento jurídico" (art. 218.1.2º LGT) y la revocación cuando "se estime que [el acto infringe] manifiestamente la ley, cuando circunstancias sobrevenidas que afecten a una situación jurídica particular pongan de manifiesto la improcedencia del acto dictado, o cuando en la tramitación del procedimiento se haya producido indefensión a los interesados", sin que la revocación pueda constituir "dispensa o exención no permitida por las normas tributarias, ni ser contraria al principio de igualdad, al interés público o al ordenamiento jurídico" (219.1 LGT).

Como consecuencia de todo lo anterior, la mayoría de las veces la revisión de actos firmes solo podrá impulsarse de oficio[3]. De hecho, donde el derecho tributario usa la expresión "procedimientos especiales de revisión", el derecho administrativo común emplea "revisión de oficio". Se trata de una cuestión más bien nominal, porque la LPAC (*Tol 5494102*) reconoce, aproximadamente en los mismos casos que la LGT, la iniciativa de los particulares.

Las limitaciones a la iniciativa de los obligados en la revisión de actos firmes han generado diversos problemas, sobre todo en el procedimiento de revocación del art. 219 LGT, que sería la vía estándar para anular actos firmes desfavorables al contribuyente. Que la Administración tenga la "llave" de este procedimiento sirve en cierto modo para garantizar su carácter extraordinario y, tradicionalmente, ha dificultado o restringido la posibilidad de control judicial. Sin embargo, la jurisprudencia del Tribunal Supremo (TS), del Tribunal Europeo de Derechos Humanos (TEDH) y del Tribunal de Justicia de la Unión Europea (TJUE) nos obligan a

3 "En el Derecho Administrativo [...] no todas las infracciones se consideran suficientes para producir efectos invalidantes [...] y las que producen tales efectos son en su mayor parte subsanables o convalidables (nulidad relativa) y sólo en una pequeña parte dan lugar a la nulidad de pleno derecho" (MORCILLO MORENO, J., «La Invalidez de los Actos Administrativos en el Procedimiento Administrativo en el Derecho Español», *Derecho y Sociedad*, núm. 14, 2000, p. 153).

reconsiderar el margen de discrecionalidad administrativa para iniciar un procedimiento especial de revisión o resolverlo en un sentido u otro. A veces, para constreñir dicha discrecionalidad, la jurisprudencia invoca expresamente el principio de buena administración o se remite a principios que podríamos considerar limítrofes. Vamos a estudiar algunos de estos pronunciamientos.

2. LA REVISIÓN DE OFICIO DE ACTOS ADMINISTRATIVOS TRIBUTARIOS

2.1. La revisión de actos que resulten contrarios al derecho de la Unión Europea

La existencia de una infracción del derecho de la Unión obliga a activar determinados instrumentos para corregir las actuaciones administrativas mediante la revisión de oficio. Téngase en cuenta la importancia del principio de primacía del derecho de la Unión Europea y los términos en los cuales este ordenamiento vincula a las Administraciones públicas de los Estados miembros.

Tanto el TJUE como el Tribunal Supremo español han afirmado con claridad que la Administración tiene el deber de garantizar la correcta aplicación del Derecho de la Unión. Según la STS de 16/11/2021, rec. 2871/2020 (*Tol 8674461*), "corresponde a la Administración [...] garantizar la correcta aplicación del Derecho de la Unión Europea", mediante la interpretación conforme o, si fuera necesario, la inaplicación de las normas estatales contrarias a disposiciones de la Unión con efecto directo. La STS de 02/11/2022, rec. 5539/2020 (*Tol 9292339*) apunta que "si [la Administración] desatendiera dicho compromiso, estaría eludiendo su obligación de conducirse de acuerdo con el principio de legalidad".

El TJUE no exige siempre y en todo caso que la Administración revise una resolución firme si se detectase *a posteriori* que era contraria al ordenamiento europeo. En palabras de Sarrión Esteve, el Tribunal de Luxemburgo permite "una modulación del principio de primacía a través de la seguridad jurídica, pero no de forma absoluta"[4]. La Administración deberá ejercer la facultad de revisión (en los términos previstos por el derecho interno) solo cuando el particular hubiera agotado la vía judicial y la última instancia hubiese resuelto sobre la base de una interpretación del derecho de la Unión que, con posterioridad, el TJUE hubiera declarado errónea. Se exige también que el interesado haya acudido al órgano administrativo e instado la revisión de forma inmediata tras tener conocimiento de la jurisprudencia del TJUE[5].

La referencia a que el particular deba acudir al órgano de manera inmediata se explica porque el TJUE suele referirse a supuestos donde el acto contrario al derecho de la Unión le era perjudicial. Sin embargo, los actos favorables (pero contrarios al ordenamiento europeo) no deberían tratarse de manera diferente[6].

A veces, anular actos favorables a los contribuyentes puede ser un deber de la Administración: el ejemplo más claro son los que constituyan ayuda de estado.

La STS de 16/07/2020, rec. 810/2019 (*Tol 8037336*) analizó el caso de un sujeto, residente en Italia, que había recibido y abonado una liquidación del Impuesto sobre Sucesiones y Donaciones (ISD). Al residir en Italia, el heredero tributó por obligación real y de acuerdo con la normativa estatal. El acto administrativo se notificó antes de que se dictara la STJUE de 03/12/2014, *Comisión c. España*, asunto C-127/12 (*Tol 4492590*), que declaró que

---

4 SARRIÓN ESTEVE, J., «La administración Pública ante la primacía y la efectividad del Derecho de la Unión Europea», *Estudios de Deusto*, vol. 68, núm. 2, 2020, p. 248.

5 STJUE de 13/01/2004, *Kühne & Heitz*, C-453/00, ECLI:EU:C:2004:17, ap. 28 (*Tol 331940*).

6 La STJUE de 27/03/1980, *Meridionale Industria Salumi y otros*, asuntos acumulados 66/79, 127/79 y 128/79, ECLI:EU:C:1980:101, ap. 12, afirma que no procede "distinguir si se trata de importes que las Administraciones nacionales hubieran debido percibir, pero —infringiendo el Derecho comunitario— no lo hicieron, o de importes percibidos infringiendo dicho Derecho".

el reparto de competencias normativas en el ISD generaba una discriminación por razón de residencia contraria a las libertades de circulación.

Aunque la liquidación inicial no fue impugnada en plazo y, por tanto, devino firme, tras conocer la sentencia del TJUE, el heredero presentó solicitud de declaración de nulidad de pleno derecho de la liquidación. La Administración la denegó porque no consideró que se encontrase en ningún supuesto del art. 217 LGT. El Tribunal Supremo, por el contrario, señaló que la diferencia de trato del heredero no residente no solo infringía las libertades de circulación del derecho de la UE, sino que era una infracción del art. 14 CE. Por tanto, en virtud del artículo 217.1.a) LGT —lesión de derechos y libertades susceptibles de amparo constitucional— sería posible la declaración de nulidad de pleno derecho.

El Tribunal Supremo invocó además el principio de buena administración para sostener que las autoridades fiscales tenían el *deber* de anular de oficio una liquidación nula que se hubiera basado en una norma contraria al derecho de la Unión. Recogió una idea común en su jurisprudencia sobre buena administración en el ámbito revisor: que "nuestro sistema impugnatorio es excesivamente rígido" y que se espera que la Administración compense dicha rigidez mediante actuaciones que protejan activamente los derechos de los particulares.

La sentencia añadió que el pronunciamiento del TJUE obligaría "incluso en presencia de actos firmes, a considerar la petición sin que haya de invocarse para ello una causa de nulidad de pleno derecho" (es decir, a considerar la revocación del acto), porque ello sería la "única posibilidad de satisfacer el principio de efectividad". Aunque para el TS esto es consecuencia de la sentencia del TJUE, el particular no había agotado la vía judicial y, por tanto, no tenía derecho a la revisión de oficio de acuerdo con los parámetros del Tribunal de Luxemburgo que hemos analizado antes. Por tanto, el criterio del Tribunal Supremo es más favorable al contribuyente. En todo caso, en la STS que estamos analizando, el Tribunal recondujo la cuestión a una causa de nulidad del art. 217 LGT y evitó entrar a analizar la obligatoriedad de revocar.

La STS de 02/11/2022, rec. 5539/2020 (*Tol 9292339*), también se originó en un asunto vinculado con el ISD y la libre circulación de capitales (la contribuyente era residente en Argentina), aunque es un poco más complejo. En 2012 la contribuyente recibió una liquidación del impuesto, que no recurrió y devino firme. Posteriormente, se le notificó la providencia de apremio, que también adquirió firmeza por falta de recurso. El 11/04/2013 se le concedió el fraccionamiento de la deuda, que quedó garantizada con hipoteca. Tras tomar conocimiento de la STJUE de 3 de diciembre de 2014, la contribuyente instó la nulidad de pleno derecho de la liquidación mediante una solicitud presentada el 11/03/2015.

Paralelamente, y como consecuencia de la falta de cumplimiento del acuerdo de fraccionamiento, la Administración aprobó (el 03/02/2016) la enajenación del inmueble hipotecado, mediante subasta. La contribuyente presentó reclamación económico-administrativa contra dicho acuerdo de enajenación, donde pedía (1) la suspensión de la venta y (2) la nulidad de la liquidación original, por ser contraria a la STJUE de 2014. También presentó un escrito ante el jefe de la dependencia de recaudación, instando la suspensión de la venta a la vista de su petición de declaración de nulidad de pleno derecho. La AEAT accedió a la suspensión y, a la luz de dicho acuerdo, el tribunal económico-administrativo declaró el 28/11/2016 que no era necesario acordar también la suspensión de un acto ya paralizado.

Sin embargo, el 14/09/2016, la Administración inadmitió la solicitud de nulidad de pleno derecho porque no se basaba en ninguna de las causas de nulidad del artículo 217 LGT. La contribuyente presentó recurso de reposición y obtuvo una respuesta desestimatoria el 10/02/2017. No presentó ulterior reclamación.

Tras la inadmisión a trámite de la declaración de nulidad de pleno derecho, la AEAT prosiguió con el procedimiento de apremio y el 13/09/2018 efectuó la adjudicación directa del bien. La contribuyente adujo que no presentó recurso contra el acuerdo de adjudicación porque no tuvo conocimiento del mismo, aunque el tribunal de instancia hace constar que se notificó a su representante.

En este momento, el tribunal económico-administrativo no había resuelto aún sobre el fondo de la reclamación presentada en 2016 (además de solicitar la suspensión de la venta, se había pedido la nulidad de la liquidación original con fundamento en la STJUE de 2014). El 12/12/2018, la contribuyente interpuso recurso contencioso contra la desestimación presunta. El tribunal económico-administrativo dictó resolución el 15/04/2019 y el recurso se amplió a la misma.

¿Era posible declarar la nulidad de pleno derecho de la liquidación a instancias de la recurrente? Según el tribunal de instancia, se había producido una "doble capa de firmeza". En primer lugar, porque la liquidación inicial devino firme. Este dato no nos parece muy relevante, porque en ese momento aún no se había dictado la STJUE, con lo cual era un argumento que el contribuyente no podría haber invocado: como mucho, podría haber hecho referencia a la posibilidad incierta de que la norma fuera contraria al derecho de la Unión. La STS de 16/07/2020, rec. 810/2019 (*Tol 8037336*) sostuvo que, en tales circunstancias, procedería la anulación de la liquidación. Sin embargo, en este caso había una segunda "capa de firmeza", ya que la contribuyente tampoco recurrió la inadmisión a trámite de su petición de declaración de nulidad.

Pese a ello, el Tribunal Supremo afirmó que la Administración estaba obligada, en este caso concreto, a declarar la nulidad. El tribunal de instancia había señalado que "el sujeto pasivo ha mostrado una desatención suplementaria a las exigencias jurídico-procesales de reacción frente a los actos firmes establecidas por las leyes que hace que la situación creada exceda de lo que es posible salvar". Sin embargo, el TS no consideró que ello tuviera importancia[7].

---

7 En este sentido, su argumentación nos recuerda a la STS de 28/05/2020, rec. 5751/2017 (*Tol 7966258*), donde el hecho de que el contribuyente

El Tribunal Supremo se planteó también si resultaba posible solicitar la revisión de una liquidación firme —y válidamente notificada— al hilo de la impugnación de un acto de ejecución. La respuesta, teniendo en cuenta exclusivamente la literalidad del art. 167.3 LGT, debería haber sido negativa. Sin embargo, el TS afirmó que la Administración tenía, en este caso concreto, el deber de declarar la nulidad de pleno derecho de la liquidación, y que incumplió tal obligación.

El Tribunal Supremo argumentó que no había habido un pronunciamiento sobre el fondo de la cuestión (la petición se inadmitió a trámite), por lo que la cuestión "quedó abierta a ulteriores pronunciamientos". Por tanto, al volverse a plantear la cuestión en sede de ejecución, la Administración debió pronunciarse por exigirlo el principio de buena administración y el deber de garantizar la efectividad del derecho de la Unión Europea. Parece que también pesó la consideración de que la inadmisión a trámite de la petición de declaración de pleno derecho fue improcedente, aunque el TS afirmó que no estaba enjuiciando el acuerdo de inadmisión (al menos, no directamente).

El deber de diligencia y proactividad que el principio de buena administración impone sobre la Administración alcanza un grado tal que se pasan por alto actuaciones del particular claramente negligentes. Si la cuestión quedó "abierta a ulteriores pronunciamientos" fue porque la contribuyente se aquietó frente a la inadmisión a trámite (generando la calificada de "segunda capa de firmeza").

2.2. *Revisión de actos en ausencia del principio de efectividad del derecho de la Unión Europea*

Cabe preguntarse cuál debería ser la actuación administrativa en ausencia de un componente de derecho de la Unión; cuando,

---

no hubiera solicitado la suspensión del acto recurrido en reposición tampoco se consideró relevante.

por tanto, no sea aplicable el principio de efectividad del que el TS extrae el deber de revisar la situación firme.

Si existiera una causa de nulidad de pleno derecho, el particular podría iniciar el procedimiento del artículo 217 LGT. Consideramos que es claro que este artículo prevé una potestad reglada de revisión de los actos nulos de pleno derecho. No nos parecen relevantes las diferencias de redacción entre el art. 106 LPAC ("Las Administraciones Públicas [...] *declararán* de oficio la nulidad de los actos administrativos [...]") y el art. 217 LGT ("*Podrá declararse* la nulidad de pleno derecho de los actos dictados en materia tributaria"). Como señala Bueno Armijo, el carácter reglado de la potestad en el derecho administrativo común se defendía ya cuando la Ley 30/1992 tenía una redacción equivalente a la que hoy tiene la LGT. Dicho carácter reglado sería una consecuencia del principio de legalidad: la actuación administrativa se somete en todo caso a la ley y al derecho *ex* art. 103 CE, y los actos nulos de pleno derecho no son convalidables.

Por tanto, si la Administración tuviera noticia de un acto que encaja en cualquiera de los supuestos del art. 217.1 LGT, lo que necesariamente debería hacer es iniciar el procedimiento de revisión para, si se cumplen el resto de los requisitos previstos en la norma, expulsar el acto del sistema jurídico[8].

Por el contrario, los actos firmes y desfavorables anulables solo pueden revisarse mediante revocación. Tanto el art. 109.1 LPAC como el art. 219.1 LGT afirman que la Administración "podrá revocar". Según la STS de 27/03/2023, rec. 8885/2021 (*Tol 9484746*), "la potestad de revocación regulada en el art. 109 de la Ley 39/2015 es [...] discrecional", aunque su ejercicio "está sujeto por el legislador a determinados requisitos y límites". La

[8] BUENO ARMIJO, A., «La revisión de oficio de disposiciones y actos administrativos nulos de pleno derecho en España». *Revista Digital de Derecho Administrativo,* núm. 20, 2018, p. 367.

afirmación es trasladable al ámbito tributario, de acuerdo con la doctrina y jurisprudencia mayoritarias[9].

No obstante, hay quienes opinan que la potestad de revocación no es discrecional. Es el caso de Martínez Muñoz[10], Checa González[11] o Sánchez Blázquez[12], entre otros. En síntesis, consideran que, desde el momento en que se pone en conocimiento de la Administración una posible causa de revocación, esta debe estudiarla y, si se dan los requisitos para ello, anular el acto. Esto implicaría que la comunicación del obligado genera una conducta obligada para la Administración. Un argumento que se apunta frecuentemente es que no revocar un acto anulable sería contrario a la sujeción de la Administración a la ley y el derecho (art. 103 CE) o que sería contrario a los principios del artículo 31.1 CE[13]. Sin embargo, también debe tenerse en cuenta que el principio de seguridad jurídica se opone a que exista la "posibilidad perma-

---

9 En cuanto a la jurisprudencia, véanse las SSTS de 19/02/2014, rec. 4520/2011 (*Tol 4177166*), 26/09/2017, rec. 2645/2016 (*Tol 6355869*) y de 09/02/2022, rec. 126/2019 (*Tol 8804274*).

10 MARTÍNEZ MUÑOZ, Y., *La revocación en materia tributaria.* Iustel, 2006, p. 29, afirma que la doctrina mayoritaria (con la que ella no se alinea) considera que la potestad es discrecional.

11 Según CHECA GONZÁLEZ, C., «Procedimientos especiales de revisión», en CALVO ORTEGA, R. (Dir.), *Comentarios a la Ley General Tributaria,* Thomson-Civitas, 2009, p. 1014, la Administración debe actuar necesariamente si se dan los requisitos del 219 LGT.

12 Este autor considera que la potestad de revocación está orientada a la protección de finalidades o intereses públicos que se reflejan en los presupuestos de hecho de dicha potestad. Por tanto, la Administración no solo puede, sino que debe actuar en estos ámbitos (SÁNCHEZ BLÁZQUEZ, V. M., «El debate sobre la revocación tributaria en el Tribunal Supremo: una evolución hacia su mayor control jurisdiccional», *Nueva fiscalidad,* núm. 4, 2020, p. 73).

13 Por todos, RODRÍGUEZ MÁRQUEZ, J., *La Revisión de Oficio en la Nueva Ley General Tributaria. ¿Una vía para solucionar los conflictos entre Administración y contribuyentes?* Aranzadi, 2004, p. 212.

nente de [...] eliminación" de los actos jurídicos ilegales[14], salvo que sean contrarios al orden público (que es lo que sucede con los supuestos de nulidad de pleno derecho).

La decisión que la Administración adopte en el marco de una potestad discrecional puede devenir obligada como consecuencia de otros elementos del sistema. Cabría hablar, en estos casos, de una potestad reglada en sentido estricto (ya que hay una única solución válida). Imaginemos que una sentencia del TJUE en materia de IVA fija un criterio favorable a un contribuyente que agotó, sin éxito, la vía judicial. Imaginemos también que la situación no es reconducible a un supuesto de nulidad de pleno derecho. Si el contribuyente promoviera inmediatamente la iniciación del procedimiento de revocación *ex* art. 10.1 del Reglamento general en materia de revisión en vía administrativa (*Tol 636056*), en adelante RGREV, la doctrina del TJUE que hemos analizado *supra* obligaría a que la Administración diera una respuesta al contribuyente, que debería ser favorable. Llegado el caso, tal vez cabría accionar el recurso por inactividad del artículo 29.1 LJCA, como cabe frente a la falta de emisión de un informe[15].

Casi todas las sentencias donde el Tribunal Supremo afirma que la Administración tiene el deber de revocar, "sin que le fuera dable invocar un pretendido derecho a no hacer nada al respecto", se han dictado en asuntos vinculados con un elemento de derecho de la Unión[16]. Por ahora, no es claro que exista un deber de la Administración de revocar con carácter general. Sí que parece que la STS de 13/04/2023, rec. 3774/2021 (*Tol 9514315*) se ha inclinado hacia ampliar los supuestos donde la revocación sería obligatoria (existen tantos elementos diferentes mencionados en el fragmento que conviene copiarlo íntegramente, pese a su extensión):

---

14 PALAO TABOADA, C., «Revocación de actos de aplicación de leyes declaradas inconstitucionales y devolución de ingresos indebidos. Análisis de la STS de 9 de febrero de 2022, rec. núm. 126/2019». *Revista de Contabilidad y Tributación. CEF*, núm. 473-474, 2022, p. 87.

15 STS de 07/07/2022, rec. 1240/2021 (*Tol 9549242*).

16 SSTS de 02/11/2022, rec. 5539/2020 (*Tol 9292339*) y de 16/07/2020, rec. 810/2019 (*Tol 8037336*).

> "Cabe insistir en supuestos como el que se pronuncia esta sentencia, o en otros semejantes en los que entran en juego principios fundamentales de nuestro sistema tributario, como en declaraciones de inconstitucionalidad de la normativa aplicada, véase como ejemplo al respecto toda la problemática suscitada en torno al IIVTNU, que ha de convenirse, en base entre otros al principio de buena administración y el diseño constitucional de una Administración al servicio de los ciudadanos, sin perder de vista las bases constitucionales que conforman nuestro sistema tributario, y en el buen entendimiento que dado nuestro sistema de autogestión tributaria que impone a los contribuyentes obligaciones formales y materiales a veces desproporcionadas por lo de complejidad y especialidad que caracteriza al ámbito tributario, la justa y recíproca distribución de papeles, parece exigir una actitud más activa y colaborativa de la Administración tributaria, ajena absolutamente a la pasividad que comprobamos en este recurso en la conducta de la Administración, y si de mediar causa de nulidad radical o revocación resultaba contraria a Derecho los ingresos efectuados por el contribuyente, una Administración al servicio de los ciudadanos, en este caso, al servicio de los contribuyentes, en base a principios tan elementales como los de capacidad económica y de legalidad, parece exigir que hubiera de oficio iniciado el procedimiento tendente a anular unas liquidaciones, que de principio, se mostraban nulas de pleno Derecho, entre otras razones por tener como sustento una Ordenanza que había sido declarada nula".

Parece que en supuestos graves "en los que entran en juego principios fundamentales de nuestro sistema tributario", incluyendo declaraciones de inconstitucionalidad, existiría la necesidad de iniciar el procedimiento de declaración de nulidad o, llegado el caso, de revocación. Para justificar dicha necesidad, el TS evoca una serie de elementos que incluyen el principio de buena administración y de Administración al servicio de los ciudadanos. Carrasco González ha apuntado la posibilidad de que el principio de buena administración permita controlar la decisión de iniciar un procedimiento de revocación[17], aunque por ahora no parece

---

[17] CARRASCO GONZÁLEZ, F. M., «El principio de buena administración en el ámbito de la revisión de actos tributarios», *Revista española de Derecho financiero*, núm. 197, 2023, p. 106.

que obligue, por sí mismo, a hacerlo. Siempre es necesario que concurran otros elementos.

2.3. Invalidez sobrevenida antes de la ejecución completa del acto

Si se anula una liquidación, todos los actos de recaudación vinculados —aún no ejecutados— deben anularse. La STEDH de 30/06/2020, *Maria Mihalache c. Rumanía*, rec. 68851/16 (*Tol 7983055*), describe un caso de estas características. La Administración había encontrado, en un inmueble propiedad de la interesada, tabaco introducido ilegalmente en el territorio. Ello supuso la apertura de un proceso penal por delito de contrabando, en el marco del cual la Administración dictó una liquidación en concepto de aranceles aduaneros e IVA, que devino firme por falta de recurso de la interesada. Sin embargo, la causa penal acabó por archivarse por falta de pruebas. Cuando, al hilo del archivo, la particular solicitó la revisión de la liquidación, la Administración no solo no atendió su petición, sino que procedió a la ejecución forzosa de la deuda.

La interesada acudió a los tribunales de justicia, con éxito desigual: se anuló la diligencia de embargo, pero el recurso contra la liquidación se inadmitió a trámite por extemporáneo. En estas circunstancias, era evidente la imposibilidad de continuar con cualquier actuación administrativa, pero la negativa de la Administración tributaria a cerrar definitivamente la causa hizo que el asunto llegara hasta el TEDH. El Tribunal de Estrasburgo invocó el principio de buena gobernanza (equivalente, en sus elementos esenciales, al principio de buena administración) y declaró que la Administración aduanera tenía el deber, en síntesis, de anular la liquidación *motu proprio* (al ser un acto firme, debería hacerlo mediante algún mecanismo de revisión de oficio).

En la STS de 02/11/2022, rec. 5539/2020 (*Tol 9292339*), ya analizada, también se planteó como cuestión de interés casacional si la Administración está facultada para ejecutar un liquidación tributaria firme y proceder a la recaudación cuando, tras adquirir firmeza el acto, el TJUE había declarado que el derecho de la UE se opone a la norma reguladora del impuesto. Si la generalizamos, la pregunta sería: ¿puede la Administración ejecutar un acto firme del que tiene la certeza que es contrario al ordenamiento jurídico? ¿Y cuál sería la respuesta si solo sospecha que lo es, porque no se ha declarado formalmente?

Si un acto concreto ya ha sido declarado contrario a derecho, no debe continuarse con la recaudación en vía de apremio. Es una conclusión lógica. Así entendemos la STS de 13/04/2023, rec. 3774/2021 (*Tol 9514315*), cuando señala que "cabe interpretar que la normativa tributaria *no habilita a recaudar tributos ilegales* por ser contrarios a Derecho por no responder a la realización de un hecho imponible". En dicho asunto, se había anulado parte de una ordenanza fiscal por sentencia firme. Había por tanto un pronunciamiento judicial que claramente dejaba sin base legal las liquidaciones (y el Tribunal Supremo consideró que la Administración debía revisar los actos firmes correspondientes).

Pero ¿qué debe hacerse en los casos en que es la propia Administración la que debe determinar si el acto es contrario a derecho y el resultado del análisis no es evidente? En la sentencia de 28/05/2020, rec. 5751/2017 (*Tol 7966258*), donde el principio de buena administración se opuso al principio de ejecutividad de los actos administrativos, el Tribunal Supremo vino a afirmar que una Administración no debe adoptar medidas recaudatorias cuando aún se está cuestionando (ante ella misma) la improcedencia de un acto. La aplicabilidad de esta regla en los procedimientos extraordinarios de revisión dependerá, ante todo, de cuál sea el órgano competente para tramitar o resolver cada recurso extraordinario. Esto es así porque el principio de buena administración exige coherencia dentro de una misma administración, pero el comportamiento de una entidad no condiciona a otra. Según la STS de 26/07/2022, rec. 3470/2020 (*Tol 9156083*), la AEAT se considera una única entidad, por lo que la doctrina del TS sería sin duda aplicable en el ámbito de la revocación (la competencia para resolver, en el ámbito estatal, es del Director general o el Director del departamento de la AEAT que corresponda), y probablemente durante la tramitación del procedimiento de declaración de nulidad de pleno derecho (aunque la competencia para resolver se atribuya al Ministro de Hacienda).

Ahora bien, lo que afirma literalmente la STS de 28/05/2020 es que "la Administración, cuando pende ante ella un recurso o impugnación administrativa, potestativo u obligatorio, no puede dictar providencia de apremio sin resolver antes ese recurso de forma expresa, como es su deber". Sin embargo, la Administración solo tiene el deber de resolver la revocación en supuestos concretos como los que hemos analizado antes. En el resto, solo tiene el deber de acusar recibo del escrito de promoción del art. 10.1 RGREV.

No podemos dejar de apuntar que consideramos que la argumentación de la sentencia de 28/05/2020 no es particularmente acertada. A nuestro entender, el Tribunal Supremo sustituyó la ponderación de intereses realizada por el legislador por una propia, sin introducir nuevos elementos, algo que claramente excede sus competencias[18]. Al hacerlo, además, dejó de aplicar normas claramente aplicables, formuladas de manera taxativa. También en el supuesto que analizamos ahora hay un artículo, el art. 233.14 LGT, que excluye expresamente la suspensión ("la ejecución del acto o resolución impugnado mediante un recurso extraordinario de revisión no podrá suspenderse en ningún caso").

La Administración sí paralizó la enajenación de los bienes (no la ejecución en sí misma de la liquidación) en el caso tratado en la STS de 16/07/2020, rec. 810/2019 (*Tol 8037336*). Nos parece una buena práctica, ya que la enajenación de los bienes habrá causado perjuicios de difícil reparación si, finalmente, se acabara por anular el acto. Obsérvese, *mutatis mutandis*, que la solicitud de aplazamiento o fraccionamiento presentada en período ejecutivo no paraliza las actuaciones de recaudación (según la literalidad

---

18 Hemos desarrollado con más detalle este argumento en SANZ GÓMEZ, R. «Una revisión de la recaudación tributaria ejecutiva a la luz de la jurisprudencia del Tribunal Supremo sobre el principio de buena administración». *Nueva Fiscalidad*, núm. 3, 2023, pp. 90-92.

de la norma[19]) con la excepción de las actuaciones de enajenación de los bienes embargados, que sí deberán suspenderse hasta que se deniegue la solicitud (art. 65.5.2º LGT).

En los casos en que la necesidad de anular un acto firme es evidente (por ejemplo, porque existe una sentencia del TJUE claramente aplicable que ha dado *a posteriori* la razón al contribuyente) tampoco tendría sentido iniciar actuaciones de recaudación porque resultarían ineficaces y lesivas en exceso para los derechos del deudor. Incluso consideramos que se podría inaplicar el art. 233.14 LGT cuando la revocación venga obligada por el derecho de la Unión Europea, para garantizar el principio de efectividad.

En el resto de los casos, a la luz del art. 233.14 LGT, seguiría sin ser posible suspender (al menos, suspender formalmente) las actuaciones. Tal vez podría revisarse este artículo y regular la materia de manera similar al procedimiento administrativo común. El art. 108 LPAC afirma que "iniciado el procedimiento de revisión de oficio al que se refieren los artículos 106 y 107, el órgano competente para declarar la nulidad o lesividad podrá suspender la ejecución del acto, cuando ésta pudiera causar perjuicios de imposible o difícil reparación" (aunque este artículo no se aplica a la revocación del art. 109 LPAC).

3. LA REVISIÓN A INSTANCIA DE PARTE: ¿LA REVOCACIÓN COMO MECANISMO INSTRUMENTAL PARA LA DEVOLUCIÓN DE INGRESOS INDEBIDOS?

Salvo en supuestos afectados por el derecho de la Unión, es difícil controlar el ejercicio de la revocación o influir en el contenido de

---

19 Según la STS de 15/10/2020, rec. 1652/2019 (*Tol 8148283*), el principio de buena administración impide que la Administración inicie el procedimiento de apremio hasta que resuelva la solicitud de aplazamiento o fraccionamiento presentada en período ejecutivo pero antes de la notificación de la providencia de apremio. Véase al respecto, en esta misma obra, el capítulo de RODRÍGUEZ PEÑA.

la decisión. Un sector de la doctrina ha argumentado en favor de reconocer algo parecido a una acción de revocación a los particulares (lo cual, a su vez, permitiría un control judicial más intenso). En defensa de ello, se ha afirmado que, aunque el obligado no tenga acción para instar la revocación, "su solicitud sí sitúa a la Administración en el deber de actuar una vez constatada la grave ilegalidad"[20], o que "promover no es una mera petición graciable que solo obligue a la Administración a acusar recibo de la misma, quedando a su libre discreción el iniciar o no el procedimiento"[21], de modo que "la posibilidad de promover el procedimiento [...] debe ser interpretado como correlato de un deber que compete a la Administración de abrir el expediente correspondiente con la finalidad de determinar si el acto tributario cuestionado es susceptible o no de revocación"[22].

La STS de 09/02/2022, rec. 126/2019 (*Tol 8804274*) sostiene que es posible iniciar a instancia de parte el procedimiento de revocación cuando con él se pretenda el reconocimiento del derecho a la devolución de ingresos indebidos:

> "En el procedimiento de devolución de ingresos indebidos, en el que se inserta el art. 221.3 [LGT], la revocación posee carácter instrumental [...] Solicitada por el administrado la devolución de ingresos indebidos, siendo el acto de aplicación de los tributos del que deriva el ingreso firme, promovido por el interesado su revocación, la Administración tiene la obligación de resolver y el interesado, de serle la resolución desfavorable, el derecho a impugnar la misma por los cauces dispuestos legalmente, poseyendo acción al efecto".

Son varios los autores que venían apuntando la tesis de la conexión entre la revocación y la devolución de ingresos indebidos del art. 221.3 LGT[23]. Sin embargo, consideramos que la STS yerra en su interpretación de la normativa y confunde el derecho a la

---

20 RODRÍGUEZ MÁRQUEZ, J., ob. cit., p. 212.

21 GARCÍA NOVOA, C., *La Revocación en la Ley General Tributaria*. Aranzadi, 2004, p. 107.

22 MARTÍNEZ MUÑOZ, Y., ob. cit., p. 94-95.

23 CHECA GONZÁLEZ, C., ob. cit., p. 1025; GARCÍA NOVOA, C., ob. cit., pp. 107-108.

devolución de ingresos indebidos (que se puede reconocer en diversos procedimientos) con el procedimiento específico para la devolución de ingresos indebidos, previsto para los supuestos del art. 221.1 LGT y desarrollado en los arts. 17 a 19 RGREV. Obsérvese el siguiente fragmento de la sentencia:

> "La propia ley, art. 221.1, prevé expresamente que el procedimiento se iniciará de oficio o a instancia del interesado; se le reconoce el derecho a los interesados para instar el procedimiento de devolución de ingresos indebidos, estableciéndose legalmente el cauce previo de la revocación, u otros de los dispuestos en el art. 221.3".

En realidad, la afirmación del art. 221.1 LGT de que el procedimiento se iniciará de oficio o a instancia de parte solo se aplica al procedimiento específico de dicho artículo, el único procedimiento de devolución de ingresos indebidos en sentido estricto. Como subraya Palao Taboada, "cuando se inicia un procedimiento de revisión, de oficio o a instancia de parte según lo previsto en cada caso por sus normas reguladoras, no se inicia un procedimiento de devolución de ingresos indebidos"[24], sino un procedimiento distinto donde, en su caso, podrá reconocerse el derecho a la devolución de ingresos indebidos. También la ejecución de la devolución así reconocida dependerá de cada caso concreto.

Sin embargo, el Tribunal Supremo aplica el artículo 221.1 LGT a todos los procedimientos donde se podría reconocer (o solicitar) un derecho a la devolución de ingresos indebidos, lo cual —en nuestra opinión— no es adecuado desde un punto de vista sistemático. Una muestra de que este argumento genera incoherencias es que de él se derivaría también que todos los procedimientos mencionados en el art. 221 LGT podrían iniciarse de oficio, incluyendo el recurso de reposición, las reclamaciones económico-administrativas o el procedimiento de rectificación de autoliquidaciones.

El art. 221.3 LGT afirma que, cuando el acto de aplicación de los tributos sea firme, solo se puede solicitar la devolución "instando o

---

[24] PALAO TABOADA, C., ob. cit., p. 81.

promoviendo la revisión del acto mediante alguno de los procedimientos especiales de revisión establecidos en los párrafos a), c) y d) del artículo 216 y mediante el recurso extraordinario de revisión regulado en el artículo 244 [LGT]". De aquí no se deduce que el procedimiento de revocación pueda iniciarse a instancia de parte cuando esté destinado a la devolución de ingresos indebidos. El artículo contiene la referencia a "promover" la revisión del acto, que es el mismo término que aparece en el art. 10.1 RGREV. Al mismo tiempo, el art. 219.3 LGT es taxativo cuando afirma que "el procedimiento de revocación se iniciará siempre de oficio".

Por definición, en la mayoría de los supuestos en que se inste la revocación procederá o podría proceder la devolución de ingresos indebidos, ya que la revocación se produce siempre en beneficio de los interesados. Se daría la paradoja de que, una vez declarada la firmeza del acto, cualquier contribuyente (que tenga capacidad económica para ello) podría ingresar la deuda pendiente para reabrir una vía de recurso. Otra consecuencia del fallo del Tribunal Supremo es que, al considerar que el procedimiento de revocación se inicia a instancia de parte, pasado el plazo de seis meses del art. 219.4.1º LGT, se produciría el silencio, que sería negativo de acuerdo con el art. 104.3.2º LGT. El Tribunal Supremo es consciente de ello, ya que hace referencia a "la resolución expresa *o por silencio* derivada de la solicitud cursada por el interesado en aplicación del art. 221.3 [LGT]". Pero eso contradice la ley, ya que el art. 219.4.2º LGT afirma que la falta de resolución expresa "producirá la caducidad del procedimiento".

4. PROPUESTAS PARA CONCILIAR EL CARÁCTER EXTRAORDINARIO DE LOS MEDIOS DE REVISIÓN DEL ARTÍCULO 216 LGT CON EL DERECHO DE BUENA ADMINISTRACIÓN

La posibilidad de que los recursos extraordinarios de revisión se conviertan en una "tercera instancia" ha sido tradicionalmente un motivo de preocupación para el legislador, como se puso de manifiesto en la tramitación parlamentaria de la LGT[25]. Existe el riesgo de que se impida la solución de los conflictos en un plazo razonable, al dejar abierta una puerta que se podría activar prácticamente en cualquier momento dentro del plazo de prescripción (lo cual lesionaría el principio de seguridad jurídica).

El Tribunal Supremo ha afirmado que el recurso de revisión (en sede jurisdiccional) constituye "un remedio de carácter excepcional y extraordinario en cuanto supone desviación de las normas generales", y que "en función de su naturaleza ha de ser objeto de una aplicación restrictiva [...] al suponer dicho recurso una excepción al principio de intangibilidad de la cosa juzgada". Según el propio Supremo, estos criterios genéricos son de aplicación al recurso de revisión tributario del art. 244 LGT, "dadas las coincidencias entre las exigencias que imponen los respectivos preceptos". Consideramos que al menos parte de estas afirmaciones son también trasladables al resto de procedimientos extraordinarios de revisión, en la medida en que (con carácter general) suponen una excepción al equivalente de la cosa juzgada en sede administrativa: es decir, la intangibilidad de los actos firmes. La STS de 27/03/2023, rec. 8885/2021 (*Tol 9484746*), ha afirmado que la revocación, "como declara de forma constante la jurisprudencia, no constituye una fórmula alternativa para impugnar fuera de plazo actos consentidos y firmes".

La mayoría de los medios extraordinarios de revisión se limitan a causas tasadas. Es claramente así en el caso del art. 217 LGT o del art. 244 LGT. Sin embargo, los motivos que permiten proceder a la revocación de los actos (art. 219.1 LGT) están redactados en términos más genéricos y, tradicionalmente, el carácter excepcional de la revocación se sustenta sobre el hecho de que se inicia exclusivamente de oficio, por lo que solo la Administración tiene la llave de dicho mecanismo. Sin embargo, la jurisprudencia ha

---

25 SÁNCHEZ BLÁZQUEZ, V. M., ob. cit., p. 72. Véase también el dictamen del Consejo de Estado 1403/2003, de 22 de mayo, sobre el Anteproyecto de LGT y CHECA GONZÁLEZ, C., ob. cit., pp. 1011-1012.

ido abriendo nuevos cauces para invocar los medios de revisión extraordinarios de manera relativamente flexible.

En nuestra opinión, debe rechazarse la existencia de una acción general de revocación; pero no puede negarse la existencia de disfunciones en la regulación del procedimiento. Disfunciones a las que, entendemos, el Tribunal Supremo quería dar respuesta con su sentencia de 09/02/2022. La regulación del procedimiento contiene varios elementos contradictorios. Además, resulta difícil de congeniar con la idea de que existe un deber de revocar, como mínimo, cuando concurra un elemento de derecho de la Unión.

En efecto, la regulación procedimental queda desfasada desde el momento en que se reconoce que, en determinados casos, la revocación es un deber administrativo. Precisamente, el Anteproyecto de ley de modificación parcial de la Ley 58/2003, de 17 de diciembre, General Tributaria aprobado en 2015 preveía la inclusión de un artículo 219 bis para la revocación de actos dictados al amparo de normas tributarias declaradas inconstitucionales, ilegales o no conformes al derecho de la Unión Europea. Nos parece interesante apuntar que la redacción del apartado 1 parecía configurar una potestad reglada ("La Administración tributaria revocará sus actos") y que el apartado 5 preveía la iniciación a instancia de parte.

En ausencia de una regulación de estas características, la Administración puede tener el deber de revocar y, razonablemente, el interesado tendría entonces un derecho a la revocación; pero no una acción para garantizar que así sea.

El artículo 10.1 RGREV reconoce a los obligados la opción de "promover" la iniciación del procedimiento de revocación "mediante un escrito que dirigirán al órgano que dictó el acto". Sin embargo, este escrito no genera más derecho que a recibir acuse de recibo. De acuerdo con la normativa general, tampoco tiene la Administración un deber de resolver. El art. 103.1 LGT vincula este deber con "todas las cuestiones que se planteen en los procedimientos de aplicación de los tributos", por lo que no es aplicable al caso. En ausencia de una regla que regule el deber de resolver en el ámbito de los recursos especiales de revisión, acudimos al artículo 21.1 LPAC. Dicho precepto afirma que "la Administración está obligada a dictar resolución expresa y a notificarla en todos los procedimientos cualquiera que sea su forma de iniciación", pero el escrito del 10.1 RGREV no inicia ningún procedimiento (es externo a este).

El art. 219 LGT guarda silencio sobre si cabe recurso contra la negativa a abrir el procedimiento y el art. 227.1.b) LGT afirma que son recurribles en la vía económico-administrativa "los [actos] de trámite que [...] pongan término al procedimiento". De nuevo, el hecho de que el escrito del art. 10.1 RGREV sea externo al procedimiento implica que el escrito comunicando que no se iniciará un procedimiento no sería recurrible. Ante todo, no pone "término al procedimiento" porque este no se ha iniciado: solo se incoa de oficio. Según la resolución del TEAC de 19/07/2011, RG 2830/2010 (*Tol 2221607*), ni siquiera se consideraría un acto administrativo (no se genera dentro de un procedimiento).

En síntesis, como el escrito no inicia un procedimiento, no es aplicable el régimen del silencio. Como no existe un derecho a recibir una respuesta, la inactividad administrativa tampoco abriría la vía del art. 29.1 LJCA. Por tanto, el obligado no dispone de mecanismo alguno para promover efectivamente la revocación.

En parte, la situación recuerda a la denuncia pública del art. 114 LGT. En ambos casos, se produce la puesta en conocimiento de la Administración de una situación con trascendencia tributaria, pero en ambos casos la decisión de incoar el procedimiento es exclusivamente administrativa. A la luz de los artículos 114 y 232.2.c) LGT, la denuncia no forma parte del expediente, no se reconoce al denunciante la condición de interesado ni tiene derecho de recurso contra la decisión final. Sin embargo, hay una diferencia sustancial entre la denuncia y el escrito de promoción: el denunciante no es interesado (su interés sería indirecto en todo caso), pero el promotor de la revocación sí tiene un interés directo y se le reconocería derecho de audiencia si se abriese el procedimiento (art. 219.3.2º LGT). Tal vez esta diferencia explica la búsqueda de argumentos para reconocer una acción al particular: ¿por qué reconocer un interés, pero no las facultades para defenderlo? Una posible respuesta sería: porque el principio de seguridad jurídica requiere que las situaciones jurídicas no se puedan revisar indefinidamente. Con todo, no parece ser completamente satisfactoria.

Se da la paradoja de que, si la Administración respondiese (en sentido negativo), motivando debidamente su decisión[26], sí cabría la revisión judicial. Una forma de solventar esta paradoja es asimilar las vías de defensa ante la inactividad y ante la respuesta expresa. Pero ¿en qué sentido? El voto particular de la STS de 19/02/2014, rec. 4520/2011 (*Tol 4177166*), consideró que lo lógico sería considerar que la decisión administrativa sobre si comprobar si cabe revocar una liquidación o sanción ya firmes (es decir, la inadmisión a trámite) tampoco debería ser recurrible. Por el contrario, la STS de 09/02/2022, rec. 126/2019 (*Tol 8804274*), al reconocer *de facto* una acción de revocación, permite recurrir la inadmisión a trámite y también la falta de respuesta (se habría producido el silencio negativo).

De lege ferenda, la tramitación del escrito del art. 10.1 RGREV y las vías de recurso podrían revisarse a la luz del ejercicio del derecho de petición regulado en la Ley Orgánica 4/2001, de 12 de noviembre, reguladora del Derecho de Petición (*Tol 5926*), en lo sucesivo LODP. Se ha afirmado que "en la petición no se ponen en juego derechos ni intereses legítimos protegidos, sino que se apela a la discrecionalidad absoluta (libertad plena de decisión) o al ámbito de lo graciable para obtener algo a lo que no se tiene

---

26 El art. 215.2.a) LGT exige expresamente la motivación. La STS de 26/09/2017, rec. 2645/2016 (*Tol 6355869*) apunta que es la Administración la que debe decidir sobre la iniciación del procedimiento de revocación, pero que "esta decisión ha de ser adoptada respetando el mandato constitucional de interdicción a la arbitrariedad".

derecho"[27]. Esto sería aplicable, de entre los supuestos estudiados, en aquellos en que no exista un derecho a la revocación.

Pues bien, presentada una petición al amparo de la Ley Orgánica, es obligatorio que la autoridad competente declare la inadmisión, de manera motivada (art. 7.1 LOPD) o bien la tramite y le dé respuesta en el plazo de 3 meses desde la admisión (art. 11.1 LOPD). Tanto la declaración de inadmisibilidad de la petición como la omisión de la obligación de contestar en el plazo establecido pueden ser objeto de recurso contencioso-administrativo [art. 12 LOPD, apartados a) y b)].

El principal reto es compatibilizar el deber de resolver expresamente (o declarar expresamente la inadmisión a trámite) con el carácter discrecional del fondo de la decisión (salvo cuando la revocación resulte obligatoria por exigencias del derecho de la Unión, u otras causas que se pudieran identificar en un futuro). En el ámbito del derecho de petición, solo es objeto de recurso contencioso "la ausencia en la contestación de los requisitos mínimos" establecidos en el artículo 11 LODP[28]. Según García Manzano, "lo que se somete a control jurisdiccional es el procedimiento o los aspectos formales. [...] La contestación con ausencia de requisitos formales, singularmente la falta de adecuada motivación para denegar el acceso a lo pedido [...] desembocará en sentencia que condene al órgano a emitir una nueva contestación en forma"[29]. Si, por ejemplo, la Administración alegase una causa

---

27 GARCÍA MANZANO, P., «Artículo 29», en RODRÍGUEZ-PIÑERO Y BRAVO FERRER, M, y CASAS BAAMONDE, M. E., *Comentarios a la Constitución Española.* Fundación Wolters Kluwer, Boletín Oficial del Estado, Tribunal Constitucional y Ministerio de Justicia, 2018, p. 1075.

28 "La contestación recogerá, al menos, los términos en los que la petición ha sido tomada en consideración por parte de la autoridad u órgano competente e incorporará las razones y motivos por los que se acuerda acceder a la petición o no hacerlo. En caso de que, como resultado de la petición, se haya adoptado cualquier acuerdo, medida o resolución específica, se agregará a la contestación" (art. 11.3 LODP).

29 GARCÍA MANZANO, P., «Artículo 29», ob. cit., p. 1083.

de denegación que el juez no considerase aplicable, este podría anular la resolución y retrotraer actuaciones [art. 71.1.c) LJCA].

Sin embargo, esta solución no sería compatible con la doctrina del Tribunal Supremo. La tantas veces mencionada STS de 09/02/2022, rec. 126/2019 (*Tol 8804274*) afirmó que frente a la denegación de la revocación (expresa o, según la interpretación del TS, también por silencio) cabe impugnación y, "conforme a los principios de plenitud jurisdicción y tutela judicial efectiva [...] de poseer el órgano judicial los datos necesarios, tiene potestad para pronunciarse sobre el fondo, sin necesidad de ordenar la retroacción del procedimiento de revocación".

Desde luego, esta solución nos parece óptima cuando la potestad de revocación sea reglada. Más complejo es el supuesto de que la potestad sea discrecional. Aquí cabe introducir una nueva pieza: la idea de que el principio de buena administración es un instrumento de control del ejercicio de las potestades discrecionales ("implica una injerencia en la discrecionalidad [..] al tiempo que abre la puerta a nuevos modelos de relación entre Administración y administrado"[30]). Bajo este principio, el contenido o función de las potestades discrecionales se transforma. Tradicionalmente, una potestad discrecional implica la existencia de varias soluciones igualmente válidas (en nuestro caso, iniciar o no el procedimiento de revocación). Sin embargo, el principio de buena administración obliga a identificar "la mejor solución posible" —en palabras de Ponce Solé— a la vista de las circunstancias concretas[31]. Una

---

30 SUBERBIOLA GARBIZU, I., «El principio de buena administración en el seno del procedimiento de revisión. Un análisis DAFO del principio en la revisión tributaria», en LUCHENA MOZO, G. M. y SÁNCHEZ LÓPEZ, M. E., *La proyección de la buena administración sobre los procedimientos de aplicación de los tributos*. Tirant lo Blanch, 2023, p. 256.

31 PONCE SOLÉ, J., «El derecho a una buena administración, su exigencia judicial y el privilegio de ejecutoriedad de los actos administrativos. A propósito de la Sentencia de la Sala 3ª del Tribunal Supremo 1421/2020, de 28 de mayo de 2020, recurso de casación 5751/2017». *Revista de Administración Pública*, núm. 221, 2023, pp. 176-177.

potestad discrecional se podría concebir, entonces, como un mandato legal para que la Administración tenga en cuenta todas las circunstancias del caso concreto (que el legislador no puede considerar anticipadamente) para determinar cuál es la mejor forma de alcanzar los objetivos que se persiguen. Además, el principio de buena administración también exige maximizar, en la medida que sea posible, la efectividad sustantiva de los derechos de los contribuyentes, y el art. 34.1.b) LGT reconoce el derecho a obtener las devoluciones de ingresos indebidos que procedan.

Todo lo anterior debe matizarse. Por una parte, el control judicial debe hacerse, como la aplicación administrativa, sin hacer decir a la norma aquello que, claramente, esta no quiere decir. Por otra, la existencia de un ámbito relevante de discrecionalidad administrativa debería corresponderse con una autolimitación del control judicial al analizar el fondo de la decisión: el juez debería limitarse a comprobar que la decisión administrativa no es irrazonable, ya que de lo contrario estaría sustituyendo a la Administración en la actividad de ponderación encargada por el legislador.

En el ámbito de la revocación, el margen de discrecionalidad administrativo opera en la ponderación entre una serie de principios e intereses, que incluyen el grado de injusticia de la situación concreta, el principio de seguridad jurídica, el principio de igualdad de trato y el propio interés fiscal del Estado. Probablemente sea difícil separar ciertos límites o requisitos de la ponderación de estos intereses. Por ejemplo, la "improcedencia" del acto dictado puede considerarse un concepto jurídico indeterminado pero, en el fondo, contiene una facultad de apreciación muy amplia de la Administración (hasta el punto de que se ha afirmado que esta causa introduce la revocación por causas de oportunidad).

La improcedencia del acto dictado también puede valorarse a la luz del comportamiento del obligado. Somos de la opinión de que uno de los grandes excesos de la doctrina del Tribunal Supremo sobre el principio de buena administración es que opera incluso cuando un contribuyente ha actuado de manera claramente negligente.

Si comparamos con la doctrina de otros tribunales, vemos que la jurisprudencia constitucional ha afirmado en la STC 275/2005, de 7 de noviembre (*Tol 756159*), que no cabe apreciar indefensión por consecuencias derivadas del "desinterés, pasividad, negligencia o [...] la estrategia procesal que haya elegido el recurrente". También hemos podido comprobar que el TJUE exige, para que la Administración tenga la obligación de revisar un acto firme, que el particular haya agotado la vía judicial. Consideramos que, cuando el sujeto pasivo comete errores y estos no sean fácilmente perceptibles, "no puede responsabilizarse de ello a [la] Administración"[32]. Podría denegarse la revocación cuando el contribuyente pudo alegar en su momento lo que luego pretende alegar y, en general, cuando no haya actuado diligentemente en defensa de sus intereses. En casos de anulabilidad, contrariamente a lo que afirma el Tribunal Supremo, consideramos que la revocación no debe servir para proteger sistemáticamente al contribuyente de su propia torpeza: como mínimo, sería necesario un análisis de las características del contribuyente para valorar qué tipo de conductas le eran razonablemente exigibles.

5. BIBLIOGRAFÍA

BUENO ARMIJO, A., «La revisión de oficio de disposiciones y actos administrativos nulos de pleno derecho en España». *Revista Digital de Derecho Administrativo,* núm. 20, 2018.

CARRASCO GONZÁLEZ, F. M., «El principio de buena administración en el ámbito de la revisión de actos tributarios», *Revista española de Derecho financiero,* núm. 197, 2023.

CHECA GONZÁLEZ, C., «Procedimientos especiales de revisión», en CALVO ORTEGA, R. (Dir.), *Comentarios a la Ley General Tributaria,* Thomson-Civitas, 2009.

GARCÍA MANZANO, P., «Artículo 29», en RODRÍGUEZ-PIÑERO Y BRAVO FERRER, M, y CASAS BAAMONDE, M.E., *Comentarios a la Constitución Española.* Fundación Wolters Kluwer, Boletín Oficial del Estado, Tribunal Constitucional y Ministerio de Justicia, 2018.

---

32 En este sentido, SUBERBIOLA GARBIZU, I., ob. cit., p. 254.

GARCÍA NOVOA, C., *La Revocación en la Ley General Tributaria.* Aranzadi, 2004.

HERRERA MOLINA, P. M. *et al, Manual de procedimientos tributarios.* Dykinson, 2021.

MARTÍNEZ MUÑOZ, Y., *La revocación en materia tributaria.* Iustel, 2006.

MORCILLO MORENO, J., «La Invalidez de los Actos Administrativos en el Procedimiento Administrativo en el Derecho Español». *Derecho y Sociedad,* núm. 14, 2000.

PALAO TABOADA, C., «Revocación de actos de aplicación de leyes declaradas inconstitucionales y devolución de ingresos indebidos. Análisis de la STS de 9 de febrero de 2022, rec. núm. 126/2019». *Revista de Contabilidad y Tributación. CEF,* núm. 473-474, 2022.

PONCE SOLÉ, J., «El derecho a una buena administración, su exigencia judicial y el privilegio de ejecutoriedad de los actos administrativos. A propósito de la Sentencia de la Sala 3ª del Tribunal Supremo 1421/2020, de 28 de mayo de 2020, recurso de casación 5751/2017». *Revista de Administración Pública,* núm. 221, 2023.

RODRÍGUEZ MÁRQUEZ, J., *La Revisión de Oficio en la Nueva Ley General Tributaria. ¿Una vía para solucionar los conflictos entre Administración y contribuyentes?* Aranzadi, 2004.

SÁNCHEZ BLÁZQUEZ, V. M., «El debate sobre la revocación tributaria en el Tribunal Supremo: una evolución hacia su mayor control jurisdiccional», *Nueva fiscalidad,* núm. 4, 2020.

SANZ GÓMEZ, R. «Una revisión de la recaudación tributaria ejecutiva a la luz de la jurisprudencia del Tribunal Supremo sobre el principio de buena administración». *Nueva Fiscalidad,* núm. 3, 2023.

SARRIÓN ESTEVE, J., «La administración Pública ante la primacía y la efectividad del Derecho de la Unión Europea», *Estudios de Deusto,* vol. 68, núm. 2, 2020.

SUBERBIOLA GARBIZU, I., «El principio de buena administración en el seno del procedimiento de revisión. Un análisis DAFO del principio en la revisión tributaria», en LUCHENA MOZO, G. M. y SÁNCHEZ LÓPEZ, M. E., *La proyección de la buena administración sobre los procedimientos de aplicación de los tributos.* Tirant lo Blanch, 2023.

Capítulo 14

Principio de buena administración y evaluación de políticas públicas

JULIO CÉSAR MUÑIZ PÉREZ
Profesor de Derecho Financiero y Tributario
Universidad Nacional de Educación a Distancia

SUMARIO: 1. INTRODUCCIÓN. 2. PRINCIPIO DE BUENA ADMINISTRACIÓN. 3. EVALUACIÓN DE POLÍTICAS PÚBLICAS. 4. LA EVALUACIÓN DESDE LA UNIÓN EUROPEA. 5. EVALUACIÓN Y PRINCIPIO DE BUENA ADMINISTRACIÓN. 6. PRINCIPIO DE BUENA ADMINISTRACIÓN Y EVALUACIÓN DE POLÍTICAS PÚBLICAS EN EL ÁMBITO DEL DERECHO FINANCIERO Y TRIBUTARIO. 7. CONCLUSIONES. 8. BIBLIOGRAFÍA

1. INTRODUCCIÓN

El propósito de este trabajo es afirmar la conexión existente entre el principio de buena administración con el ámbito de la evaluación de políticas públicas. Esta conexión no ha sido planteada anteriormente en lo que conocemos, lo que conlleva a la necesidad de justificar ambas nociones y los elementos de conexión, así como la importancia que ambas nociones tienen y los efectos del diálogo que planteamos entre ellas.

En primer lugar, analizamos el carácter elástico del principio de buena administración, anticipando en esa exposición algunas conexiones con la evaluación de políticas públicas.

Continuamos con el examen del nacimiento y evolución de la evaluación de las políticas públicas, así como las más recientes tendencias a ampliar esta evaluación hacia la evaluación *ex post*. La evaluación *ex post* es un área en importante expansión. Desde cuestiones más generales y partiendo del origen de la evaluación de políticas públicas y los tipos de evaluación pasamos a la importancia creciente de la evaluación en la Unión Europea.

En tercer lugar, y a partir de lo anterior, proponemos la conexión entre el principio de buena administración y la evaluación de políticas públicas. Respecto a esta conexión pronosticamos un interesante desarrollo a futuro, que irá en la línea de la misma evolución del desarrollo y expansión de las políticas públicas. Desde la Unión Europea se producirá la incorporación e incremento de los mecanismos de control y evaluación de las políticas públicas de los Estados, un extremo que es esencial para la economía y la competitividad en el futuro de la Unión.

Finalmente, hacemos referencia al impacto que tendría esta evolución para el ámbito tributario en particular, con especial referencia al supuesto de los tributos de finalidad extrafiscal.

La hipótesis de partida de este estudio es la conexión entre ambas categorías, principio de buena administración y evaluación de políticas públicas. La evaluación debe relacionarse íntimamente con el principio de buena administración y en él encontraría (en nuestra propuesta) vía de protección jurisdiccional.

Con este recorrido consideramos que podremos confirmar la hipótesis de partida, la conexión evaluación de políticas públicas y el principio de buena administración. Una conexión que plantea gran relevancia práctica e importantes implicaciones para la política fiscal en su conjunto y, aunque consideramos que está en ciernes, es una evolución lógica de la actual situación normativa.

2. PRINCIPIO DE BUENA ADMINISTRACIÓN

El Principio de buena administración irrumpe con fuerza en el ámbito jurídico a través de su inclusión en la Carta de Derechos Fundamentales de la Unión Europea, que en su artículo 41 establece el derecho a una buena administración. De este modo “toda persona tiene derecho a que las instituciones y órganos de la Unión traten sus asuntos imparcial y equitativamente y dentro de un plazo razonable"; en los siguientes apartados este artículo hace referencia, en concreto, al derecho a ser oído, a acceder al expediente, la obligación de motivar sus decisiones, a la reparación por daños o a dirigirse a las instituciones de la Unión y recibir repuesta en la misma lengua".

Debemos resaltar que la literalidad del artículo circunscribe únicamente en su redacción a las instituciones, órganos y organismos de la Unión. No obstante, jurisprudencialmente sí es aceptado que también refleja un principio general del Derecho de la Unión, y por ello deberá también aplicarse cuando los Estados miembros apliquen este derecho (en este sentido la STJUE C-219/20, 2022:89, apartados 36 y 37; STJUE C-765-21, 2023:566, apartado 43).

A pesar de esta limitación, este principio ha permeado en los Estados miembros. De forma habitual, con el principio a la buena administración se ha venido a construir un principio que a su vez genera un derecho subjetivo. Un principio que habitualmente recoge y da unidad a múltiples disposiciones de carácter procedimental, como los principios de imparcialidad, equidad, plazo razonable, contradicción, transparencia, motivación, reparación o derecho a recibir ayuda de forma comprensible (particularmente respecto a la lengua). Es decir, suele conectarse con elementos procedimentales y de garantía del proceso administrativo.

En este sentido procedimental se manifiesta habitualmente la jurisprudencia. La mayor parte de referencias jurisprudenciales tratan sobre cuestiones de procedimiento como las SSTS 12 septiembre 2023, recurso 3720/201 o la 18 de julio 2023, recurso 999/2022, por citar algunas especialmente recientes.

No obstante, también encontramos supuestos que este principio se combina con otros derechos fundamentales, como el derecho a la tutela judicial efectiva (STS de 6 de julio 2023 rec. 4316/2021), y habitualmente señala que este principio se infiere de la propia constitución española, en concreto de sus artículos 9.3 y 103.

Esta conexión con la tutela judicial efectiva podemos ponerla en paralelo con la exigencia de "buena administración de la justicia" al que también hace referencia el TJUE, por ejemplo, en STJUE asunto C-35/22, 2023:569 o en C-159/21, 2022:708 o C-721/21, 2023:477.

Así pues, este principio funciona tanto como un principio general del Derecho de la Unión, siendo obligatorio respetarlo por los Estados miembros cuando ponen en práctica el Derecho de la Unión, como un derecho, al establecer medios de defensa para el sujeto particular, a quien otorga acción procesal frente a situaciones de vulneración de este principio.

En este análisis nos encontramos con una importante limitación inicial. La literalidad ya señalada del art. 41 de la Carta presente una formulación muy restrictiva; puesto que, como ya hemos dicho, sólo obliga a los organismos de la propia Unión, no a los de los Estados miembros, aunque los tribunales supremos de estos hayan asumido este principio general del derecho y ya sea frecuente encontrarlo en múltiple jurisprudencia. Así, vemos que desde su origen este principio atiende de forma preferente a elementos procedimentales. Esta redacción no ha impedido la expansión del concepto a otros ámbitos.

Tempranamente autores como Azoulai[1] apuntan al carácter ambiguo del término "buena administración", una ambigüedad que permite su adaptación a múltiples realidades. En palabras de Bousta[2] se convierte en una "noción elástica y funcional", llegando a incluir otras fuentes más allá de la normativa, como la doctrina, el *soft law* o el derecho comparado para intentar concretar su contenido.

---

1 AZOULAI, L., "Le principe de bonne administration", en AUBY, B., DUTHEIL DE LA ROCHÈRE, J., (Dir.) Droit Administratif Européenne, Bruylant: Bruselas. 2007. p. 235-241, p. 495.

2 BOUSTA, R., "Pour une approche conceptuelle de la notion de bonne administration", Revista Digital de Derecho Administrativo, n. 21, 2019, p. 23-45, p. 23. DOI: 10.18601/21452946.n21.04

Esta elasticidad permite extenderlo a otros ámbitos y entenderlo de formas muy diversas. De hecho, un análisis doctrinal completo en este sentido excede de nuestro propósito en estas líneas.

Lo importante es manifestar que el principio de buena administración, en nuestra opinión, no tiene porqué derivarse solamente de un deber de diligencia en la toma de decisiones administrativas (que exigen la ponderación de todos los intereses y hechos relevantes) sino que puede expandirse al complejo gobierno-administración y al conjunto de políticas desarrolladas por un Estado. De hecho, el TS relaciona el principio de buena administración con la interdicción de la arbitrariedad, de la imparcialidad y objetividad de la acción administrativa (expresión de la STS 2333/2023, rec. 3959/2021).

Estamos incorporando el problema del complejo gobierno-administración, y las mutuas relaciones entre ambas esferas, así como las limitaciones que tradicionalmente se intentan establecer entre responsabilidad administrativa y responsabilidad política. No es este lugar para entrar a distinguir estas nociones, ámbito de estudio tradicional del Derecho administrativo. Pero sí es necesario señalar esta problemática referente a nociones que se ven afectadas o revisitadas desde nuestro planteamiento.

Podemos relacionar el principio de buena administración con la necesidad de controlar el poder discrecional de la administración, pero debemos admitir que existe al menos una posibilidad teórica de conflicto. Así, en palabras de Bousta[3], la buena administración apunta a la mejor consecución de un objetivo mediante la optimización de los recursos administrativos y como señala Meilán Gil[4], "un juicio sobre la buena administración no consiste tanto en valorar la orientación que presidió aquella decisión po-

---

3 BOUSTA, R., ob. cit.

4 MEILÁN GIL, J. L. "El paradigma de la buena administración", Anuario da Facultade de Dereito da Universidade da Coruña, 17, 2013, p. 233-257, p. 244. Disponible en: https://ruc.udc.es/dspace/handle/2183/12531

lítica cuanto en analizar si la organización administrativa levantada responde adecuadamente a la finalidad perseguida por la decisión política". Pero además de esa valoración administrativa hay, siguiendo a este mismo autor[5] una (al menos potencial) consecución de "neutralización del gobierno, cualquiera que sea su coloración política, en determinados sectores".

Somos conscientes que lo que estamos proponiendo en estas líneas es la expansión del principio de buena administración como principio general aplicable al complejo gobierno-administración por medio de la evaluación técnica de las políticas públicas. De hecho, cuanto más técnico sea el ámbito afectado estas limitaciones son más visibles.

En este sentido el avance y la importancia del artículo 41 de la Carta de derechos fundamentales de la Unión europea es extraordinario. No es un mero elemento del acto administrativo, sino que también alcanza a reglamentos y disposiciones generales, tradicionalmente exentas de control jurisdiccional, con consecuencias jurídico-procesales propias. Así, su consideración como Derecho fundamental implica la aplicación del artículo 53.2 de la Constitución española por el que cualquier ciudadano puede recabar la tutela ante los tribunales ordinarios o, incluso el recurso de amparo, así como, por supuesto, a la tutela judicial efectiva del artículo 24.

Es más, como derecho fundamental podrá ser recurrido ante el Tribunal Europeo de Derecho Humanos y también ante el tribunal de justicia de la Unión. Por ello, la conexión (que creemos incipiente) de la buena administración con la evaluación de políticas públicas abre una vía de impugnación para los particulares, pero también (y especialmente) una vía para que los propios órganos de la Unión Europea puedan neutralizar decisiones políticas contraproducentes desde la perspectiva técnica, especialmente cuando lo vinculamos con la evaluación de políticas públicas.

---

5 MEILÁN GIL, J.L., ob. cit., p. 244.

3. EVALUACIÓN DE POLÍTICAS PÚBLICAS

La evaluación de políticas públicas es un campo que ha cobrado relevancia en el ámbito jurídico desde hace tiempos relativamente recientes. Tanto en la literatura académica como en estudios gubernamentales e informes de organismos internacionales reconocen la importancia de realizar una evaluación sistemática y rigurosa de las políticas públicas.

Los Estados Unidos de Norteamérica fue el país pionero en la promoción de la evaluación de políticas públicas. Una necesidad de evaluar políticas, programas, presupuestos y servicios federales que comienza a plantearse en la década de los años sesenta como respuesta a la creciente complejidad de los problemas sociales y económicos que afrontaba la nación, junto a la necesidad de garantizar la eficiencia y efectividad de los recursos públicos.

Desde los Estados Unidos la evaluación de políticas públicas se propaga a los países de su órbita. En este sentido destaca Reino Unido y otros países de nuestro entorno, hasta llegar a la propia España.

La creciente importancia de la evaluación en el ámbito de las políticas públicas también se refleja a nivel internacional, en Organizaciones internacionales como las Naciones Unidas, el Banco Mundial o el Banco Interamericano de Desarrollo. Las Organizaciones Internacionales desempeñan un papel fundamental en la promoción y la estandarización de la evaluación como herramienta esencial para el desarrollo y la gestión de los recursos públicos.

Las Naciones Unidas, por ejemplo, han promovido activamente la evaluación de políticas públicas como parte integral de la formulación e implementación de programas y proyectos. Unas instituciones que vienen a proponer la evaluación en los Estados y a imponerla como exigencia para el desarrollo de los programas que sean financiados o cofinanciados por estas Organizaciones en los Estados receptores. Práctica que veremos es igualmente desarrollada por la Unión Europea y que debe recibir un examen específico por ser el principal promotor de esta incorporación de la evaluación en España.

De este modo, la evaluación de políticas públicas tiene un impacto significativo en el ámbito jurídico que va más allá de análisis limitados a políticas concretas, (un ejemplo concreto es la política sanitaria).

En la expansión de la evaluación de políticas al ámbito jurídico debemos destacar la obra de Stuart Nagel. En su obra considera que la misma normativa debe ser analizada en términos de efectividad real; de forma que es posible estudiar cómo la normativa puede ser más efectiva en la consecución de los objetivos que afirma perseguir[6]. Plantea la necesidad de determinar la relación entre política adoptada y el efecto producido, así como el efectivamente deseado[7]. De tal forma que Nagel[8] incorpora en su obra la conveniencia de incorporar la evaluación a todos los campos del Derecho, incluyendo la evaluación con el apoyo de dispositivos digitales.

Junto a esas organizaciones multilaterales dedicadas a la cooperación y la ayuda al desarrollo, ocupa un papel muy destacado la labor de la OCDE, al menos en relación con España. En la década de los años ochenta del pasado siglo XX la OCDE propone la adopción de modelos de evaluación con carácter general. Para España destaca la propuesta de reforma de la administración pública, con el informe de la OCDE de 1987 *Administration as service* o "La Administración al servicio del público", en el que apunta tanto a la necesidad de realizar evaluaciones, por ejemplo, en lo referente a los costes administrativos, económicos y sociales de

---

6 NAGEL, S.S. Improving the Legal Process: Effects of Alternatives, Lexington Books: Lexington, 1975.

7 NAGEL, S. S., NEEF, M., Policy Analysis in Social Science Research, Sage Publications: Beverly Hills/London, 1979.

8 NAGEL, S.S. Decision-Aiding Software and Legal Decision-Making: A Guide to Skills and Applications Throughout the Law, ed. Praeger: New York, 1989.

las políticas y servicios públicos[9]. Un documento que afirma tempranamente para España la necesidad de evaluar los proyectos legislativos con una información de calidad que incluya datos objetivos sobre la calidad del servicio, sus costes o la demanda, así como elementos sociopolíticos y los recursos que se destinarán a la producción de esos servicios[10].

En todo caso, este documento de la OCDE[11] plantea para España la importancia de analizar políticas y procedimientos, la necesidad de trasparencia en la rendición de cuentas, la necesaria inclusión de partes interesadas, la supervisión anticipada y la necesidad de revisar los procesos de planificación. Es decir, sugiere distintos tipos de evaluación y subraya el amplio potencial de la evaluación como herramienta de aplicación, versátil a múltiples contextos.

Acaso en este contexto podemos entender algunas de las primeras disposiciones normativas españolas referentes a la necesidad de evaluar políticas públicas concretas, como la Ley de Cooperación internacional de 7 de julio de 1998 (actualmente derogada) que establecía en su art. 19.4 la obligatoriedad de la evaluación de "la política de cooperación para el desarrollo, los programas y proyectos financiados con fondos del Estado en curso de ejecución y los finalizados, desde su concepción y definición hasta sus resultados". Una evaluación que "tendrá en cuenta la pertinencia de los objetivos y su grado de consecución, así como la eficiencia y eficacia alcanzadas, el impacto logrado y la viabilidad comprobada en los programas y proyectos ya finalizados". Desafortunadamente atribuye esta función de evaluación a la "Secretaría de Estado para la Cooperación Internacional y para Ibe-

---

9 OCDE Administration as service. The public as client, OECD: Paris, 1987, p. 46.

10 OCDE Administration as service. The public as client, OECD: Paris, 1987, p. 54.

11 OCDE Administration as service. The public as client, OECD: Paris, 1987.

roamérica", olvidando las reiteradas recomendaciones referentes a la necesidad de independencia política del órgano, que de hecho se suceden desde distintos ámbitos.

Este documento de 1987[12] debemos relacionarlo (si no considerarlo antecedente) del relevante informe *Economic Survey, Spain 2005*[13]. En él la OCDE observa una carencia de coordinación entre las diferentes instancias de gobierno en España[14]. Una falta de coordinación que es resultado de la utilización ineficaz de los servicios públicos y que, además, impide a los ciudadanos comparar de manera sencilla el desempeño de estas políticas por sus propios gobiernos con otros y ejercer presión política en favor de un sector público más eficiente.

Estas mismas sugerencias fueron y son reiteradas desde la Unión Europea, que en el documento de la Comisión[15] ya ponía de manifiesto la falta de mecanismos de coordinación entre diferentes niveles territoriales de gobierno. Mecanismos que son necesarios y desempeñan un papel significativo en la promoción de una distribución más eficiente de los recursos públicos.

La relevancia del documento de la OCDE de 2005 está en que condujo al compromiso español de mejorar la calidad de la información relacionada con los servicios públicos. El propio documento resalta este compromiso, que incluye la creación de una Agencia Nacional de Evaluación de la Calidad de los servicios públicos y de las políticas públicas. Esta agencia, para ser efectiva,

---

12 OCDE Administration as service. The public as client, OECD: Paris, 1987.

13 OCDE Economic Survey. Spain 2005, OECD: Paris, 2005. DOI: https://doi.org/10.1787/eco_surveys-esp-2005-en

14 OCDE Economic Survey. Spain 2005, ob. cit., pp. 18-19.

15 COMISIÓN EUROPEA Estrategia Territorial Europea: Hacia un desarrollo equilibrado y sostenible del territorio de la UE, acordada en reunión informal de ministros responsables de ordenación del territorio en Postdam. Comité de Desarrollo Territorial, 1999, p. 16. Disponible en: https://territorialagenda.eu/wp-content/uploads/ESDP.pdf

y en la misma línea de otras "creadas recientemente para otros ámbitos como sanidad o universidades", deberá contar con recursos financieros y de personal, y debe operar de manera independiente del gobierno para aumentar su aceptación y credibilidad. Asimismo, es esencial que esta agencia defina indicadores coherentes para todo el territorio y comparta públicamente estos indicadores para promover y facilitar la evaluación comparativa.

Este compromiso del Gobierno español se ve realizado al año siguiente, en 2006, con la creación de la Agencia Estatal de Evaluación de políticas públicas y la calidad de los servicios (AEVAL). Creada por Real Decreto 1417/2006, constituye al órgano en 2007. Organismo que será disuelto por el Real Decreto 769/2017, en aplicación de la Ley 40/2015.

Esta disolución se planteó como un imperativo del artículo 96.1.g de la Ley 40/2015. Pero dicho artículo afirmaba que los organismos públicos estatales deberán disolverse "cuando así lo acuerde el Consejo de ministros, siguiendo el procedimiento determinado al efecto en el acto jurídico que acuerde la disolución", siendo así una decisión discrecional del ejecutivo. En realidad, el epígrafe sigue vigente, pero en la actual letra f (96.1.f), derivada de la eliminación generada por la modificación de la ley a fecha de 31 de diciembre de 2020 que eliminaba la letra "e". Una letra que por otra parte establecía como causa de disolución de estos organismos estatales "por encontrarse en situación de desequilibrio financiero durante dos ejercicios presupuestarios consecutivos". Manifestación inequívoca de cómo estaba ese "equilibrio financiero" a finales de 2020 y todavía en un contexto de pandemia.

En cualquier caso, este cambio y disolución del órgano implica que sus responsabilidades se transfieren a la Secretaría de Estado de Función pública tras su disolución. Además, debido a su filiación orgánica al referido ministerio, cabe plantear interrogantes sobre si se cumplen las recomendaciones de la OCDE[16] que en-

16 OCDE Economic Survey. Spain 2005, ob. cit.

fatizan la necesidad de independencia para este tipo de agencia. Una independencia que, según la OCDE; es un factor crucial para "aumentar su aceptación y credibilidad", y también para prevenir posibles interferencias políticas en un órgano que tiene la función de comparar la eficiencia entre las administraciones públicas regionales y facilitar la rendición política de cuentas.

De forma paralela la Unión Europea (aunque recibirá un tratamiento específico) ha desarrollado modelos extensos de evaluación, que abarcan desde aspectos ambientales hasta la evaluación de la Política Agrícola Común, y podremos encontrar recomendaciones en este mismo sentido.

La importancia de las Organizaciones Internacionales en la expansión de la evaluación también se refleja en el enfoque general de la ley 27/2022, que ya en su preámbulo afirma seguir las directrices de la OCDE y que "en el ámbito de la Unión Europea se ha venido insistiendo en los últimos años en la conveniencia de crear un marco regulador desde el nivel central de Gobierno que enmarque, de manera adecuada, el proceso de evaluación de las políticas públicas". Además, esta iniciativa se vincula al reconocimiento de la Declaración de Estrasburgo en marzo de 2022, que destaca "la existencia de valores y retos comunes de las administraciones de la Unión Europea, entre los que se encuentra la existencia de unos servicios públicos transparentes y resilientes que respondan a las expectativas de la ciudadanía".

El problema surgido a raíz de la eliminación de la agencia de evaluación de políticas públicas en 2017 ha generado el incumplimiento de este compromiso, y se ha subsanado (al menos parcialmente) con la promulgación de la ley 27/2022. Una ley que vuelve a establecer la institucionalización de la evaluación de políticas públicas en la Administración General del Estado. Una nueva normativa que no sólo reconoce y reitera el compromiso que España ya planteó con la OCDE en 2005, sino que también responde a las demandas surgidas desde la Unión Europea y que veremos en breve con más detalle.

En el preámbulo de la propia ley, se destaca que existen diversos modelos de institucionalización de la evaluación. Por un lado, se mencionan los enfoques de Estados Unidos y Canadá, que establecen obligaciones mínimas en este ámbito. Por otro lado, se hace referencia a Noruega, Irlanda y Reino Unido, que siguen directrices e instrucciones para fomentar la evaluación desde el Ministerio de Finanzas u organismos equivalentes. Es relevante destacar que algunas administraciones ya han estado llevando a cabo evaluaciones sectoriales, como la Autoridad Independiente de Responsabilidad Fiscal, que se enfoca en evaluaciones *ex post* de gasto público.

La Ley 27/2022 recoge todas las nociones ya apuntadas referentes a la utilidad de la evaluación y su importancia. La evaluación se convierte en una herramienta indispensable para mejorar las acciones gubernamentales. Facilita la toma de decisiones fundamentadas y proporciona la base para sugerir posibles ajustes. Además, sirve como instrumento para desarrollar políticas públicas más efectivas y eficientes. Asimismo, desempeña un papel esencial en el fortalecimiento de la democracia al permitir una mayor rendición de cuentas ante la ciudadanía. En fin, elementos que ya fueron planteados en la OCDE en 1987[17].

La evaluación representa una de las etapas cruciales en cualquier proceso de formulación y ejecución de políticas públicas o proyectos específicos. De este modo, la evaluación de políticas públicas, especialmente cuando éstas tienen un origen político-ideológico, es esencial, tanto para verificar el logro de los objetivos previamente establecidos (o identificar su fracaso) como para detectar posibles problemas no anticipados que pudieran surgir en etapas anteriores.

En esta descripción, ya estamos sugiriendo una concepción de la evaluación de políticas públicas en tres fases distintas: la eva-

---

17 OCDE Administration as service. The public as client, OECD: Paris, 1987.

luación *ex ante*, la evaluación durante el desarrollo del proyecto o política y la evaluación *ex post*.

Esta última evaluación es particularmente interesante en la perspectiva del principio de buena administración. Una fase que tradicionalmente ha recibido menos atención pero que recientemente se está viendo muy fomentada desde la Unión.

Siguiendo a Gutiérrez Ossa[18], hablar de evaluación de política pública "no sólo pasa por determinar el ajuste o conciliación entre lo accionado, ejecutado y obtenido. La política pública debe contar con un alcance interinstitucional e igualmente de alcance global, precisamente, para que esta misma sea garante de una revisión coherente a lo matizado en el marco de características de las políticas públicas, en tanto, los impactos y resultados obtenidos en razón de ellas. Es decir, que la propia política pública dispone de elementos para auto ajustarse".

Debemos realizar una mención especial a la evaluación *ex post*. Una evaluación que atiende a los resultados a largo plazo de una política o un proyecto. Esta modalidad de evaluación se está potenciando desde la Unión Europea, como veremos a continuación, pero ya encontramos esta tendencia en la ley 27/2022.

En el artículo 9 de la referida 27/2022 podemos identificarla cuando se refiere a "modalidades de evaluación según su contenido y objeto", en el que distinguen las tres fases de evaluación inicial, desarrollo y *ex post* bajo las denominaciones "evaluación de diseño", "evaluación de implementación" y "evaluación de resultados e impactos". Esta estructura encaja a su vez con las fases temporales de la evaluación establecidas en el artículo 10, como *ex ante*, intermedia y *ex post*.

---

18 GUTIÉRREZ OSSA, J. A., RESTREPO AVENDAÑO, R.D., ZAPATA HOYOS, J.S., "Formulación, implementación y evaluación de políticas públicas desde los enfoques, fines y funciones del Estado", *Revista CES Derecho*, vol. 8, n. 2, 2017, p. 333-351, p. 337. Disponible en: http://www.scielo.org.co/pdf/cesd/v8n2/v8n2a08.pdf

A pesar de la necesidad, avance y novedad de la ley 27/2022 cabe criticar que, en contra de todas las recomendaciones internacionales, no dota a la Agencia de evaluación de independencia. El apartado III del preámbulo lo define como "alto grado de autonomía", pero no independencia.

Al menos una segunda crítica es necesaria, y es que el artículo 3 limita la evaluación a "las políticas públicas desarrolladas por la Administración General del Estado y sus organismos públicos vinculados o dependientes". De este modo persiste el problema de descoordinación con los niveles de gobierno regional, que ya fue criticado en el informe OCDE 2005 y por la Comisión europea en 1999[19].

En cualquier caso, hemos podido apreciar, aunque sea esquemáticamente, tanto la evolución e incorporación de la evaluación de políticas públicas, como la importancia de la evaluación. En palabras de Longo[20] "sólo se aprende de aquello que se evalúa" y sólo mediante la evaluación puede analizarse el grado de consecución y las disfunciones que cada política y su implementación, presentan, así como su coste y el beneficio objetivo obtenido, o las disfunciones inesperadas que han producido.

4. LA EVALUACIÓN DESDE LA UNIÓN EUROPEA

La Unión Europea representa uno de los organismos internacionales que más importancia otorga a la evaluación de políticas públicas y se ha convertido el principal promotor de la evaluación de políticas en los Estados miembros. Su mecanismo básico es el mismo que otras organizaciones internacionales, vincular obliga-

---

19 COMISIÓN EUROPEA, 1999, ob. cit.

20 LONGO, F., Los directivos públicos ante los retos de la gobernanza contemporánea, en: LONGO, F., YSA, T. (eds.) Los escenarios de la gestión pública del siglo XXI, Escola d'Administració Publica de Catalunya: Barcelona. 2008, p. 20.

ciones de evaluación en sus distintas fases a proyectos financiados desde la Unión.

La evolución misma de la evaluación de las políticas públicas en España está en gran medida marcada por la evolución del impulso dado por la Unión Europea y a sus exigencias.

Concordamos con Viñas[21] que la adhesión de España a la Unión Europea planteó un desafío considerable en lo que respecta a la evaluación de las políticas públicas. Por su parte, otros autores[22] consideran que los métodos utilizados en la Unión Europea han influido en la manera en que se aborda la administración pública en España. Un proceso de "europeización" de la práctica administrativa que también se aprecia de forma muy notable en las técnicas de evaluación de políticas públicas, desde el lenguaje empleado hasta los indicadores utilizados.

Además, diversas agencias de la Unión Europea, entre las que destaca Eurostat, proporcionan datos para enriquecer estos indicadores con información específica de cada país, contribuyendo así a crear un marco que parece ser neutral e imparcial desde una perspectiva ideológico-política. En resumen, podemos apreciar un proceso de despolitización y mayor enfoque en la tecnificación de los discursos públicos en relación con las políticas de bienestar y empleo, y que tiene el efecto indirecto de un menor margen de cambio político.

En este sentido, no podemos obviar que el establecimiento de sistemas de evaluación tiene una derivada política importante y puede generar desconfianza por parte del estamento político. Es

---

21 VIÑAS, V., "The European Union's drive towards Public Policy Evaluation: The case of Spain", Evaluation, 15, (4), 2009, p. 459-472, p. 459 y ss. DOI: https://doi.org/10.1177/1356389009341900

22 GONZÁLEZ BEGEGA, S., GUILLÉN, A. M., An Outstanding Student? Europeanisation and Social Protection in Spain, p. 75-91, en ARREGUI, J., (ed.) Europeanisation of Public Policies in Spain: Opportunities and Challenges, ed. Mc Graw Hill, 2022, p. 88. Disponible en: http://hdl.handle.net/10230/54208

precisamente por esta razón por la que, tal como acabamos de señalar, es fundamental que los organismos de evaluación sean independientes.

La Unión Europea lleva remarcando la necesidad de evaluar políticas públicas y proyectos singulares desde los años setenta del siglo XX. El informe del Tribunal de Cuentas europeo de 1977[23], en su apartado 5.31 ya manifiesta la posición de la Comisión referente a que, si bien la normativa establecía que la selección y presentación de proyectos de inversión correspondía a los Estados miembros, seguía siendo necesario garantizar la evaluación de esos proyectos por parte de la Comisión. Además, afirmaba que la evaluación a partir de las pruebas documentales aportadas por los Estados miembros es insuficiente, siendo necesario que no se limite a los "elementos indispensables establecidos por la normativa como requisitos".

La importancia de la evaluación se incrementa en las décadas sucesivas. En 1981, en un estudio sobre los sistemas financieros de las comunidades europeas[24], en su apartado 3.15.7, el tribunal de cuentas europeo señala que el control financiero es incapaz de ejercitarse *a priori* y debe utilizar análisis *ex post.*

Estos son sólo algunos ejemplos de informes europeos en los que se manifiesta la importancia de la evaluación. Destaca entre sus instituciones el Tribunal de cuentas europeo, que podemos considerar como uno de los mayores (junto a la Comisión) vale-

---

23 OJEC (Official Journal of the European Communities) Information and Notices: Annual report concerning the financial year 1977 accompanied by the replies of the institutions, C 313, Vol. 21, 30 December 1978. Disponible en: https://www.eca.europa.eu/Lists/ECADocuments/AR77/AR77_EN.PDF

24 OJEC (Official Journal of the European Communities) Study of the financial systems of the European Communities (1981), Court of Auditors, C 342, Vol. 24, 31 december 1981. Disponible en: https://www.eca.europa.eu/Lists/ECADocuments/SR81_07/SR81_07_EN.PDF

dores del establecimiento de sistemas de evaluación en general y de evaluaciones *ex post* en particular.

Los fondos estructurales establecieron la evaluación como un imperativo de las políticas estructurales europeas tanto para la Comisión como para los Estados miembros. Desde el documento de 1999[25] se viene reiterando la afirmación de que es "imprescindible que la Comisión proceda a estudiar y evaluar sistemáticamente los efectos territoriales de las políticas comunitarias vigentes". Una necesidad de evaluación que recibe varios impulsos en los años noventa, con la crisis de 2008 y ahora, en las crisis del COVID.

Tendemos a centrarnos en la evaluación *ex post,* ya que esta es la más interesante desde la perspectiva tributaria al resultarnos teóricamente la vía de revisión potencial respecto a políticas tributarias.

No obstante, la evaluación *ex post* no es una novedad en la Unión, aunque sí es la última en incorporarse con entidad propia y con una importancia creciente. En los fondos de cohesión del periodo 1993-2002 se establecía su obligatoriedad para los proyectos cofinanciados. La Comisión[26] habría realizado evaluaciones *ex post* de 200 proyectos de fondos de cohesión europea en este periodo 1993-2002, detectando así múltiples problemas metodológicos y de impacto económico, que configuran a la evaluación *ex post* como un desafío[27]. Frente a este interés, Campos y Socorro[28]

---

25 COMISIÓN EUROPEA, 1999, ob. cit.

26 FLORIO, M., "Cost-benefit analysis and the European Union cohesion fund: On the social cost of capital and labour", Regional Studies, vol. 40, issue 2, The evaluation of European Union Cohesion Policy, 2006, p. 211-224, p. 211. DOI: https://doi.org/10.1080/00343400600600579

27 COMISIÓN EUROPEA, European economy, European Commission Directorate-General for economic and financial affairs, Reports and Studies, Economic evaluation of the internal market, n. 4, 1996, p. 2. Disponible en: https://aei.pitt.edu/98177/1/1996.4.pdf

28 CAMPOS, J.., SOCORRO, M.P. Europeanisation of Transport Policy, p. 173-185, en ARREGUI, J., (ed.) Europeanisation of Public Policies in

señalan la ausencia de incentivos para que los Estados establezcan controles de evaluación.

Con la crisis financiera de 2008 se incorporó la evaluación a todos los niveles para mejorar no sólo la efectividad de proyectos singulares, sino que se amplió a programas y políticas generales.

Estos esfuerzos también tienen su reflejo en el Tratado de la Unión (art. 12) y, especialmente, en el Tratado de Funcionamiento. Éste último en su artículo 70, habla de la importancia de una evaluación "objetiva e imparcial" para "la aplicación, por autoridades de los Estados miembros, de las políticas de la Unión". Además, establece obligaciones de información o la institucionalización de la evaluación fuera de Europa[29].

El siguiente gran impulso, especialmente a la evaluación *ex post,* lo encontramos en los fondos *next generation.* Estos fondos plantean el reto de institucionalizar la evaluación *ex post* de políticas públicas que supongan un gasto significativo o tengan repercusión social o ambiental intensa. En este punto debemos resaltar la importancia del Reglamento 2021/241, que establece el Mecanismo de Recuperación y Resiliencia. Un texto que se apoya en seis pilares. Todos los proyectos financiados a cargo de este plan deben respetar las disposiciones de este reglamento como "no causar perjuicio significativo", así como respetar el Reglamento de taxonomía, 2020/852.

En el artículo 68 del Reglamento 2021/241 exige que "debe llevarse a cabo una evaluación independiente en la que se examine la consecución de los objetivos del Mecanismo, la eficiencia

---

Spain: Opportunities and Challenges, ed. Mc Graw Hill, 2022, p. 179. Disponible en: http://hdl.handle.net/10230/54208

29 FEINSTEIN, O.N. "La institucionalización de la evaluación de políticas públicas en América Latina", Presupuesto y Gasto Público, 68/2012, Instituto de Estudios fiscales, 2012, p. 41-52, p. 50. Disponible en: http://politicayplanificacionsocial.sociales.uba.ar/wp-content/uploads/sites/190/2012/04/Feinsten-La-institucionalizacion-de-la-evaluacion-en-AL.pdf

en la utilización de sus recursos y su valor añadido. Cuando proceda, dicha evaluación debe ir acompañada de una propuesta de modificación del presente Reglamento. Además, debe realizarse una evaluación *ex post* independiente en la que se analicen las repercusiones a largo plazo del Mecanismo", y que desarrolla detalladamente en el artículo 32, y que adjudica este examen a la Comisión. Esta adjudicación a la Comisión está en consonancia con todas las propuestas anteriores que se han esbozado en este trabajo y manifiesta, en nuestra opinión, la inminencia de la traslación de la relevancia de la evaluación *ex post* a los Estados miembros. (Cabe recordar que el Plan de Recuperación, transformación y resiliencia está dentro del componente 7 de los fondos *Next Generation EU,* supone recibir para España 69.500 millones de euros en créditos, ampliables a los 140.000 millones, antes de 2026. Utilizando, además de la financiación del programa REACT-EU, los fondos estructurales).

Elementos todos que nos llevan a pronosticar la inminencia de la imposición de evaluación *ex post* de políticas públicas, lo que a su vez justifica este trabajo.

5. EVALUACIÓN Y PRINCIPIO DE BUENA ADMINISTRACIÓN

Recordemos que el objeto de este trabajo es plantear de forma inicial la conexión entre evaluación y principio de buena administración. Dado que esta conexión no es evidente, ya que no hemos encontrado doctrina que afirme esta situación, parece necesario fundamentar esta conexión en estas líneas.

Las políticas públicas no deben limitarse en cuanto a su formulación e implementación a cuestiones políticas que tomen como fundamento de su necesidad determinados valores del ordenamiento, sino que además deben someterse a constante evaluación.

De este modo, cada política pública debería contar con un sistema de evaluación (y si utilizamos el término "sistema" es porque con él integramos las distintas fases evaluativas en el conjunto de la política afectada). Un sistema en el que cabe incluir un estudio de trazabilidad de la evolución de esa política, tanto para detectar disfunciones como para poder corregir desviaciones en cuando a su justificación y la más plena sujeción a los fines establecidos por la Constitución y el resto del ordenamiento jurídico.

Estamos de acuerdo con Subirats[30] en que la evaluación de las políticas públicas no puede limitarse al mero control de la legalidad o a detectar abusos de poder. Las evaluaciones deben convertirse en indicadores de impacto, así como reflejar la calidad de las interrelaciones entre los organismos públicos y el exterior. Para ello deberían integrar sistemas de control externo e independiente de estos extremos. (Recordemos que el control externo e independiente fundamental de nuestro modelo jurídico es el control jurisdiccional).

Desde la perspectiva de la Unión Europea no podemos olvidar que el derecho a una buena administración es configurado por el Tribunal de Justicia de la Unión como un principio general del Derecho de la Unión, principio que se transforma en "derecho a una buena administración" y conlleva la exigencia de "que los Estados miembros han de respetar(lo) cuando ponen en práctica el Derecho de la Unión" (STJUE C-721/21, ECLI:EU:C:2023:477, apartado 33). Esta misma sentencia en el siguiente apartado 34 establece la conexión de este principio con la evaluación, al señalar que la Directiva 92/43 "establece un procedimiento de evaluación destinado a garantizar, mediante un control previo, que un plan o proyecto que, sin tener relación directa con la gestión del lugar de que se trate o sin ser necesario para la misma, pueda afectar de forma apreciable al citado lugar únicamente se autorice en la medida en que no cause perjuicio a la integridad de dicho lugar".

30 SUBIRATS HUMET, J., "Catorce puntos esenciales sobre evaluación de políticas públicas con especial referencia al caso de las políticas sociales", Ekonomiaz, n. 60, vol. I, 2005 p. 18-37, p. 18. Disponible en: https://dialnet.unirioja.es/descarga/articulo/2119113.pdf

Esta conexión del principio de buena administración del art. 41 de la Carta de los Derecho Fundamentales de la Unión encuentra así conexión con los procesos de evaluación. De este modo contamos con cierto apoyo jurisprudencial que apunta a esta conexión en los procesos de evaluación de impacto ambiental.

Ha sido el Tribunal supremo irlandés el que ha planteado una cuestión prejudicial en este sentido. En concreto plantea si, a la luz de principios de seguridad jurídica y de buena administración, cuando una autoridad competente decide no someter la aprobación de una propuesta de proyecto al proceso de evaluación del impacto ambiental, deben proporcionarse los documentos que motivan ese rechazo. Y, si es así, si cuando se decide no someter un proyecto a evaluación de impacto ambiental, si existe la obligación de justificarlo en base a todos los epígrafes y subepígrafes potencialmente pertinentes para el proyecto.

En este supuesto concreto, resulto en la STJUE de 15 de junio de 2023, asunto C-721-21 (ECLI:EU:C:2023:477), el Tribunal señala que la consideración de que no es necesaria una evaluación adecuada debe motivarse explícita y detalladamente, para "disipar cualquier duda científica razonable acerca de las repercusiones del plan o proyecto en el lugar de que se trate y que zanje expresa e individualmente cada una de las dudas planteadas al respecto durante el proceso de participación del público". Y añade, (apartado 33) "procede recordar que el derecho a una buena administración, en la medida en que refleja un principio general de la Unión, conlleva exigencias que los Estado miembros han de respetar cuando ponen en práctica el Derecho de la Unión. Entre estas exigencias, la obligación de motivación de las decisiones adoptadas por las autoridades nacionales revista una importancia muy especial, por cuanto ofrece al destinatario la posibilidad de defender sus derechos en las mejores condiciones posibles y de decidir con pleno conocimiento de causa si le es útil interponer un recurso contra dichas decisiones. Es igualmente necesaria para permitir a los órganos jurisdiccionales el control de la legalidad de las referidas decisiones".

Este caso, aunque se refiere a cuestiones procedimentales ya manifiesta la conexión con el ámbito de la evaluación, en concreto, la evaluación de impacto ambiental. Así, aunque en estos momentos se plantee desde la perspectiva procedimental, ya empieza a esbozar el tribunal la conexión entre evaluación de proyectos singulares con el principio de buena administración.

Consideramos que la deriva natural de estos posicionamientos podrá llevar a incorporar la evaluación de políticas públicas más generales como herramienta de impugnación por parte de particulares de disposiciones generales.

Esta conexión consideramos que es incipiente en la normativa europea. Del mismo modo que el Principio de buena administración nace dentro de la Unión y es aplicable de forma plena en el ámbito del derecho de la Unión, en la medida en que la evaluación *ex post* de políticas públicas vaya adquiriendo fuerza, primero en este mismo derecho de la Unión y después en la normativa nacional, la vinculación entre evaluación y principio de buena administración se hará más evidente. Especialmente en términos de positivación, es decir, cuando la propia normativa sea cada vez más exigente con el establecimiento de esta evaluación y sus efectos se expandan determinando y limitando las políticas públicas.

También podemos destacar el paralelismo teleológico entre la fundamentación de la evaluación y del ejercicio del derecho a una buena administración. En la sentencia que acabamos de referir se afirma que "ofrece al destinatario" la posibilidad de defender sus derechos, interponer recurso y facilitar a los órganos jurisdiccionales el control de legalidad de esas decisiones.

Desde la perspectiva de la evaluación, ya el documento de la OCDE[31] adelantaba esa necesidad de evaluar políticas y procedimientos como método de rendición de cuentas, supervisión preventiva (y en la evolución y fomento reciente de la evaluación *ex post* también de control). La misma Ley 27/2022 señala que la

---

[31] OCDE 1987, ob. cit.

evaluación es una herramienta para la mejora de las acciones de gobierno y permite promover la transparencia y la rendición de cuentas a la ciudadanía, mejorar la calidad democrática; A esto, nosotros añadimos que la calidad democrática se mejora facilitando medios de control judicial, medios que se logran precisamente conectando los sistemas de evaluación con el principio de buena administración.

Reiteramos que esto lo vemos como una tendencia en proceso, que para su acción efectiva requiere tanto el impacto de elementos de evaluación en supuestos particulares como el establecimiento de modelos de evaluación desde la Unión Europea con carácter obligatorio. Si la Unión Europea establece un supuesto de evaluación de una política pública que, por seguir el caso expuesto, no realiza el Estado miembro; o bien esta falta de evaluación genera un perjuicio en un sujeto concreto; consideramos que este sujeto ostentará acción en base al principio de buena administración.

A más largo plazo, creemos que asistiremos a la asunción de la evaluación de políticas públicas por parte de los Estados miembros y su positivación, así como la delimitación de los efectos de la evaluación.

Digámoslo de otra forma. El principio de buena administración es la vía para que sujetos particulares (y la propia Unión Europea, particularmente la Comisión) ostenten acción para impugnar actos administrativos (y potencialmente también normas) que entren en contradicción con los mecanismos de evaluación establecidos (particularmente con la normativa europea). El principio de buena administración configura así una vía idónea para que los órganos jurisdiccionales puedan entrar a valorar la efectividad de las políticas públicas en general y su adecuación en supuestos concretos.

El control judicial de una política pública con base en la evaluación (más allá del control político) es una exigencia de esa aspiración de "mejora de la calidad democrática" que los procesos de evaluación cuentan desde su nacimiento. Este control judicial de la evaluación encuentra así una vía de ejecución a través del principio de buena administración.

6. PRINCIPIO DE BUENA ADMINISTRACIÓN Y EVALUACIÓN DE POLÍTICAS PÚBLICAS EN EL ÁMBITO DEL DERECHO FINANCIERO Y TRIBUTARIO

Ciertamente la fiscalidad constituye una política pública inspirada de forma axiológica por los principios constitucionales de justicia, igualdad, progresividad y no confiscatoriedad (art. 31.1 CE) y a los que la Ley General tributaria añade los de generalidad y equitativa distribución de la carga tributaria. De forma más pragmática, sin embargo, la función de la fiscalidad es la obtención de los recursos económicos necesarios tanto para el sostenimiento del Estado como de las restantes políticas públicas.

Es por ello por lo que, doctrinal y jurisprudencialmente, encontramos que esos principios constitucionales ideales presentan diferente intensidad. La preservación de esos principios constitucionales se ve en ocasiones mitigada en aras de otros principios que entran en conflicto (o en diálogo, no necesariamente debemos considerar la relación de una forma contradictoria). Un intento de equilibrio entre principios y valores jurídicos en diálogo constante es la aceptación de los impuestos pigouvianos, manifestados de forma tradicional en la fiscalidad ambiental pero que se expanden a nuevas y sugerentes áreas.

Además, la evaluación de impacto ambiental en el ámbito europeo y la evaluación de políticas y proyectos ambientales es uno de los ámbitos que mayor atención ha recibido tanto por la Unión como por la doctrina[32]. Esta relevancia de la evaluación ambiental en este ámbito lo hace particularmente susceptible (en nues-

---

32 GARCÍA URETA, A., (Coord.) La Directiva de la Unión Europea de Evaluación de Impacto Ambiental de Proyectos: balance de treinta años, ed. Marcial Pons: Madrid, 2016.

tra opinión) de impactar en el ámbito de la fiscalidad ambiental (dado su carácter ancilar) y en virtud del principio de buena administración cabría el control de esta política por parte de los tribunales.

El ámbito de la extrafiscalidad sería así más permeable y sugerente, ya que en gran medida supone la reducción de la importancia de los principios tributarios (como el de progresividad) en aras de la utilidad de la fiscalidad para alcanzar otros valores jurídicos.

La extrafiscalidad es admitida desde la comprensión y mutación de la fiscalidad en una herramienta ancilar de otras políticas. Pero también dentro de la propia política fiscal debemos plantear la evaluación tanto desde la perspectiva del cumplimiento de los principios constitucionales como bajo otros criterios más allá de la recaudación, como su utilidad en la construcción de una economía de mercado altamente competitiva. En cualquier caso, tomamos como supuesto hipotético paradigmático el establecimiento de impuestos ambientales dentro de la política ambiental.

En ambos casos, tanto desde el análisis de la política fiscal como del uso de herramientas fiscales al servicio de otras políticas (como la ambiental) consideramos que debe someterse a los criterios generales de evaluación y, particularmente, de evaluación ex post.

Desde la perspectiva netamente tributaria contamos con la autoridad independiente de responsabilidad fiscal, pero su evaluación se centra en el ámbito tributario. Por ejemplo, en el caso de tributos de carácter extrafiscal (especialmente cuando son tributos propiamente dichos y no meras medidas tributarias con finalidad extrafiscal) la evaluación de éstos dentro de la política pública respectiva requiere de técnicas y métodos propios del ámbito de conocimiento en el que recaiga la función extrafiscal.

De hecho, tradicionalmente el ámbito de evaluación de políticas señalamos que se limitaba a la evaluación *ex ante.* En este sentido la AIReF es una excepción, puesto que la evaluación que realiza fundamentalmente es *ex post.*

Pongamos un ejemplo práctico para que nuestra posición resulte diáfana. En el caso de un impuesto ambiental deberá verificarse que efectivamente la existencia de un tributo genere una mejora evaluable para el medio ambiente y que ésta sea cuantificable. En supuesto contrario, en el caso de que desde esa otra disciplina no se pueda verificar el cumplimiento de esta finalidad, el impuesto, concebido como herramienta ancilar de esa otra política, se vuelve inservible y por tanto debería ser eliminado. Este supuesto puede darse tanto en supuestos de avance técnico, en el que nadie realice el hecho imponible del impuesto por existir nuevas herramientas que lo convierten en obsoleto; como en los casos en los que el tributo que nace con una justificación extrafiscal se verifica que resulta inservible a la misma. En ambos casos el tributo deviene ineficaz o innecesario (recordemos que la desaparición del tributo extrafiscal exitoso es característica de todos los tributos con esta naturaleza). Supuestos en los que habitualmente el tributo tiene el riesgo de fosilizarse en el ordenamiento, en una mutación de su finalidad hacia la recaudación y en vulneración de los principios constitucionales.

En esos últimos supuestos debemos recordar que la excepcionalidad del tributo extrafiscal es esa otra finalidad, y por ello el tributo resulta aceptable constitucionalmente a pesar del riesgo de doble imposición, regresividad o confiscatoriedad del tributo. Es en base a ello por lo que los principios tributarios generales pueden volverse más elásticos. Pero, sin dicho fundamento pierde toda razón la excepción o la interpretación laxa de los principios tributarios, debiendo por ello ser eliminado del ordenamiento.

Somos conscientes de que la evaluación de políticas públicas es un ámbito en crecimiento, que ahora comienza a exigirse con mayor intensidad la evaluación *ex post* de políticas públicas, particularmente en el caso de proyectos vinculados a los fondos *next generation.* Así como somos conscientes de que el ámbito de la fiscalidad permanece dentro de la competencia de los Estados miembros. Es decir, somos conscientes de que lo planteamos es una vía de desarrollo que muestra el potencial que tiene el principio de buena administración si lo combinamos con la evaluación de políticas públicas, y que apostamos que será uno de los ámbitos de desarrollo del Derecho financiero y tributario del siglo XXI. Es decir, es un pronóstico de evolución normativa y jurisprudencial.

7. CONCLUSIONES

En lo que conocemos, conectar el principio de buena administración con la evaluación de políticas públicas constituye una propuesta que es formulada por primera vez en estas líneas.

La importancia del principio de buena administración es lugar común de la doctrina. Si lo conectamos con las exigencias crecientes de evaluación consideramos que permite vehicular la impugnación tanto por la Unión como por parte de sujetos particulares de medidas concretas. Es decir, tiene el potencial de abrir nuevas vías de impugnación, otorgaría acción procesal y la intervención de los órganos jurisdiccionales.

Lograr esta conexión permite fortalecer el Estado de derecho, ya que, del mismo modo que la jurisprudencia del Tribunal Supremo español vincula estos principios con el artículo 9.3 y 103, refuerza especialmente la seguridad jurídica, la responsabilidad y la interdicción de la arbitrariedad de los poderes públicos (art. 9.3) y garantiza su función de servicio "con objetividad" a "los intereses generales", el sometimiento pleno a la ley y al Derecho (art. 103.1), al establecer controles técnicos.

Es por ello por lo que estamos ante la expansión tanto del principio de buena administración como de la evaluación *ex post*, ejemplificado en la importancia recibida en la regulación de los fondos *Next Generation*. La convergencia de ambos fenómenos expansivos es el objeto de este trabajo, y tiene el interesante potencial de incrementar el control judicial de la oportunidad de políticas públicas con base en la evaluación técnica y en combinación con el principio de buena administración.

Ciertamente, la evaluación alcanza al conjunto gobierno-administración, desdibujando en ocasiones sus límites. Una expansión cuyo corolario será la limitación y el sometimiento de las decisiones políticas a cuestiones técnicas, jurídicas y fácticas. Es decir, permitirá el control técnico, el control y limitación desde el Estado de Derecho y por parte de los tribunales. Una herramienta de control que limitará el margen de decisión política, aspecto que sin duda será recibido con hostilidad desde el estamento político. Podemos entenderlo como una forma de racionalizar la democracia que a su vez plantea también importantes desafíos.

La Unión Europea emerge, en cualquier caso, como el principal impulsor de la evaluación de políticas públicas en este ámbito. Por ello no es de extrañar que un principio que se positiviza primero en el ámbito de la Unión Europea, como es el Principio de buena administración, se relacione con la exigencia de prácticas que esa misma organización lidera, como la evaluación.

Incorporar una evaluación técnica a las políticas públicas permitiría reducir el elemento político de la misma, en favor de elementos técnicos. Este elemento resulta esencial tanto para la competitividad económica como para una gestión eficiente de los recursos, así como para neutralizar modelos orientados políticamente hacia las respectivas clientelas, sesgos ideológicos y supuestos de corrupción. De este modo la incorporación de evaluaciones técnicas (y siempre que importantes dificultades, desde la metodología a cómo realizar la evaluación a su vez sin sesgos ideológicos o garantizar la independencia del órgano evaluador, sean igualmente resueltas) permitirán la adecuada delimitación de las esferas política y técnica, así como ofrecer criterios sólidos para una mejorar los procesos de toma de decisión.

De hecho, esta distinción permitiría distinguir mejor el concepto de "política", como concepto amplio, relativo al poder en general, de "políticas públicas", como soluciones específicas de cómo afrontar asuntos de carácter público. Una distinción que es más clara en lengua inglesa, entre *politics* y *policies*[33]. No obstante, somos conscientes de que presenta riesgos de politización dentro del proceso evaluador. En este sentido es particularmente relevante el papel de la Unión Europea y la expansión que a partir de sus políticas se realiza de la evaluación, con datos de oficinas como Eurostat que contribuyen a un marco aparentemente neutral y no ideológico.

De esta forma estamos ante la despolitización y tecnificación de los discursos públicos en torno a las políticas de bienestar y empleo y a una menor capacidad de cambio político[34]. Una mayor tecnificación que requiere en todo caso de controles de independencia y neutralidad. Una nueva forma de concebir las dos nociones objeto de este trabajo, que plantea riesgos y ventajas para el conjunto de políticas públicas, y que también afectaría a la política fiscal y al Derecho financiero y tributario en su conjunto.

8. BIBLIOGRAFÍA

AZOULAI, L., "Le principe de bonne administration", en AUBY, B., DUTHEIL DE LA ROCHÈRE, J., (Dir.) *Droit Administratif Européenne*, Brulant: Bruselas. 2007. p. 235-241.

BOUSTA, R., "Pour une approche conceptuelle de la notion de bonne administration", *Revista Digital de Derecho Administrativo*, n. 21, 2019, p. 23-45. DOI: 10.18601/21452946.n21.04

CAMPOS, J.., SOCORRO, M.P. Europeanisation of Transport Policy, p. 173-185, en ARREGUI, J., (ed.) Europeanisation of Public Policies in Spain: Opportunities and Challenges, ed. Mc Graw Hill, 2022. Disponible en: http://hdl.handle.net/10230/54208

COMISIÓN EUROPEA, *European economy, European Commission Directorate-General for economic and financial affairs*, Reports and Studies, Economic eva-

---

33 LAHERA, E.P. Política y políticas públicas, CEPAL, división de desarrollo social: Santiago de Chile, serie políticas sociales 95, 2004, p. 7. Disponible en: https://repositorio.cepal.org/server/api/core/bitstreams/c009498b-5162-402b-b338-c5ffdab30714/content

34 GONZÁLEZ BEGEGA, S., GUILLÉN, A. M., ob. cit., p. 88.

luation of the internal market, n. 4, 1996. Disponible en: https://aei.pitt.edu/98177/1/1996.4.pdf

— *Estrategia Territorial Europea: Hacia un desarrollo equilibrado y sostenible del territorio de la UE*, acordada en reunión informal de ministros responsables de ordenación del territorio en Postdam. Comité de Desarrollo Territorial, 1999. Disponible en: https://territorialagenda.eu/wp-content/uploads/ESDP.pdf

FEINSTEIN, O.N. "La institucionalización de la evaluación de políticas públicas en América Latina", Presupuesto y Gasto Público, 68/2012, Instituto de Estudios fiscales, 2012, p. 41-52. Disponible en: http://politicayplanificacionsocial.sociales.uba.ar/wp-content/uploads/sites/190/2012/04/Feinsten-La-institucionalizacion-de-la-evaluacion-en-AL.pdf

FLORIO, M., "Cost-benefit analysis and the European Union cohesion fund: On the social cost of capital and labour", Regional Studies, vol. 40, issue 2, The evaluation of European Union Cohesion Policy, 2006, p. 211-224. DOI: https://doi.org/10.1080/00343400600600579

GARCÍA URETA, A., (Coord.) *La Directiva de la Unión Europea de Evaluación de Impacto Ambiental de Proyectos: balance de treinta años*, ed. Marcial Pons: Madrid, 2016.

GONZÁLEZ BEGEGA, S., GUILLÉN, A. M., An Outstanding Student? Europeanisation and Social Protection in Spain, p. 75-91, en ARREGUI, J., (ed.) Europeanisation of Public Policies in Spain: Opportunities and Challenges, ed. Mc Graw Hill, 2022. Disponible en: http://hdl.handle.net/10230/54208

GUTIÉRREZ OSSA, J. A., RESTREPO AVENDAÑO, R.D., ZAPATA HOYOS, J.S., "Formulación, implementación y evaluación de políticas públicas desde los enfoques, fines y funciones del Estado", Revista CES Derecho, vol. 8, n. 2, 2017, p. 333-351, p. 337. Disponible en: http://www.scielo.org.co/pdf/cesd/v8n2/v8n2a08.pdf

LAHERA, E.P. *Política y políticas públicas*, CEPAL, división de desarrollo social: Santiago de Chile, serie políticas sociales 95, 2004. Disponible en: https://repositorio.cepal.org/server/api/core/bitstreams/c009498b-5162-402b-b338-c5ffdab30714/content

LONGO, F., Los directivos públicos ante los retos de la gobernanza contemporánea, en: LONGO, F., YSA, T. (eds.) *Los escenarios de la gestión pública del siglo XXI*, Escola d'Administració Publica de Catalunya: Barcelona. 2008.

MEILÁN GIL, J. L. "El paradigma de la buena administración", *Anuario da Facultade de Dereito da Universidade da Coruña*, 17, 2013, p. 233-257. Disponible en: https://ruc.udc.es/dspace/handle/2183/12531

NAGEL, S. S., NEEF, M., *Policy Analysis in Social Science Research*, Sage Publications: Beverly Hills/London, 1979.

NAGEL, S.S. *Decision-Aiding Software and Legal Decision-Making: A Guide to Skills and Applications Throughout the Law*, ed. Praeger: New York, 1989.

— *Improving the Legal Process: Effects of Alternatives*, Lexington Books: Lexington, 1975.

OCDE *Administration as service. The public as client*, OECD: Paris, 1987.

— Economic Survey. Spain 2005, OECD: Paris, 2005. DOI: https://doi.org/10.1787/eco_surveys-esp-2005-en

OJEC (Official Journal of the European Communities) Information and Notices: *Annual report concerning the financial year 1977 accompanied by the replies of the institutions*, C 313, Vol. 21, 30 December 1978. Disponible en: https://www.eca.europa.eu/Lists/ECADocuments/AR77/AR77_EN.PDF

— *Study of the financial systems of the European Communities* (1981), Court of Auditors, C 342, Vol. 24, 31 december 1981. Disponible en: https://www.eca.europa.eu/Lists/ECADocuments/SR81_07/SR81_07_EN.PDF

SUBIRATS HUMET, J., "Catorce puntos esenciales sobre evaluación de políticas públicas con especial referencia al caso de las políticas sociales", *Ekonomiaz*, n. 60, vol. I, 2005 p. 18-37. Disponible en: https://dialnet.unirioja.es/descarga/articulo/2119113.pdf

VIÑAS, V., "The European Union's drive towards Public Policy Evaluation: The case of Spain", Evaluation, 15, (4), 2009, p. 459-472. DOI: https://doi.org/10.1177/1356389009341900